Holger Kalweit

Liebe und Tod

Holger Kalweit

Liebe und Tod

Vom Umgang mit dem Sterben

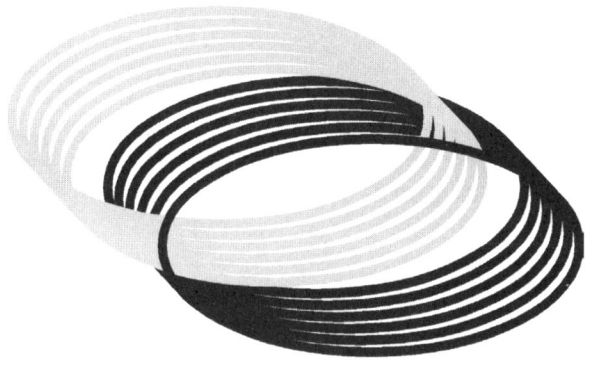

Deutsche Ausgabe: © KOHA-Verlag GmbH Burgrain
1. Auflage Mai 2006
Lektorat: Maryam Beck
und Eva Boettler
Umschlag: Lisa Sprissler
Gesamtherstellung: Karin Schnellbach
Druck: Bercker, Kevelaer
ISBN 3-936862-75-3

INHALT

Einleitung

Mein Einstieg in die Unterwelt

Mein eigentliches Interessengebiet ist seit jeher neben der Psychologie die Archäologie der alten Kulturen. Wenn das Auge geschult ist, entdeckt es überall auf unserem Planeten Spuren uralter Geschichte, und wo immer ich hinreise, mache ich größere und kleinere Entdeckungen. Die zwei Inseln, aus denen Malta besteht, hatten mich schon immer angezogen, und bei meinen langen Fußwanderungen über die Karstflächen, entdeckte ich Vertiefungen im Stein, die ich als Spuren alter Fahrrinnen deutete: Räder von Fahrzeugen müssen sich über lange Zeiten hinweg in den weichen Stein gedrückt und Fahrspuren hinterlassen haben, die zum Meer hin verlaufen und unter Wasser weiterführen. Diese Fahrrinnen müssen demnach aus einer Zeit stammen, in der entweder der Wasserpegel des Mittelmeers noch niedriger war und die Meerenge von Gibraltar noch keine Verbindung zum Atlantik darstellte, oder aus einer Zeit, als das heutige Mittelmeer noch zur trockenen Landmasse gehörte. Ich befreite diese neu entdeckten Bodenvertiefungen von Erde und Geröll, rief den Chef der maltesischen Denkmalsbehörde an und führte ihm meine Entdeckung vor. Aus dieser Begegnung entwickelte sich zwischen uns beiden eine Freundschaft.

Als weitere Zeugnisse früher Kulturen gibt es auf Malta heute noch mehrere unterirdische Tempel, so genannte Hypogäen. In den dreißiger Jahren verschwand ein Lehrer bei der Besichtigung einer dieser Anlagen mit seiner Schulklasse spurlos, woraufhin der Eingang zugemauert wurde. Dass es, wie ich vermutete und wie inzwischen auch bestätigt wurde, weitere unterirdische Anlagen geben könnte, verneinte mein neuer Bekannter zunächst.

Unsere Freundschaft vertiefte sich weiter, und eines Tages erzählte ich ihm von meiner 47-tägigen Klausur im Dunklen, die ich als junger Mann in Tibet durchgeführt hatte. In Tibet gehört in einigen Klöstern ein siebenwöchiger Aufenthalt in völliger Dunkelheit zum

Abschluss der Mönchsausbildung, und in späteren Jahren unterzog ich mich zwei weiteren solchen Retreats. Beeindruckt von meinen Schilderungen gestattete mir mein maltesischer Freund, eine Woche lang allein in einem dieser unterirdischen Tempel, der für die Öffentlichkeit gesperrt war, zuzubringen. Mit meinen Erfahrungen in diesem abgeschiedenen Gewölbe möchte ich dieses Buch einleiten.

Das Hypogäum, in dem ich meinen Dunkel-Aufenthalt verbrachte, liegt etwa zwölf Meter unter der Erde, und nur ein senkrechter Schacht gewährt Zugang zu den einstigen Grabkammern. Nach meinem Eintreffen dort beschäftigte mich zunächst ein in den Fels gehauenes Loch von etwa einem Meter Durchmesser. Wofür auch immer dieses Loch einst verwendet wurde, wenn man dort hineinspricht, entsteht ein wundervoller Klang, der den ganzen Raum mit einer tiefen angenehmen Schwingung erfüllt. In der Folge sprach und sang ich täglich dort hinein, bis das Hypogäum von nahezu körperlich spürbaren Wellen erfüllt war. Zu Anfang meines Aufenthalts suchte ich alle Wände und den Boden nach Hinweisen auf weiterführende Gänge ab, doch erfolglos. Schließlich löschte ich meine Taschenlampe, und das Gewölbe versank in tiefste Nacht.

Im Dunkel der Erdmutter

Ohne Licht in einer Höhle unter der Erde zu sein ist etwas ganz anderes, als sich im Dunkeln in einem überirdischen Raum aufzuhalten. Es mag übertrieben klingen, aber unter der Erde holen einen zusätzlich zur Dunkelheit noch die Kräfte der Tiefe und der Erde ein: Die Tiefe nimmt dir das eigene Ich, die machtvolle Wirkung des Unterirdischen löst die Umrisse der Persönlichkeit schneller auf, als wenn du dich in einem abgedunkelten Zimmer befindest – die Erdgöttin frisst dich auf. Hinzu kam für mich in dieser unterirdischen Tempelanlage noch die Geschichtsträchtigkeit des Ortes, obgleich ich diesem übermächtigen Eindruck durch eine betont sachliche Haltung entgehen wollte, indem ich mir immer wieder sagte, es handle sich einfach nur um eine künstlich geschaffene Steinhöhle. Doch durch das Alleinsein, gefangen in der Nacht, lasteten meine Fantasien über die hier ausgeübten Rituale schwer auf mir. Zudem hatte ich bald die Orientierung über die Räumlichkeiten verloren, obwohl ich mich zuvor bei Licht genau umgesehen hatte, und schließlich blieb ich, ohne umherzuwandern, in einer Grabnische sitzen. Es gab nichts zu tun, ich fastete und saß nun fürwahr in meiner eigenen Grabkammer. Als einzige Ablenkung sprach ich lediglich ab und zu in die Klanghöhle.

Vor diesem Dunkelaufenthalt hatte ich, wie gesagt, bereits drei andere siebenwöchige Dunkelsitzungen durchgeführt, doch hier wollte ich die Erfahrung der Dunkelheit mit dem Aufenthalt in einer frühgeschichtlichen Kultstätte verbinden, das heißt, ich wollte ein Gefühl bekommen für die Besonderheit dieses unterirdischen, steinzeitlichen Tempels.

Aber es kam ganz anders. Verstandesmäßige Absichten helfen bei längerem Aufenthalt im Dunkeln wenig, sie werden allzu schnell zunichte. Auch innere Vorbereitung hilft nicht weiter, da alles plötzlich ganz anders ist, wenn die Nacht zur unabänderlichen Realität wird. Gefühle lassen sich nicht mehr ohne weiteres steuern, da einem die Ablenkung durch sichtbare Strukturen verwehrt ist. Die Dunkelheit nagelt dich auf deine jeweiligen Stimmungen fest und übersteigert diese. Mich überwältigte die Wucht der Vergangenheit, und ich schmolz zusammen zu einem kleinen Menschlein im Nichts. Die Dunkelheit nagte immer weiter an meiner Ich-Identität, mein Selbstbild verschwamm und ich konnte mich selbst nicht mehr fassen, obwohl ich noch irgendwie da war. Im Alltag, bei Licht, lassen sich solche Zustände durch die anschaulichen Eindrücke der irdischen Welt schnell zurückdrängen, im Dunkel der Erdmutter gibt es nach einer Weile jedoch nichts mehr, was du erfassen und als real bezeichnen kannst. Alles, was da ist, sind innere Zustände, das Außen besteht nicht mehr, alles ist schwarz.

Das Zerfließen meiner Persönlichkeit und aller Ichumrisse war mir geläufig und löste keine größere Angst aus, aber nun kam noch die Übermacht der archaischen Atmosphäre in diesem Raum hinzu. Obgleich ansonsten nicht sehr anfällig für überbordende Fantasie an archäologischen Stätten, herrschte hier in diesem Hypogäum eine unwiderstehliche Gegenwart, die mir sozusagen den Lebenshauch aus den Adern zog.

Man kann nun in der Nacht ein Gefühl negativ empfinden oder sich bewusst entscheiden, es ins Positive zu wenden, das ist eine Frage der Willensstärke. Viele Menschen, die zu mir in die Dunkeltherapie kommen, lassen sich anfangs von ihrer negativen Bewertung der Ich-Auflösung überwältigen, können dem aber, wenn wir die Empfindung besprechen, gelegentlich Einhalt gebieten und sich zu einer lebensbejahenden Beurteilung der Situation durchringen. Gelingt das nicht, kann sich der Dunkelaufenthalt allerdings zu einer Schreckenserfahrung gestalten, zum berüchtigten Horror Vakui. Auf mir lastete ein Druck, der zum vollkommenen Persönlichkeitsverlust führte. Ich wusste, dass ich mich dagegen wehren und in mir das Schöne und Glückliche an diesem Zustand der Leere deutlich ins Bewusstsein rücken musste. Belastend war zudem die Vorstellung, dass die Höhle von oben verschlossen und kein Betreuer da war. Ich hätte also, selbst wenn ich gewollt hätte, der Gruft nicht entfliehen können. Wir hatten ausgemacht, dass mich mein Freund nach einer Woche abholt.

Die Männer in Schwarz
Glücklicherweise gelang es mir damals, das Gefühl des Eingesperrtseins aufzulösen. Doch als es mir in der ersten Nacht einigermaßen gelungen war, diese bedrückenden Empfindungen umzuwandeln in ein Gefühl von Größe, Weite und Erhabenheit – in eine Erhabenheit ohne Ichbezogenheit –, da passierte plötzlich etwas Unerwartetes und Unheimliches. Sprichwörtlich aus der Wand erschienen vor mir fünf schwarz gekleidete Gestalten; ihr Gesicht durch Kapuzen verdeckt. Sie gingen in mönchisch gemessenem Schritt im Gänsemarsch durch den Raum und verschwanden in der gegenüberliegendenWand. Die Männer in Schwarz!
Damals war mir diese Erscheinung noch nicht bekannt gewesen, doch später schilderten mir einige Klienten in der Dunkeltherapie ähnliche Erfahrungen. Und als ich begann, dieses Phänomen näher zu erforschen, hatte ich auch selbst weitere solche Begegnungen der unheimlichen Art in so genannten Träumen und hörte wiederum andere Personen davon berichten.
Ist man allein im Dunkeln, trifft einen diese Erscheinung wie ein

Schlag. Es handelt sich dabei keineswegs um Einbildung, sondern um eine reale Erfahrung. Ich analysierte nach dem ersten Schock das Ereignis und stellte fest, dass es genau an dem Punkt eingetreten war, als ich gewissermaßen in einen euphorischen Glückszustand über das Dasein geriet, als ich die Welt als eine große Ganzheit und mich als Teil dieses Wunders empfand. Ich hatte begonnen, mich in dieser Höhle leicht und geborgen zu fühlen, beflügelt durch die geschichtsträchtige Umgebung, fast zurückversetzt in diese ferne Vergangenheit. Kurzum, ich war dabei, einen neuen Gefühlsraum, eine andere Ebene der Wirklichkeit zu betreten, als die Männer in Schwarz den Raum durchqueren.

Mein erster Eindruck war, dass ich hier einer Szene aus der Vergangenheit, einem gespeicherten antiken Geschehen beiwohnte. Später erst fand ich heraus, dass diese Erfahrung dann eintritt, wenn man als Mensch eine gewisse Grenze überschreitet, genauer gesagt, wenn man das Menschsein verlässt –, dann treten die »Wächter« auf. Die Schwarzen Männer sind, wie ich durch ähnliche Erfahrungen anderer herausfand, die Wächter an der Grenze zur Nachbardimension, die verhindern möchten, dass »Spione« aus dem Menschenreich dort eindringen. Es sind Dunkelkräfte, die die Menschheit in Fesseln halten, die Wächter vor dem Garten Eden. Es hat den Anschein, als sollten höhere geistige Erfahrungen von ihnen bewusst verhindert werden.

Das klingt absurd, aber hier deutet sich ein Weltgeheimnis an, der Grund für die Stagnation des Menschengeschlechts. Wer darüber urteilen will, sollte diese Erfahrung der Schwarzen Männer selbst gemacht und viele solcher Berichte untersucht haben. Blinde Ablehnung und arrogantes Besserwissen helfen hier nicht weiter.

Die Erscheinung der Wächter holte mich auf die Ebene der irdischen Realität zurück, ich saß wieder ganz gefangen in meinem kleinen Ich-Zustand, und genau das sollte der Aufmarsch der Schwarzen Männer auch bewirken. Ich zitterte am ganzen Leib und hatte nur einen Gedanken: Bloß weg hier!

Aber wohin? Die Flucht nach oben war mir durch ein Eisengitter versperrt, niemand konnte herein und ich nicht hinaus. Die Schwarzen Wächter strahlten eine unerbittliche Macht aus, das Böse selbst. Dem konnte ich mich nicht entziehen, da halfen weder innerer Widerstand noch positive Gedanken. Der Eindruck, den die Kapuzenmänner hinterließen, war übermächtig; es war, als strahlten sie in Gestalt des Bösen eine Warnung aus. Mir wurde erstmals etwas unwiderruflich klar, was ich nicht für möglich gehalten hatte: Es gibt das Böse als Kraftfeld.

Das war eine tiefe, niederschmetternde Erkenntnis, begleitet vom Verlust aller Hoffnung. Die Drohung war unmissverständlich: Wenn du weitergehst, werden wir dich zerstören!

Es lief also alles auf einen Kampf hinaus. Doch im Dunkeln besaß ich keine Stärke, kaum noch einen stabilen Wesenskern. Wie sollte ich mich wehren? Die einzige Macht, die ich noch besaß, bestand darin, mein Individual-Ich aufzugeben. Doch wenn das geschah, so dämmerte mir, würden die Schwarzen Männer wiederkommen und drastischer auftreten. Wer zum ersten Mal von einer solchen Erfahrung hört, wird sofort rufen: Phantastereien, Halluzinationen, Archetypen, Träume! Wer aber diese Erfahrungen selbst gemacht hat, ruft nichts mehr, schweigt bescheiden, kennt die Wahrheit.

In der Plasma-Dimension

Meine Situation wurde zusehends auswegloser. Zur Dunkelheit, zur belastenden Geschichtsträchtigkeit des Ortes und zu dem Gefühl des Eingeschlossenseins kam nun noch die bedrohliche Macht der Schwarzen hinzu. Ich stand kurz vor der Selbstaufgabe, obwohl von außen betrachtet alles in Ordnung war und mir nichts passieren konnte. Doch mir wurde klar, dass ich sterben würde, zwar nicht physisch, doch das Ich – die Einzigartigkeit der Persönlichkeit – stirbt, denn das Ich ist nichts als eine schöne Illusion.

Ich hatte das Gefühl, die Außenwelt verdampfte, wurde immer unwirklicher, wie ein Traum, und allein die brüchige Innenwelt zählte. Auch das Zeitgefühl war mir – vielleicht war jetzt der vierte Tag – vollständig abhanden gekommen. Der Raum des Hypogäums hatte sich mittlerweile ausgeweitet auf die Größe eines Fußballfeldes und wies an einigen Stellen Risse auf, die sich bedrohlich ins Unendliche öffneten. Es hilft im Dunkeln nichts mehr, wenn du dir sagst, du sitzt in einer stabilen Steinhöhle. Ich kannte das Phänomen und war darauf vorbereitet, aber dennoch erschüttert es einen immer wieder zutiefst. Es ist eine grundsätzliche Täuschung, zu glauben, wir leben in einer eng umgrenzten physischen Welt. Dem unendlichen Raum ist es vollkommen egal, was unsere Augen uns vorspiegeln.

Da bemerkte ich von irgendwoher eine Klangschwingung. Zuerst fragte ich mich, ob vielleicht Musik von oben durch den Eingang dringe. Erleichterung und Beruhigung durchströmten mich durch die elegisch auf- und abschwellenden Tonfolgen. Diese Klänge lösten zugleich Erhabenheit und Gelassenheit aus, sie entführten mich aus meinem Grottendasein und ließen mich förmlich in Freiheit entschweben. Diese Töne waren real, aber nicht lokalisierbar. Sie führten mich weit weg, sie befreiten; in Wahrheit zogen sie meine Seele heraus aus meinem Körper, der allmählich erstarrte und wie ein Steinsockel zurückblieb.
Auch dämmerte es jetzt. Die nächtliche Finsternis um mich erhellte sich, und ich konnte wieder sehen. Das Licht war milchig-weiß, es schien wie zu etwas Stofflichem geronnen, fast greifbar wie Wolken oder Dampf. Dieser Eindruck hielt lange an; ich war zufrieden, empfand ein Wohlbehagen und vor allem ein angenehmes Beschwingtsein in einem weiteren Ich, in einem einfachen Dasein; ich war eins mit den Klängen, mit dem strömenden Milchlicht, mit dem Fließen der Lichtwolken. Dieser Klang hielt die Natur zusammen, wie mir schien; die Natur offenbarte sich mir als Klang, und das war unzweifelhaft eine Wirklichkeit, diese Erfahrung kann einem niemand nehmen.

Ich wollte mich umsehen in diesem neuen Terrain, ich kannte es aus anderen Erfahrungen, wie ich mich nun erinnerte. Und da sah ich ihn tatsächlich und leibhaftig, meinen Großvater väterlicherseits, so wie ich ihn als Kind gekannt hatte. Er lächelte charmant mit einem Augenzwinkern unter seinen dichten Augenbrauen hervor, genau wie zu seinen Lebzeiten, und sagte so direkt und ohne Umschweife: »Tja, so ist das hier. Hast Du etwas anderes erwartet?«
Ich spürte seine Präsenz, die Ausstrahlung seines Charakters und unsere starke Verbindung. Mit einer Geste wies er auf etwas hinter

sich. Und da stand sie, meine verstorbene Großmutter. Sie sah anders aus als in meiner Erinnerung, viel jünger und wie eine Inkarnation von Mitgefühl. Ihre Ausstrahlung übertrug sich wellenartig auf mich, ein Gefühl tiefer Zusammengehörigkeit leuchtete auf, die alte zwischenmenschliche Geborgenheit war wieder spürbar. Ich war sprachlos, überwältigt. Und doch schien sie, wie früher immer, nicht mehr zu sagen als ihre einfachen Sätze, wie »Na, da bist du ja, Junge!«

Die Wiederbegegnung ließ mich in Ehrfurcht erschauern, so dass ich wie gebannt war und keine Gedanken aufkamen. Mein Großvater offenbarte mir dann tiefe Wahrheiten und umfassende Erkenntnisse in kurzen, klaren Ideen-Sätzen. Sie waren jedoch so überwältigend, dass ich sie im Einzelnen später vergaß, erhalten blieb mir aber ihr instinktives Wissen. Mit einem Schlag erkannte ich so vieles, verstand alles und nickte schicksalsergeben. »Ja, ja, so ist das«, sagte meine Großmutter und zeigte auf etwas unterhalb von mir. Und da sah ich den Schäferhund meiner Kindheit, meinen besten Freund.

Mehr sollte ich über diese Begegnung nicht sagen. Freude und Staunen vermischten sich – Gefühl pur –, ich schmolz dahin. Das Leben ist eine Mischung aus wahrer Jenseitswelt und zu Materie geronnenem Seelenstoff. Wie kann man das nur immer wieder vergessen! Warum ist dieses Wissen nicht auf Dauer integriert in meinen Alltag?

Als Nächstes spürte ich mich strömen wie diese watteartigen Wolken, zugleich wurde es um mich etwas feucht, ich fröstelte, auch verschlechterte sich jetzt meine Stimmung, nachdem die Toten im zunehmenden Dunst verschwunden waren. Der Wohlgeruch schlug ins Gegenteil um, und aus den dichten Nebeln quoll geschmeidig ein Fluss oder See heraus. Wie an einem kalten Novemberabend an einer nebelverhangenen Küste stand ich verlassen da – und da sah ich sie, jene, die im Wasser paddelten, hilflos zu schwimmen versuchten, erst einen, dann mehrere, schließlich wohl Tausende, die sich den schweren Fluten nicht entziehen und zum nahen Ufer gelangen konnten.

Ich war erschüttert. Sie gaben mir Zeichen, ich solle ihnen helfen. Ich aber konnte nur eines denken: Nichts wie weg! Mein Egoismus war mir peinlich. Rannte oder flog ich zur Brücke? Ich war versucht, einen Kahn zu nehmen, der am Ufer lag; vielleicht stand auch ein Fährmann wartend dort, aber instinktiv zog ich die Brücke vor, warf einen letzten Blick übers Geländer in die schwarzen Wasser – ein Bild der Hölle, doch aber Wirklichkeit.

Die Windhose

Die dichten Nebelwolken nahmen über der Brücke eine Strömung an, von der ich widerstandslos mitgerissen wurde. Je schneller ich Kopf voran dahinflog, desto dunkler wurde es, und das Milchlicht blinkte nur noch an einzelnen Stellen durch die Hülle der wirbelnden Windhose, in der ich mich inzwischen scheinbar befand. Ein rasender Wirbel, durch den hindurch ich gelegentlich farbige Funken und Milchlichter sah und der mir kurze Blicke, wie mir schien, in die Welt der Toten freigab.

Das Gefühl dahinzufliegen war keineswegs unangenehm, ein Gefühl großer Freiheit durchströmte mich. Hinter der wirbelnden Hülle der schwarzen Windhose lag, wie ich wusste, die Milchlichtwelt. Meine stoffliche irdische Heimat lag dagegen hinter dieser, in meinem »Steingrab« unter der Erde, was mich aber längst nicht mehr beschäftigte. Das Phänomen der Windhose war mir nicht erklärbar, und obwohl ich genügend Zeit hatte nachzudenken, hinderte mich der Überraschungseffekt und das Staunen daran.

Das Ende der Windhose war nun in Sicht. Dort vergrößerte sich am Ende ein angenehmer Lichtpunkt. Ein ganz anderes Licht war das als das milchig-weiße, flüssige Licht. Dieses Licht war meine letzte Heimat, dieses Licht – das wurde mir sofort klar – war das Ende der Welt, ihr wahrer Anfang. Die Erkenntnis durchzuckte mich wie ein Blitz, und sie zeigte mir eine unfassbare Realität, gegen die alle irdische Realität wie ein Traum anmutet. In diesem Augenblick wusste ich, ich beginne zu leben, aber gleichzeitig zu sterben, doch das schien mir alles ganz belanglos und erinnerte mich an mein erstes Todeserlebnis in der Dunkelheit im Himalaya.

Ich näherte mich meiner Heimat, meinem »vollen Leben«; das Leben auf der Erde erschien mir wie ein verdünnter Aufguss meines wahren Lebens. Auf der Erde bin ich nur ein Schatten meiner selbst. Die

Erdenschwere zieht einen fürwahr herab, jetzt war ich schwerelos, federleicht, hellwach und voll sehnsüchtiger Erwartungen. Ich hatte ein gleichsam hellsichtiges Gefühl für das, was hinter der immer schwärzer werdenden, wirbelnden Windhosenwand lag, und ich meinte, andere Wesen halb zu sehen, halb zu ahnen. Es lag anscheinend eine andere Welt außerhalb des Trichters der Windhose, durch die ich nun hindurchgeschossen wurde. Doch gleichzeitig erinnerte ich mich an ähnliche Erlebnisse und wusste daher nicht mehr so richtig, was war damals und was ist jetzt – die Zeit hob sich auf.

Schließlich verdrängte das allumfassende Licht den dunklen Strudel, der sich inzwischen zu einem weiten Raum ausgeweitet hatte, durch den ich kleines Wesen flog. In diesem Licht floss ich ein in ein Meer der liebenden Vereinigung mit allem.

Dieses Ereignis darf man nicht beschreiben, denn es ist die wahre Wirklichkeit und überschreitet jegliches benennbare Gefühl. Es ist der einzige Gradmesser für das, was richtig und was falsch ist. Ich badete in der Verschmelzung aller Gegensätzlichkeit, ein wahrer Rausch der Einswerdung durchdrang mich, und ich empfand alles wie eine Erholung von der verwirrenden Vielfalt des Erdenlebens. Ich war endlich kein Ich mehr, sondern die ganze Welt in einem.

Lichtliebe

Langsam verschwand also der tiefschwarze Wirbel aus meinem Gesichtsfeld und das alles überstrahlende Licht trat an seine Stelle mit majestätischem Glanz. Ich wusste, dies ist der Tod, das endgültige Aufgehen in einem Urquell, und ich warf sogleich, ohne nachzudenken, alle Lebenskleider ab. Es ist ein Auseinanderfliegen der Wirklichkeit, und du hast keine Verantwortung mehr gegenüber dem Menschlichen und seinen Gesetzen, denn das Licht ist die Wahrheit und eine große Liebe, der gegenüber alles Lieben im irdischen Leben wegschmilzt wie Schnee in der Sonne. Es ist das wahre Leben, und unser irdisches Leben bestenfalls ein Echo oder eine dreidimensionale Verdichtung zu festen Formen, die jedoch nur eine vage Ahnung der ursächlichen Welt vermitteln.

Aber gleichzeitig empfange ich auch eine Ruhe, dass dem so sein soll, dass es eben Echos, geronnene Spiegelbilder jener Welt des Lichts, der

Liebe, des Lebens gibt. Doch man darf diese Erfahrung nicht gänzlich in Worte kleiden, denn jeder Versuch muss scheitern, und jeder Mensch ist aufgerufen, diese Erleuchtung selbst zu suchen.

Die Schicksalsbilder

Bevor ich ganz mit dem Licht verschmolz, tauchten plötzlich wie ein Schwarm Bienen alle wichtigen Ereignisse meines gesamten Lebens der Reihe nach vor mir auf, so dass ich sie in großer Ruhe überblicken, beurteilen und erstmals in ihrer logischen Notwendigkeit verstehen konnte. Jedes Lebensereignis hing mit allen anderen Ereignissen wie in einem Spinnennetz zusammen. Mein Leben stellte sich mir dar wie aus einem Guss, mit *einem* Sinn und Ziel. Nicht alles, was schiefgelaufen war, war ein Fehler, alles ergab nur ein großes Gemälde, zu dem sich alle Teile fügten .

Aber nicht nur mein bis dahin gelebtes Leben wurde mir gezeigt, sondern noch ein anderes, das sich später als mein zukünftiges Leben entpuppen sollte – eine Art Vorausblick also. Ich verstand nun meine Kindheit, aus der längst vergessene Szenen auftauchten, und selbst wenn es sich um relativ belanglose, undramatische Ereignisse handelte, stellten sie sich für mich nun doch als einschneidend für mein Leben heraus. Ich verstand auch erstmals das Geheimnis, warum meine Mutter und mein Vater meine Eltern geworden waren, warum meine Frau meine Frau geworden war. Ich gewann tiefe Einblicke in alle Menschen, die meinen Lebensweg gekreuzt hatten. Diese Erkenntnisse waren jetzt nicht unbedingt ganz neu für mich, doch waren es vertiefte Erkenntnisse, die sich im normalen Leben verschleierter, dumpfer und blasser darstellen und deren Vielfalt offenbar im Gehirn nicht zu vereinen gewesen war. Es kam zu einer großen Gesamtüberschau. Im Grunde genommen, so wurde mir bewusst, steht mir auch im Alltagszustand dieses Wissen offen, aber wie gesagt nur verschwommen, unzusammenhängend. Ich fühlte mich daher nicht wie ein ganz anderer Mensch, sondern wie der, der ich bin, als der ich mich immer erahnt – aber nicht *erfahren* – hatte.

Mit einem Mal enthüllte sich mir also in einem Rück- und Vorausblick mein persönliches Leben, und tausend längst vergessene Ereignisse sprangen mir in die Erinnerung, glasklar, als erlebte ich sie jetzt. All mein vermeintliches Wissen und Verstehen wurde auf neue Grundlagen gestellt durch das gigantische Szenario dieses Gewebes, in dem sich mein Leben jetzt sogar mit dem Weltenschicksal der Äonen verband.

Dass meine Wenigkeit offensichtlich ein wichtiger Bestandteil war, erschütterte mich angesichts von so viel Verantwortung. Ich fühlte mich einerseits noch kleiner, empfand aber irgendwie mein Leben auch als sinnvoller – ein unglaublich zwiespältiges Gefühl. Es gab nun keinerlei Zweifel mehr über die Notwendigkeit vieler kleiner und großer Leiden; ich kniete dankend nieder und wurde so bescheiden vor Dankbarkeit, dass ich mich gewissermaßen auf atomarer Ebene mit allem verband, weil ich reduziert war auf die grundlegende, alles gleichmachende unterste Ebene des Daseins.

Auf der Ruhewiese

Als diese Lebensüberschau sich dem Ende zuneigte, schien sich etwas von mir zu lösen, ich kann es als Bewusstseinsleichtigkeit beschreiben oder vielleicht als Bewusstseinstotalität, und das beruhigt in einem kosmischen Maßstab. In dieser Weltruhe fand ich mich auf einer strahlenden Blumenwiese wieder, die von jener grünen Tiefe war, wie sie die Ruhe des Kosmos vielleicht ausstrahlt – eine Weltallruhe, wenn es so etwas gibt, denn obwohl ich scheinbar alles mit meinen Augen wahrnahm, handelte es sich doch eher um ein Wahrnehmen mittels tiefster Empfindung. Ich konnte erstmals im Leben wahrhaft *wahrnehmen*, dass Stille der Urzustand der Welt, die Grundschwingung ist, die alles hervorbringt.

Ich fiel ins weite Grün zwischen tausend glückliche Blütenköpfe, und auch wenn ich eine Ahnung hatte, dass noch andere irgendwo lagen, so war diese Blumenwiese doch meine Welt. Eine Art Erschöpfung spürte ich nun, beim Ausruhen vom Leben, das süßeste aller Gefühle.

Geistwanderung

Wie mir schien, begann alsbald eine Schwebe- oder Geistwanderung durch einen Lichthimmel. Hier fühlte ich mich restlos geborgen, eine

Gegenwart im Gefühl allumfassender Sicherheit umfing mich. Ich trieb also durch Lichtvorhänge, Lichtäume, Lichtwolken, die jedoch gleichzeitig nicht einfach nur hell waren, sondern das Lebenslicht selbst darstellten, den Ursprung auch des irdischen Lebens. Ich schwebte gewissermaßen durch die Blaupausen alles Irdischen. Ich war überwach, verspürte eine Wachheit, von der die des Gehirns nur einen vagen Eindruck gibt. Schließlich verwandelten sich jenes Licht und besagte Gegenwart zu einer menschlichen Lichtgestalt – ein Anblick von Erhabenheit in wahrhaft kosmischem Maßstab. Doch dann löste sich diese Gestalt wieder auf in eine bloße vibrierende Präsenz. Unser Zusammensein war sprachlos, war mit dem menschlichen Geist nicht fassbar, war reines Sein.

Das Weltwissen

Wir endeten an einem Lichtort, der mir wie ein Märchenpalast erschien, und darin befanden sich alle Wesen aller Welten. Diese alle schienen teilzunehmen an einer Weisheitserfahrung. Nun begann, was ich nur schlicht als Erfahrung des letzten Wissens beschreiben kann. Eine Beschreibung dessen ist unmöglich, da aber der Verstand sich mitteilen will, habe ich das im letzten Kapitel dieses Buches versucht, obgleich es letztendlich müßig ist.

Plötzlich fühlte ich mich wie an einer unsichtbaren Leine unwiderruflich zurückgezogen. Panik machte sich in mir breit, und in mir brach ein kurzer Verzweiflungskampf aus. Dennoch landete ich mit einem Schlag wieder in meinem Körper. Doch seither steht für mich fest: Ein Mensch – so wie alle Wesen aller Universen – kann sämtliches Wissen erhalten und das geschieht auch dauernd, unbemerkt, in Gestalt des Lebens selbst, weshalb alle Ansätze so genannter Spiritualität oder Religion künstlich und überflüssig sind. Diese sind nur aufgesetzt auf das wirkliche Leben, bei dem es sich ja bereits um zu Stofflichkeit geronnenen Geist handelt. Echte Geisterfahrungen führen niemals zu religiösen Institutionen, sondern immer zu lebendigem Weltbürgertum.

Diese Erfahrung bildete den Höhepunkt und Abschluss meiner Odyssee durch die benachbarten Dimensionen unserer irdischen Existenz, ausgelöst durch meinen Dunkelaufenthalt und das besondere Klangerlebnis in einem Hypogäum auf Malta. Erstaunlich ist für mich nach wie vor, dass ich mich danach in meiner Grotte lange Zeit nicht bewegen konnte, wie lange genau, weiß ich nicht. Doch zur vereinbarten Stunde kam mein Freund , um mich abzuholen, und war sehr bestürzt über meinen Zustand. Meine Glieder gehorchten mir nicht, ich konnte nicht richtig laufen, und es war mir fast unmöglich, die Leiter emporzusteigen. Im Hotel dauerte es einige Tage, bis ich wieder festen Boden unter die Füße bekam. Ich habe diese Grenzerfahrung, von der ich hier nur einige Aspekte wiedergegeben habe, bisher nicht erzählt. Sie entspricht ähnlichen Erfahrungen, die die Menschheit seit ihren Anfängen gemacht hat. Sie verweisen auf unser Eingebettetsein in einen immateriellen Seelen- und Geistkosmos, der aber nur für jene, die ihn selbst erfahren haben, eine Wirklichkeit ist.

Thema und Entstehung des Buches

Diese Erfahrung und andere bewogen mich, das Szenario zu erforschen und ich stieß in den 70er Jahren auf alte Berichte aus anderen Kulturen, die von Todesreisen handelten. Schließlich etablierte sich in Europa die moderne Todesforschung, und Dutzende von Büchern erschienen zu diesem Thema, doch wie ich feststellen musste, behaftet mit vielen Fehlern, sei es durch rationale Erklärungsversuche der Forscher oder durch unpräzise Forschung.
Zudem hatte keiner der Wissenschaftler selbst eine Todeserfahrung durchlaufen, und so kam es, dass grundlegende Eigenarten der Nachbarwelten unerwähnt blieben oder eine falsche Deutung erhielten.

Die Aufzeichnungen zu diesem Buch waren eigentlich nur für mich selbst gedacht, ich hatte nicht vor, sie zu veröffentlichen und sie keinem Verlag angeboten. Erst durch den Kontakt mit den Verlegern des KOHA-Verlages entstand die Idee zu einer Veröffentlichung. Dieses Buch bildet zusammen mit meinem 2004 ebenfalls im KOHA-Verlag erschienenen Buch *Der Stoff aus dem die Seele ist*, in dem es spezifisch um die Erfahrung der Plasma-Dimension oder unsere Seele geht, ein Ganzes. Beide gehören an sich zusammen und entstanden zur gleichen Zeit.

Die Augen der Zyklopen

Auf Malta hörte ich die maltesische Version der Sage von Kirke (lat. *Circe*), von der unser Begriff »bezirzen«, d.h. »durch Liebe bezaubern«, abgeleitet ist. In einer Grotte an der dortigen Küste soll nach maltesischem Volksglauben jene zauberkundige Tochter des Sonnengottes Helios gelebt haben. Sie wurde berühmt und berüchtigt, weil sie die Gefährten des Odysseus in Schweine verwandelt haben soll. Ein Jahr lang, so berichtet der Mythos, habe Odysseus ihre Gastfreundschaft und ihre Liebe genossen; dann wies sie ihm auf sein Bitten hin den Weg zur Pforte in die Unterwelt, also ins Totenreich. Dort nämlich wollte der Held unbedingt den berühmten verstorbenen Seher Teiresias befragen. Kirke verband also offenbar die Kunst des Liebeszaubers mit einem Wissen um den Tod; denn *Liebe bedeutet ja in der Tat nichts anderes als den Tod unseres Ichs*.

Im griechischen Mythos lebte Kirke auf der Insel Aiaia an der Westküste Italiens, und nicht auf Malta. Aber das wollen die Malteser nicht hören, und wer das maltesische Archipel kennt, weiß, dass die unterirdischen Weihestätten, die Hypogäen, einen engen Bezug zur Unterwelt haben, und auch die Fruchtbarkeitsriten über den Kreislauf Werden und Vergehen, von Liebe und Tod, sind auf Malta allgegenwärtig in Gestalt der breithüftigen Urmuttergottheiten. Von daher haben die Malteser ein gewisses Recht, wenn sie Kirke mit ihrem Wissen um Liebe und Tod auf ihrer Insel ansiedeln.

Der Tod ebenso wie die Bezauberung durch die Liebe werden zentrale Themen dieses Buches sein. Aber es fehlt noch ein drittes verbindendes Element: die Zeit! Bei den Maltesern hat sich diesbezüglich eine faszinierende Tradition erhalten, die sie in hohen Ehren halten. Was die Liebe, den Tod und die Zeit verbindet, wird nach und nach in diesem Buch ersichtlich werden.

Die Malteser bauten ihre Kirchen mit zwei Türmen, was an sich keineswegs ungewöhnlich ist, doch meist ziert jeden Turm auf der Vorderseite eine große runde Uhr: Wie zwei einäugige Zyklopen sehen sie aus, diese Türme; sie ragen in den Himmel wie Zwillinge und sind doch feindliche Brüder. Etwas unterscheidet sie nämlich voneinander: Ich habe in der Kapitelüberschrift absichtlich von »Zyklopenaugen« gesprochen, obgleich den Zyklopen der griechischen Überlieferung nur *ein* Auge aus der Stirn sah. Einen Pluralbegriff von Zyklopenauge kann es also nicht geben. Und wenn doch, so handelt es sich um ein Paradoxon. Und Paradoxa werden uns in diesem Buch noch viele begegnen.

Nach landläufiger Auffassung kann es also nur *ein* Zyklopenauge und auch nur *eine* Zeit geben. Für die Malteser trifft das allerdings nicht zu, denn was die Zeit anbelangt, so haben sie ihre eigenen Ansichten. *Die eine Turmuhr zeigt nämlich grundsätzlich und bei allen Kirchen eine andere Zeit an als die Zwillingsuhr.* Eine Uhr zumindest muss also falsch gehen. Aber welche? Ich stand oftmals dort vor einer Kirche und fragte mich: Welche Zeit ist denn nun hier die richtige? Und dieses Paradoxon hat seinen Sinn!

Auch die antiken Griechen lebten mit zwei Zeiten. Es gab Chronos, den Gott der quantitativ verstreichenden Zeit, der *Uhr*zeit, würden wir heute sagen. Chronos – denken Sie an Chronometer – steht für die kontinuierlich vergehende Zeit – sie hat also eine gewisse Dauer. Jeder kennt das! Dann aber gab es noch Kairos. Der steht für einen ganz anderen Zeitbegriff, nämlich für eine subjektive, psychische Zeit, auch als »günstige Gelegenheit« gedeutet. Was bedeutet das? Bei einer günstigen Gelegenheit, vorausgesetzt, man packt diese unverzagt am Schopf, erreicht man sein Ziel unter Umgehung von viel Arbeit und großem Zeitaufwand. Man denkt nicht lange nach, sondern umarmt sein Glück. Dafür steht Kairos, und all das geschieht ohne Zeitaufwand – in Zerozeit, wie ich es fortan nennen werde. Kairos umschrieb Goethe mit der »Göttin Gelegenheit«, durch die sich ein Problem im Nu löst. Wir sprechen dann von einer glücklichen Fügung, von »mehr Glück als Verstand«; die es trifft sind »Glückskinder«, denen alles mühelos zufällt. Da aber das Rad des

Glücks sich schnell dreht und nicht anhält, heißt es, schnell zugreifen, sonst rast es an uns vorbei.

Chronos dagegen ist in unserem Alltag ständig präsent, zum Beispiel wenn wir uns ein Mittagessen zubereiten müssen: Das dauert etwa eine Stunde. Kairos ist am Werk, wenn wir, kaum wollen wir anfangen zu kochen, einen Anruf erhalten mit der Einladung zum Essen, wir haben also die günstige Gelegenheit, ohne Zeitverlust sofort zu einem Essen zu gelangen. Daher stehen sich Chronos, die an Dauer und Stofflichkeit gebundene Zeit (die »Uhrzeit«), und Kairos, die an Dauer und Stofflichkeit nicht gebundene Zeit oder Zerozeit (die »Urzeit«), als Gegensatzpaar oder als gegenseitige Ergänzung gegenüber. Ganz ähnlich deute ich auch das maltesische Uhrenparadox.

Die Uhr, die auf den maltesischen Kirchtürmen die falsche Zeit angibt, nennen die Einheimischen die »Teufelsuhr«, so erzählte man mir. Der Teufel will die Menschen irreführen, so deutete ich diesen Begriff zunächst. Doch sei es genau umgekehrt, korrigierten mich meine Gesprächspartner. Die falsch gehende (meistens die linke) Uhr soll den Teufel in die Irre führen und ihn damit abhalten, zu den menschlichen Ereignissen pünktlich zu erscheinen, er soll erst dann kommen, wenn die (christlichen!) Riten, Feste oder Gebete zu Ende sind! So raffiniert also hintergeht man den Teufel auf Malta.

Ich möchte nun meine Deutung dieses Uhrenparadoxons anführen. Kann es nicht sein, dass mit der falsch gehenden Uhr, die ja für den praktischen Alltag sinnlos ist, das Zeitlose überhaupt angesprochen werden soll? Soll vielleicht gezeigt oder gemahnt werden: Neben unserer »Uhrzeit« gibt es immer noch die »Urzeit«! Meine These lautet: Die falsch gehende Uhr macht uns aufmerksam auf die zeitlose Zeit, in der wir in Wirklichkeit leben, im Gegensatz zu der künstlichen und mechanischen »Uhrzeit« unserer modernen Gesellschaft. Wenn die Malteser sagen, durch ihren Uhrentrick wird dem Teufel verweigert, an ihren Festen, genauer gesagt, christlichen Festen teilzunehmen und sie zu stören, wird hier verwiesen auf den großen historischen Einschnitt: die Auseinandersetzung zwischen Heidentum und Christentum. Man ersetzte den Zeitbegriff der ewigen Wiederkehr, dem die Heiden anhingen, durch die an die heilsgeschichtlichen Ereignisse gebundenen christlichen Feste und Glaubensinhalte. Die Dualität *Urzeit* und *Uhrzeit* wird im Mittelpunkt meines Buches stehen. Auf das Geheimnis der maltesischen Teufelsuhren aber komme ich nochmals am Schluss des Buches zu sprechen.

Eine kurze Chronik der Menschheit

Als Chronik bezeichne ich der Einfachheit halber jene Quellen, Bücher, Schriften, Erlebnisberichte und literarischen Zeugnisse, in denen Menschen über die Erweiterung ihres normalen Bewusstseins und von ihren Hoffnungen auf Licht, Liebe, Leben berichten, um damit den intensivsten Daseinsgenuss zu erlangen. Thema dieses Buches ist in der Tat unsere Suche nach Licht, Liebe, Leben oder in der negativen Überspitzung unsere Sucht nach Luxus.

Ich suchte jene Quellen auf, die von den höchsten Bestrebungen der Menschheit sprechen. Ich wollte ein Buch schreiben über die weitreichendsten Träume, über das, was zwar unmöglich scheint und was sich doch jeder insgeheim erhofft. Von der gängigen Psychologie, die nur zwischen »normalen« und »kranken« Geisteszuständen unterscheidet, ist in dieser Hinsicht nichts zu erwarten: Das »normale« Maß übersteigende Hoffnungen und extreme Geisteszustände gelten hier als krank. Ich komme jedoch genau zum umgekehrten Schluss: Unsere über den normalen Alltag hinausgehenden Erfahrungen machen unser wahres Leben, unsere ursprüngliche Gesundheit und unseren tiefsten Lebensimpuls aus. Das, was uns am Leben erhält, ist die Hoffnung auf Licht, Liebe, Leben. Alle menschlichen Handlungen streben einem Ziel zu, einem fernen Horizont, über den geschrieben steht: Licht, Liebe, Leben! Alle Bewegungen, alle Gedanken streben einem »Urlicht« zu, welches wir mit unseren Augen niemals sehen können, denn es liegt jenseits aller irdischen Dinge, die so schwer auf uns lasten, jenseits von Raum und Zeit und Körper.

Die Zeugnisse, die ich gelesen und verarbeitet habe, wiederholen sich in schönstem Gleichmaß. Ob ich antike oder moderne, abendländische, asiatische, indianische oder afrikanische Hoffnungen auf Licht, Liebe, Leben untersuche, im Grundsätzlichen unterscheiden sie sich nicht, doch es lassen sich grob drei Typen von Quellen hervorheben.

Chronik I beinhaltet Berichte von Menschen, die in Lebensgefahr schwebten, wiederbelebt wurden und dann berichteten, was sie erfahren haben.

Chronik II gibt Schilderungen von Menschen wieder, die durch veränderte Bewusstseinszustände wie Trance, Ekstase, Ohnmacht, Initiation oder Erleuchtung mit einem paradiesischen Bewusstsein konfrontiert wurden.

Chronik III besteht aus Analysen von Philosophen, Schriftstellern und Wissenschaftlern, die sich zu diesem Thema geäußert haben.

Diese drei Typen von Berichten und Erfahrungen haben die Menschheit seit den Anfängen der Kultur in Bann geschlagen, denn sie bilden die Grundlage für alle Religionen, Philosophien, Sozialutopien, Moral- und Wertvorstellungen, für sämtliche Kulturformen und Ideologien. Die Chronik ist der Hort all unserer Hoffnungen, Heilserwartungen und allen Glaubens. Sie bilden den Sand, auf dem wir unsere Häuser bauen, das schwankende Terrain unserer Überzeugungen, den Nährboden, aus dem unser Lebenswille erwächst und unsere Selbstgewissheit geboren wird.

Diese vieldeutige, komplexe Ideenwelt nach sich wiederholenden Strukturen abzutasten, die in unserem Bewusstsein zu festen Überzeugungen geronnen sind, ist ein weiteres Ziel dieses Buches. Es untersucht den *homo maximus*, unseren offenbar angeborenen Drang, in allen Bereichen des Daseins ein Maximum erreichen zu wollen. Wir wollen emporsteigen aus den »Minuszuständen«, aus der Unterentwicklung, uns befreien von der Herrschaft der Raum-Zeit-Illusion, wir streben hin zu einem Höchsten, Schönsten, Allerbesten. Uns ist ein Impuls nach einer »Evolution zum Paradies« eingegeben, und wir erträumen die »Verwirklichung von Superlativen«.

Aus der Untersuchung dieser höchsten Erfahrungen setze ich eine »Psychologie des Maximums« zusammen, denn ich wurde konfrontiert mit einer Stufenfolge sich immer weiter intensivierender

Bewusstseinszustände. Überall traf ich auf jene Erscheinung, welche man »Exodus aus dem Normalbewusstsein« taufen möchte. Wir wollen uns befreien von den Fesseln von Zeit und Raum, von Ursache und Wirkung. Auch die Enge unseres Denkens und Fühlens, dieses Korsett unseres Gehirns, wollen wir abwerfen. Wir suchen nach erweiterten Denkhorizonten, stärksten Gefühlen, Rauschzuständen und nach einer Ich-Struktur, die uns nicht festnagelt auf ein paar wenige Charakterzüge. Wir möchten die Zeit überwinden, heraustreten aus diesem Minuten-für-Minuten-Dasein, hinein in die Zerozeit. Wie Geistwesen wollen wir die Materie durchdringen, der Zwangsablauf des Gestern, Heute und Morgen soll aufgehoben sein und sich auflösen in ewiger Gegenwart.

Diese Suche nach Verstärkung aller seelischen Zustände ist unser Befreiungskampf, aber keiner, der sich auf politische, soziale oder materielle Freiheiten beschränkt, das sind bestenfalls Vorstufen, erste Schritte, Ahnungen dessen, was wir wirklich erreichen wollen. Es zeigt sich nämlich, dass – getrieben von jenem Drang zum Maximum – die Sphäre des materiellen Daseins schließlich ganz abgeschüttelt werden soll, um zu einem letzten, kaum mehr vorstellbaren Zustand vorzustoßen. Dorthin führt eine Reihe übereinandergelagerter Geisteszustände, die ich als »Geistkontinuum« bezeichne. Das Buch folgt dementsprechend Kapitel für Kapitel dieser Aufwärts- und Ausdehnungsbewegung. So baut sich stufenweise die »Psychologie des Maximums« auf.

Das Studium dieser Chronik und nicht etwa eine vorweggenommene Theorie hat mich gezwungen, jene Stufenleiter der Bewusstseinsausdehnung nachzuzeichnen. Drei große Ideengebäude schälten sich aus den Erfahrungsberichten heraus: eine »Psychologie des Maximums«, ein »Bewusstseins- oder Weltkontinuum« und das »Analogie-Paradigma«, die Erfahrung, dass alle Daseinsfakten miteinander verwandt sind und letztendlich ein Ganzes bilden. Ich hatte das Ergebnis nicht vorausgesehen; ich war unvorbereitet ans Werk gegangen und wollte mich überraschen lassen – und es war in der Tat eine vollkommene Überraschung. Dieses Buch habe ich daher eher so geschrieben, wie man ein Bild malt: Ich wusste nie, was letztendlich dabei herauskommen würde. Ich lieh meine schreibende Hand gewissermaßen jenem versteckten Menschheitsdrang mit seinem unbezähmbaren instinktiven Streben nach dem Maximum.

Das Ich
in der Raum-Zeit-Illusion

DER HUNGER NACH HÖCHSTER WIRKLICHKEIT

Der Mensch, wenn ich das sagen darf, ist der Schöpfer der Materie.
C. A. HELVÉTIUS (1715–1771)

Gewinn ist unersättlich.
PITTAKOS (HERRSCHER VON LESBOS, 570 V. CHR.)

Das Alltagsgefühl

Jeder weiß, was ein Quartett ist: ein Kartenspiel. Jeder weiß auch, was ein Kartenhaus ist: ein Haus, zusammengestellt aus acht Karten. Im Allgemeinen besteht ein Kartenspiel aus 56 Karten, aber nicht so meines, das ich als Vergleich zur Veranschaulichung heranziehen will. Dieses Kartenspiel besteht aus zweimal vier Karten. Es ist eigentlich das bekannteste von allen, doch kennt es fast keiner: das Kartenspiel des Lebens! Jede Karte steht für einen Lebensfaktor.

Ich sagte, es besteht aus zweimal vier Karten, welche sind das? Das erste und gleichzeitig das grundlegende »Quartett« (Quartett I) besteht aus Raum, Zeit, Kausalität und Materie. Das darauf aufbauende zweite »Quartett« (Quartett II) hingegen umfasst Sinnesempfindungen (unsere fünf Sinne), Gefühl, Denken, Ichbewusstsein – also alles, was unsere Psyche ausmacht.

Das von mir als anschaulicher Vergleich verwendete Kartenspiel besteht demnach aus zwei Quartetten zu je vier Karten. Diese acht Karten »zusammengesteckt« ergeben ein »Kartenhaus«, das so fragil ist, dass es dauernd zusammenzubrechen droht. Fußboden und Decke, das sind Materie und Kausalität, die vier Wände bestehen aus Sinnesempfindung, Gefühl, Denken und Ich, und das Satteldach besteht aus Raum und Zeit. Man könnte nun einwenden, es gibt noch eine neunte Karte, nämlich den Joker. Dieser würde sich als Trumpf auf das Kartenhaus werfen und alles zerstören. Natürlich, selbst das gehört zum Leben, und ein Joker wird auch in verschiedensten Formen in diesem Buch auftauchen – als dauernd im Hintergrund stehende graue Eminenz.

Die Reduzierung unseres Daseins auf acht Faktoren mag nicht jedem einleuchten; es ließen sich ja auch ganz andere Einteilungen vornehmen. Ich habe mich jedoch für diese Auswahl entschieden und behaupte, dass sich alle Dinge und Ereignisse des Lebens auf diese wenigen Strukturen zurückführen lassen. Unser Alltagsgefühl besteht aus diesen acht Lebensfaktoren, und zwar in ihrer Rohform. Das Alltagsgefühl aber verändert sich unter dem Druck, das Lebensmaximum zu erreichen, und parallel dazu steigert sich die Intensität der Faktoren der beiden Quartette. Was immer wir als Normalgefühl oder Alltagsgefühl verstehen – ich möchte es hier nicht näher definieren – es besteht aus diesen acht Lebensfaktoren der beiden »Quartette«, wenn sie sich im relativen Ruhezustand befinden, bei alltäglichen Gefühlen, herkömmlichem Denken, normal ablaufender Zeit und Kausalität.

Das Trancegefühl

Das Alltagsgefühl stellt ein Normalmaß dar, eine Grund- oder Start-
linie wie beim Wettkampf. Alle Quartett-Faktoren können sich
von hier aus intensivieren. Die erste Steigerungsstufe stellen unsere
Gefühle dar. Ein Gefühl der Freude, des Schmerzes oder der Angst
stellt bereits eine Erhöhung unseres Normalgefühls dar; wir sind aufgewühlt, der Pegel unserer Erregung steigt an. Wenn unsere Gefühle
ansteigen, dann erleben wir das Dasein intensiver. Und wir *wollen*
intensiver erleben, das ist der Reiz des Lebens. Was sich steigert, sind
die acht Quartett-Faktoren, ich beschreibe die Auswirkungen nun
entsprechend der Abfolge dieses Prozesses.

Die Faktoren des Quartetts unserer Psyche (Quartett II)
1. Empfindungen (fünf Sinne): Wir befinden uns im Zustand erhöhter Wachheit und Aufmerksamkeit. Wir hören, sehen, riechen,
schmecken und spüren mehr.

2. Gefühle: Unsere Gefühle können bis zur Hysterie aufgeputscht
werden; Glück, Verliebtheit, Impulsivität, Wut, Ärger lassen uns das
ausgeglichene Normalgefühl verlassen.

3. Denken: Das normale Alltagsdenken, das zunächst ruhig und
gelassen ist, präzisiert sich; erhöhte Konzentration und Regsamkeit
des Geistes stellen sich ein. Wir nehmen jetzt alle Feinheiten wahr,
die Welt erscheint uns bedeutungsvoll, lebendig. Alle großen Erfindungen und geistigen Leistungen gründen auf solchen gesteigerten
Momenten normalen Denkens.

4. Das Ich: Im Allgemeinen tragen wir stets unser Ichbewusstsein
mit uns herum wie einen Mantel. Wir unterscheiden uns von anderen Menschen durch eine individuelle Ausprägung unserer Quartett-
Faktoren. Wir formen uns ein individuelles Ich, und darauf sind wir
stolz. Hinzu kommen natürlich unser Wissen, unser Beruf, unsere
Umwelt. All das zusammen ergibt jenes schwer zu bestimmende

Gebilde, das »Ich«. Intensivieren sich unser Empfinden, Fühlen und Denken, dann erweitert sich gleichzeitig unser Ich, denn es ist ja die Quersumme dieser übrigen Komponenten. Unser Ichgefühl tritt somit deutlicher hervor.

Die Faktoren des Quartetts der äußeren Welt (Quartett I):
Raum-, Zeit-, Kausalitäts- und Materieempfinden intensivieren sich parallel zum intensivierten Denken und Fühlen. Steigert sich unsere Emotion, verändert sich gleichzeitig auch unser Zeitempfinden: Es wird subjektiv schneller oder langsamer, ebenso wie die Abfolge von Ereignissen (Kausalität). Auch unser Raumgefühl ändert sich: Wir meinen, der Raum dehnt sich aus oder schrumpft. Intensive Gefühle verändern unsere Wahrnehmung von Raum und Zeit, von der Kausalität von Ereignissen und ansatzweise auch von der Dichte der Materie.

Weder beim Alltagsgefühl noch bei der zweiten Stufe, dem Trancegefühl, einer Art »Emotionsgipfel«, lässt sich etwas Ungewöhnliches oder Erschreckendes feststellen, doch wir wollen systematisch und langsam voranschreiten. Bald genug wird uns die Intensivierungsskala oder das »Geistkontinuum« mit unheimlichen Daten überfallen.

Das Hochgefühl

Wir kommen nun zur dritten Intensivierungsstufe, dem Hochgefühl, einem veränderten Bewusstseinszustand. Hatte das Trancegefühl eine allgemeine Anhebung der Quartett-Faktoren mit sich gebracht, die jeder Mensch schon tausendmal an sich gespürt hat, bewegen wir uns jetzt in Zustände hinein, die bereits nicht mehr jedem dauernd zugänglich sind. Es sind das jene seltenen und seltsamen Zustände, die uns in Ausnahmesituationen plötzlich überfallen und die wir in den normalen Lebensablauf nicht einordnen können. Bereits bei der dritten Intensivierung befällt uns hier eine Angst vor dem Unbestimmbaren. Über die gesteigerten Gefühle Glück und Ekstase oder über Verzweiflung und Panik führt uns ein Weg hin zum gesteigerten Bewusstsein.

Ich beginne beim einfachsten erhöhten Bewusstseinszustand, der Konzentration. Was geschieht mit mir, wenn ich extrem konzentriert bin?

1. Ich selbst bin nicht mehr da, ich reflektiere mich nicht mehr; ich verschmelze mit dem Gegenstand meiner Konzentration.

2. Ich bin vollkommen von jenem Feld, auf das ich meine Aufmerksamkeit richte, absorbiert; dadurch verwenden meine Sinne all ihre Kapazität für einen sehr kleinen Umweltausschnitt, der – allerdings auf Kosten einer breiteren Erfahrung – sinnlich intensiv aufgenommen werden kann, wodurch es zu klarerer Wahrnehmung, zu schärferem Hören, Fühlen und Denken kommt. Ich spüre, dass mein Körper sich ausdehnt, ich weiß nicht mehr, wo er endet und anfängt, er erstreckt sich auf die Umwelt, und das kann fortschreiten bis zu einer Identifikation mit anderen Menschen und Umgebungsstrukturen, ja mit dem Planeten oder im Extremfall mit dem ganzen Kosmos. Zudem treten Vibrationen, Lähmungen und vielerlei physiologische Reaktionen auf, die als Entkonditionierungsphänomene oder Entspannungsreaktionen, d.h. als Befreiung von körperlichen Verhaltensnormen, zu deuten sind.

Der übliche Vorgang bei starker Konzentration verläuft wie folgt:
- Innere Ruhe
- Hervortreten von Formen und Farben
- Vibration der Gegenstände, Eindruck, sie seien lebendig
- Auflösung der Konturen, Phänomen der »weißen Leere«, d.h. es wird kein Gegenstand mehr wahrgenommen.

Damit einher geht eine Auflösung der Ich-Identität. Die sinnliche Wahrnehmung, das Fühlen und Denken wandeln sich insofern, als ihre Intensität sich erhöht und verstärkt, aber sich zugleich – und das ist das Paradoxe daran – so sehr verstärkt, dass schließlich von sinnlicher Wahrnehmung, von Fühlen und Denken und von einem Ich keine Rede mehr sein kann und ein »paradoxer Zustand« eintritt. Aus der Empfindung wird tendenziell ein Allempfinden, aus dem Gefühl universelles Mitgefühl oder Allgefühl, aus dem Denken wird ein Allwissen, das keine kausalen Denkabläufe mehr kennt, und aus dem Ich entsteht das Null-Ich, ich bin dann nicht mehr da!

Diese Steigerung kann man auch, wie ich das tue, als eine Analogie betrachten. Damit meine ich, dass eine Entsprechung besteht zwischen einer einfachen Empfindung und deren Intensivierung zur Hyperempfindlichkeit und deren weiterer Intensivierung zu einer erweiterten oder explodierenden Sensitivität, bis diese so groß geworden ist, dass wir von universeller Empfindsamkeit sprechen müssen. Tatsächlich handelt es sich um eine Steigerung auf dem Geistkontinuum und nicht einfach um verschiedene Empfindungstypen, wie meist fälschlicherweise angenommen wird. Es besteht eine analoge Kette zwischen all diesen Steigerungstypen: Eine Empfindung geht aus der anderen hervor, sie unterscheiden sich nur hinsichtlich ihrer Intensität.

Alle psychischen Zustände laufen zunächst auf eine Steigerung und Intensivierung hin, werden so wie ein aufblasbarer Luftballon immer größer, erweitern, dehnen sich, werden so riesig wie die ganze Welt und werden schließlich diese ganze Welt, bis sich der Gegensatz Mensch – Welt auflöst und das berühmte »Ich-und-die-Welt-sind-Eins-Gefühl« heraufdämmert. Damit platzt der Luftballon, das »Leere-Phänomen« – die Gegensätze zwischen den Dingen heben sich auf – entsteht. Die acht Quartett-Faktoren erreichen ihre höchste Steigerung und lösen sich dadurch paradoxer-, aber logischerweise auf, zurück bleibt »weiße Leere«, das Nichts. Hier ereilt unsere acht Karten ihr Schicksal, sie werden vom Joker gewissermaßen weggetrumpft. Die höchste Steigerung ist das Alles, das gleichzeitig aber das Nichts ist – daran müssen wir uns gewöhnen, Nichts und Alles ist Eins.

Ich möchte an einem einfachen Beispiel anschaulicher darlegen, was es mit dem Hochgefühl auf sich hat. Ein Bereich, in dem dieser Zustand häufig auftritt, ist der Hochleistungs- und Spitzensport. Sportliche Leistungen fördern Extremzustände, ganz gleich, ob es sich um Fußball, Skilaufen oder Boxen handelt.

John Brodie, ein Footballspieler der San Francisco 49er, beschreibt sein Hoch folgendermaßen:
»Oft in der Hitze und im Eifer des Spiels verbessert sich die Leistung und

Koordination eines Spielers dramatisch. Zeitweise und mit zunehmender Häufigkeit erfuhr ich eine Klarheit, die ich noch in keiner Football-Geschichte erwähnt gefunden habe. Manchmal zum Beispiel scheint die Zeit sich zu verlangsamen in einer unheimlichen Weise, als bewege sich jeder in Zeitlupe. Und es scheint, als habe ich alle Zeit der Welt, ... aber ich weiß doch gleichzeitig, dass die Abwehrlinie auf mich zukommt genauso schnell wie immer. Ich weiß genau, wie hart und schnell diese Jungs kommen und doch scheint das Ganze wie ein Film oder Tanz in Zeitlupe. Das ist wunderbar« (Leonard 1977, S. 35).

Michael Murphy und Rhea White (1978) sammelten über sechzig ähnliche Schilderungen außergewöhnlicher Sinnesempfindungen, die bei sportlicher Höchstleistung auftreten. Einige weitere seien hier aufgeführt:

- Außergewöhnliche Klarheit
  Tony Jacklin, der berühmte britische Golfspieler: »*Wenn ich in diesem Zustand bin, ist alles rein, lebendig, klar ... Ich lebe voll im Augenblick ...*«
- Extreme Konzentration
  Tony Jacklin: »*Wenn ich in diesem Zustand bin, befinde ich mich in einem Kokon der Konzentration.*«
- Große Ruhe
  Yuri Vlasov, russischer Champion im Gewichtheben: »*Auf dem Höhepunkt einer unglaublichen siegreichen Anstrengung, während das Blut im Kopf hämmert, wird alles in dir plötzlich ruhig. Alles erscheint klarer und weißer als je, als ob Spotlichter angedreht wären.*«
- Schwebegefühle
  Ein Läufer berichtet: »*Ich begann den Kontakt zu meinem Körper zu verlieren, ich schwebte weg zu entfernten Plätzen und Orten ... Gedanken von Glanz und großer Kraft ... Ich empfand starke Schmerzen, aber auch Ekstase. Ich wusste, dass ich aufhören sollte, aber es gelang mir nicht. Ich konnte diese Kraft und Freude nicht aufgeben.*«
- Größenveränderung
  Ben Hogan, ein großer Golfspieler: »*Ich kann es nicht genau*

beschreiben, aber als ich zum Loch sah, sah es aus wie eine große Badewanne. Plötzlich erhielt ich die Überzeugung, es nicht verpassen zu können. Ich versuchte lediglich dieses Gefühl beizubehalten, ohne es zu hinterfragen.«

Weitere Zustände können sein:
- Wahrnehmung der Welt als Einheit
- Zugang zu großen Energien
- Kommunikation mit körperlosen Wesen, die einem helfen
- Ekstase, höchstes ästhetisches Empfinden, Freude als Sinn des Lebens
- Entfremdung vom eigenen Körper, vom Publikum, vom eigenen Ziel und vom Handeln überhaupt
- Selbstbeobachtung
  Ein Tänzer sagte: »*Man kann sich freuen am Tanzen und sich dabei zur gleichen Zeit selbst beobachten.*«
- Mühelosigkeit
  In diesem Zustand geht alles wie von selbst. Es bedarf keiner Anstrengung mehr.
- Gefühl der Schwerelosigkeit
  Viele Personen meinen zu schweben, zu fliegen.
- Kraftzuwachs
  Eine neue Kraft kommt scheinbar von außen.
- Leben im Augenblick
  Die Zeit verschwindet, man lebt nur im Moment.
- Instinktives Handeln
  Man handelt unbewusst, intuitiv, direkt und dabei schneller, präziser, als wenn man zuvor überlegt.
- Gefühl, dass ein größeres Selbst die Persönlichkeit übernimmt
- Gefühl der Unsterblichkeit
- Veränderung des Zeitempfindens
  Die Zeit verlangsamt sich oder fällt ganz weg.
- Gefühl der Gesundheit und Stärke

In den gleichen Zuständen entstehen große Erfindungen, neue Theorien und künstlerische Leistungen. Vermutlich entspringen alle entscheidenden Errungenschaften des Menschen in größerem oder geringerem Maße diesem Prinzip der Steigerung bzw. einer Steigerung der acht Quartett-Faktoren. Durch Überbeanspruchung eines Quartettfaktors – der Sinne, des Gefühls, aber auch des Körpers – werden alle anderen auf ein neues Erfahrungsniveau emporgehoben, und es vollzieht sich das interessante psychologische Phänomen einer Sogwirkung. Es reicht, einen Faktor, etwa extreme Konzentration im Denken oder Überbeanspruchung des Körpers bei einer Sportart zu praktizieren, und schon wird unser wohlkoordiniertes Ich aus seiner Verwurzelung und seiner gewohnten Lebenswelt herausgerissen. Alle Faktoren steigern sich durch Erweiterung oder erweitern sich umgekehrt durch Steigerung.

Veränderte Bewusstseinszustände hat jeder von uns schon erfahren, auch wenn sie unbemerkt geblieben und im Alltag untergegangen sind. Im Haus, bei der Arbeit, im Spiel, beim Autofahren, bei irgendeiner begründeten Verstärkung unserer Gefühle oder Empfindungen tauchten wir auf in die nächsthöhere Intensivierungsebene. Das mag eine Sekunde gedauert haben oder etwas länger und wir mögen es anschließend als etwas Besonderes erkannt haben oder nicht. Tatsache ist jedoch: Jeder Mensch kann erhöhte Bewusstseinsaugenblicke, ausgelöst durch diesen oder jenen Quartettfaktor, erleben. Die gewohnte Wahrnehmung des Menschen ist wie der Nachthimmel durchsetzt mit Sternen, mit hunderten kleiner und größerer Zustandsänderungen. Doch unsere Furcht, den Halt zu verlieren, den uns das Normalgefühl verleiht, zwingt uns, diese anderen Existenzniveaus zu verschweigen und zu unterdrücken – wir verstecken uns vor uns selbst.

Aus zahlreichen Erfahrungsberichten lässt sich ablesen, dass für Bergabstürze derartige erhöhte Bewusstseinszustände sehr typisch sind. Im freien Fall verändert sich das Bewusstsein in Anbetracht des bevorstehenden Todes schlagartig. Dabei tritt wie bei allen Arten von Bewusstseinserweiterung eine gesetzmäßige Reihe von Erfahrungen auf:
- kurze Panik und Angst
- Gefühl der Unwirklichkeit

- zunehmende Bewusstseinsklarheit
- Gefühl der Loslösung, Entspannung und des Friedens
- präzises spontanes Handeln
- Gefühl, über mehr Kraft als normal zu verfügen
- Wahrnehmung einer großen Schönheit
- Zeitlupeneffekt
- die Dinge leuchten von innen heraus und scheinen lebendig
- der Raum verändert sich, Dinge werden größer oder kleiner.

Damit beende ich diesen kurzen Exkurs in die Beschreibung erhöhter Bewusstseinszustände. Es ist hier lediglich möglich, ein allgemeines Gefühl für diese Zustände zu wecken. Bis hierher reicht unsere Alltagserfahrung, doch nach dieser dritten Stufe des Bewusstseinskontinuums kommt es zum Bruch mit den drei Dimensionen unserer Welt.

Der Mensch – ein Kosmos im Kleinen

> *»Ja, das ist eben das Große bei der Natur,*
> *dass sie so einfach ist*
> *und dass sie ihre größten Erscheinungen*
> *immer im Kleinen wiederholt.«*
> JOHANN WOLFGANG VON GOETHE

Ana ist ein altgriechisches Wort und heißt so viel wie »hinauf, gemäß, entsprechend«. Und in der Tat geht es in diesem Buch um »Entsprechungen« und um ein Hinauf zu höheren, intensiveren Bewusstseinszuständen. Im Begriff *analogos* oder »Analogie« verbindet sich *ana* mit *logos,* dem Daseinsgesetz. Analogie heißt also »hinauf zum Daseinsgesetz« oder »dem *logos* gemäß sein«.
Diese »Analogien« sind wie Chamäleons. Sie verändern sich nicht nur in ihrer Farbe, sondern auch in ihrer Form und ihrer ganzen Struktur. So kann eine Analogie ein bestimmter Ton sein, einen Augenblick später die diesem Ton entsprechende Zahl und gleich darauf die

farbliche Schwingung dieser Zahl. Solch eine Reihung nenne ich eine »Analogie-Kette«.

Eine solche Analogie-Kette ist zum Beispiel die Verzweigung einer Baumkrone und die Wiederholung dieser Verästelungen in der Struktur des Blattes. Solch eine Analogie-Kette ähnelt den sich verzweigenden Graten eines Bergmassivs oder der Struktur, die sich ergibt, wenn wir Farbe zwischen zwei Glasplatten flach drücken: In beiden Fällen entsteht eine Art Astkrone. Analogien bilden offensichtlich problemlos ein verbindendes Element zwischen unterschiedlichen Strukturen oder Materialien, und die Analogie-Wissenschaft springt – immer nur auf die Entsprechungen schauend – hin und her zwischen verschiedensten Ebenen, ohne sich um diese zu kümmern.

Die wohl bekannteste Analogie ist die Entsprechung von Mikro- und Makrokosmos. Das Kleine entspreche dem Großen, so hören wir seit der Antike. Wenn dem so ist, dann würde die Welt auf wenige Fakten zusammenschrumpfen, denn das Kleine wäre nur eine Miniaturausgabe des Großen und umgekehrt. Die Vielfalt der Welt würde unter solchen Prämissen in sich zusammenstürzen, und ich frage mich, wie viele Strukturen dabei übrigbleiben würden, wenn überhaupt irgendwelche.

Denken wir nur einmal an einen Apfelkern, in dem die Eigenschaften dieser Pflanzenart genetisch gespeichert sind: Kern und Apfel sind identisch. Und denken wir weiter an die Ähnlichkeit zwischen der Apfelbaumkrone und der Form des Apfels – auch in dieser Form erkennen wir eine Analogie. Ebenso gleichen sich die Form des Kirschbaums und die des Kirschkerns oder die der Walnuss und der Krone des Walnussbaums. Inneres und Äußeres weisen auf das Gleiche hin. Es lassen sich, schaut man sich aufmerksam in seiner Umwelt um, viele solche einfachen und vielleicht kindlich klingenden Symmetrien finden. Suchten wir die gesamte Natur auf solche Ähnlichkeiten ab, ergäbe sich ein beeindruckendes Bild der Einheit von Mikro- und Makrokosmos.

Analogien in der Natur lassen sich noch relativ leicht verstehen, bei der Anerkennung von Analogien im Psychischen tun wir uns jedoch wesentlich schwerer. In dieser Hinsicht am weitesten ist sicherlich der große schwedische Forscher Emanuel Swedenborg gegangen; er war der Ansicht, der Kosmos sei ein Ebenbild des Menschen, ein »großer Mensch« oder *homo maximus,* und umgekehrt, der Mensch sei ein Kosmos im Kleinen.

Auch Platon hatte sich ganz der Analogie-Theorie verschrieben. Er vermutete eine unserer Welt parallel gelagerte Ideenwelt, die das exakte Spiegelbild unserer Welt sei. Unsere Welt sei ein Fußabdruck, ein »Spurbild«, wie er sagte, der Ideenwelt. Während wir Menschen Ideen in Gestalt von Materie seien, existiere die reine Ideenwelt allein auf der Grundlage des Geistigen. Ideen könnten sich also geistig und materiell darstellen.

Wir haben bereits das Weltkontinuum beschrieben, auf dem sich die acht Quartett-Faktoren intervallartig steigern. Die von mir aufgezählten Intensivierungsstufen entsprechen einander alle auf der jeweiligen Ebene; eine Stufe ist eine Analogie aller anderen, unterschiedlich ist lediglich der Grad der Intensivierung, aber diese bringt ja gerade die Unterschiede in der Welt hervor. Die Intensivierung ist gewissermaßen die schöpferische Weltmutter und die Analogie steht für den Weltvater, der die Weltvielfalt immer wieder bewahrt.

Zusammenfassend lässt sich sagen, die Analogie-Theorie ist das älteste Weltmodell des Menschen. Es gibt kein Naturvolk, das nicht seine Philosophie auf Analogien gründet. Auch alle alten Hochkulturen lebten in einem Analogie-Universum, sie erkannten die Ähnlichkeiten zwischen allen Dingen.

Die Seele
im Antimaterie-Kosmos

Die Plasmazone

Extra corpus esse te crede, et es!
(Glaube, du seiest außerhalb des
Körpers, und du bist es!)
Chaldäisches Orakel

Seelenablösung und Phantomkörper

Hier der Bericht eines amerikanischen Soldaten, der durch einen Unfall seinen Körper verließ, für tot erklärt und in einem Raum abgestellt wurde.

»Meine Basis und das Hospital zu finden, war kein Problem. Eigentlich war ich, kaum hatte ich daran gedacht, auch schon zurück. Doch wo war der kleine Raum, den ich verlassen hatte? So begann, was wohl die eigenartigste Suche genannt werden kann: die Suche nach mir selbst. Wie ich so von einem Saal zum nächsten rannte, einen Raum nach dem anderen mit schlafenden Soldaten passierte, die alle in meinem Alter waren, wurde mir klar, wie unvertraut uns doch unser eigenes Gesicht

ist. *Mehrere Male hielt ich bei einer schlafenden Gestalt an, denn so hatte ich mir mich genau vorgestellt. Doch der Bruderschaftsring, der Phi-Ga-Ring, fehlte, und so spurtete ich weiter.«*

»*Das Summen der Maschine ist das Letzte, an das ich mich erinnere. Als ich meine Augen öffnete, lag ich in einem kleinen Raum, den ich zuvor nie gesehen hatte. Ein winziges Licht brannte in einer Lampe. Eine Zeit lang lag ich so und versuchte mich zu erinnern, wer ich war. Plötzlich saß ich kerzengerade im Bett. Der Zug! Ich hatte den Zug verpasst!*

Ich weiß, was ich nun beschreibe, wird unglaublich klingen. Ich kann es nicht verstehen, und so frage ich dich danach. Alles, was ich tun kann, ist, die Ereignisse jener Nacht zu berichten, so wie sie waren. Ich sprang aus meinem Bett und schaute mich im Raum um nach meiner Uniform. Nicht auf dem Bettgestell. Ich stoppte und schaute gebannt auf mein Bett. Jemand lag im Bett, das ich gerade verlassen hatte.

Ich trat in die Halle, begierig, dem Geheimnis dieses Raumes zu entkommen. Richmond, das war das Wichtigste – auf nach Richmond. Ich ging die Halle hinunter zur Außentür. ›Pass auf Dich auf!‹, rief ich meinem zweiten Ich zu. Doch schien es nicht zu hören, und eine Sekunde später war es an mir vorbeigegangen, so als wäre ich gar nicht da gewesen.

Das war zu verrückt, ich konnte das gar nicht denken. Ich erreichte die Tür, ging durch und befand mich draußen in der Nacht und lief zügig gen Richmond. Rennen? Fliegen? Ich weiß nur noch, dass die dunkle Erde vorbeiflog, während mich andere Gedanken absorbierten, schreckliche, unaussprechliche. Der Aufpasser hatte mich nicht gesehen. Was, könnten die Leute an der Medizinfakultät mich auch nicht sehen?

In höchster Erregung hielt ich bei einem Telefonmast in einer Stadt an einem Fluss und griff nach dem Draht. Zumindest schien der Draht da zu sein, doch meine Hand konnte ihn nicht fassen. Eins war nun klar: In einer nicht vorstellbaren Weise hatte ich meine Fleischlichkeit verloren, meine Hand, die einen Draht packen konnte, und den Körper, den Leute sehen konnten.

Langsam dämmerte mir, dass der Körper auf dem Bett meiner war, unerklärlicherweise getrennt von mir, und dass es nun meine Aufgabe war, zu ihm zurückzugehen und mich mit ihm so schnell wie möglich zu verbinden.

Zum Schluss betrat ich einen kleinen Raum mit einem einzigen trüben Licht. Ein Betttuch war über die Figur auf dem Bett gezogen worden, doch die Arme lagen auf der Decke. An der linken Hand saß der Ring.

Ich versuchte das Betttuch zurückzuziehen, aber ich konnte es nicht fassen. Doch nun, da ich mich gefunden hatte, wie konnte ich zwei Menschen vereinen, die doch so verschieden waren? Und als ich so über dieses Problem nachdachte, kam es mir plötzlich: Das ist der Tod. Das ist, was wir Menschen Tod nennen, dieses Absplittern seines Selbst. Das war das erste Mal, dass ich mit meinem Erlebnis den Tod verband.«
(Weiss, 1972, S. 63 f.)

Wir stoßen jetzt zur höchsten Form des Hochgefühls vor, zur Seelenablösung. Plötzlich finden sich Personen außerhalb ihres Körpers wieder. Ohne Vorwarnung sehen sie sich von oben und schweben scheinbar weit über ihrem Leib. Die erste Reaktion ist Überraschung, und oft genug beendet diese das Erlebnis schlagartig. Doch tatsächlich tritt dieses Phänomen nicht plötzlich ein, es gehen ihm eine Reihe typischer Prozesse voraus. Allerdings werde ich auf die Seelenablösung nur kurz eingehen, da dazu bereits viele ausführliche Werke vorliegen. Mein Ziel ist es lediglich, die Seelenablösung in den Rahmen des Geistkontinuums einzuordnen und ihren wahren Sinn zu klären.

Seelenablösung tritt vornehmlich bei schwerer Krankheit und Erschöpfung auf, während der Geburt ebenso wie bei ganz gewöhnlichem Stress und Schmerz, gleichermaßen auch bei tiefer Entspannung, Ermüdung und Meditation oder bei starker Konzentration und Geistesabwesenheit und natürlich im Schlaf und letztendlich zusammen mit dem Tod, denn Seelenablösung heißt Tod.
Voraussetzung scheint ein Verlust der Ichkontrolle, eine Abwesenheit jener Ichbewusstheit zu sein, die uns im Alltag ständig bestimmt.

Wenn die Faktoren des Quartetts der äußeren Welt sehr stark intensiviert sind, kommt es zu einem Umkehrungsvorgang: Unser Ichbewusstsein nimmt jetzt nicht mehr zu, sondern paradoxerweise – *weil* es zunimmt – verschwimmt es, wird dünner und blasser. Gleichzeitig erweitert es sich. Wir begrenzen uns jetzt nicht mehr auf ein kleines Ich, sondern dehnen uns immer weiter aus, spannen sozusagen ein Netz der Aufmerksamkeit über die ganze Umwelt, wodurch wir uns zwangsläufig »verdünnen« müssen und wir nicht mehr an einem Punkt zu lokalisieren sind.

Bei der eigentlichen Seelenablösung stellen wir fest, uns erfüllt ein Gefühl der Zeitlosigkeit und räumlichen Unendlichkeit; danach beginnt der Raum um uns herum zu schwanken, sich zu verzerren, wir wissen nicht mehr, ob etwas nah oder fern ist, der Raum wird elastisch wie ein Pudding. Jetzt heißt es, auf unsicherem Boden das Gleichgewicht zu wahren. Schließlich relativiert sich räumlich der Unterschied zwischen weit und nah so sehr, dass Nahes weit entfernt und Entferntes geradezu neben uns zu stehen scheint.

Bezüglich der Materie meinen wir, sie verliere ihre festen Formen und werde zudem durchsichtig. Unser Körpergewicht nimmt rapide ab, wir werden federleicht und können fliegen.

Und was die kausale Abfolge von Ereignissen anbelangt, diese wird beliebig: Was morgen erst stattzufinden hätte, ereignet sich gerade jetzt neben uns. Die Zeit bekommt die Tendenz, auf einen Gegenwartspunkt hin zusammenzuschrumpfen. Es kommt zum Panoramablick, wir sehen Vergangenheit, Gegenwart und Zukunft wie auf einem Bild gemeinsam, mehr noch, wir verstehen erstmals die Logik, die zwangsläufig von der Vergangenheit zur Zukunft führt.

Solch ein Wandel der Faktoren des psychischen Quartetts führt dazu, dass wir keine starke Identifikation mehr mit unserem Körper spüren, und das bewirkt die Seelenablösung! Ist die Körperorientierung, die sich an Raum, Zeit, Kausalität und Materie klammert, erst einmal überwunden, dann fühlt sich die Seele frei und als das, was sie wahrhaft ist: körperlos. Sie löst sich von unserem eng begrenzten menschlichen Konzept »Ich bin mein Körper«, und als Folge davon tritt das Phänomen der Seelenablösung ein.

Wer sich also vom außerweltlichen Quartett – Raum, Zeit, Kausalität und Materiekörper – lösen kann, hat eine gute Chance, seinen Leib zu verlassen. Auch die Auflösung des psychischen oder innerweltlichen Quartetts – Empfindung, Fühlen, Denken und Ichbewusstsein – unterstützt die Ablösung. Befreit vom Körper können wir uns nun geistig in alle Richtungen ausbreiten. Die Vorstellungskraft ersetzt jetzt die körperlichen Fähigkeiten; wer seine psychischen Fähigkeiten gut herausgebildet und geübt hat, besitzt jetzt ein entscheidendes Kapital, ein Kapital an Bildern und Imaginationsmethoden, durch die er mit seiner Seele im raumlosen Raum imaginativ reisen kann, während Menschen, die in ihrem alltäglichen Leben verstärkt auf körperliche Ertüchtigung gesetzt haben, im außerkörperlichen Zustand nicht viel erleben werden: Die Vorherrschaft des Körpers über das Leben ist gebrochen. Wir neigen nun allerdings dazu, das zu sein, was wir uns vorstellen, was zu neuen Schwierigkeiten führen wird.

All das klingt zunächst absonderlich und unglaubwürdig; bedenken wir jedoch, wir sind befreit von unserem Körper, sind also *reines* Denken und Fühlen, und uns sind in diesen beiden Bereichen keine körperlichen Grenzen mehr gesetzt. Dies wird – weshalb eine Kontrolle durch das Denken vielleicht doch Not täte – in der Tat zu unserer aktuellen Wirklichkeit. Der Körper ist weggefallen, die Gedanken tanzen auf dem Tisch. Eine neue Dimension öffnet sich!

Als Platon, der Vater der abendländischen Philosophie, auf dem Totenbett lag, wurde er von seinen Schülern gefragt, wie er seine Philosophie in einem Satz zusammenfassen würde. Er hatte sie bereits früher als *phaedros melete thanatou* bestimmt, als die Praxis und Vorbereitung auf den Tod. Denn durch diese vorbereitende Praxis sei der Tod für den Philosophen weniger schrecklich als für den normalen Menschen. Auf die Frage seiner Schüler aber antwortete er bloß: »Übe zu sterben!« Für Platon bedeutete Tod so viel wie *lysis* (Loslösung) oder *chorismos* (Abtrennung). Der Tod bei Platon besteht demnach in einer wie auch immer gearteten Loslösung vom Körper, und was sich vom Körper abtrennt, ist die Seele. Seelenablösung ist folglich gleichbedeutend mit Tod.

Die Frage ist nur, wo befinden wir uns, wenn wir außerhalb unseres Körpers sind? Zunächst scheinen sich die Betroffenen, wie zu erwarten, einfach neben ihrem Körper aufzuhalten oder oberhalb von ihm zu schweben. Sie befinden sich zwar noch in der gewohnten Umgebung unserer Dimension, sind jedoch nicht mehr mit dieser verbunden. Anhand der folgenden Berichte lassen sich die beschriebenen Phänomene sehr klar veranschaulichen und voneinander abgrenzen.

Ich schwebe

Ein etwa 50-jähriger Mann erzählte mir Folgendes:

Nach einer Lungenembolie trat bei ihm eine Seelenablösung ein. Er meinte aufzufliegen und doch gleichzeitig zu versinken. Dabei überkam ihn die Angst vor dem Absturz oder Aufprall, doch dann sagte er sich: »Ich kann ja nirgends aufprallen, weil die Welt unendlich ist.« Beruhigt gab er sich von da ab dem Gefühl des wunderbaren Schwebens hin.

(Persönliche Mitteilung)

»Die erste Vision, die meines eigenen toten Körpers, war wesentlich klarer, als wenn man Fernsehen schaut. Mein Körper lag leblos auf dem Bauch. Ich schwebte in der Luft. Ich betrachtete meinen Körper von oben, aus einem diagonalen Winkel mit großem Interesse, aber ohne irgendeine Bestürzung. Ich kann mich nicht erinnern, ob ich bekleidet war oder nicht. Bald danach aber bemerkte ich, dass ich mich auch anderen Dingen zuwenden konnte als dem verwaisten Körper. Nicht nur von der Schwerkraft war ich befreit, auch von allen anderen menschlichen Beschränkungen. Ich konnte fliegen, ich fühlte mich verwandelt.«

(Gallagher, 1982, S. 143)

»Als ich mich sterben fühlte, zog sich ein Teil von irgendetwas aus meinem Körper heraus und bewegte sich hoch, vom Bett weg. Ich wurde so etwas wie eine kleine Wolke, sehr flüchtig, von keiner bestimmten Form. Mit wachsender Geschwindigkeit bewegte ich mich höher und immer höher. Lange Zeit glitt ich durch das, was ich für einen Tunnel hielt.«

(Wheeler, 1982, S. 111)

Wer kennt nicht die Redewendung »in den Schlaf fallen«. Warum »fallen«? Ebenso ließe sich entsprechend der Erfahrungen vieler Menschen von einem »in den Schlaf hochfliegen« sprechen, denn viele berichten anstatt von Fallgefühlen und Fallträumen von Schwebe- und Fluggefühlen. Ob wir nun schweben oder fallen, bleibt sich gleich, in beiden Fällen handelt es sich um eine körperliche Entspannungsreaktion, die auf ihrem Gipfel in eine Seelenablösung umschlägt. Ich betone: Nicht jedes Schwebegefühl hat etwas mit einer Seelenablösung zu tun, oft handelt es sich lediglich um erste Anklänge und Vorgefühle derselben. Ob es sich um eine echte Seelenablösung oder um ein bloßes Vorstadium des wirklichen Erlebnisses handelt, lässt sich nur bei Kenntnis des Einzelfalls genau bestimmen. Es gibt allerdings eine ganze Reihe der Seelenablösung vorausgehende Gefühle, die sich in allen möglichen Stadien der Entspannung und des Leichterwerdens äußern. Die eigentliche Seelenablösung aber tritt erst auf dem Höhepunkt einer Entspannungskurve auf. Sie beginnt mit einer Reihe typischer körperlicher Phänomene, die durch die von mir zuvor beschriebene Chronik seit Jahrtausenden gut dokumentiert sind. Ihr Auftreten wurde jedoch immer mit einem Schleier des Geheimnisses umgeben, was eine nüchterne Einschätzung in neuerer Zeit verhinderte. Tatsächlich sind wir mit höchst einfachen körperlichen Vorgängen konfrontiert, vergleichbar dem Schluckreflex beim Essen, dem Niesen oder Husten. Ich möchte hier drei der wesentlichsten Reaktionsweisen der Seelenablösung vorstellen: Vibration, Erstarrung oder Lähmung und das Klicken.

Die Vibration
»*Als das Vibrieren begann, wurde meine Person wie auseinander getrennt. Danach konnte ich meinen eigenen Körper sehen ... und ich schaute zu, wie der Arzt sich an meinem Körper zu schaffen machte.*« (Persönliche Mitteilung)

»*Dann spürte ich eine Vibration und war plötzlich zurück in meinem Körper (den ich zuvor verlassen hatte).*« (Persönliche Mitteilung)

Jeder kennt das Gefühl, wenn man vor Wut, vor Erregung oder aus Liebe vibriert. Wir schildern diesen Zustand als »es durchläuft uns wie elektrische Wellen« oder »unsere Nerven spielen verrückt«. Oder wir sagen, wir »vibrieren förmlich« oder »ich zitterte vor Wut« oder »ich bebte vor Angst«. Erhöhte emotionale Konzentration führt notgedrungen zu einem Zittern, einer Nervenerregung. Steigen wir eine Stufe höher auf dem Geistkontinuum, etwa auf die Stufe des Trance- oder des Hochgefühls, so treffen wir bereits auf krampfartige Zuckungen, die bis zur Lähmung führen können. Die Lähmung, die sich aus dem Zittern und dem Krampf gewissermaßen als Erschöpfungsreaktion entwickelt, bildet die Grundlage der Seelenablösung.

In der Hypnosetechnik wird genau auf diesen Punkt hingearbeitet: Konzentration auf einen Punkt, Zittern bzw. Entspannung, Lähmung des Körpers, dann erste Schwebegefühle und schließlich die Seelenablösung. Von dem Trance- zum Hochgefühl steigert sich der Trennungsimpuls zum Zittern und Erregtsein oder sogar zum Krampf und gipfelt in einer Körperlähmung, die schließlich zur Seelenablösung führt. Die Seelenablösung setzt allerdings nicht notwendigerweise Lähmungen voraus, sondern das ist nur eine Möglichkeit. Ebenso häufig tritt sie beim bloßen Spazierengehen oder mit Vorliebe bei rhythmischen Bewegungsabläufen auf.

Von der Körpersprache her betrachtet bedeutet die Vibration eine Zerstörung der Bewegungskoordination; der Körper verliert seinen Einfluss auf unser Bewusstsein. Die Vibration ist damit eine Vorstufe, mit der wir uns vom Körper unabhängig machen. Das Zittern, Vibrieren, Beben, der Krampf und zu guter Letzt die Lähmung sind Steigerungsstufen eines Trennungsvorganges, der zur Ablösung führt.

Die Erstarrung

»Als ich mir dessen bewusst wurde, schien mein Bett zu schweben ... diese Empfindungen kamen bald häufiger, und gingen noch einen Schritt weiter, und ich befand mich in der Umklammerung einer kataleptischen Erstarrung. Dadurch konnte ich Hände und Füße nicht mehr bewegen und geriet in Panik.« (Crookall, 1972, S. 68)

»*Ich kann manchmal einen außerkörperlichen Zustand hervorrufen, wenn ich auf dem Rücken und tief entspannt daliege, bis mich eine Empfindungslosigkeit überkommt, meine ›Beine‹ herabsinken und ich frei dastehe.*« (C. Green, 1968, S. 127)

»*Wenn ich im Bett liege und lese, habe ich plötzlich die körperliche Empfindung, steif zu werden. Ich versuche mich zu bewegen, doch diese Erfahrung ist so unangenehm, dass ich meine, wenn ich mich entspanne, könnte ich daraus (was immer das ist) herauskommen; doch wenn ich das versuchte, ist es, als schwebe ich. Ich sehe mich dann im Bett liegen wie ich lese ... dann plötzlich kann ich mich wieder bewegen ...*« (C. Green, 1968, S. 57)

»*Plötzlich war ich paralysiert, konnte mich nicht mehr bewegen, noch irgendein Lebenszeichen von mir geben. Ich befand mich plötzlich außerhalb des Körpers ...*« (Persönliche Mitteilung)

Besonders Personen, die bewusst eine Seelenablösung bei sich hervorrufen können (dazu liegen eine ganze Reihe von Veröffentlichungen vor), durchlaufen regelmäßig diese Phase der Lähmung. Viele dieser Experimentatoren suggerieren sich eine Erstarrung der Gliedmaßen. Auch aus der Hypnose kennen wir das Phänomen der Katalepsie, der Erstarrung des gesamten Körpers, sehr gut, und auch dort wird das Suggerieren einer Lähmung, Erstarrung oder Schwere routinemäßig eingesetzt. Zusammenfassend lässt sich sagen, die körperliche Ruhigstellung, Entspannung oder Körperstarre, ist die beste Voraussetzung, eine Befreiung und Loslösung vom Körper zu erreichen.

Das Klicken

»*Ich lag nach einem zweistündigen Schlaf auf meinem Bett ... Ich war aufgewacht, konnte mich aber nicht bewegen noch meine Augen öffnen ... Dann, erinnere ich mich, drang ein furchtbarer Lärm in meinen Kopf, so laut, dass er mich betäubte; darauf ertönte ein sehr lauter Schlag, und ich schien aus meinem Kopf herauszuschießen in die Luft, drehte mich dann herum und schaute auf mich hinunter, der ich voll bekleidet auf dem Bett lag.*« (C. Green, 1968, S. 56)

»Mit einem sanften ›pflutsch‹ rastete ich am ›Schädel‹ wieder in meinen Körper ein (bei der Rückkehr aus der Seelenablösung).«
(Persönliche Mitteilung)

»Und mit einem Klick kam ich wieder zurück in diese Welt. Das war unglaublich grausam, wieder in dieser Welt zu sein.«
(Persönliche Mitteilung)

Den genannten körperlichen Ausdrucksformen wie Zittern und dessen Steigerung, der Lähmung, folgt regelmäßig eine Art Klickgeräusch, welches die Betroffenen vermeintlich außerhalb, in Wirklichkeit in sich selbst vernehmen. Und gleich darauf befinden sie sich außerhalb des Körpers. Das ist das bekannte Verdopplungsphänomen, der Doppelgänger. Wir bestehen dann aus zwei Körpern.

Die bisherige Forschung hat dieses wichtige Phänomen übersehen. Wenn sich zwei Körper oder Flächen aneinander festsaugen (Gummi auf Glas, unser Mund auf der Haut), entsteht bei der Trennung eine Art Schnalzlaut. Auch das feste Zusammendrücken von Zunge und Gaumen erzeugt ein solches Vakuum, und der Ton, der entsteht, wenn sich das Vakuum plötzlich mit Luft füllt bzw. sobald die zwei fest aneinanderklebenden Partien auseinandergerissen werden, ist eben jenes Klicken oder Schnalzen.

Bei der Seelenablösung trennt sich ein zweiter Körper ab vom materiellen Körper, und dadurch entsteht dieses seltsame Klickgeräusch, das auch als Knacken, Brausen, Krachen, Dröhnen, als ein Schlag oder auch ein Glockenläuten oder als ein Pfeifen beschrieben wird. Noch niemand hat dafür bisher eine Erklärung gefunden, da die Existenz eines zweiten Körpersystems bisher nie ernsthaft in Erwägung gezogen wurde. Fast jeder hat dieses »Geräusch« bereits gehört, insbesondere, wenn man dadurch aus dem Schlaf aufwacht und meint, jemand habe geklopft. Im Schlaf besteht eine Tendenz der Seele, sich abzulösen, so dass vielen Menschen das Geräusch vertraut ist, sie aber keine Erklärung dafür haben. Seelenablösung ist das normalste Phänomen der Welt, wenn man bedenkt, dass wir uns im

Schlaf nur wirklich erholen, wenn die Seele sich ablöst und wir in den Tiefschlaf gehen.

»Vor einigen Jahren hatte ich eine sehr interessante, aber fordernde Position als Sekretärin und viel Arbeit zu tun. In Zeiten von besonderem Stress bemerkte ich, dass ich mich automatisch von mir selbst trennte und mich selbst arbeiten sehen konnte, obwohl mir nicht bewusst war, dass ich die Arbeit selbst tat. Bei diesen Gelegenheiten, etwa 20 bis 30 Mal über eine Periode von fünf Jahren, stand ich immer hinter mir, konnte die Rückenlehne meines Stuhles sehen und meinen Rücken und beobachtete mich über meine rechte Schulter, wie ich arbeitete. Ich konnte tippen, Aufzeichnungen machen, Informationen aus einem Ordner herausziehen etc.« (C. Green, 1968, S. 11)

»... ein gespenstisches ›Ich‹ blieb auf dem Klavierstuhl sitzen; das ›reale‹ Ich war irgendwo in der Region, wo meine linke Schulter sich befand, es kritisierte und übernahm Kontrolle über alle Operationen und wusste das Ergebnis bereits im Voraus, was musikalisch gesehen sicherlich eine Verbesserung darstellte ... und das Ganze so entspannt und einfach !... Ich war mir bewusst, dass mir hier schließlich eine Vorführung gelungen war, nach der ich gesucht hatte und wozu ich bisher nicht fähig gewesen war ... Instruktionen von einem »schwebenden Selbst« schienen zum physischen Selbst auf dem Klavierstuhl zu fließen.«
(C. Green, 1968, S. 65)

»Es geschah immer in einem lauten, überfüllten und hell erleuchteten großen Raum. Ich schwebte plötzlich unterhalb der Decke. Es war eine behagliche Empfindung, warm und angenehm. Unter mir konnte ich mich selbst sehen, wie ich mich ganz natürlich unterhielt.«
(C. Green, 1968, S. 63)

Besonders häufig kommt es zur Ablösung des Bewusstseins, wenn wir uns stark konzentrieren und uns selbst vergessen. Wenn wir ganz in unsere Arbeit vertieft sind, treten Seelenablösungen gehäuft auf. Die genannten Phänomene der Vibration, der Lähmung und des Klickens werden in diesen Fällen jedoch selten erwähnt, weshalb ich dazu neige, zwei Formen der Seelenablösung anzunehmen: solche begleitet von starken körperlichen Symptomen und solche, in denen die besagten Körpervorgänge durch die »Sanftheit« oder die Plötzlichkeit des Ereignisses gewissermaßen überspielt oder überlagert werden.

Allerdings kann man sagen, dass Seelenablösungen, in denen Lähmungen etc. erfahren werden, meist intensiver sind und ein deutlicheres Gefühl, einen zweiten Körper zu besitzen, hinterlassen.

Die Kraft der Gedanken

Überrascht sind viele außerkörperlich Reisende über Unstimmigkeiten zwischen dem, was sie jetzt sehen, und dem, was sie zuvor mit normalem Bewusstsein wahrgenommen haben. So steht jetzt z.B. die Kommode im Schlafzimmer auf der gegenüberliegenden Seite, die Fenster mögen dort sein, wo zuvor der Schrank stand, überhaupt scheint das Zimmer umgeräumt zu sein. Wir kennen dieses Phänomen aus Träumen. Schwankende Erinnerung und Phantasie erzeugen hier eine private Wirklichkeit. Schließlich müssen die Reisenden feststellen, diese Neuordnung ihrer Umgebung entspricht ihren geheimen Wünschen.

Darüber hinaus kommt es in der Seelenablösung regelmäßig zu spiegelbildlichen Vertauschungen, ähnlich denen bei Legasthenie, jener Schreib- und Leseschwäche, bei der häufig die Buchstaben vertauscht werden. Jeder kennt von sich selbst das Vertauschen von rechts und links. Offenbar passieren uns diese Missgriffe in der Seelenablösung häufiger, weil wir aus dem festen Orientierungsrahmen unseres Körpers herausgehoben wurden. Dieser Zustand vermittelt bereits ein Vorgefühl der gestaltenden Kraft der eigenen Gedanken in der Antimaterie-Dimension.

Ich möchte ein Beispiel geben für diese Kraft der Gedanken. Die normale Fortbewegung in der Seelenablösung ist das Fliegen. Personen, die das nicht gewohnt sind, versuchen es in ihrer Unbeholfenheit mit Schwimmzügen. Andere halten stur beide Beine zu Boden gerichtet, sie kommen gar nicht erst auf die Idee, dass sie fliegen könnten. Alte Verhaltensmuster bestimmen dann die Lebensweise im Jenseits. Je offener und flexibler dagegen jemand ist, desto schneller wird er die neuen Möglichkeiten ausschöpfen. Was wir benötigen, ist also eine vorbereitende Schulung, die sich speziell mit unseren starren Weltkonzepten beschäftigt; zudem müssen wir lernen, die Möglichkeit einer anderen Dimension zu bejahen bzw. ein Vorgefühl dafür zu entwickeln.

Im Zustand der Seelenablösung treffen wir erneut – wie im psychischen Bereich der stofflichen Ebene – auf einen Projektionsmechanismus, aber in stärkerer Ausprägung. Konnten wir in der Raum-Zeit-Illusion nur im Zustand höchster Hysterie in unserer Wahrnehmung etwa einen Sessel in ein Pferd »verwandeln«, so ist das jetzt weniger schwierig, denn der Stoff, den wir umformen müssen, ist Gedankenstoff. Wer schöpferisch und künstlerisch begabt ist, wer sich sagt »Ich bin, was ich denke!«, wird die plasmatische Daseinswelt beherrschen lernen, anstatt von ihr beherrscht zu werden.

Die Seelenablösung

Bei der Seelenablösung erhöht sich die Wahrnehmung enorm. Wir hören, sehen, schmecken intensiver. Womit hängt das zusammen? Ich vermute, das ist eine Folge der Trennung von Bewusstsein und Körper. Der Körper als eine Art Filter verhindert eine vitale, plastische, farbige Wahrnehmung, er lässt die Psyche, die im zweiten Körpersystem existiert, nicht voll zur Entfaltung kommen.

Einige Personen berichten, sie besäßen im Zustand der Seelenablösung eine Art Röntgenblick und könnten durch die materiellen Strukturen hindurchschauen. Einige mutige und experimentierfreudige Reisende erlauben sich nun allerhand Scherze, sie schweben durch irdische Personen einfach hindurch und beweisen sich so selbst die Transparenz ihres Zustandes. Diese Experimentatoren stellen aber auch bald fest, dass ihnen dies nur möglich ist, solange sie an den Erfolg ihres Experiments glauben; werden sie unsicher und beginnen zu zweifeln, so bieten die Mauern der Materie plötzlich Widerstand. Entscheidend ist demnach das eigene »Freidenkertum«.
Ein weiteres Phänomen unter vielen anderen ist der bereits erwähnte

Panoramablick: Wir sehen in einem Radius von 360 Grad. Zudem überrascht uns noch das, was ich »Teleskopschau« nennen möchte, das heißt, wir sehen über Distanzen hinweg, die das gewöhnliche Auge normalerweise nicht sehen kann, denn im raumzeitlosen Plasma gibt es kein Nah und Fern. Als letztes Phänomen sei das angesprochen, was ich »Synvision« nennen möchte (syn = zusammen); dabei sehen die Reisenden Vergangenheit, Gegenwart und Zukunft auf einmal. Raum und Zeit scheinen auf dieser Intensivierungsstufe weiter in sich zusammenzufallen bzw. sich zu vereinheitlichen. In der Antimaterie-Dimension ruht alles auf einem Punkt!

Das dreifache Bewusstsein

Viele außerkörperlich Reisende berichten, sie würden sich plötzlich verdoppeln. Sie fühlen sich einerseits außerhalb des Körpers und sehen meist ihren eigenen Körper unter sich liegen. Das ist das viel zitierte »duale Bewusstsein«. Darüber hinaus berichten jedoch einige Personen von einem zusätzlichen dritten Bewusstseinskörper, in dem sich der Beobachter befindet und von dem aus zwei andere Körper – der stoffliche sowie ein zweiter – zu sehen seien.

»Ich hatte geschlafen, erwachte jedoch mit der Empfindung einer geradlinigen Fortbewegung. Ich spürte mich in zwei Körpern (physisch und astral). Plötzlich spürte ich, dass ich aus meinem physischen Körper herauskatapultiert wurde, und konnte davon auch einen Blick erhaschen. Doch so eigenartig das scheint, ich spürte, dass mein Bewusstsein und meine Wahrnehmung von einem Punkt aus kamen, der nicht im Körper lag. Ich beobachtete beide Körper von einer anderen Seite des Raumes aus. Ich hatte nicht den Eindruck, überhaupt einen Körper zu besitzen, doch konnte ich die Bewegung meines ›Doppels‹ spüren. Ich verlor langsam das Bewusstsein und befand mich dann wieder in meinem Körper.« (Green und Friedman, 1983, S. 44f.)

»Obwohl ich bewusstlos war, sah ich das Krankenzimmer mit Ärzten, die Frau Dr. G. umgaben, die an meinem Bett stand, sich über mich beugte und meinen Herzschlag mit dem Stethoskop abhörte ... und meinen Puls nahm. Zur gleichen Zeit sah ich über meinem Körper, der auf dem Bett

lag, einen anderen Körper von mir in genau der gleichen Position in der Luft schweben, er hing von der Decke an etwas, das eine Schnur zu sein schien, die an meinem Nabel befestigt war. Ich schien der Beobachter zu sein, doch von wo aus kann ich nicht sagen. Alles, was ich weiß, ist, dass ich zwei Körper sah. Ich beobachtete diese Szene für einige Zeit.« (Green und Friedman, 1983, S. 45)

»Ich lag im Bett mit hoher Temperatur. Plötzlich konnte ich meinen physischen Körper sehen, wie er auf dem Bett lag, sowie einen weiteren Körper außerhalb des Bettes, ebenfalls in einer Position etwa einen Fuß höher als der physische Körper. Der zweite Körper war schillernd blau und Licht pulsierte darin. Aber mir schien, dass ›ich‹ mich in einem weiteren Körper befand, der auf diese zwei schaute, obwohl ich keinerlei Bewusstsein eines dritten Körpers hatte. Es schien, dass das, was das ›Ich‹ war, beide – sowohl den physischen als auch den leuchtenden Körper – sah«. (Crookall, 1964, S. 75)

Die Beispiele ließen sich weiterführen, sie belegen alle einheitlich die Existenz dreier Körper. Handelt es sich dabei um jene so oft beschworene Dreiheit von Körper, Psyche und Geist? Ich betone, die Quellen sprechen nicht von einem dreifachen Bewusstsein, sondern von zwei Körpern und *einem* Bewusstsein, welches beobachtet. Offenbar besitzen wir also nur *ein* Bewusstsein, das sich im dritten, im Geistkörper, befindet, während der Seelenkörper und der materielle Leib bewusstseinsleer sind.

Mir geht es hier im Wesentlichen um den Nachweis der Existenz dreier realer Dimensionen, ohne deren Kenntnis der Tod und überhaupt die Welt an sich nicht begriffen werden kann. Ich stelle nun die Frage: Befinden wir uns im Zustand der Seelenablösung in einem anderen Materiezustand? Befinden wir uns in einer anderen Dimension?

Sind wir Metamorphosen aus dem Urstoff?

Die Begegnung mit dem Blauen Licht

Die Anfänge zu diesem Buch lassen sich weit zurückverfolgen. Während meiner ersten Amerikareise 1965 besuchte ich verschiedene Indianerreservate im Mittleren Westen der Vereinigten Staaten. Ich hatte seinerzeit keine Vorstellung von indianischer Lebensweise und ahnte nicht, dass die Auseinandersetzung mit anderen Kulturen, besonders mit Stammeskulturen, später einmal mein besonderes Anliegen werden sollte. Erst zehn Jahre später begann ich dann auch tatsächlich, Ethnologie zu studieren.

Damals lernte ich einige Indianer vom Stamm der Lakota kennen, und man nahm mich mit zu einem Fest in der Nähe von Rapid City. Auf diesem Fest wurde ich eingeladen, an einer so genannten Schwitzhütte (*inipi*) teilzunehmen. Ich wusste nicht im Geringsten, worum es ging, man sagte mir bloß, es sei eine Art Reinigungszeremonie, bei der man sich nackt in eine mit Decken ausgelegte, igluartige Hütte setzt, in deren Mitte erhitzte Steine, übergossen mit Wasser, einen Saunaeffekt bewirken; es gehe jedoch um innere und nicht um äußere Reinigung. Ich erinnere mich daran, wie ich mit einer Gruppe Indianer im Kreis um die heißen Steine saß und meinen Kopf immer tiefer senken musste, da in dem niedrigen Zelt die Hitze schnell nach oben stieg. Jedenfalls wurde es so heiß, dass ich meinte zu verbrennen. Nur das Singen des Medizinmannes half mir über die unerträgliche Situation hinweg. Das Zelt war vollkommen dunkel, man konnte die Hand nicht vor den Augen sehen. Erst dachte ich an eine Sinnestäuschung, aber dann sah ich deutlich blaue Lichtzungen oder Flammen durch die Dunkelheit huschen. Die Beobachtung dieses Phänomens, das ich aufgrund meiner brennenden Haut nicht weiter analysieren konnte, half mir jedoch, meine Aufmerksamkeit etwas von der Hitze abzulenken. Auf jeden Fall gewöhnte ich mich nach einiger Zeit an die Situation, verhielt mich absolut bewegungslos und ließ mich in diese urzeitliche Atmosphäre hineintreiben.

Nach dem Aufenthalt in der Schwitzhütte berichtete man mir, über mir hätten kleine blaue Flammen gestanden, was als Zeichen für innere Harmonie gedeutet wurde. Ich machte mir damals keine weiteren Gedanken über diese »Irrlichter«, stieß aber in späteren Jahren in der Literatur über Indianer häufiger auf die blauen Flammen, und auch in anderen Zusammenhängen wurde ich immer wieder mit jenem rätselhaften blauen Leuchten konfrontiert.

Damit meine Erfahrung nicht allein im Raum stehen bleibt, sei ein ähnliches Erlebnis des Indianerschriftstellers Vinson Brown wiedergegeben. Weitere Erfahrungen mit dem blauen Licht finden sich in all meinen Büchern. Brown nahm wie auch ich seinerzeit an einer Schwitzhütte teil, die der Lakota-Medizinmann Fools Crow leitete. Darüber schreibt er (1974, S. 238):

»Dann sprach Fools Crow, während die Trommel nur leise erschallte, ein langes Gebet in Lakota, und als er zu singen begann, wurde die Trommel lauter. Allmählich wurden die Lichter gelöscht, bis wir alle von der Dunkelheit eingehüllt waren. Jetzt schienen die Rasseln vom Fußboden emporzuschweben und sich nahe der Decke, die wohl über drei Meter hoch war, zu bewegen. Wie sie so rasselnd dahinglitten, sang man ein wunderbares, endloses Lied. Schließlich sanken die Rasseln auf den Boden zurück, rasselten aber sanft weiter. Plötzlich nahm ich ein Licht im Raum wahr. Es war ein winziges blaues Licht, wie das eines Leuchtkäfers. Ich erinnere mich daran, wie mich ein Gefühl großer Freude durchströmte, weil es blau war. Es tanzte umher und bald erschien noch ein anderes, ebenfalls tanzend, bis der Raum voll war mit umherirrenden Lichtern. Eins kam auf zehn Zentimeter an mein Gesicht heran und schwebte vor mir, während ich tief einatmete und mein Bewusstsein auf den großen Geist konzentrierte. Dann bemerkte ich, wie diese Lichter vom Boden bis zur Decke des Raums sprangen und von Ecke zu Ecke. Kam eines einem der Anwesenden nahe, sah ich die Umrisse seines Gesichtes für eine Sekunde im fahlen, geisterartigen Widerschein, und besonders das dunkle Gesicht eines Indianers nahm den Ausdruck eines schwer lastenden Geheimnisses an. Inzwischen war ich überglücklich, denn alle Lichter waren blau, nicht ein einziges orange, sie schienen voller Lust und tanzten zum Schlag der Trommel.«

Brown erwähnt hier zudem die Existenz orangefarbener Lichter; diese werden von den Indianern jedoch im Gegensatz zu blauen Lichterscheinungen als Ausdruck einer negativen Stimmungslage betrachtet.

Ich begegnete später Menschen, die mir von ähnlichen Lichterfahrungen berichteten, und entdeckte in der Literatur über viele Völker der Welt vergleichbare Berichte. Meine Erfahrung steht also nicht allein und kann daher nicht als Halluzination abgetan werden.

Vielleicht aufgrund meiner rätselhaften Erfahrung mit den blauen Lichtern sammelte ich später alles, was mit der Farbe Blau in Zusammenhang steht. Es ließe sich inzwischen ein ganzes Buch über die Farbe Blau schreiben, so viele kulturelle, religiöse und psychologische Deutungen tun sich dabei auf. Die Farbe Blau steht dabei – auch im übertragenen Sinne – für alle Arten von Grenz- und Übergangszuständen oder -erfahrungen.

Da ist zunächst einmal, ganz banal, die jedem bekannte Redewendung »blaumachen«. Wir machen »blau«, wenn wir uns dem Alltag entziehen und einfach, um uns zu entspannen, mal ohne Ziel »ins Blaue fahren«. Wenn wir dabei noch »Blues« im Radio hören, dann überkommt uns eine wunderbar melancholische, aber innerlich abgeklärte Stimmung. Und wenn das alles gar noch in der »blauen Stunde«, also zur Zeit der Abenddämmerung – vermutlich so genannt, weil langsam das tiefe Blau der Nacht heraufzieht – geschieht, dann lässt uns dieses Naturschauspiel in erhabene Gefühle hineinleiten.

Ebenfalls an einen Übergangszustand, diesmal einen der Materie, gemahnen die aus der Astronomie bekannten »Blauen Riesen«; diese Sterne, wie zum Beispiel Iota im Schwert des Orion, haben eine extrem hohe Oberflächentemperatur, sind stark ionisiert, und ihre Atome haben ein Elektron oder mehrere verloren. Der Begriff »Blauer Riese« hängt mit der Temperatur zusammen: Wenn die Temperatur eines Objektes ansteigt, beginnt es allmählich zu leuchten, was in der Naturwissenschaft in »°K« (absolute Temperatur) gemessen wird. Eine Kerzenflamme, die rötlich leuchtet, weist etwa 2000 °K auf, während eine gelb leuchtende Glühbirne es schon auf 2500 °K bringt; eine Halogenlampe bei weißem Licht bereits auf bis zu 4000 °K, und bei einer Leuchtstoffröhre schließlich, die blau zu leuchten beginnt, erhöht sich die Temperatur auf bis zu 7000 °K und mehr und nähert sich damit dem Blau des Himmels, das über 10.000 °K abstrahlt. Die Farbe kann also – ganz paradox zu unserer Alltagserfahrung, in der Blau für Kälte steht – als Indikator für Temperatur und Strahlungsenergie verstanden werden. Die Blauen Riesen liegen dabei in so hohen Bereichen, dass sie in einem Zustand zwischen Materie und Nichtmaterie anzusiedeln sind.

Nun ein Beispiel aus einem ganz anderen Bereich: Jeder kennt den Begriff »blaublütig«. In den Adern des Adels fließe blaues Blut, sagt man schmunzelnd, ohne aber zu wissen, warum. Diese Vorstellung leitet sich u.a. ab von den Göttern des alten Ägypten, die häufig durch blaue Symbole gekennzeichnet waren. Der Schöpfergott Amun wird in Blau dargestellt und der Totenrichter Anubis mit blauen Haaren, andere Götter tragen blaue Perücken oder blaue Bärte. Die Farbpsychologie der Ägypter unterschied sich also nicht von unserer heutigen, denn auch bei uns steht Blau für Unergründlichkeit und Transzendenz.

Das heißt nicht, dass sich die Ägypter die Götter als Wesen mit blauer Haut vorstellten, sondern als transzendente Erscheinungen, die so blau waren wie der Himmel. Das Blau des Himmels steht für das Unendliche, im Gegensatz zu Rot, das als aggressiv und lebensbetont empfunden wird. Besonders der mit goldenen Einsprengseln übersäte Halbedelstein Lapislazuli galt in den Mittelmeerländern als Abbild des sternübersäten Firmaments. Lapislazuli war der heilige Stein, mit dem insbesondere der Schmuck der Pharaonen bestückt wurde – um die Analogie des Königs mit dem Himmel anzudeuten. Aus gleichen Gründen trugen die ägyptischen Richter diesen Stein mit der Inschrift »Wahrheit« um den Hals, und diese konnte ja nur aus dem Himmel kommen.

Vielleicht werden wir nach dem Gesagten jetzt das »blaue Blut« der Adligen besser verstehen können, nämlich als Relikt des Glaubens an die Götter, die vom blauen Himmel herkamen. Jeder menschliche König galt als Nachfahre der Götter, und das übertrug sich auch auf die Gefolgschaft des Königs, auf die Adligen.

Bekannt ist vielen sicherlich auch die »Blaue Blume der Romantik«. Diese blaue Wunderblume tauchte in dieser Epoche in den Schriften des deutschen Schriftstellers Novalis auf und wurde zum Inbegriff der Romantik. In seinem Romanfragment *Heinrich von Ofterdingen* von 1802 beschreibt Novalis diese Phantasieblume. Die Assoziation von Unendlichkeit, die mit der Farbe Blau verknüpft ist, wird mit der

Blume verbunden. Und das führt uns sogleich wieder zurück zu den alten Ägyptern, der Quelle so vieler unverstandener Bräuche: Den Göttern ebenso wie den Verstorbenen brachte man in Ägypten Opfer in Form von Blumensträußen dar. Die Blumen wurden dazu oft in eine Halterung gestellt, die die Form des Ankh, des Symbols des Lebens, aufwies: Es ging den Ägyptern dabei gar nicht um die Blumen selbst, sondern um deren feinstofflichen Duft, denn der konnte angeblich von den Toten wahrgenommen werden, die Blumen selbst blieben für sie unsichtbar. Zusätzlich ist die ägyptische Bezeichnung für »Strauß« von Bedeutung, sie weist nämlich den gleichen Lautbestand auf wie das Wort für Leben. Und da die Blumen den Frühling verkörpern, riefen sie sinnbildlich den Toten zu, sie seien nun in die Gefilde des ewigen Frühlings eingegangen und dürften glücklich sein. Aus den genannten Gründen legen auch wir heute noch unseren Verstorbenen Blumen aufs Grab.

Man wird sich sicherlich fragen, was dieser Blumenkult zu tun haben soll mit der Farbe Blau. Ich erwähnte die Bedeutung der Totenblumen, weil die Griechen interessanterweise annahmen, die Verstorbenen erreichten nach dem Tod zuallererst die so genannten Asphodeloswiesen; Asphodelos aber ist jene die Mittelmeerküsten blaugrau färbende Blumenart. Wer in den Tod reiste, landete nach altgriechischem Glauben auf einer blauen Blumenwiese, und ich frage mich nun, ob sich daraus schließen lässt, dass Blau vielleicht die Farbe einer anderen Dimension ist. Die Tibeter bejahen diese Frage, denn in ihren Überlieferungen heißt es: »Jedes Universum besteht aus blauer Luft!«

Damit möchte ich es zunächst an Beispielen genug sein lassen. Wie wir sehen werden, betritt die abgelöste Seele beim Tod eine Dimension, in der die Farbe Blau vorherrscht. Blaugrau, blauweiß ist die Farbe unserer Nachbardimension, und alle bläulichen Lichterscheinungen verweisen auf einen Kontakt mit der Nachbarwelt.

Der Begriff »Plasma«

Das Wort »Plasma« kommt aus dem Griechischen und bedeutet so viel wie »Gebilde«, »Bild«. Plasma bezeichnet aber auch eine »Nachbildung« oder eine »Erdichtung«. Wir können also bereits festhalten:

Plasma ist etwas ohne feste Grundlage, etwas Immaterielles, etwas, das der Materie nur nachgebildet oder ein Abbild derselben ist. Menschen, die Abbilder schaffen, sind Bildhauer oder Dichter. Sie reproduzieren Dinge und Ereignisse unserer Welt auf einem anderen Niveau, etwa in Stein oder in Worten. Plastiker und Dichter können sich ihre Anregungen allerdings auch von der anderen Seite des »Ufers« holen, nämlich aus der Welt des Geistes und der reinen Ideen, und sie können diese im Bereich der Materie neu schaffen. Wenn wir uns der Symbolik des Flusses bedienen wollen, dann liegt auf der einen Uferseite unsere stoffliche Welt, die Welt der Materie, und auf der anderen die freie Welt des Geistes. Das Plasma aber entspricht dem Fluss selbst – es ist wie Wasser, nicht fest, nicht ideell.

Jeder kennt das Symbol des Flusses: Man muss ihn überschreiten, um in eine andere Welt zu gelangen. Wir betreten also einen Zustand, der zwischen Materie und Geist vermittelt. Liegt hier die lang gesuchte Brücke, die diesen unerquicklichen Gegensatz überwinden kann?

Ist das Plasma vielleicht ein Grundstoff der Materie? Auf dem Geistkontinuum stellt die Plasmazone die vierte Intensivierungsstufe dar!

Das Plasmalicht

Bei meiner Erforschung der Seelenablösung stieß ich auf eine Reihe von Erlebnisschilderungen, die mir lange Zeit rätselhaft blieben. Die Literatur gab keine Anhaltspunkte für eine Lösung. Recht verloren im Wirrwarr der Fakten entwickelte ich die Hypothese einer Plasmadimension – und wider Erwarten spannen sich im Laufe der Zeit die zunächst isoliert dastehenden Phänomene zu einem Netz sich gegenseitig bestätigender Faktoren zusammen.

»Um uns war trübes Licht. Etwas wie eine Atmosphäre, dunkel und rot, umgab uns. Wir hörten einander denken. Bald erschien ein Lichtstrahl, der mit jedem Moment heller wurde ...«
(Crookall, 1961)

»Man findet sich in einer fantastischen Traumwelt wieder, ohne festen Rahmen von Raum und Zeit.« (Crookall, 1961)

»Ich spürte einen fürchterlichen Schlag an meinem Kopf, eine Empfindung von Schwindel und von Fallen ... Ich meinte wie in einem Traum zu leben ..., die Atmosphäre wurde dicker und neblig und die Häuser und alles schienen undeutlich.« (Crookall, 1961)

»Etwas traf mich hart ... ich fiel und fand mich außerhalb von mir selbst wieder! ... Ich war nun oberhalb des Schlachtfelds. Es schien als schwebte ich in einem Nebel ..., dann löste sich die Vision auf. Alles war wie weggerückt von mir, neblig, unwirklich!«
(Crookall, 1961)

»Dann ... eine traumartige Wachheit von Menschen auf der Erde ... Dann ... eine trübe, formlose Welt ...« (Crookall, 1961)

»Menschen strahlen eine Art Flüssigstoff aus ..., und dieser hat die gleiche Form wie die Erdform. Die Menschen wollen ihre Erdform nicht mehr haben, sobald sie herausfinden, dass sie auch ohne sie leben können. So verlassen sie ihn sofort.« (Crookall, 1961)

Offenbar befinden sich die Seelenreisenden in einer Dimension, die halb Wirklichkeit, halb Traum ist. Das betretene Gebiet ist so neblig, wie ein Traumbild unscharf ist, doch gleichzeitig ähnelt es verblüffend unserer Welt. Es ist, als seien diese Nebelwelt und das irdische Leben wie zwei übereinandergelagerte Lichtbilder. Es materialisieren sich darin ohne Schwierigkeiten auch all unsere Wünsche: Was wir denken, tritt sogleich vor uns auf. Doch es ist eine recht schwankende Welt – wir verlieren den festen Boden unter den Füßen. Nun stellt sich jedoch die Frage: Wo befindet sich diese neblige Region? Ist die Frage nach einem »Wo« überhaupt noch angemessen für eine Dimension, in der es keine festen Raumdimensionen gibt?
Es ist diese Nebelatmosphäre, welche die Reisenden zuerst verwirrt. Das Licht ist ein anderes als in der Raum-Zeit; es wird als nebelartig beschrieben, wie Dampf. Alles sei verschleiert und schattenhaft und man fühle sich in diesem Dunstmeer unsicher, ohne Halt.

»Als Kind fand ich mich oft wieder in einem dunklen Schlafzimmer

und war mir sehr wohl bewusst, dass mein ›anderes Ich‹ sich noch im Bett befand. Manchmal lichtete sich die Dunkelheit, und ich sah einen leichten Nebel um mich herum.« (C. Green, 1968, S. 80)

»Ganz plötzlich merkte ich – dass ich in einem Nebel stand, und da wusste ich sofort, dass ich gestorben war, und ich war so glücklich, dass ich tot war, dabei lebte ich noch.« (Ring, 1985, S. 57)

»Mein Geist schien nach und nach meinen Körper zu verlassen und schwebte dann am Fuß meines Bettes. Ein dunkles Licht strahlte von meinem Geist ab, und ich sah mich schlafend im Bett, was insgesamt etwa 12 Sekunden dauerte.« (C. Green, 1968, S. 81)

»Eines Nachts, in intensiver Konzentration, gelang es mir, mich von meinem Körper abzuspalten, ich schwebte durch die Luft in einer Art grauem Nebel. Ich erinnere mich vage, ohne Schwierigkeit durch Ziegelwände zu gleiten ... Schließlich kehrte ich in mein Schlafzimmer zurück und erinnere mich schwach daran, auf meinen Körper im Bett geschaut zu haben. Einige Augenblicke, die wie eine Ewigkeit schienen, war ich unfähig zu meinem Körper zurückzukehren, aber schließlich klickte etwas und ich erwachte.« (C. Green, 1968, S. 130)

»Als befinde ich mich in grauem Wasser oder so. Ich konnte nicht wirklich etwas sehen. Ich konnte auch mich selbst nicht sehen. Es war, als sei nur mein Bewusstsein da und kein Körper.«
(Ring/Franklin, 1981, S. 199)

»Ich lag im Bett, und das Gefühl einer solchen Lethargie kam über mich, dass es unmöglich schien, überhaupt eine Bewegung zu machen; mental aber war ich hellwach und aufmerksam, doch irgendwie getrennt von meinem Körper. Meine Augen waren geschlossen, aber mein Geist sah eine leuchtende silberne Wolke, die auf mich herunterkam und mich umhüllte.«
(Crookall, 1972, S. 15)

»Es war ein wirklich heller Nebel. Nebel kommt dem am nächsten, doch

war er nicht nass. Es war einfach richtig hell, doch war da mehr als nur Licht – es besaß Substanz und doch nicht.«
(Ring/Franklin, 1981, S. 197)

Wir befinden uns nach der Loslösung vom Körper (griech. Lysis = Loslösung, Rettung, Trennung) in einer Nebelregion. Doch diese Erfahrung klingt so bizarr, dass wir meinen könnten, bloß zu träumen. Ich möchte hier für dieses Phänomen noch keine abschließende Deutung geben; weitere Beispiele werden von selbst eine solche nahe legen.

Der Begriff »Psyche« bei den Griechen

Der Begriff »Psyche« kommt aus dem Griechischen und heißt so viel wie »Atem, Luft, Hauch«. Wir dagegen verbinden heutzutage fälschlicherweise Psyche mit Verhaltensweisen und mit unseren »psychischen« Funktionen. Vor allem die Gefühle schreiben wir der Psyche zu, weniger dagegen sinnliche Empfindungen. Die Psyche wäre demnach, grob formuliert, ein Gefühlskörper. Was aber haben sich die Griechen dabei gedacht, wenn sie von einem Atem oder Hauch sprachen? Lassen wir dazu wieder einige Berichte der Chronik sprechen.

»Ich schaute hinunter zu meinem zweiten Ich und fand, dass ich ein vollkommenes Spiegelbild meines stofflichen Körpers war. Ich berührte meine Kleider und schaute auf mich selbst und war erstaunt zu sehen, dass ich das gleiche schwarze Hemd, weiße Bluse mit kleinen roten Punkten darauf, Schuhe etc. trug ... Ich erinnere mich, wie ich mich selbst berührte, ich ertastete die Struktur meiner Kleider, das fühlte sich alles recht stofflich an ...« (C. Green, 1968, S. 16)

Ich erinnere mich genau, dass ich mir, was Farbe und Gestalt betraf, etwa wie eine Qualle vorkam. Dann schwebte ich seitlich auf und ab – wie eine Seifenblase, die auf einem Pfeifenkopf festgehalten wird, und löste mich schließlich vom Körper ..., wobei ich langsam aufstieg und mich zur vollen Menschengestalt ausdehnte. Es erschien mir, als sei ich durchsichtig ... von bläulichem Farbton.« (Rawlings)

»Ich war mir bewusst, dass ich etwas Weißes anhatte ..., ein Kleid, und ich konnte durch es hindurchsehen, es war weißlich, neblig, es war wie ein Kleid aus weißem Käse.« (J.T. Green/Friedman, 1983, S. 84)

»Ich glaube, ich war ein wenig wie grauer Nebel. Ich hatte irgendeine Form, aber nicht wie mein Körper auf dem Bett.«
(Wheeler, 1982, S. 33)

Meinten die Griechen vielleicht mit »Psyche« jenen hier beschriebenen Nebelkörper aus einem belebten, feinen Stoff, zu dem wir im Zustand der Seelenablösung werden? Die Psyche, das ist dieser Nebelkörper, ein Atem oder Hauch, wie die Griechen sehr wohl wussten. Die Psyche ist unser Plasmakörper. Und der Plasmakörper besteht aus unseren psychischen Funktionen, ist also ein Gefühlskörper, er ist das in uns, was fühlt!

Die Chronik führt auch Personen auf, die davon berichten, bei anderen Menschen sehen zu können, wenn sich der Plasmakörper abtrennt vom materiellen Körper. Bei all diesen Beobachtungen wird einheitlich eine gräulich-weiße Nebelhülle erwähnt.

»Ich hatte das nebelartige Leben meines älteren Sohnes gesehen, wie es aus seinem Körper herauswehte, als ich ihn im Arm hielt. Als ob unsichtbare Finger einen Seidenfaden webten, wellte sich die schwebende Erscheinung rhythmisch hinweg, bis sie meinen Blicken entschwand.«
(Garrett, 1968, S. 69)

Die gleiche Frau hatte als Kind beim Spielen versehentlich mehrere Entenküken unter Wasser gehalten, bis sie ertranken. Sie schreibt darüber:

»In diesem Zustand schaute ich auf die kleinen, im Gras liegenden Körper, in der Hoffnung, sie möchten doch noch am Leben sein. Die kleinen toten Körper waren still, aber ich bemerkte eine eigenartige Bewegung um sie herum. Eine graue, rauchartige Substanz stieg auf von jeder kleinen Form. Dieser neblige, flüssige Stoff webte und wellte sich, als er in spiraligen Kurven aufstieg, ich sah, wie er eine neue Form annahm, als

er aus dem Körper herausstieg und sich wegbewegte von der festen Form.« (Garrett, 1968, S. 38).

Ich fasse zusammen: Mit der Seelenablösung löst sich offenbar vom Körper eine Art Rauchfahne, welche die Gestalt unseres materiellen Körpers nachahmt. Plasma im Griechischen wird interessanterweise auch mit »Nachahmung« übersetzt. Ist das Plasma eine Nachahmung des Körpers? Ist der »Atem« oder »Hauch« – griechisch Psyche genannt – der Doppelgänger des Körpers? Die Psyche identifiziere ich mit dem Plasmakörper, das ist eine der Hauptthesen dieses Buches. Später werden wir sehen, wie der Plasmakörper sich aus unseren Gefühlen zusammensetzt.

Aus den vorgelegten Berichten der Chronik geht hervor, dass die Psyche, der Plasmakörper oder »Atemleib«, für sich alleine existiert, eine unabhängige Existenz vom materiellen Leib führen kann und im irdischen Leben deckungsgleich mit dem Körper koexistiert. Dieser Doppelkörper ist eine Nachahmung des materiellen Körpers, er leuchtet weißlich-gräulich oder bläulich, mal trüber mal heller, wie ein Scheinwerferkegel im Nebel. Die Konsistenz des Plasmas ist wie die eines wehenden Seidentuches oder wie sich im Wind bewegender Rauch, wie eine Qualle oder Seifenblase oder wie Nebelfetzen. Die Hypothese, zu der wir damit gelangen lautet: Die Psyche als Gefühlsinstitution besitzt eine halbmaterielle Grundlage, von mir als Plasma beschrieben, sozusagen ein zweites Nervensystem, oder als Energienetz. Diese Energiematrix äußert sich als eine Art Nebel, Hauch oder Atem, existiert unabhängig vom Körper und löst sich bei Schock, Krankheit, Schlaf und Tod vom Körper. Dieser Nebelleib lebt in einer Antimaterie-Dimension, auch Todesreich oder Jenseits genannt.

Das blaue Licht des Plasmafeldes

Nach den Überlieferungen fast aller Kulturen und Völker hat jener so häufig geschilderte Nebel, Dunst oder Dampf im Plasmafeld eine blaue oder grau-blaue Farbe, das Plasma phosphoresziert in einem bläulichen Licht.

»Während der Nacht meinte ich hinunterzufallen in einen Brunnen, der sich drehte und drehte. Am Ende dieses tiefen Lochs nahm ich ein wundervolles blaues Licht wahr, welches heraufstieg und mich einhüllte. Es war lebendig, ein lebendes Licht. Bezaubernde Musik hörte ich um mich herum.« (M. Grey)

»Das Nächste, was ich wusste, war, dass ich nahe am Strand eines großen Ozeans aus Feuer stand ... Ich stand in einiger Entfernung von dieser brennenden, bewegten und schwappenden Masse aus blauem Feuer. So weit meine Augen sehen konnten, ein See aus Feuer ...« (Rawlings)

Bei der Seelenablösung treten wir in die Plasmazone ein, in eine halbmaterielle Welt, die sich als Dampf oder unstoffliche Masse und farblich als blaues Feuer oder feuriges Wasser darstellt. Feuer ist bekanntlich rot und heiß; beschrieben werden jedoch meistens blaue Flammen oder ein Flammensee; gleichzeitig hören wir, der Nebel sei feucht und kühl. Gelegentlich wird das Plasma aber auch als heiß und kochend geschildert; ich werde später genauer darauf eingehen. Dieses Rätsel der Vermischung von Feuer und Wasser lässt sich folgendermaßen lösen: Nach dem Abwerfen des materiellen Körpers finden wir uns eingehüllt in eine Plasmaschicht, die sich als Nebel, Wasser oder blaues Flammenmeer erfahren lässt. Das Plasma wirkt auf einige Reisende wie Feuer, auf andere wie Wasser, wieder auf andere – zum Beispiel die Ägypter – wie eine Mischung aus Feuer und Wasser. Sie sprachen vom »Feuersee«, dessen Glut die Verdammten vernichte, dessen Wasser die Seligen aber erquicke.

Es scheint ganz offensichtlich von unserem eigenen Bewusstseinszustand abzuhängen, wie wir das Plasmafeld erleben. Glut und Feuer stehen für die Unruhe unserer eigenen Gefühle, für das erhitzte Gemüt. Die ganz von ihren Gefühlen Besessenen, die vor Wut Kochenden, die Hitzigen werden Hitze spüren und Flammen sehen und das Plasma als rot beschreiben. Andere weniger von ihren eigenen Gefühlen Gefangene werden eine blau strahlende Lichtquelle erkennen, deren Qualität wässrig, feucht, kalt und windig ist. Und wieder andere werden beides wahrnehmen.

In Tibet spricht die Überlieferung davon, dass jedes Universum sich auf »blauer Luft« gründet – und damit ist ebenfalls das Plasma bzw. der Äther gemeint. Die physikalischen Eigenschaften dieses blauen Lichts bleiben uns jedoch ein Rätsel.

»Unmittelbar darauf sah ich, wie ich meinen Körper verließ, ich kam aus dem Kopf und den Schultern heraus. Der ›Körper‹, der mich verließ, hatte zwar nicht gerade Dampfform, doch schien er sich etwas auszudehnen ... Er war etwas transparent, denn ich konnte meinen anderen Körper durch ihn hindurch sehen. Als ich das so beobachtete, dachte ich: ›So, so ist das also, wenn man stirbt.‹ – Plötzlich sitze ich auf einem sehr kleinen Objekt und bewege mich mit großer Geschwindigkeit vorwärts hinein in einen trüben, blaugrauen Himmel ... Unter mir links sah ich eine reine, weiße, wolkenartige Substanz ... Mein nächster Eindruck war, ich treibe in einem hellen, blassen gelben Licht – ein sehr angenehmes Gefühl.« (Weiss, 1972, S. 110 f.)

»Da überkam mich auf einmal das Gefühl, zu schweben, mich mit meinem wahren Sein aus meinem Körper heraus- und wieder hinein- zubewegen, und zugleich hörte ich wunderbare Musik. Ich schwebte die Diele hinunter zur Tür hinaus ... Da schien mir fast, als ob sich auf ein- mal ein Wölkchen oder, besser gesagt, ein rötlicher Nebel um mich erhob ...« (Moody, 1977, S. 69)

»Nach einem Herzanfall fand ich mich auf einmal in einer schwarzen Leere wieder und wusste, dass ich meinen physischen Körper hinter mir zurückgelassen hatte und starb ... Im selben Augenblick wurde ich aus der Finsternis herausgehoben. Kurze Zeit war alles blassgrau um mich herum, und dann schwebte oder glitt ich eilends weiter, auf den grauen Nebel zu ... Als ich mich ihm immer mehr näherte, konnte ich schließlich durch den Nebel hindurchsehen; jenseits davon erblickte ich Menschen ... und auch etwas, was man für Gebäude halten könnte. Alles war in ein prächtiges Licht getaucht, in ein volles tiefgoldenes Glühen ...« (Moody, 1977, S. 84)

In diesen Schilderungen werden alle Farben und Dichtestufen des

Plasmas beschrieben: dampfartig, transparent, wolkenartig und blaugrau, reinweiß, trüb oder auch als helles blassgelbes Licht.

Die Plasmawelt als Fluss

Manche Schilderungen von Reisenden in den Gefilden der Plasmawelt berichten aber auch von einer regnerischen, wässrigen, feuchten, schleimigen Umgebung. Yram (1967), der seine Exkursionen in diese wolkenverhangene Dimension exakt beschreibt, sagt, es »regne« dort andauernd, und dadurch werde man depressiv. Wie lässt sich nun aber folgender Unterschied der Berichte erklären: Entweder wir befinden uns dort in einer Zone des Schattens, der Dämmerung, des Zwielichts, oder wir müssen einen Fluss durchschwimmen. Dazu einige Berichte:

»... und ich lief und lief, bis ich zu einem Steg kam. Zu meiner Rechten befanden sich ziemlich viele Leute; sie waren nackt und schrien: ›Wie kommst du da rüber, wir wollen auch dort hinüber, aber wir können hier nicht weiter. Bitte komm zu uns und hilf uns beim Überqueren, das Wasser ist zu tief für uns.‹ Ich beachtete sie nicht, ich lief nur und lief, und dann hörte ich ein Tier. Es klang wie ein großer Hund, und da stand ein großer Hund, und neben ihm eine große Frau in blauer Kleidung, und ich entschied mich, geradewegs durch sie hindurchzugehen. Ich tat es, und der Hund knurrte mich nur an.«
(Quasha, 1975, zit. in Kalweit, 2004, S. 83)

»Ich war in der Luft, mit ausgestreckten Armen, in raschem Flug. Da sah ich einen gefährlichen, schwarzen Fluss, über den ich hinweg musste, und ich erschrak. Er brauste und tobte und war voll kochenden Schaums. Ich schaute hinab und sah viele Männer und Frauen, die versuchten, das finstere und schreckliche Wasser zu überqueren, aber es gelang ihnen nicht. Weinend sahen sie zu mir herauf und riefen: ›Hilf uns!‹, doch konnte ich in meinen Flug nicht anhalten, denn es war, als trüge mich ein mächtiger Wind.« (Neihardt, 1974, zit. in Kalweit 2004 , S. 75)

»Zu guter Letzt erreichte ich einen hohen Bergrücken, von dem aus ich einen schwarzen Fluss erblickte. Viele Menschen schwammen in dem *schwarzen Fluss herum und bemühten sich, ihm zu entkommen. Einige versanken immer tiefer in den Fluten und versuchten sich zu retten, aber vergeblich. Andere kletterten die Uferklippen hinauf, bis ihre Hände so sehr bluteten, dass sie nicht weiter vorwärts kamen und wieder hinunterfielen.«* (Donner, 1954, zit. in Kalweit, 2004 , S. 66)

»Ich wäre fast hinübergestiegen ..., ein Bächlein ..., aber sie stießen mich zurück und sagten, meine Zeit sei noch nicht gekommen.«
(Sabom, 1982, S. 74)

»Es sah aus wie ein wunderschöner Sonnenuntergang. Der Himmel war überhaupt nicht blau und das Wasser überhaupt nicht grün. Das Wasser, durch das er (ihr verstorbener Mann) auf mich zukam, leuchtete gelb ...«
(Sabom, 1982, S. 68)

»Auf einmal verlor ich das Bewusstsein und hörte ein widerwärtiges, dröhnendes Geräusch, eine Art Läuten. Als ich wieder zu mir kam, war ich anscheinend auf einem Schiff, das ein großes Gewässer überquerte. Am anderen Ufer entdeckte ich alle mir nahestehenden Menschen, die bereits gestorben waren ...« (Moody, 1977, S. 82)

Und auch im griechischen Mythos, als der Held Äneas den Fluss Styx in der Unterwelt überqueren will, heißt es:

»Sie überquerten den Fluss und stiegen aus hässlichem Schleim und grauen Gräsern ... (und der Fährmann sagt zu ihm:) Das ist das Land der Schatten, des Schlafs und der schläfrigen Nacht.« (Vergil, *Aeneis*)

»Der Hades (die Unterwelt) besitzt einen Fluss, seine Wasser sind schwer, dunkel und schlammig ... er wird genährt durch die Falschheit und Ungerechtigkeit der Welt: Jede Lüge, alles Falsche hilft, ihn anschwellen zu lassen. Deshalb sind seine Wasser so trüb, so fürchterlich faul ... Es gibt Menschen, die rauschen durchs Leben in einem Taumel der Begeisterung, andere schlafen durch es hindurch, wieder andere opfern sich auf für seine erbärmlichen Annehmlichkeiten und nennen das Leben, Gott bewahre!« (Crookall, 1970, S. 190 f.)

Das Modell der Unterwelt, sprich der Plasmadimension, wie sich die antiken Griechen den Hades oder – als ältere Version davon – den Tartaros vorstellten, besteht aus den psychischen Zuständen des Menschen: In dieser tiefsten Region des Plasmas leiden die Verstorbenen Schmerzen, die wie Feuer brennen, sie jammern und klagen, sind hasserfüllt und vergessen ihre einstige menschliche Existenz.

Feuer	Pyriphlegethon
Jammer	Acheron
Klage	Kokytos
Hass	Styx
Vergessen	Lethe

Das bekannteste Motiv davon ist wohl der griechische Unterweltfluss Styx, der Fluss des Hasses. Wer in die Gefilde des Todes, also in den Bewusstseinszustand der Seelenablösung, eindringt, der muss zunächst einen Fluss überqueren. Vermutlich hat es kein Volk gegeben, welches nicht das Motiv des Totenflusses kannte. Und auch die zeitgenössischen Seelenreisenden erwähnen diesen Fluss fast durchgängig in ihren Schilderungen. Ist der Fluss, sprich die Plasmazone, überquert, betritt der Reisende am anderen Ufer eine neue Welt, den reinen Seelenzustand, der vor allem als Lichtexistenz beschrieben wird. Im griechischen Mythos von Äneas überquert der Held den Unterweltfluss, der voll Schleim und grauer Gräser ist. Auch die alten sumerischen Texte besagen, es sei nötig ein Meer zu überqueren, um den Eingang des Sheol, der Unterwelt, zu erreichen. Ich gehe nicht davon aus, dass es sich bei der Plasmadimension tatsächlich um Wasser oder Nebel handelt, sondern lediglich um etwas, das diesem nahe kommt oder sich so ähnlich »anfühlt« und das wir in Anlehnung an unsere irdische Welt metaphorisch so beschreiben können.
In der griechischen Tradition werden gleich eine ganze Reihe Flüsse erwähnt, die von den Verstorbenen in der Unterwelt überquert werden müssen. Allen gemeinsam ist, dass sie dem *Okeanos*, der die ganze Welt umgibt, entspringen, also nur Teile eines allumfassenden Gewässers sind.
Da ist zunächst der »Fluss des Jammers«, *Acheron*, dessen Ufer ein

dreiköpfiger Hund Zerberos mit einem Schlangenschweif und einer Schlangenmähne bewacht. Verstorbene oder Reisende können im Nachen *Charons*, des Fährmanns, übersetzen in dieses Totenland. Der Acheron wird beschrieben als ein sumpfiger, trüber und träge fließender Strom, der durch den *Acherusischen* Sumpfsee hindurchführt. Dann gibt es den Fluss *Kokytos*, den »Strom der Klagen«, dann den Fluß *Lethe*, den »Strom des Vergessens«, aus dem die Reisenden trinken müssen und dadurch ihre Erinnerung an unsere Raum-Zeit-Illusion verlieren. Und schließlich nennt die Überlieferung noch den *Pyriphlegethon*, »den wie Feuer brennenden«.

Alle diese Gewässer sind bildliche Übertragungen einer besonderen seelischen Atmosphäre, die als kalt, nass, feucht, neblig, wässrig oder windig empfunden wird. Diese Flüsse stellen, wie ihre Namen klar sagen, psychische Zustände dar. Wir sind von Hass (Styx), von Leiden (Acheron) und Klagen (Kokytos) bestimmt. Auch die Gestalten, die dort erscheinen, sind widerwärtig: Charon gilt als bösartiger Greis, der dreiköpfige Hund ist blutrünstig. Die Flüsse selbst sind schleimig, trüb, zähfließend, feurig – und diesen Eigenschaften entspricht der jeweilige Gemütszustand der Ankömmlinge im Totenreich. Das legt die Vermutung nahe, dass sie dort in eine Sphäre gelangen, in der die menschlichen Emotionen besonders stark zum Ausdruck kommen.

Nach der Seelenablösung erleben viele Reisende einen sich dahinschlängelnden Fluss, den sie nicht ohne weiteres durchschwimmen können. Aber dass sie darüber hinweg müssen, scheint allen klar zu sein. Ich habe die Plasmazone als einen Zustand beschrieben, in dem unsere Gefühle befreit sind vom Körperlichen und sich dadurch voll entfalten können. Wir sind in dieser Dimension reine Gefühlswesen, für die sofort das Wirklichkeit wird, was unser Gefühl uns sagt. Der Plasmazustand wäre also nichts anderes als unser jeweiliger Gemütszustand projiziert nach »außen«.

Nun werden aber ausschließlich negative Gefühlszustände berichtet, und die Plasma-zone wird ganz allgemein als etwas Bedrohliches dargestellt. Die Frage stellt sich daher automatisch, warum erfahren wir nicht auch positive Zustände? Oder sind Gefühle und subjektives Denken immer Anlass zu Leiden, Klagen, Jammer und Hass? Soll uns hier vorgeführt werden, dass Subjektivität schädlich ist? Doch bereits der Fluss Lethe bietet eine Erklärungsmöglichkeit. Es heißt, trinken wir von ihm, also vom Plasma, verlieren wir sogleich unsere Erinnerung an die Raum-Zeit-Illusion. Wenn wir den Fluss durchschwimmen bzw. das Plasma hinter uns lassen, verlieren wir außerdem unsere Gefühle und unser ichbezogenes Denken. Lassen wir mit dem Durchschwimmen des Plasmas aber wirklich unser ganzes Ich hinter uns? Im griechischen Mythos heißt es, Verstorbene müssten den Fluss Lethe durchschwimmen, wodurch sie ihre Erinnerung an das Leben verlören. Und in der Tat, durch die Ablösung der Seele vom Körper vergessen wir sehr schnell die materielle Welt und unser eigenes bisheriges Leben.

Zuletzt möchte ich noch auf den Fluss, der wie Feuer brennt, eingehen. Dieser Fluss ist insofern interessant, als das Plasma häufig als »blaues Feuer« erwähnt wird, besonders dort, wo wir uns einem absoluten Minuszustand unserer Gefühle, einer Depression oder emotionalen Verstrickung nähern, was im Volksmund als Hölle und bei den Griechen als Tartaros beschrieben wird. Und in der Tat soll der Pyriphlegethon dem Tartaros zuströmen bzw. ihn umfließen.

Offenbar gibt es Unterschiede in der Plasmadichte bzw. in der Gefühlsverstrickung, denn der Tartaros gilt als tiefster Ort innerhalb des Hades. Hierher soll Zeus einst die Titanen, verbannt haben, weil sie sich gegen ihn empört hatten. Wenn der Tartaros der schrecklichste Punkt des Hades bzw. des Plasmas ist, hieße das meiner Hypothese nach: Die Titanen sind von ihrem Körper durch Lysis getrennt bzw. hingerichtet worden; die Bestrafung bestand darin, dass sie nun dauernd ihren in Aufruhr gebrachten Seelen ausgesetzt sind, und zwar ohne den Schutz ihres Körpers, der diese Emotionen mildert. Vermutlich ist das auch die Erklärung für die berüchtigte Tartarosstrafe: Die Götter stürzen ihre Gegner in die tiefsten Abgründe ihrer eigenen Emotionen.

In sämtlichen antiken Traditionen wie in allen bekannten Stammeskulturen wird ausnahmslos geschildert, dass die Verstorbenen nach der Seelenablösung irgendwann unweigerlich an eine Grenze stoßen und sie in feuchtes Gefilde kommen: an ein Moor, ans Meer oder an einen Fluss. Dabei wird jedoch stets beteuert, man werde dabei *nicht* nass.

Dieser scheinbare Widerspruch wurde in späterer Zeit – wie übrigens alle anderen »Widersprüche« in den alten Mythen ebenfalls – als typisch »antik«, nämlich als primitiv oder als vorzeitlich gedeutet. Heute erst erkennen wir, dass der Widerspruch durch unsere eigene Unkenntnis der Plasmadimension entsteht. Es handelt sich nämlich gar nicht um ein Gewässer, sondern um unseren eigenen seelischen Zustand. Wir müssen das Plasma überwinden, und dieses ist keinesfalls Einbildung, sondern eine reale Dimension unseres Ich: unsere eigene Psyche. Dieses Zwischenreich grenzt die Seelenwelt ab von der Materiewelt, andererseits ist jedoch der Fluss bereits selbst ein Teil der Seelenwelt. Erst wenn wir diese überwinden, reisen wir weiter in eine ich-freie Geistdimension.

Das Plasmaland muss nach ganz bestimmten Gesetzen durchquert und überwunden werden, wir müssen durch alle unsere Gefühle hindurchreisen, um sie abwerfen zu können. Die Plasmazone muß jeder durchschiffen, der über sich selbst hinauskommen und in die reine Geistwelt kommen will. Dies ist die Aussage der in allen Völkern vorhandenen Mythen von Helden wie Orpheus oder Äneas, die ins Totenreich eindringen und dort ihr Ich verlieren.

Der Fluss ist allerdings keineswegs nur eine Todeszone. Wer ihn durchschritten hat, steht am anderen Ufer – befreit von seinen Gefühlen und beschränkten Gedanken, er reinigt uns von der Raum-Zeit-Illusion. Mit der Seelenablösung wird die Last des Körpers von uns genommen, mit dem Überschreiten des Plasmaflusses überwinden wir unsere egozentrierte Gefühlsabhängigkeit. Wir werden leichter, reiner, klarer.

Auf der anderen Seite des Stromes liegt gewissermaßen ein rein geistiges Schlaraffenland, ein Land der unbegrenzten Möglichkeiten, in dem man, so heißt es, nicht müde wird, wo einen paradiesische Fülle erwartet und wo kein Alter existiert.

Doch zuvor gilt es, die plasmatische Unterwelt der eigenen Ichhaftigkeit zu durchwandern. Die Unterwelt, deren Rätselhaftigkeit uns so stark fasziniert, habe ich hier entlarvt als das Reich unserer Emotionen. Die gilt es aufzugeben, will man in die Welt des uneingeschränkten Geistes reisen, wo wir uns frei vom Körper und von unseren Gefühlen entfalten können.

Archiv-Welt und Kopie-Körper

Die ägyptischen Quellen wissen jedoch auch um einen Tod des Plasmakörpers, auch dieser existiert nicht ewig. Nach seinem Tod, sagt man, erhalten wir zunächst eine »feine Hülle«, die behaftet ist mit allen Gebrechen und Unvollkommenheiten des Lebens. Diese »Hülle«, der *Ka*, unterliege einem weiteren Tod, er verfalle, und was dann von uns übrigbleibe, das wären erstmals wirklich wir selbst. Was aber geschieht mit dem verfallenden *Ka*, bzw. dem Plasmakörper, der ja wie der materielle Körper ebenfalls aus einer gewissen Stofflichkeit besteht? Diese Frage beantwortet uns die »Archiv-Hypothese«.

Spielen wir diese These trotz ihrer Eigenartigkeit einmal durch: Im Plasmakörper sind all unsere psychischen Phänomene – Gefühl, Denken, Wille, Leidenschaften – festgeschrieben, ebenso auch unsere Erinnerungen und das Gedächtnis. Mit dem Tod des Plasmakörpers, der Lysis II, wird dieser des Geistes beraubt und treibt nun einsam durch die Plasmazone, so wie eine Leiche in der stofflichen Welt im Sarg liegt, daher die ägyptische Bezeichnung für das Seelenreich als »himmlischer Sarkophag«.

Doch wohin treibt die Seele? Ich fasse die Schilderungen, die ich darüber gelesen habe, in einem Satz zusammen: Nach der »Archiv-Hypothese« muss unterschieden werden zwischen dem individuellen Plasmakörper und dem universellen Plasma-Ozean; das individuelle Plasma löst sich im universellen Plasma – von den Indern *Akasha* und den Griechen *Aither* genannt – auf und gibt seine Information an diesen Plasma-Ozean ab. Das universelle Plasma gilt daher als kosmisches Archiv, das alle »Daten« aller verstorbenen Plasmakörper sprich Wesen, enthält, eine Art Friedhof, auf dem nicht Knochen, sondern psychisches Wissen aufbewahrt wird. Aber nicht nur mit dem Tod geben wir unser Sammelsurium an Informationen ab, bereits zu unseren Lebzeiten ruht all unser Wissen in der kosmischen Plasmabank und wird dort vermischt und ausgetauscht mit allem Wissen aller anderen Lebewesen! Dabei stellt sich natürlich die Frage, was ist nun eigentlich unser ureigenes Wissen? Gibt es überhaupt individuelles Wissen?

Psychische Archive

Es kann die Spur von meinen Erdentagen
nicht in Äonen untergehn.

JOHANN WOLFGANG VON GOETHE

Mit der Seelenabtrennung löst sich etwas aus unserem Körper heraus, das ich als halb- oder quasi-stoffliches Plasma beschreibe. Da
der Seelenleib identisch ist mit unserem persönlichen Gefühls- und
Gedankenleben, bleiben wir im Plasma notgedrungen genau das,
was wir psychisch und geistig im Leben darstellen; lediglich unser
stofflicher Körper fällt weg. Wir existieren nunmehr körperlich vollkommen entspannt und spüren unseren Leib nicht mehr. Unser
psychisches Dasein, Gefühle und Denken bleiben erhalten, sie treten jedoch erhöht auf, denn befreit von der körperlichen Hülle, die
eine Art Sieb oder Filter bildet, entfaltet sich jetzt unser Innenleben
rausch- und instinkthaft, denn es gibt keine Grenzen im Sinne von
Gehirnstrukturen und Nerven mehr, die nur beschränkend und ein-
engend wirken. Im Plasmajenseits sind wir erstmals wir selbst, die
Seele ist aus dem Gefängnis des irdischen Körpers entwichen und
darf sich nun ungehemmt frei entfalten. Wir existieren also genauso
wie im irdischen Leben, jedoch steigern sich alle acht Lebensfaktoren
in kaum vorstellbarer Weise: Wir befinden uns von da an in einem
gigantischen Archiv, in dem die Emotionen und Denkinhalte ganzer
Epochen und Generationen »eingraviert« sind wie in einen Inschrif-
tenstein.

Um diese eigenartige und absurd anmutende Behauptung zu veranschaulichen, möchte ich das tibetische Modell der fünf Hüllen
(*Koshas*) vorstellen. Die Welt setzt sich nach dieser Überlieferung
vom Dach der Welt aus fünf Schichten oder Schalen – vergleichbar
mit denen einer Zwiebel – zusammen. Die höchste Hülle, genannt
Ananda-maya-kosha, ist reines, leeres Bewusstsein. Dieser folgt eine
Schicht des Bewusstseins, die bereits weniger rein ist; daran schließt
sich sogleich unser normales Bewusstsein an. Viertens folgt die
Lebenshülle, unser Plasma, die aus 10 Lebenslüften (*vayu*) besteht,
und den Abschluss bildet die materielle Körperhülle. Es findet dem-

78

nach eine zunehmende Verdichtung des reinen Bewusstseins statt. Das, was uns an diesem Zwiebelmodell interessiert, ist die Lebenshülle, *vayu,* die wie unser Plasma um den physischen Körper liegt. Diese Lebenshülle bildet das unsichtbare Flussbett für unseren materiellen Leib, sie gleicht einem riesigen Archiv, einer Bibliothek, in der alle menschlichen Werte, Gefühle, Erkenntnisse, Empfindungen und Ideen aufbewahrt werden. Man spricht diesbezüglich von der *Akasha*-Chronik.

Akasha ist ein anderes Wort für Plasma oder Äther. Hinsichtlich der Speicherung unserer Gedanken in dieser Sphäre herrscht eine geteilte Meinung: Die einen sagen, wenn wir in die Geistdimension reisen, lösen sich unsere Gedanken automatisch auf, andere glauben, dass diese Gedanken im Plasma auf alle Ewigkeiten aufbewahrt werden wie in einem Computer und dass tatsächlich eine Erinnerungsbank planetaren Ausmaßes existiert. Aus dieser Vorstellung leitet sich wiederum die Idee ab, dass wir durch ein Anzapfen der Akasha-Plasmazone Zugang zu einem wahrhaft umfassenden Archiv erhalten.

Wenn aber die Gedankeninhalte aller Wesen dort gespeichert sind, dann würde es ausreichen, viele Menschen zu befragen, was sie denken. Auf diese Weise könnte man ebenfalls einen Querschnitt an Meinungen erhalten, denn ich habe ja bereits dargelegt, dass auch das Bewusstsein der Lebenden im Plasma archiviert ist. Nicht alles jedoch, was ich im Plasmazustand weiß, steht mir auch im irdischen Leben als Wissen zur Verfügung. Der größte Teil meines Wissens schlummert, so dürfen wir annehmen, ungenutzt im Plasma, weil es von unseren engen Gehirnwindungen nicht verarbeitet werden kann. Ich lasse diese Diskussion offen, betone jedoch, dass diese Datenbank – wenn sie existiert –, unmittelbar neben, um oder in uns angesiedelt ist, denn das *Akasha*-Plasma durchdringt alles.

Das Plasmafeld vermittelt zwischen dem reinen Bewusstsein der Geistdimension und der Materiewelt. Es hat gewissermaßen eine »Rutschbahnfunktion« und lässt die Ideen-Prototypen aus dem leeren Bewusstsein durch sich hindurchgleiten in unsere Welt. Bei dieser Talfahrt werden sie allerdings zunehmend dichter, bis sich zum Beispiel die Idee »Körper« als stofflicher Körper materialisiert. Im leeren Bewusstsein ruhen mythische Lebenskomplexe keimhaft in

Ideenform und warten gewissermaßen darauf, verdichtet zu werden, wobei sie allerdings verschiedene Welten – Plasma, Raum-Zeit-Illusion – durchschreiten müssen.

Das hier vorgestellte Chronik-Modell lässt alle irdischen Dinge und Zustände aus einer keimhaften potenziellen Leere, dem Geist, entstehen. Diese Leere enthält nämlich als Potenz die Keime aller Wesen und Zustände. Sie scheint ein Gencode universellen Ausmaßes zu sein und erzeugt Dinge und Leben, indem sie diese durch die Weltschichten – Plasma und Materie – schickt und dabei immer fester werden lässt.

Dies ist das älteste Evolutionsmodell des Menschen, das wir bei allen Kulturen finden, doch umfasst es nicht die ganze Theorie. Wie ich im letzten Kapitel darstellen werde, stellen sich alle Stufen in diesem Weltkontinuum immer nur als Analogien oder als Abschwächungen des leeren Bewusstseins dar, jener Kraft, die permanent Analogien ihrer selbst und damit die scheinbare Vielfalt der Welt hervorbringt.

Das Plasma bildet demnach eine der Stufen des Ur-Geistes hin zur Raum-Zeit-Illusion und ist eine Art Relais-Station für Konzepte, Archetypen, Ideen, Ursamen oder genetische Codes, also das »kleinste gemeinsame Vielfache« dessen, was wir als unsere Welt bezeichnen. Das halb- oder vormaterielle Plasma ist daher für uns der nächstliegende Urgrund aller Dinge.

Ich möchte eine weitere Eigenschaft des Plasmas ansprechen. Sind in unserer Welt der Raum-Zeit-Illusion durch die Existenz von Raum und Zeit Dinge und Zustände voneinander getrennt, so scheint das im Plasma nicht in demselben Maße der Fall zu sein. Das wird uns auch durch Berichte der Chronik vermittelt: Die Dinge dort liegen näher beieinander, rücken zeitlich zusammen, woraus die absurd anmutenden Berichte, die aus dieser Dimension zu uns gelangen, resultieren. Wenn sich im Plasma tatsächlich Raum und Zeit verändern, dann gibt die Chronik vielleicht doch richtige Fakten wieder, entgegen den Ansichten der modernen Wissenschaft, die diese Berichte, da sie mit ihnen nichts anfangen kann, geflissentlich übersieht. Die Erfahrungsberichte aus dem Plasma sind gespickt mit Absurditäten, aber nur für uns Menschen im irdischen Leben, weil wir die Veränderung von Raum und Zeit nur schwer begreifen.

Offenbar sind wir im Plasmafeld sehr eng verbunden mit anderen Zuständen und Wesen, so wie Gas sich mit Gas vermischt. Wir sind zwar nicht identisch mit anderen Wesen, aber die feste Körperstruktur ist aufgehoben. Da wir dort nur noch aus unseren Ideen und Emotionen bestehen, vereinen wir uns sehr leicht mit Gedanken und Gefühlen von anderen. Vergleichbares geschieht ja auch bei uns in der Raum-Zeit, wo ganze Menschenmassen durch eine Idee, einen Glauben oder unter dem Einfluss einer Vorstellung zu einer homogenen Gruppe verschmelzen. Wir sagen dann, wir sind einer Meinung, die Liebenden handeln wie eine Person usw.

Das sind jedoch nur Vorstufen der plasmatischen Verquickung und Symbiose. Wir bewegen uns frei im Plasmafeld wie die Daten in einem großen Computer: Information ist sofort verfügbar, kaum dass wir daran denken. Hier beginnt sich ein Prinzip bemerkbar zu machen, das Platon »Gleiches zu Gleichem« und Goethe »Wahlverwandtschaft« nannte. Wir sind durch Ähnlichkeiten mit unserer Umwelt verbunden, und gleichzeitig stoßen sich Gegensätze radikal ab. Da wir nur erfahren, was wir denken und fühlen können, erwächst hier ganz offensichtlich die Gefahr, dass wir uns von der Vielfalt des Daseins abkapseln. Aber das kommt nicht als Überraschung, schließlich ist es in der Raum-Zeit-Illusion ebenso. Nur bestimmt uns im Plasma das Gesetz der Wahlverwandtschaft viel stärker als in der irdischen Welt, denn das, was wir denken, wird sofort wahr. Es entsteht eine gigantische Suggestionswelt, jene unglaubliche Ichaufblähung, die als Hölle bekannt ist. Kurzum: Die Plasmawelt ist die klassische Hölle.

Die Bedeutung des Plasmas für die Forschung

Die Bedeutung der Plasma-Hypothese für unser Leben ist gewaltig – kein Phänomen, das sich in ihrem Licht nicht anders darstellt. Das Plasmafeld ist die Grundlage der Materie, und fänden wir einen Zugang zu ihm, eröffnete das ungeahnte Perspektiven für die Forschung. Sicherlich müssten sämtliche Grundannahmen der Naturwissenschaften neu überdacht werden. Das Plasma hat also keineswegs nur eine theoretische oder gar nur spirituelle Bedeutung, sondern vorwiegend eine praktische. Allein schon die Medizin, die Psychologie und die Biologie müssten sich vollkommen umorientieren. Operationen könnten zum Beispiel am Plasmakörper direkt stattfinden und nicht mehr am materiellen Körper. Auch die Produktion materieller Güter und die Verarbeitungstechniken würden vermutlich eine Revolutionierung erfahren.

Obwohl wir mit dem Plasmafeld nicht zu den Urbausteinen des Daseins vorstoßen, stellt es doch die uns am nächsten liegende Grundlage der Materie dar. Ein Nachweis des Plasmas, das ja Raum und Zeit transzendiert und akausal arbeitet, würde unser mechanistisch und materialistisch orientiertes Weltbild restlos zusammenbrechen lassen. Ich wiederhole noch einmal: Wenn das Plasma als Lebensspender der Materie existiert und wir uns bei einer Seelenablösung direkt in dieser Dimension wiederfinden, dann ließe sich unsere Forschung in dieser anderen Daseinsschicht fortführen und wir würden zu ungeahnten Entdeckungen gelangen. Aber all das bleiben vorerst fantasievolle Denkspiele.

Doch ich möchte noch zur Medizin und zum Verhältnis von Plasma und Krankheit Folgendes anmerken: Aus der Chronik wird ersichtlich, dass Plasma und materieller Körper deckungsgleich sein müssen, soll Gesundheit vorherrschen. Krankheit entstünde durch ein unbalanciertes Plasmafeld, durch eine Verschiebung gegenüber den Körpergrenzen. Krankheiten offenbaren sich zuerst im Plasmafeld und übertragen sich schließlich auf den Körper. Eine Medizin der Zukunft müsste daher Plasmamedizin sein.

Was unsere Psyche anbelangt, würde das Plasmafeld ebenfalls gewaltige Aufschlüsse erbringen. Wenn, wie die Chronik sagt, tatsächlich das Plasma die eigentliche Heimat unserer intensivierten Gefühlszustände ist, dann darf man annehmen, unsere gesamte Kultur ist insofern davon beeinflusst, als Literatur, Kunst und Wissenschaft, aber auch Träume, Hoffnungen, Utopien, überhaupt alle psychischen Erscheinungen von diesem intensivierten Bewusstsein, das wir im Plasma sind, lediglich Erinnerungen darstellen. Es ließe sich vermuten, die ganze Palette unserer Träume, geheimen Wünsche und tiefsten Sehnsüchte habe ihren Ursprung in der Seelenablösung, also im Plasmafeld; denn hier sind wir tendenziell befreit von der Enge des Körpers, von Raum und Zeit, und das ist es, was wir uns hier wünschen: befreit zu sein von den Fesseln der Materie, der Zeit, der Kausalität. Wir haben bei der Seelenablösung eine gesteigerte Wirklichkeit erfahren, und nun versuchen wir diese, ganz gleich wie mangelhaft, in unserer Wirklichkeit zu wiederholen – mit einem Ergebnis, das verblasst ist gegenüber der ursprünglichen Erfahrung, uns aber dennoch bereichert und uns das Leben genießen lässt.

Ich behaupte daher: Das Plasma ist eine Inspirationsquelle all unserer Religionen und Philosophien, unseres Lebensgenusses und all unserer *Frei*zeit und Freiheitsbewegungen. Wir lebten wahrhaft in einer leuchtenden, vibrierenden Welt, und jeder will naturgemäß zurück in seine, in unsere Heimat. Erinnert aber sei daran: Das Plasmafeld ist nur eine Etappe im Geistkontinuum; es gibt noch intensivere Wirklichkeitserfahrungen.

Der Okeanos

Die Chronik bedient sich einer Vielzahl von Sinnbildern für das so schwer beschreibbare Phänomen des Plasmas. Hier möchte ich in Kurzform einige bedeutsame Symbole näher betrachten. Bekannt ist der griechische Name *Okeanos*. Die orphische Göttergenealogie stellt das Gottprinzip Okeanos an zweite Stelle nach dem *Chaos* und der *Nyx*, dem Nichts. Okeanos galt als nährendes Wasser, als »Vater aller Dinge«. Bei Homer gilt er als Ursprung aller Flüsse der Unterwelt, des Klageflusses, des Hassflusses usw. Er wird mit Leiden, genauer gesagt, mit Leiden an einem Zuviel an Gefühlen verbunden. Der Okeanos, sagt Homer, trenne unsere Welt vom Totenreich, er liege zwischen diesen beiden Welten. Damit gibt sich die griechische Kosmologie als ein Drei-Welten-Modell zu erkennen und ich formuliere es ähnlich, indem ich statt von Diesseits, Okeanos und Jenseits, von Materie, Plasma und Geist spreche.

Der *Okeanos,* von dem sich unser Begriff Ozean ableitet, entspricht dem Plasma. Er umschließt die materielle Welt, so wie das Plasma die Materie umgibt und sie durchdringt. Die Umdeutung des Begriffs

Okeanos zu unserem physischen »Ozean« verdunkelte die wahre Bedeutung, die im antiken Griechenland damit noch verbunden war. Und so erging es vielen alten Begriffen.

Aither, ein anderer griechischer Begriff, von dem sich unser Äther ableitet, heißt übersetzt so viel wie »leuchtend klarer Himmel«, was aber nichts zu tun hat mit dem Himmel unserer Raum-Zeit-Illusion, sondern sich auf den Plasmahimmel bezieht. Tibetische Überlieferungen sprechen ebenfalls vom »wolkenlosen Himmel«, wenn sie die uns umgebende Dimension bezeichnen. Der Aither gilt nach Feuer, Erde, Wasser und Luft als das fünfte Element. Plutarch sagt vom Aither: »Das fünfte Element nennen manche Himmel, manche Licht, andere Aither.« Der Aither wird auch beschrieben als »feurige blaue Atmosphäre«: Diese atmen die Götter auf dem Olymp, denn die Götter wohnen im Plasma, sie sind primär nicht Außerirdische, sondern Bewohner unserer nicht-physikalischen Nachbarwelt!

In der Tat ist die Atmosphäre des Plasmas feurig und bläulich. Im Laufe der Zeiten und in den verschiedenen Kulturen hat diese Region, wie wir gesehen haben, mannigfache Namen erhalten. Unter der Vielfalt der Namen das Plasma immer wieder auszugraben, wäre eine Forschungsarbeit für sich. Die Juden sprechen diesbezüglich von *Sheol* oder Abrahams Schoß, die Ägypter von der sublunaren Region, jener zwischen Mond und Erde angesiedelten Hülle. Die alchemistische Tradition verwendet den Begriff *Prima materia*, die als Urmaterie und Rohstoff der Materie gilt. Die Inder sprechen vom *Prana*, die Chinesen vom *Chi*, die Japaner vom *Ki*. Im Mittelalter gab es die Vorstellung von der *Astral*sphäre, wobei hier das Plasma symbolisch in den materiellen Raum der Fixsterne verlagert wurde; dementsprechend sprach man auch vom *Astral*leib, meinte damit aber konkret, wie aus den ursprünglichen Quellen hervorgeht, eine feinstoffliche Substanz, die den materiellen Körper aufbaut. Paracelsus schreibt bezüglich des eigenartigen Plasmalichts vom *siderischen* Licht oder *Astral*licht. Die Ägypter erwähnen zudem das Zodiakallicht (Zodiak = Tierkreis), und vermutlich nährt sich die gesamte europäische Astraltradition von ägyptischen Vorstellungen. Ägyptische Quellen prägen das Bild von den Winden, welche die »Flüssigkeiten des Unendlichen« mit sich führen. Der Begriff Wind ist wiederum eine typische Umschreibung für das Plasma, wie sie auch in Tibet (dort auch »Windpferd« genannt) ihre Entsprechung findet. Das ist eine sehr treffende Bezeichnung, denn das Plasma ist in der Tat »windig« und »flüssig«, darüber hinaus »unendlich«, nämlich raum- und zeitlos. Im ägyptischen Totenbuch wird weiter ausgeführt, dank dieser Winde, die die »Flüssigkeiten des Unendlichen« mit sich führen, »verbinden sich die Himmel mit den Planeten«. Die Planeten stehen hier also für die Materie, unsere Erde und die Himmel stehen für jene höchste, reine Bewusstseinsdimension, die ich im übernächsten Kapitel besprechen werde. Die Winde vermitteln also zwischen diesen zwei Welten, sie sind eine Zwischenzone, eine Pufferregion, so wie der Knorpel zwischen den Gelenken. Auch hier findet sich wieder das Modell einer Welt aus drei Dimensionen: Erde – Winde – Himmel.

Abschließend noch eine Anmerkung zum berüchtigten Begriff der »Hölle« oder dem »Schattenreich«, bei den Hindus *Kama Loka* und bei den Griechen Hades oder Tartaros genannt. Der Begriff »Hades«, der für die Unterwelt, gleichzeitig aber auch für einen Gott steht, leitet sich von »unsichtbar« ab, bedeutet also eine unsichtbare Region. Mit »Unterwelt« verbinden wir eine Welt *unter* unserer physischen Erdoberfläche, was unwahrscheinlich ist, aber für das symbolisch denkende Gemüt des Menschen eine sehr plastische Beschreibung bietet. Das Plasma ist bestenfalls *um* unsere Welt herum oder eher *in* unserer Welt angesiedelt, da es die Grundlage der Materie bildet.

Der Begriff Hölle, stammt ab vom nordischen *Hel,* dem germanischen Totenreich, und ist damit verwandt mit unserem Wort »hell«. Und das Totenreich ist in der Tat hell, wenn auch neblig-hell. Die christlichen Interpreten machten daraus aus ideologischen Gründen ein Hölle, ein ausschließlich gruslig-finsteres Land, was aber nur teilweise zutrifft, einfach weil Menschen nicht nur schlecht denken und fühlen, sondern auch gut.

Die Tartaros-Falle: Sie opfern der Nacht

»Eine Welt, welche die Erscheinung eines ungleich heftigern Willens zum Leben wäre, als die gegenwärtige, würde nun soviel größere Leiden aufweisen: sie wäre also eine Hölle.«

ARTHUR SCHOPENHAUER

Der Tartaros stellt eine bestimmte Daseinsschicht in der griechischen Kosmologie dar, die von Hesiod in seiner Theogonie beschrieben wird. Der Tartaros (Hades) befindet sich so tief unter der Erde wie der Himmel von ihr entfernt ist. Ein finsterer, modriger Ort ist das, von hals- oder fassartiger Form und eingehüllt von drei Schichten von Nacht, aus der er auch hervorgegangen ist. Dieser unheimliche Schlund innerhalb der Unterwelt, den Wirbelstürme umtoben, jagt selbst den Göttern Angst ein. Hierher stürzte Zeus die gegen ihn aufgestandenen Titanen und schloss sie dort ein. Auch Tityos, Tantalos und Sisyphos erleiden hier die typischen Höllenstrafen, die nichts anderes als Ausdruck ihrer eigenen seelischen Probleme sind.

Der Verschlinger der Jahre

Wir treten ein in »das Gebiet, das weder Zeit noch Form noch Gewicht« kennt. In altägyptischen Schriften finden sich die anschaulichsten und furchtbarsten Schilderungen des Plasmafeldes: Hier regiert der »Zerstörer von Millionen von Jahren«. Nebel umringt diese Region unendlichen Schreckens, die in ihrer Grenzenlosigkeit blaugrün schillert und überaus glitschig ist.

Entweder wird man nach dem Tod als »Lichtgeist« zugelassen oder als dafür ungeeignet abgelehnt und findet sich dann in der »Region der Nacht« wieder. Diese wird sehr sinnreich auch als *Auai* bezeichnet – als Feuer der Emotionen. In anderen Beschreibungen nehmen die Abgewiesenen Platz in der »Barke des Verschlingers der Jahre« bzw. des »Zerstörers von Millionen von Jahren«. Was verschlungen und zerstört wird, dürfte klar sein: unsere Lebensjahre, die Zeit, unsere Raum-Zeit-Illusionen.

Begleitet werden die Betroffenen auf ihrer Fahrt durch die Unterwelt des Plasmas von 12 Folterknechten; diese symbolisieren die Qualen, die wir im Plasma zu durchleiden haben, Qualen, die ausgelöst werden durch unsere Fixierung auf Glaubensinhalte und vermeintliches Wissen, an das Festhalten an einer Ich-Identität und einem materiellen Körper. Wir leiden im superflüssigen Plasma, weil Gefühle und Gedanken keinen Halt finden in stofflichen Strukturen. Diese Qualen sind unvorstellbar, weil das Plasma unendlich ist, weil kein Raum, keine Zeit existiert. Unendlich heißt hier einfach nur ohne Raum und Zeit, genau genommen: Alles findet auf einem Punkt statt! Diskussionen über die Unendlichkeit des Raums basieren demnach auf Unkenntnis des Plasmas und führen nicht weiter als zu den üblichen philosophischen Gedankenspielen.

Wer kein reiner Lichtgeist werden kann, begegnet den so genannten »Verkehrten«. Diese erhielten ihren Namen aus einem ganz ersichtlichen Grund: Sie haben nämlich keinen Kopf, gehen mit den Füßen nach oben und sind ihres »Lebenssaftes« beraubt.
Die Entschlüsselung des Symbols dieser »Verkehrten« ist einfach: Die Ägypter sprachen vom Jenseits (Plasma und Bewusstsein) – gemessen an der diesseitigen Welt – von einer »umgestülpten« Dimension, in welcher alle irdischen Fakten »umgekehrt« seien. (Spätere Deutungen wollten darin einen Hinweis sehen, dass im Jenseits die Armen zu Reichen oder die Schwachen zu Starken etc. werden.) Was bei den »Verkehrten« im Leben *innen* war – also die Gefühle, das Denken –, ist jetzt (im Plasma) *außen*.
Das klingt zunächst mysteriös ist jedoch schnell zu begreifen: Im irdischen Leben sind unsere Gefühle und unser Denken im Körper eingebunden. Im Zustand der Seelenablösung aber sind wir »nackt«, und man kann sehr klar sehen, was wir gerade fühlen und denken.
Was sich nun vollzieht und was – wohl um die Phantasie der Unwissenden etwas zu erhitzen – als Folterung beschrieben wird, sieht wie folgt aus: Folterknechte brechen mit roher Gewalt dem Verstorbenen die Wirbelsäule auf und saugen daraus die Kraft, den »Lebenssaft«, der seine Persönlichkeit zusammenhält. Was sich so grausam anhört, ist lediglich eine bildliche Umsetzung des Todesvorganges. Der

Lebenssaft steht für das Plasma, das Heraussaugen für die Trennung des Plasmas vom Körper. Es wird also das Plasma aus dem Körper gezogen, sprich die Seele verlässt den Leib. Da sich das Plasma angeblich vor seiner Abtrennung in der Wirbelsäule konzentriert und von dort via Scheitel, sprich Fontanelle, den Körper verlässt, wird die Beschreibung des Aufbrechens der Wirbelsäule verständlich. Während dieses Vorganges verliert der materielle Körper seine Instinkte und Emotionen, da diese mit dem Plasma eine Einheit bilden, und damit auch das Bedürfnis, die irdische Existenz noch einmal aufzunehmen. Die beschriebene Folterung ist also keine tatsächliche Qual: Es handelt sich dabei lediglich um eine sinnbildliche Darstellung der Loslösung des Plasmakörpers vom materiellen Leib.

Das Inferno
Die Chronik bietet mancherlei Erörterungen über das *Inferno*, jenes Übergangsstadium, angesiedelt zwischen Raum-Zeit-Illusion und Geist-Welt, an. Einige Reisende berichten, sie hätten in einem unglückseligen Dasein gefangene Menschen kennen gelernt. Ursache für ihr Lebensschicksal sei ihre überaus starke Bindung an die Raum-Zeit-Illusion als einziger für sie denkbarer Existenzmöglichkeit. Da sie andere Lebensstile nicht kennen – noch anerkennen wollten, hätten sie sich halluzinativ darauf versteift und lebten nach wie vor in einer raumzeitähnlichen Pseudoexistenz, tatsächlich aber seien sie in jenem plasmatischen Zwischenzustand zwischen Raum-Zeit-Illusion und Geist gefangen. Da aber die eigenen Gedanken ihre Umwelt formten, diese also ganz und gar abhängig von ihnen selbst sei, komme es zu unglaublichen Missverständnissen und Verwirrungen. Ihr Zustand halte so lange an, bis sie sich zu einem Wandel ihrer materialistischen Auffassung entschließen könnten.

Alte Kulturen und traditionelle Philosophien, wie zum Beispiel die der indianischen Lacandonen Mexikos, sagen, das »geistige Herz« steige zum Himmel (Geist) auf, während der »Pulsschlag der Toten« (Lebenskraft, Plasma) sich vom Körper trenne und hinabsteige nach *Mitnal*, einer Art Hölle. Dieser »Pulsschlag« ist der Rhythmus unserer Emotionen, die uns die Welt nur subjektiv gefärbt erleben lassen.

Da jede subjektive Weltschau aber nur einen kleinen Ausschnitt der gesamten Wirklichkeit erfasst, also sehr klein und eng ist, verringert sich unsere Persönlichkeit auf ein Minimum dessen, was möglich ist. Besser sei es daher, das »geistige Herz« oder wie die Tibeter sagen das »reine Land«, sprich das Geistreich, anzustreben.

Im Inferno leben demnach die Halluzinierenden, die Depressiven, die Ichsüchtigen und Verblendeten, aber natürlich auch eine Heerschar ganz normaler Mitmenschen: Sie ersticken durch beschränktes Denken ihre Wirklichkeitsmöglichkeiten. Diese Existenzen sind wie Larven (lat. *larvae*, die »bösen Toten«), die in der Enge und Dunkelheit ihrer Einbildungen gefangen sind; sie »opfern der Nacht« sagen dazu treffend die mittelamerikanischen Maya.

Einige Quellen deuten an, man erlebe im Plasmafeld ein weiteres Mal all seine Taten, Schmerzen und Freuden, die man anderen zugefügt habe. Das geschehe aber nicht als Erinnerung, sondern ganz plastisch und real. Wir erleiden unseren Faustschlag ins Gesicht des Gegners ebenso wie die Freude des von uns Beschenkten. Haben wir alle Auswirkungen unserer Taten selbst erlebt, dann böte der nächste Zustand, der frei von Plasma ist, endlich eine Erholung, d.h. eine Befreiung vom irdischen Schicksal an.

Im Plasmazustand soll daher offenbar erreicht werden, sich in die Auswirkungen seiner eigenen Taten hineinversetzen zu können, um empfindsamer zu werden und sich selbst bewusster verhalten zu lernen. Das »Gesetz des Ausgleichs« scheint hier oberste Priorität zu haben.

Absturz in den Minuszustand

Mit Beharrlichkeit wird in der gesamten Chronik eine Aussage immer wieder besonders herausgestellt: Nach einer Lysis – ganz gleich auf welcher Stufe – sind wir das, was wir zuvor waren; wir unterscheiden uns lediglich von der vorherigen Stufe durch eine höhere Lebensintensität. Die Hoffnung, die uns die Chronik vermitteln will, ist nicht die, dass wir jemand anderer werden, sondern dass wir mehr wir selbst werden.

Befreit vom Körper bleibt von uns das übrig, was wir de facto sind: all unsere latenten Leidenschaften, unser Sammelsurium an Wünschen und Hoffnungen. Im Sanskrit heißt dieses Begehren *Kama* (nicht zu verwechseln mit *Karma*); und das *Kamaloka* (*Loka* = Ort) ist jener Ort, wo wir uns nach der Lysis wiederfinden, nämlich in der Heimat des Begehrens. Das *Kamaloka* gilt als negativer Zustand, als Aufenthaltszone der *Pretas*, jener Wesen, die, obwohl tot, unnützerweise die Verbindung zum Körper aufrechterhalten wollen, also materiefixiert sind. Daher wird das *Kamaloka* in der indischen Tradition definiert als ein Zustand zwischen Raum-Zeit-Illusion und Geistwelt, in dem aber noch eine gewisse Bindung an die stoffliche Welt weiterbesteht.

Im Folgenden möchte ich für diesen Zustand – ob nun Tartaros, Hades, Hölle, Kamaloka genannt – den Begriff »Minuszustand« einführen. »Minus« deshalb, weil wir dort in einem Zustand unterhalb unseres Möglichkeitsspektrums existieren.

Dieser Minuszustand, in dem unser Körper abgeschüttelt worden ist und in dem wir folglich aus dem Plasmakörper und dem Geistkörper bestehen, lässt unsere Gefühle, unser Denken – da wir nun von den Beschränkungen der Physis befreit sind – scharf hervortreten. Offenbar kommt es durch diese Bedingung zu jenen äußerst fragwürdigen Beschreibungen wie derjenigen, dass ein Alkoholiker, für den nichts als Alkohol wichtig ist, sozusagen in Wein und Whisky ertrinkt, der fanatische Erotomane in einer dauernden Orgie lebt und der krampfhafte Denker sich in seinen Hirngespinsten verknotet. All unsere heimlichen Sehnsüchte werden nun alleinige Wirklichkeit, und das offenbar in solchem Übermaß, dass wir daran leiden. Jeder wird in seiner ganz privaten Weltblase leben, entsprechend seinen Begierden und Schwächen.

Nun könnten wir uns die Frage stellen: Wie nehmen sich Plasmawesen untereinander wahr? Erkennt der in Tränen Ertrinkende den im Wein Schwimmenden als in Wein schwimmend? Tatsache ist, wir erkennen im Plasma die Wesen nicht an ihren materiellen, sondern an ihren Plasma- oder Emotionsschwingungen. Die Emotionen liegen im Plasma offener zutage als in der Raum-Zeit-Illusion, weshalb

Menschenkenntnis hier keines besonderen Geschicks bedarf. Die schillernden Beschreibungen psychischer Zustände im Plasmafeld sind bekannt.

Wer jedoch, sagen die indischen Veden, sich bereits im Leben von den Illusionen der beiden Quartette geläutert hat, der halte sich nur kurz im Kamaloka auf. Durchqueren aber muss dieses Zwischenreich jeder, damit sich sein Plasmakörper dort zunächst entfalten und dann verfallen kann. Und verfallen wird der Plasmakörper, wenn die psychischen Mechanismen aufgegeben werden können: Darin drückt sich die besagte Reinigung aus. »Aussaugen der Lebenskraft«, Zerstückelung und Folterung des Körpers, die Höllenqualen – das sind die sinnbildlichen Umsetzungen der psychischen Reinigung, genauer gesagt, des zweiten Todes, des Todes der Seele.

Jeder, der eine Lysis durchläuft, verliert etwas, entweder seinen Körper in der Lysis I oder seinen Plasmakörper in der Lysis II. Lysis I kommt zustande durch den Verlust der Quartett I-Faktoren, Lysis II durch das Aufgeben der Bindungen an die Quartett II-Faktoren. Je schneller wir uns von unseren Eigenschaften, Manien und Zwangsbedürfnissen trennen, desto eher kommt es zur Lysis II. Dieses Aufgeben, diese Einsicht in die Zwecklosigkeit unserer Wünsche drückt sich aus durch Schmerzen, Leiden und die Qual der Erkenntnis, dass all das Illusionen sind. Erkenntnis ist immer schmerzhaft, daher die Höllenqualen.

Der Minuszustand ist der erste Schritt zur Enthüllung unserer wahren Natur, nämlich dass wir letztendlich nur reine Geistwesen sind. Die mythologischen Texte, die von Tod und Hölle handeln, sind ein Beweisarchiv für unsere Drei-Stufen-Natur: Geist, Plasma, Materie. Wie verwirrend und fantastisch das dem rationalen Geist auch immer erscheinen mag, wir sollten die Geschichten über Himmel und Hölle – um mit der christlichen Terminologie zu sprechen – als einen Schatz gespeicherter Kenntnisse über das Experiment Dimensionsreise auffassen und nicht etwa als Aberglauben oder bloßen psychischen Symbolismus abtun. Wer sich diesen Erkenntnissen öffnet, schlägt ein neues Kapitel in der Analyse der Todesmythologie auf. Meine Untersuchung über Liebe und Tod jenseits der Zeit stellt einen ersten systematischen Versuch dar, den Transformationsverlauf des menschlichen Multikörpers zu rekonstruieren.

Der Plasmazustand ist eine Spiegelung unserer Raum-Zeit-Illusion und vice versa. Mein Spiegelbild im Teich bin ich! Mit dieser einfachen Logik beendet Emanuel Swedenborg seinen Diskurs über den Minuszustand. Er sagt: Jeder erlebt seinen eigenen Himmel und seine eigene Hölle! Ich schicke diesen Satz voraus, denn zum Abschluss möchte ich noch auf den Mythos von der »heißen« Hölle eingehen. Swedenborg deutet zu Recht die auftretende Hitze als Ausdruck unserer überstarken Lebenswärme; das Feuer, das nach vielen Erfahrungsberichten der Chronik den Minuszustand begleitet, sei das »Feuer« unserer Eigenliebe, unserer hektischen Lebenshitze. Die Betroffenen *sitzen* nicht in einem Feuer, wie man sich das bildlich leicht vorstellt, sondern schmoren sozusagen in ihrem eigenen selbstsüchtigen Lebensdrang. Die Lebenswärme ist das Feuer unserer Leidenschaften und Bedürfnisse. Die Höllenhitze nimmt zu, je mehr wir uns an die Struktur der Raum-Zeit-Illusion klammern. Wenn wir im Minuszustand schwitzen müssen, dann ist damit unsere Verfangenheit in der Lebenshitze, unser Subjektivismus, gemeint. Die Lebenshitze, das ist die tiefste Hölle. Wer sich von der Wettkampfhitze, der Hitze des Gefechts, der Liebeshitze nicht durch Erkenntnis distanzieren kann, wird, befreit vom Körper, in diese Emotionen hineingestoßen werden wie in eine Hölle. Hitze und Feuer entpuppen sich wahrlich als angemessene Metaphern für die Unruhe unseres Egos. Die Höllenhitze ist somit als Lebenshitze enttarnt.

DIE SEELENTRANSFORMATION

Eines jeden Leib folgt dem übergewaltigen Tode, lebendig aber bleibt in Ewigkeit sein Urbild.

PINDAR

Immer wieder stellt sich die Frage: Wie entstand das Material der Chronik? Woher beziehen wir unser Wissen über die Seelenablösung, über Nahtod- und Todeserfahrungen? Dazu finden wir in allen Kulturen und Epochen dem Sinn nach übereinstimmende Antworten. Die Tlingit-Indianer Kanadas versichern zum Beispiel unisono mit allen anderen Stammeskulturen der Welt: Wir haben unsere Kenntnisse der anderen Welten von Leuten, die von dort zurückgekehrt sind, nachdem sie vorübergehend »tot« waren. Für Menschen, die mit der »Dimensionen-Wissenschaft«, wie ich sie in diesem Buch vorstelle, nicht so vertraut sind, klingt das nach Phantasterei! Doch auch die Überlieferungen, Mythen und Schriften der alten Hochkulturen geben uns nach unvoreingenommenem Studium die exakt gleichen Antworten. Die Tibeter beispielsweise haben die Erlebnisse von »Zurückgekehrten« in einem eigens zu diesem Thema gesammelten Kompendium niedergelegt, den so genannten *das-lok*-Schriften, die hunderte solcher Texte – leider unübersetzt – zum Thema Nahtoderfahrungen umfassen; sie bilden ein »Totenbuch« ganz eigener Art. Es wäre also durchaus überraschend, wenn die zeitgenössische »Sterbe-Chronik« solcher Erfahrungen aus unserer modernen westlichen Kultur nicht auch gleichartige Berichte parat halten würde: Die heutigen Berichte stammen vorwiegend von reanimierten Unfallopfern oder von Schwerkranken, und ihre Anzahl ist kaum abzuschätzen, wir dürfen aber von mehreren tausend gut dokumentierten Fällen ausgehen.

Auf diesem Erfahrungsschatz baute sich bei allen Völkern eine Wissenschaft bzw. ein Glaubenssystem auf, das sich mit dem jeweiligen lokalen Brauchtum vermischte, wobei die ursprüngliche Nah-toder-

fahrung den Ausgangspunkt für alle kosmologischen und philosophischen Welt-Erklärungsmodelle bildete. Ein undurchdringliches
Gestrüpp von pseudophilosophischen oder -religiösen Überzeugungen, irrealen Hoffnungen, aber auch von faktischem Wissen und
praktischen Lebensregeln verquickte sich mit Berichten von Nahtoderfahrungen, ließ diese selbst in den Hintergrund treten und stellte
einzelne ihrer Elemente in sachfremde Zusammenhänge. Nahtoderfahrungen wurden nicht nur zur Grundlage aller Religionen, sondern auch zur unerschöpflichen Quelle für Sagen und Märchen und
des Volksbrauchtums überhaupt.

Wir wenden uns nun den »Erfahrungen nach dem Tode« im Bereich
der Geistwelt (Lysis II) zu, womit nichts anderes als die Erfahrung
eines gesteigerten Zustandes unseres irdischen Lebens gemeint ist.

Auch aus der Plasmadimension kristalliert sich ein neues Stadium heraus. Denn das Plasma ist nicht die letzte Dimension, es ist ebenfalls
wiederum nur ein Anfang. Eine Reihe von Phänomenen begleitet den
Übergang zu diesem weiteren Stadium hin, sie sind symptomatisch
für die Auflösung des Plasmakörpers und für die Herausbildung eines
dritten Systems. Ich bezeichne diese Phase, die sich, wie gesagt, noch
innerhalb der Plasmadimension vollzieht, als Seelentransformation.
Dabei löst sich der Plasmakörper auf bzw. geht auf im universellen
Plasma, während sich eine höher dimensionierte Struktur, unser letzter Wesenskern, allmählich aus dem Kokon des Plasmas herausschält.
Dieser Wesenskern, unser reiner Geist, ist zwar losgelöst von den acht
Quartett-Faktoren, dennoch bleibt in der Anfangsphase ein kleiner
Rest von Individualitätsgefühl zurück. Das folgende Kapitel wird
diesen Transformationsvorgang vom Plasmakörper hin zum Geist-
körper skizzieren.

Eine Überdosis Leben

Die Seelenablösung macht aus uns gewissermaßen Astronauten.
Denn so wie diese den Planeten Erde aus dem Weltall wahrnehmen,
so erleben auch Geistreisende ihren eigenen Körper – nämlich von

außen. Und das ist ein ebenso atemberaubender Anblick, wie unsere Erde vom Weltraum aus zu beobachten. Wir durchreisen zunächst die Plasmazone, was sich recht schnell vollziehen, vielleicht sogar gänzlich unbemerkt bleiben oder zu einer tieferen Erfahrung führen kann. Nach der Überwindung der Plasmadimension kommt es zu einer zweiten Lysis, und anschließend befinden wir uns im reinen Geistfeld. Den Vorgang, der dazu führt, habe ich mit dem Begriff »Seelentransformation« umschrieben. Die Wissenschaft, die sich damit beschäftigt, nennt sich »Nahtodforschung« und die diesbezügliche Erfahrung »Todeserfahrung«.

Dass die Verwendung des Begriffes »Tod« unangemessen ist, ist offensichtlich, denn die Geistreisenden sterben keineswegs. Dennoch hat sich der Begriff Nahtoderfahrung inzwischen eingebürgert. Ich spreche jedoch lieber von Seelentransformation, denn umgewandelt werden wir in der Tat. Die Seelentransformation vollzieht sich in einer Sequenz eigentümlicher Erfahrungen, die in einer festgelegten Reihenfolge gesetzmäßig ablaufen und sich in allen Kulturen und Zeitaltern wiederholen. Sowohl aus der Antike als auch aus dem Mittelalter sind uns genügend einschlägige Berichte überliefert, und sie unterscheiden sich in nichts von den Berichten zeitgenössischer Personen, die etwa einen Autounfall oder einen Bergabsturz überlebt haben oder die nach einem Herzversagen reanimiert wurden. Sie alle weisen das klassische Syndrom einer Nahtoderfahrung auf.

Ich möchte mein Augenmerk noch kurz auf einen wichtigen Aspekt richten: auf den Sinnbildcharakter dieser Erfahrungen. In ihnen ist die Rede von Flüssen, die es zu überqueren gelte, von Tunneln, die zu durchfliegen oder von Brücken, die zu überqueren seien, aber auch von Musik oder vom Gleiten durch den Raum ist die Rede – alles im Grunde Motive, die typisch sind für die Raum-Zeit-Illusion unseres irdischen Bewusstseins. Und da wir uns während dieser Erfahrungen außerhalb des irdischen Bereichs bewegen, sollten wir eigentlich auf dieser Stufe die irdischen Bewusstseinskategorien bereits überwunden haben. Bedenken wir jedoch Folgendes: Reisen wir zum Beispiel durch Afrika, dann messen wir unwillkürlich die Menschen dort mit unseren eigenen Maßstäben. Oder: Erinnert sei an unser Verhältnis zu Haustieren; versuchen wir sie nicht dauernd zu vermenschlichen oder sie wie Menschen zu behandeln? In gleicher Weise beschreiben wir auch andere Seinszustände oder Welten mit unseren bisherigen Erfahrungen, daher tauchen selbst in den Schilderungen der Plasmadimension noch Brücken und Flüsse auf. Diese materiegebundenen Bilder müssen wir nun ins Immaterielle zurück übersetzen; eine Brücke bedeutet dann so etwas wie eine Übergangssituation, ein Fluss steht für eine Grenze etc.

Nur wenige Leser werden sich noch problemlos und ohne Zweifel in die im Folgenden dargestellten »Sterbe-Chronik«-Berichte einfühlen können, und viele werden aus Mangel an eigener diesbezüglicher Erfahrung diese transmentalen Zustände ins Reich der Fantasie verweisen. Doch handelt es sich um reale menschliche Erfahrungen, die nicht geleugnet werden können.

Der Schlaf – Einstieg in die Welttiefe

Die Schlafenden sind Tätige und Mitwirkende beim Geschehen der Welt.

Heraklit

Der Schlaf borgt vom Tode zur Aufrechterhaltung des Lebens.

Arthur Schopenhauer

»Der Schlaf ist für den ganzen Menschen, was das Aufziehen für die Uhr«, schreibt Arthur Schopenhauer. Das weiß jeder aus eigener Erfahrung. Jeder Mensch schläft Zehntausende von Malen, genauer gesagt, verschläft Zehntausende von Malen das Leben. Dennoch bleiben uns viele Aspekte des Schlafes auch heute noch ein Rätsel. Ich möchte daher versuchen, ergänzend zu allen modernen physiologischen Theorien über den Schlaf und immer inspiriert durch die Chronik, eine Schlaftheorie vorstellen, die bisher nicht erklärliche Phänomene berücksichtigt. Ich habe bereits gezeigt, wie sich vom Alltagsgefühl über die Trancephase zum Hochgefühl bis hin zur Seelenablösung und schließlich auch bei der Nahtoderfahrung immer wieder der gleiche Vorgang wiederholt: Unsere Wirklichkeit und unser Leben erfahren eine Steigerung, aber nur, weil unser »normales« irdisches Dasein, das an Raum und Zeit gebunden ist, parallel dazu zurückgelassen wird.

Auch der Schlaf lässt sich ganz im Sinne dieses einfachen Modells erklären. Wenn sich das Normalbewusstsein langsam auflöst, heißt das: wir schlafen ein. Es bedarf dazu eines Verlustes des normalen Denkens und Fühlens; das normale Weltempfinden wird ausgesetzt. Unsere Wirklichkeit besteht aus Konventionen, Tabus und künstlichen Beweisen, die wie ein Schleier über eine tiefere Schicht von Wirklichkeit, die Wirklichkeit der Plasmadimension, gelegt sind. Dieser Schleier muss sich heben, und ich habe für diesen Vorgang den griechischen Begriff »Lysis« eingeführt, der so viel wie Loslösung, Erlösung, Rettung, Tod bedeutet und auch im heute so häufig gebrauchten Begriff »Analyse« steckt. Die von mir bisher vorgestellten Daseinsstufen sind durch einen kontinuierlichen Abbau des Normalbewusstseins gekennzeichnet. Die Chronik stellt den Schlaf als eine Lysis ersten Ranges dar – als Tod, Erlösung, Auflösung: Im Schlaf erstirbt unser Normalbewusstsein, wir erfahren eine Lysis, aber nur, um in einem höheren Bewusstseinszustand wieder aufzuwachen: in der Plasmadimension!

Nach landläufiger Meinung brauchen wir den Schlaf, um uns zu regenerieren. Wie aber wird in der Chronik diese Regeneration erklärt? Die alten Überlieferungen auf einen Nenner gebracht, ließen sich folgendermaßen zusammenfassen: Parallel zum Abbau des Normalbewusstseins im Tiefschlaf erfolgt eine Intensivierung unseres Lebens, und wir erfahren eine vibrierende Wirklichkeit in der Plasmadimension, die uns unsere wahre Natur erkennen lässt.

Wir »tanken auf« gewissermaßen durch Erschauen unseres höheren Lebens, wie es ohne raumzeitliche Einwirkung aussieht. Zugegeben eine merkwürdige Art der Regeneration! Aber regenerieren wir uns nicht auch, wenn wir neue Landschaften, Wälder, Berge, Meere sehen oder neue Menschen kennen lernen oder überhaupt Neues erfahren? Und ist nicht jenes Neue oder Wahre am erholsamsten, das uns erstaunen lässt, das Überraschungen bietet? Es ist ja ebenso die Funktion der Künste, mit ungewohntem Erfindungsreichtum zu überraschen und uns dadurch aus den Fesseln alter Gewohnheiten, Denkschablonen und Sehstereotypen zu befreien. Es regeneriert uns, was befreit vom Altbekannten! So wie der kurzfristige Aufenthalt im Todesterrain des Plasmas unsere Psyche regeneriert, so auch der kleine Tod im Tiefschlaf. Unsere Psyche bedarf offenbar einer regelmäßigen »Freizeit« vom Körper. Die nächtlichen Reisen ins Plasma vergessen wir, sie bilden aber einen unbewussten Grundstock an Erlebnissen – unser zweites, geheimes, wahres Leben.

Auf all das könnten wir natürlich sofort entgegnen: Unsinn, niemand hat im Schlaf je etwas von dieser Lebensintensivierung gespürt oder erinnert sich an etwas Derartiges. Die Antwort darauf ist nun seitens der Chronik etwas komplizierter: Es komme im Schlaf zu einer Loslösung unserer Psyche von der Physis. Wir sind dann Quartett II (den fünf Sinnen, dem Fühlen, dem Denken und dem Ich) nicht mehr und Quartett I (Raum-, Zeit-, Kausalität- und Materieempfinden) nur noch beschränkt unterworfen. Wir befinden uns außerhalb unseres Körpers, sind den Einschränkungen der stofflichen Welt nicht mehr sklavisch unterworfen, und das ist der wahre Grund der Regeneration. Wir müssen uns immer wieder von den Belastungen durch Raum, Zeit, Kausalität und Materie regenerieren, das gibt uns Kraft, das schafft neue Energien. Wir werden sozusagen mit jedem Tiefschlaf neu hineingeboren in die Plasmawelt und fühlen uns bei der Rückkehr in die Raum-Zeit-Illusion erfrischt. Nach den Berichten der Chronik tritt während des Tiefschlafs eine vollkommene Lysis ein und wir wachen in einer anderen Daseinsordnung wieder auf. Im Hochgefühl und während der Seelenablösung wird aus Zeit zunächst langsam fließende Zeit, dann Zeitlupe und schließlich tendiert der zeitliche Ablauf gegen Zerozeit. Und Gleiches passiert auch mit dem Raum – es entsteht Zeroraum. Die serielle Abfolge von Geschehnissen, die so genannte Kausalität ist aufgehoben und verändert sich zu einer Superkausalität, zu einer totalen Gleichzeitigkeit aller Geschehnisse. Die Vergangenheit liegt dann vor dem Betrachter ebenso ausgebreitet da wie Gegenwart und Zukunft. Und die Materie kippt um zum Zerostoff, zum reinen Plasma. Das ist das ganze Geheimnis, daher Heraklits berühmter Satz: »Im Schlaf kehrt jeder Mensch zu seiner wahren Heimat zurück.«

Ist unsere wahre Heimat also die Zeitlosigkeit? Auch Schopenhauers Ausspruch »Der Schlaf borgt vom Tode zur Aufrechterhaltung des Lebens« gewinnt für uns nun eine tiefere Bedeutung. Wenn der Ich-Tod eine extreme Intensivierung des Lebens mit sich bringt, dann bedeutete eine Reise in den Schlaf in der Tat ein Auftanken von Lebenskraft.

Ich möchte an dieser Stelle auf ein klassisches Argument gegen die Aussagekraft und Bedeutung der Chronik eingehen, das besagt, alle diese Erfahrungen seien bloße Traumzustände. Doch aus der Chronik ersehen wir: Der Traum besteht aus Erfahrungen der Raum-Zeit-Illusion, und zwar einerseits aus bloßen Tagesresten, die sich im Traum unter eingeschränkter Realitätskontrolle wild vermischen und vom Zauberhaften bis zum Albtraumhaften alles enthalten können, und andererseits aus unbewusstem, archetypischem und verdrängtem Material, das uns gelegentlich helfen kann, unser Leben besser zu verstehen. Der Traum, so hilfreich er auch sein mag, er ist fest mit der Raum-Zeit-Illusion verknüpft und daher ein bloßes Echo derselben, er ist etwas, so sagen die Tibeter, das es abzustreifen gilt. Der Traum schaffe ebenso viele Probleme wie das Leben, da er die Strukturen der Raum-Zeit-Illusion widerspiegele. Meister der Bewusstseinskontrolle und der Erzeugung geistiger Leere träumen nicht mehr! Ziel ihrer Übung sei es, Raum und Zeit und ebenso das Träumen als Illusionen zu erkennen. Traumdeutung, so sinnvoll und aufklärend sie auch sein mag, gilt als beschränkte Kunst. Ziel allein sei die Seelenablösung, der Eintritt in die Plasmadimension, doch diese liegt jenseits des Traumes, der in der Raum-Zeit-Illusion verhaftet bleibt. Gelangen wir also durch verschiedene Schlaf- und Traumphasen in den Tiefschlaf, dann werden wir nach tibetischer Überlieferung zunächst mit vier Visionen konfrontiert:

1. mit Rauch
2. mit der Vision vom Fliegen durch Feuer
3. mit dem Bild von etwas Ähnlichem wie der Flamme einer Butterlampe; anschließend an diese drei vorbereitenden Visionen erfahren wir
4. die »vier Arten von Leere«: die Leere, die große Leere, die äußerste Leere und die All-Leere (Hopkins).

Der Eintritt in die Plasmadimension ist für die Tibeter lediglich der Anfang einer gewaltigen Geistreise, die nach einer zweiten Lysis über die Plasmawelt hinausführt in eine Zone aus Licht, Liebe und Leben, die höchste Lysis (L3).

Doch als große Frage bleibt: Warum haben wir keine Erinnerung an all das, was mit uns im Tiefschlaf geschieht? Im Kapitel »Das Lethe-Phänomen« habe ich eine ausführliche Erklärung dafür versucht. Ein bestimmter Filter beraubt uns offenbar aller Erinnerung. Was bleibt, ist jedoch ein Gefühl der Regeneration, Frische und Wachheit, und es stellt sich die Frage: Steigen nachts alle Schlafenden ein in die »Welttiefe«? Das klingt so, als sei die Raum-Zeit-Illusion unsere eigentliche Heimat, und nachts verirrten wir uns nur. Doch ebenso ließe sich umgekehrt sagen: Aus der »Welttiefe« des Plasmas dringen wir jeden Morgen aufs Neue in die Raum-Zeit-Illusion ein, um diese zu erforschen. Unsere Heimat wäre dann zwar jene Anti-Welt, während wir hier auf der Erde bloß im Taucheranzug in einer Art Unterwasser-Forschungsstation leben oder mit einer Art Reisegruppe unterwegs sind, die eine Fahrt in die Raum-Zeit-Illusion gebucht hat, um die erstaunlichen Lebensvorgänge darin einmal per Selbsterfahrung auszukosten. Auch die Berichte der »Sterbe-Chronik« gehen genau auf diese Merkwürdigkeit ein: Jeder Mensch unternähme während seines Lebens unzählige Exkursionen in den Tiefschlaf und sobald er das Tiefschlafterrain beträte, dämmerten ihm sämtliche vorangegangenen Besuche mit einem Male wie eine aufgehende Sonne; all die Erfahrungen, die in der »Welttiefe« der Plasmadimension gemacht wurden, fügten sich dann zu einem Ganzen zusammen – genau wie wir nach einem erquickenden Schlaf unsere Persönlichkeit und Geschichte wieder zusammensetzen. Würden uns allerdings wirklich nach jeder Nacht alle Plasmareisen bewusst, dann erschwerte das unser irdisches Leben immens, wir könnten uns nicht entscheiden, in welcher Wirklichkeit wir nun leben sollten. Es bedarf daher einer Erinnerungsschranke – Lethe genannt – ,um in der Sphäre der Raum-Zeit-Illusion frei von unserer nächtlichen Lebenshälfte zu sein. Später beim Tod und beim Übergang in die Plasmawelt erinnern wir uns unserer parallelen Erlebnisse und Taten und dann erst erscheint uns unser Leben voll und ganz. Im irdischen Alltag dagegen leben wir nur die Hälfte unseres Lebens.

Ich fasse zusammen: Die menschliche Erfahrung besteht nicht ausschließlich aus unserem Leben in der Raum-Zeit-Illusion. Hinzu kommen im Tiefschlaf zahllose Nachtfahrten ins Plasma mit ihren recht abenteuerlichen Inhalten. Bei einer endgültigen Seelenablösung, dem Tod, kommen beide Erfahrungsdimensionen – Welt und »Anti-Welt«, Tages- und Nachtexkursionen – zusammen und machen uns zum vollen Menschen. Der Tiefschlaf ist daher der Ausgangspunkt für all jene experimentierfreudigen Suchenden, die bewusst einen Vorstoß in die Nachbarwelt wagen wollen.

Die Nacht ist eine Ruhepause für den Körper, die Psyche aber wandert! Dementsprechend findet sich in der Chronik die Deutung, Schlaf und Tod seien Schicksale der Psyche, nicht des Körpers. Wir führten ein zweites, geheimnisvolles Leben im Tiefschlaf. Demnach sind wir hier auf der Erde nur »halbe« Menschen, abgeschnitten von der anderen Hälfte unserer Erinnerungen, so wie die Nacht nicht weiß, was der Tag tut?

Lysis – Befreiung, Loslösung, Rettung

Auflösungsphänomene durchlaufen alle
Individuen zu verschiedenen Zeiten,
beim Einschlafen, bei scharfem Denken,
in der Liebe, beim Niesen oder Sterben.
Tibetische Überlieferung

Wenn Sie vor einer wichtigen Entscheidung stehen, wie bereiten Sie sich vor? Und wenn ein für Ihr weiteres Leben wichtiger Zeitpunkt naht – eine Prüfung, ein berufliches Einstellungsgespräch, Begegnungen mit bedeutsamen Personen, oder wenn Sie sich auf eine sportliche Höchstleistung oder als Künstler auf Ihre Arbeit an einem Bild vorbereiten, wenn also etwas Besonderes und vielleicht sogar Einmaliges geschehen soll, in welchen Geisteszustand möchten

Sie sich dann am liebsten versetzen? Vermutlich werden die meisten übereinstimmend antworten: Wir müssen innerlich entspannt und frei sein, alles an Familien-, Ehe- und Geldproblemen hinter uns lassen, eine gute Nacht gehabt haben und körperlich und psychisch ausgeglichen, erholt und ausgeruht sein, um uns voll konzentrieren zu können.

Ich habe bisher verschiedenste Lebenshöhepunkte oder intensive Lebensmomente beschrieben: Trancegefühl, Hochgefühl, Seelenablösung. Diese Stationen kennzeichnen genau jene Höhepunkte. Im Klartext: Die Aufhebung von Raum, Zeit, Kausalität und Stofflichkeit (Quartett I) ist die beste Voraussetzung, einen Lebenshöhepunkt oder eben eine Lysis zu erfahren. Wer sich am weitesten von Quartett I lösen kann, wird am erfolgreichsten sein; es ist so ähnlich wie nach einer Ferienreise, nach der wir im praktischen Leben oder in unserem Beruf besser und wacher sind. Wenn ich daher die besten Voraussetzungen für große künstlerische, geistige oder erfinderische Leistungen nennen soll, dann die einer Lysis, eines Zusammensturzes des Kartenhauses unserer irdischen Persönlichkeit.

In diesem Zusammenhang sei an den griechischen Begriff *analysis* erinnert, den wir verwenden, ohne uns über seine eigentliche Bedeutung klar zu sein. Wenn wir etwas analysieren, bedarf es zunächst einer »Loslösung«, einer Lysis vom Gegenstand unserer Betrachtung, damit wir ihn frei und distanziert oder wie neu sehen können, um ihn anschließend wieder »entsprechend« (griech. *ana*) mit anderen Gegenständen verbinden zu können. *Lysis* ist demnach das trennende und *ana* das verbindende Prinzip. Die *analysis* der alten Griechen hat daher wenig mit unserer rationalen, logischen »Analyse« zu tun. *Lysis* heißt im weiteren Sinne Befreiung vom Leben, d.h. Tod, doch *ana* verbindet unsere verschiedenen Leben durch Entsprechung und Ähnlichkeit, etwa im Sinne Platons: »Nur Gleiches kann Gleiches erkennen!« Tod ist daher eine *Analyse* – genau übersetzt »eine Loslösung der Seele vom Körper, wodurch sie dorthin gelangt, wohin sie gehört und wo alles sich miteinander zu einem verbindet.«

Die entscheidenden Erlebnisse unseres Lebens sind Geburt und Tod – und natürlich das Leben selbst. Beim großen Tod lösen sich Geist und Seele vom Körper, doch es gibt noch viele Vor- und Echoformen des Todes, jene kleinen tausend Tode – Seelenkrisen, Ekstasen, tiefe Erkenntnisse, schwere und schwache Stunden –, die wir täglich sterben, auch sie sind Lysis-Phänomene. Platon hat dementsprechend das Leben selbst als einen Tod, als ein andauerndes Sterben, sprich dauerndes Durchlaufen von Lysis-Phänomenen und damit gleichzeitig als eine sukzessive Vorbereitung auf den Tod beschrieben, den Tod umgekehrt und folgerichtig aber als erweitertes Leben. Er verstand den Tod als letzte und höchste Intensivierungsstufe des Lebens, nach negativen Emotionen und Hochgefühlen. Aus diesem Grund ist eigentlich die Unterscheidung zwischen Leben und Tod überflüssig: Das Leben im Todesreich ist intensivstes Leben, das Leben im Leben ist eingeschränktes Leben. Doch diese Vorstellung ist nicht nach jedermanns Geschmack, der Mythos vom Tod als Lebensende ist zu sehr in uns verwurzelt.

Wie sollte man sich mit diesem Vorwissen aber auf seinen eigenen »Tod« oder auf eine Lysis als bewusstseinserweiternde Erfahrung vorbereiten? Übereinstimmend sagen zahlreiche Überlieferungen der Chronik, es sei z.B. schädlich, wenn die Angehörigen eines Sterbenden diesen davon abhalten wollten, sich in jenen höheren Bewusstseinszustand zu versetzen. Ein Sterbender solle in Ruhe sterben können, ohne im irdischen Leben festgehalten zu werden. Auch wer aus Gründen der Selbsterfahrung oder Bewusstseinserweiterung sein Leben intensivieren wolle, müsse sich zeitweise loslösen und befreien vom Leben, um sinnerfüllter weiterleben zu können.

Die Seelenablösung lässt sich noch aus einem anderen Blickwinkel betrachten. Ich betone, nach einer erfolgreichen Seelenabspaltung existieren wir nur noch als reiner Gedankenkörper, vom Körper sind wir dann befreit. Wir bestehen jetzt ausschließlich aus jenen Gedanken, die wir nicht imstande waren, aufzugeben. Mit der Todeslysis sind keineswegs all unsere Sinnesempfindungen, Gefühl und Denken aufgehoben, es bleiben Reste davon bestehen. Nach der Seelenablösung sind wir ein Spiegelbild unserer Seelenzustände. Bildeten in der Raum-Zeit-Illusion unsere Gedanken gewissermaßen eine Stütze für unser Ichgefühl, so ist das zwar auch im reinen Bewusstseinszustand der Fall, doch werden wir hier viel stärker von unseren Gedanken bestimmt; wenn wir zum Beispiel in diesem Zustand sagen »die Sonne geht unter«, dann geht sie auch wirklich unter und wir beschreiben nicht nur jenen relativen Standpunkt, der uns in der irdischen Welt vorbehalten ist. Unsere Gedanken sind dann die einzige Wirklichkeit. Diese Merkwürdigkeit wird uns im Folgenden noch öfter beschäftigen, daher sei hier nicht weiter darauf eingegangen. Eins dürfte allerdings jetzt schon klar sein: Wollen wir in der reinen Gedankenwelt gut existieren, müssen wir unsere Gedanken so pflegen und hegen wie hier in der irdischen Welt unseren Körper. Es bedarf einer der Körperpflege, der Medizin und des Sports vergleichbaren Technik, um gedanklich gesund zu bleiben und in der höheren Wirklichkeit der Plasmadimension zu bestehen.

Vor diesem Hintergrund versteht man die alten Märchen ganz anders, in denen berichtet wird, der Weinende komme in ein Land der Tränen, der Zornige erwache in einem glühend roten Himmel voller Blitze und Donnergrollen, der Hasserfüllte müsse in einem herzbeklemmenden engen Raum verharren und der Angstvolle sehe sich von riesengroßen Widersachern umstellt, während andererseits der Hoffende durch die Lüfte gleite wie Vögel zwischen den Wolken und Liebende förmlich badeten in einer allumfassenden, himmlischen Liebe. Daher gibt es in der Plasmawelt Himmel und Hölle. Diese Darstellungen sind präzise psychologische Zustandsbeschreibungen in metaphorischer Form, und jeder kennt das beschriebene Phänomen: Wären wir allein auf einer Insel, abgeschnitten von der Welt, ohne Realitätskontrolle, so würden sich unsere Wünsche, Hoffnungen oder Ängste ins Unermessliche steigern. Wo es an der Auseinandersetzung mit der harten Raum-Zeit-Illusion mangelt, kann jeder subjektive Gedanke aufgeblasen werden wie ein Luftballon. Das Problem ist nur, ohne die Bedingungen der stofflichen Welt stößt er nie an eine Grenze. Größenwahn beherrscht daher die Gefilde des Gedanken-Reiches in der Plasmadimension. Von daher ist es schon fast als Glück anzusehen, dass wir hier in der irdischen Welt in einer festen Raum-Zeit-Dimension leben, in der ein Körnchen Realität jeden Gedanken-Ballon schnell zum Platzen bringt, wo die stofflichen Begrenzungen zu Wächtern unseres Realitätssinnes werden und uns helfen, negative Auswüchse zu kontrollieren.

Das Wichtigste, worauf wir bei einer willentlich gewählten und bewusst optimal gestalteten Lysis zu achten haben, so teilt uns die Chronik mit, ist Folgendes: Die Zeit vor und während der Lysis ist freizuhalten von negativen Einwirkungen der beiden Quartette; ist das nicht der Fall, misslingt die Lysis, d.h. sie kommt entweder gar nicht richtig zustande oder aber sie wird zu einer Reise in eine Fata Morgana unserer ureigenen Phantasiewelt. Eine »positive« Lysis hingegen zeichnet sich aus durch ein relativ erfolgreiches Abstreifen der Bedingungen der Raum-Zeit-Illusion.

Des Weiteren gibt es allerdings auch Menschen, die plötzlich und unvorbereitet eine Seelenablösung durchlaufen; sie bleiben während der Lysis zwar wach und vital, sind gleichzeitig aber vollkommen verwirrt, denn sie wissen – unvorbereitet wie sie sind – nicht, was mit ihnen geschieht. Ein Autounfall, ein Nahtoderlebnis im Krieg, plötzliches Herzversagen, also Situationen, die nicht vorherzusehen sind, bewirken geistige Verwirrtheit. Jene Menschen aber, die sich auf eine Lysis vorbereiten können, etwa diejenigen, die nach langer Krankheit sterben, oder jene, die aus eigenem Bestreben eine Lysis durch bestimmte Geistestechniken zu erreichen suchen, sie erfahren keine Verwirrung, sondern sogleich einen tiefen Frieden. Sie bleiben dann allerdings auch nicht lange in der Plasmadimension, sondern durchlaufen diese Phase sehr rasch. So wie an uns die Landschaft vorüberfliegt, wenn wir aus einem fahrenden Zug schauen, so passieren sie diese regnerische, kalte, neblige Region. Diese Menschen gelangen im Verlauf der Seelenablösung rasch in ein dunkles Gebiet oder in einen »schwarzen Tunnel«, wie ich gleich schildern werde, und verlassen den Bannkreis des Plasmafeldes. Diejenigen Personen jedoch, die an körperlicher Erschöpfung oder psychischer Desorganisation leiden, geraten ganz im Gegensatz zu diesen vielfach in einen Leidenszustand, der sie an die Plasmadimension bindet, da sie es nicht schaffen, ihm zu entkommen.

Ich halte fest: Wer vor der Lysis wach und bewusst lebt oder sich gar bereits eine kontemplative Lebenshaltung zu eigen gemacht hat, der wird ebenso bewusst und klar im »Reich der Halluzinationen« eintreffen und es schnellstens in Richtung Geist-Kosmos durcheilen können.

Wenn man die ersten drei Stufen des Geistkontinuums – Normalgefühl, Trancegefühl, Hochgefühl – näher betrachtet, so dürfte klar werden, dass in diesen drei unteren Intensivierungsstufen des irdischen Lebens keine echte Lysis stattfindet, sondern lediglich eine Nachahmung derselben. Man könnte sie eher als »Ich-Tod« bezeichnen, als eine kurzfristige Auslöschung der Ich-Identität ohne eine Abtrennung des Plasmakörpers. Es handelt sich also um abgeschwächte Echos der echten Lysis. Sicherlich könnte man ein Kontinuum der Lysis-Zustände von den ganz großen Lysisformen der Todeserfahrung und der Plasmalysis über mittlere Lysisformen des Hochgefühls bis hin zu den kleinen Lysisformen wie dem Trancegefühl und dem Normalgefühl entwerfen. Allein damit ließe sich eine völlig neuartige Psychologie schreiben, die auf dem Prinzip der Ablösung der acht Quartett-Faktoren beruht.

Einige werden sich nun fragen, worin der Unterschied zwischen einer Todeserfahrung und dem wirklichen Tod besteht, andere zweifeln daran, ob ein unwiederbringlich Verstorbener tatsächlich die gleiche Sequenz an Erfahrungen durchläuft wie jene Personen, die wieder reanimiert werden.

Die meisten einschlägigen Überlieferungen der Chronik sprechen von einer Zeitspanne von drei bis fünf Tagen nach dem irdischen Tod, in denen unsere Psyche im Plasmafeld eingebunden sei bzw. in denen die »Nabelschnur« zwischen Physis und Plasma noch nicht gerissen ist. Nach diesem Riss bestehen wir aus einem Geist-Plasma-Doppelkörper. Die reine Geistwelt bietet sich uns dar, gefiltert jedoch durch das Plasma, ganz so, wie sich auch die Welt unter Wasser unscharf zeigt. Nach der genannten Zeitspanne aber geht auch unser Seelenplasma in einem »universalen Plasmafeld« auf. Von diesem, so heißt es in der Chronik, borgen wir uns kurzzeitig nur etwas Plasma aus, um es später beim Tod der Seele wieder abzutreten. Schließlich kommt es zur Geistablösung, dem zweiten Tod, wobei die zweite »Nabelschnur« durchtrennt wird und wir danach reine, fast abstrakte Geistwesen werden.

Ich komme zum Schluss meiner Lysis-Diskussion. Eine Welle beginnt klein, steigert sich, bäumt sich schließlich hoch auf und ebbt dann sukzessive wieder ab. Das von mir beschriebene Geistkontinuum, die

Lebensintensivierung, folgt ebenfalls genau diesem Wellenrhythmus. Das Wesen dieses Kontinuums zeichnet sich dadurch aus, dass wir darin die Welt von Stufe zu Stufe immer tiefer ergründen und ihren universellen Zusammenhang erkennen können, was ich als Entsprechungs- oder Analogieerfahrung später noch genauer darlegen werde. Je weiter wir nämlich auf dem Geistkontinuum durch die Dimensionen reisen, desto deutlicher sehen wir die universelle Verbindung und letztlich die Einheit aller Dinge, was gleichbedeutend damit ist, dass es nur *ein* Ding gibt. Während wir etwa beim Gefühlsgipfel oder Trancegefühl die irdische Raum-Zeit-Illusion durch unsere Emotionen erfassen und dadurch eine vitale, komplexe Welt erfahren, die reicher, tiefer und vielfältiger ist als die Welt des Normalgefühls, so steigert sich dieser Zustand in höheren Dimensionen immer mehr bis hin zur totalen Analogie- oder Einheitserfahrung, jener höchsten Stufe der Welterfahrung, wo wir endlich sagen können: Ich bin alles!

Wir wandern insgesamt – nach meinem Schema – durch sechs Stufen der Lysis, und das bedeutet jedes Mal eine weitere Loslösung von den beiden Quartetten, bis sie sich wie Rauch vollkommen in der höchsten Seinserfahrung aufgelöst haben. Unser Leben ist daher eine Stufenfolge einer immer intensiveren Lysis von den beiden Quartetten. Das Leben kann somit als ein Streben nach Freiheit beschrieben werden, als eine systematische und stufenweise Loslösung oder Erlösung von den Bedingungen der Raum-Zeit-Illusion. Je mehr wir uns davon lösen, desto freier werden wir, so dass wir schließlich alles miteinander in Beziehung setzen können, bis jeder Tatbestand als identisch mit jedem anderen erfahren wird.

Gehirn als Filter

So wie uns der Regenschirm vor Regen schützt, so schützt uns das Gehirn vor Erinnerungen ... Würde das Gehirn seine »Kanäle« alle öffnen wie ein Wasserkraftwerk seine Schleusen, so wären wir alsbald überflutet von einem Meer an Informationen und würden darin ertrinken. Daher der weise Ausspruch: »Wer Gott sieht, stirbt!« Das Gehirn mit seinen »dünnen Kanälen« hält uns glücklicherweise auf einem bescheidenen Informationsniveau. Das Gehirn ist eine Filterstation, so wie beispielsweise ein

Sieb oder wie ein Teenetz. Die moderne Obsession der Gehirnforschung,
im Gehirn das Bewusstsein zu suchen, erscheint geradezu naiv.
(Resümee)

Dieses Erklärungsmodell wird in der Chronik häufig erwogen. Es ist
so einleuchtend wie unbegründet. Es stellt einen Mythos dar, allerdings einen ziemlich unausrottbaren. Ich möchte die Erklärungen
der Chronik nun auf meine Weise unter die Lupe nehmen. Es handelt sich dabei um eine mythische Hoffnung, das heißt, man hofft,
dass hinter den Erfahrungen, die wir mit unserem Gehirn erfassen,
größere und umfassendere Erfahrungsmassive ruhen, so wie man oft
unbegründeterweise annimmt, hinter einem Bergrücken würden sich
weitere Berge auftürmen. Wir hoffen, dass unser Gehirn nur eine Art
Wolkenbank darstellt, welche die Sicht auf den Horizont verdeckt.
Alle Menschenbilder der Chronik setzen die Unabhängigkeit unseres
Geistes vom Körper voraus. Der gesunde Menschenverstand kann
sich aber kaum vorstellen, wie so ein luftiges, endlos ausuferndes
immaterielles Gebilde existieren soll. Nehmen wir aber – und das
müssen wir, wenn wir uns mit der Chronik beschäftigen – einmal
so ein Bewusstseins-Gespenst in Kauf, dann kann man sich gut vorstellen, wie eingeengt sich dieses im materiellen Körper fühlen muss.
Da bloß aus Gedanken gestrickt, wäre seine Bewegungsfreiheit im
materiellen Körper enorm eingeschränkt. Dieses luftige Bewusstsein
kennt also in seinen gewaltigen Fernen weder Raum noch Zeit, weder
das Nacheinander einer Zeitabfolge noch die Dreidimensionalität
eines Raumes, in dem man gerade nur bis zum nächsten Horizont
schauen kann.
In der Chronik findet man immer wieder die These, Materie sei eine
Schwingung, allerdings eine stark verlangsamte, daher ihre zähe Festigkeit. Mit der Abnahme der Schwingung bilde sich sozusagen ein
Raum und eine Zeit heraus. Das hieße in einem symbolischen Vergleich, je langsamer ein Auto fährt, desto härter wird sein Blech. Bei
extrem hohen Geschwindigkeiten oder Schwingungszuständen aber
würde so ein Auto gleichsam als Wirbelwind über Land jagen und
verlöre schließlich alle Stofflichkeit. Und würde dieses Gefährt dann
immer noch schneller fahren, so bliebe von ihm nur mehr die »Idee«

eines Autos bestehen, und es würde – wie es in der Chronik heißt –
zum »reinen Bewusstsein«. Das Bewusstsein stellt man sich demnach
als Schwingung vor, und je schneller es schwinge, desto reiner sei es.

Von der Amöbe zur Buddhaschaft

*»Es ist, als würde man selbst dazugehören, als wäre man eins mit diesem
Licht. Ich könnte sagen: »Ich war Frieden, ich war Liebe.« Ich war die
Helligkeit, sie war Teil von mir ... Man weiß es einfach. Man ist allwis-
send ...«* (Ring, 1985. S. 49).

»Frieden. Heimkehr ... Es war wirklich so, als käme man heim«.
(Ring, 1985, S. 55).

Mit der Seelenablösung entsteht augenblicklich ein Gefühl vollkommenen inneren Friedens. Aber warum gerade innerer Frieden und
warum spüren wir ihn in unserem Alltag so selten? Was sind die
Ursachen für unser Aufgewühltsein, unseren Hass, unsere Unruhe
und Angst? Unser menschlicher Verstand und unser irdisches Leben
wird bestimmt von Gefühlen und Denkinhalten. Es gibt nichts in
unserer Welt, wozu wir kein Gefühl oder keinen Gedanken hätten,
und zwar stets entweder positiv oder negativ ausgerichtet. Wie die
Amöbe, dieses kleinste Lebewesen an der Grenze des Lebendigen,
befinden wir uns andauernd in entweder positiven oder negativen
Lebensbedingungen und reagieren – entsprechend unserer Entwick-
lungsstufe als irdisches Lebewesen – darauf. Jeder kennt diese Abhängigkeit vom eigenen Denken und Fühlen und von den äußeren
Lebensumständen, und wir befinden uns daher ständig wie in einer
Zwickmühle. Wie in einem riesigen Museum wandeln wir durch die
stoffliche Dimension und sagen zu jedem Bild schön oder hässlich.
Diesbezüglich kennen wir keine Denkpause, zwanghaft bewerten
wir sämtliche Ereignisse im Schwarz-Weiß-Schema.
Mit der Plasmalysis fallen die vier Quartett I-Faktoren Raum, Zeit,
Kausalität und Materie weg, und durch diese Befreiung tritt automa-
tisch ein erstes Friedensgefühl auf. Mit der Geistlysis verfällt auch das

Quartett II, Sinnesempfindungen, Gefühl, Denken, Ichbewusstsein, es gibt dann keine Stimmungsschwankungen, ja überhaupt keine Stimmungen mehr, weder Körperschmerzen noch genitale Lustgefühle. Vor allem ist dieses punktuelle Bewusstsein, das wir unser Ich nennen, außer Kraft gesetzt, das uns dauernd in Kontrast zu allem anderen bringt und Widerspruch, Unruhe und Krieg schafft. Damit fällt letztendlich auch die Dualität der Welt weg, und der Kampf zwischen Ich und Natur erübrigt sich. Ich erschaue nun »das, was *ist*« und nicht das, was ich mir wünsche, erhoffe oder was ich aufgrund der biologischen Notwendigkeiten empfinden muss. All das fällt weg, denn wir sind im Plasma befreit vom Körper und dem Quartett I. Auch sind wir nun nicht mehr physikalischen und kulturellen Zwängen unterworfen, und wir müssen keine biologischen Reaktionen mehr zeigen. Den Menschen als Kulturwesen haben wir ebenso weitgehend abgestreift wie einen Anzug. Und mit der folgenden Lysis II sehen wir die Welt, wie sie wirklich ist, nämlich ohne menschliche Bezüge: eine ahumane, aber dadurch erst wahre Welt. All diese Gründe lösen in uns das besagte Friedensgefühl aus. Wir haben unsere Amöbennatur verlassen und einen evolutiven Sprung vollzogen, an den unsere Evolutionsforscher nie gedacht haben. Das Reiz-Reaktions-Dasein ist zu Ende, und wir sind – fast hätte ich gesagt glücklich –, aber nein, wir empfinden einen Zustand jenseits von Glück und Unglück, einen Zustand, den wir aber – wenn wir beispielsweise von einer Nahtoderfahrung in unseren irdischen Normalzustand zurückkehren – Glück nennen müssen. Daher rührt nun auch die Verzweiflung der Zurückgekehrten. Unbeschreiblich, sagen alle einhellig, sei dieser Zustand, und jeder Versuch, ihn zu beschreiben, würde ihn nur verfälschen. Und daher besteht bei allen Zurückgekehrten eine Wortlosigkeit über das erfahrene unnennbare Glück, das keines mehr ist und das nicht mehr wieder hergeholt werden kann.

Bei der Seelenablösung lassen wir also unseren Körper zurück, wir bestehen dann aus einer Zusammensetzung von Plasma und Geist, haben eine Befreiung von den beiden Quartetten erlangt, und erfahren diesen Zustand nun als den viel gepriesenen vollkommenen Frieden. Diese vollkommene Abwesenheit von allen störenden Faktoren tritt ein, wenn unsere bisherigen Raum- und Zeitkonflikte, unser Kampf gegen die Undurchdringlichkeit der Materie und die nervenaufreibende Kausalität wegfallen. Und nach der Lysis II kommt noch hinzu, dass unsere Gefühle nicht mehr diesen dauernden quälenden Schwankungen unterworfen sind. Wir müssen uns auch nicht mehr dauernd gedanklich engagieren, empfinden kein Unbehagen und keine Schmerzen mehr, noch werden wir in Intervallen von sexuellen Empfindungen, von Lust und Unlust, überschwemmt. Wir leben jetzt mit einer Gelassenheit und Heiterkeit, die alles akzeptieren kann, so wie es ist, weil kein Ich mehr da ist, das alles bewerten muss. Und aus allen Kulturen und Zeiten kennen wir die Beschreibungen und Vorstellungen von diesem Sehnsuchtsraum, der in vielerlei Formen etwas Unbeschreibliches in Bilder zu kleiden versucht: das Paradies.

Das Sirenen-Phänomen

Es treten Töne auf, 15 Stunden
vor und nach dem Tod.
Tibetisches Totenbuch

»Die Welt um mich herum wurde zu einem blauweißen Tunnel. Ich fühlte, wie ich mich auf warmglühendes Licht zubewegte. Ich hörte Stimmen und Musik. Die Musik klang so ähnlich wie Chorgesang ... Ich schwebte durch dieses lichtblaue Universum.«
(Wheeler, 1982. S. 124)

»Nur Feierlichkeit, fremdartige Musik, wie ich sie noch nie gehört hatte. Eine Symphonie von unbeschreiblicher Schönheit, die sich mit dem Licht verband, dem ich mich näherte.« (Ring, 1985, S.49)

Im griechischen Mythos sendet Persephone, die Göttin der Unterwelt, ihre Gefährtinnen, die Sirenen, aus, die ankommenden Toten in ihrem Reich zu empfangen. Sie sollen die Seelen der Verstorbenen mit süßem Gesang und Musik von der Bitterkeit des Todes befreien und dadurch das Sterben in ein glückliches Erlebnis verwandeln. Die Ähnlichkeit zu christlichen Engelschören oder germanischen Walküren ist unübersehbar. Uns allen geläufig ist die Begegnung des Odysseus mit den Sirenen. Als er nach seinem Aufenthalt bei der Zauberin Kirke seine Schiffsreise fortsetzen wollte, warnte ihn diese eindringlich vor dem Eiland der Sirenen; Nymphen mit Vogelgefieder würden durch ihren wunderbaren Gesang jede vorbeifahrende Schiffsbesatzung verzaubern; wer sich von ihren verführerischen Liedern hinreißen ließe, an Land zu gehen, wäre des Todes. Die Skelette und Gebeine an den Ufern zeugten von den Unglücklichen. Odysseus beherzigte Kirkes Rat und verstopfte seinen Männern die Ohren mit Wachs, sich selbst ließ er fest an den Mast binden, um den Gesang zwar hören, ihm aber nicht folgen zu können. Als Odysseus die Sirenen vernahm, wollte er sich, fast wahnsinnig vor Sehnsucht, losreißen, doch vergeblich. Durch diese List umschiffte die Besatzung glücklich die Gestade der Sirenen, und Odysseus schaffte es, ihren Zaubergesang zu hören, ohne selbst jedoch sterben zu müssen.

Auch für uns stellt sich die Frage, wie könnte man es bewerkstelligen, ins Jenseits hineinzuschnuppern, ohne von ihm verschlungen zu werden. Welche Psychotechnik könnte das leisten? Es hat sich allerdings erwiesen, dass alle Methoden erfolglos sind, das Einzige, was uns bleibt, ist unsere Sehnsucht.

Die alten Griechen haben demnach um die Existenz einer »Sphärenmusik«, wie sie alle Menschen in Todesnähe hören, gewusst, und sie haben uns dieses Wissen, wenn auch in Gestalt eines Mythos, überliefert. Doch es gibt auch aus unserer heutigen Zeit Berichte über solche Erfahrungen:

»Meine Schmerzen waren weg, ich konnte meinen Körper nicht mehr spüren. Ich hörte die wundervollste Musik, die friedvollste Musik. Gott war da, und ich schwebte davon. Die Musik war rund um mich herum. Ich wusste, ich war tot, aber ich fürchtete mich nicht.«
(J. E., Weiss, 1972, S. 36)

Die folgende Erfahrung stammt von einem Amerikaner, der am

Ritual eines indianischen Stammes teilgenommen hatte und dabei eine Seelenablösung erfuhr, die von Klängen begleitet war.

»Mein Körper war eingeschlafen, doch mein Bewusstsein stieg auf einem munteren Gesang auf, der sich bald in einen Windstrom verwandelte, auf dem ich höher und höher in den Himmel rauschte ... Jeder Gesang führte mich noch höher hin zu einem warmen, seligen und strahlenden Licht.« (Halifax, 1979, S. 238)

Zur Deutung des Sirenen-Phänomens möchte ich nun meine eigenen Hypothesen vorstellen. Zunächst eine These zur Sphärenmusik: Bereits im alten Orient und später weiterentwickelt durch Pythagoras entstand auf griechischem Boden die Lehre einer Korrelation von Planetenbewegungen und daraus resultierenden Tönen. Die Himmelskörper, vermutete man, senden durch ihre spezifische Drehung bestimmte Klänge aus. Alle Planetenklänge stünden in einem Verhältnis regelmäßiger Intervalle, so dass, nimmt man alle Frequenzen zusammen, eine Harmonie erklänge. Das ist die so genannte Sphärenmusik (griech. *sphairos* = Kugel), die Musik der himmlischen Kugeln.

Cicero, der berühmte römische Rhetoriker und Schriftsteller, schildert in seiner Traktat »Scipios Traum« die Seelenablösung des Scipio. Dabei begegnet dieser einem höheren Wesen, welches ihn über die Naturgesetze, das heißt über die Sphärenklänge des Daseins unterrichtet. Daraus ein Ausschnitt:

»Was ist das? Hier, was ist es für ein Ton, der mein Ohr so mächtig und lieblich erfüllt?« – *»Dies ist«*, antwortete er, *»jener Ton, der durch die Verbindung von ungleichen Abständen, die aber dennoch in einem bestimmten Verhältnis gesetzmäßig verschieden sind, durch den Schwung und die Bewegung der Kreise selbst entsteht, und er lässt, die hohen mit den tiefen Tönen abstimmend, vielfältige Harmonien gleichmäßig ertönen; denn nicht auf stille Weise können so ungeheure Bewegungen angetrieben werden, und die Natur bringt es mit sich, dass das Äußerste auf der einen Seite tief, auf der anderen Seite aber hoch klingt. Deshalb bewegt sich jene oberste Kreisbahn des gestirnten Himmels, deren Umdre-*

hung beschleunigter ist, mit einem hohen lebhaften Ton, mit einem sehr tiefen aber die Mondbahn, eben die unterste; denn die Erde als neunte bleibt unbeweglich und haftet immer an einer einzigen Stelle, die Mitte der Welt umschließend. Jene acht Kreise aber, von denen zwei dieselbe Bedeutung haben, bringen durch die Abstände sieben verschiedene Töne hervor, eine Zahl, die beinahe das Band aller Dinge darstellt; dieses Wesensgesetz ahmten gelehrte Männer auf Saiten und in Gesängen nach und eröffneten sich so eine Rückkehr an diesen Ort, so wie andere, die aus ihren hervorragenden Geistesgaben heraus im menschlichen Leben göttliche Studien hegten. Die durch diesen Klang angefüllten Ohren der Menschen wurden taub; und es gibt keinen stumpferen Sinn in euch, so wie dort, wo der Nil zu den berühmten so genannten Katarakten von Riesenbergen herabstürzt, das Volk, das Anwohner dieses Ortes ist, wegen der Größe des Lärms des Hörsinns ermangelt. Dieser Sphärenklang aber ist durch die blitzschnelle Umdrehung der gesamten Welt so stark, dass ihn die menschlichen Ohren nicht aufnehmen können, wie ihr nicht gegen die Sonne blicken könnt und durch deren Strahlen eure Sehschärfe und euer Gesichtssinn niedergezwungen werden ...«

(Cicero, Scipios Traum, in: De re publica, 1964, S. 104 ff.)

Ich glaube, der Text erläutert recht anschaulich, worum es bei der Theorie des Sphärenklanges geht. Im Augenblick, in dem sich die Seele vom Leib und später der Geist von der Seele trennt, entstehen harmonische Schwingungen: Wir hören Musik! Eine Musik, die immer vorhanden war, aber durch die spezifische Ausprägung unserer Sinne für uns nicht wahrnehmbar wurde, denn unsere Sinnesorgane dienen nur dazu, unser Überleben in der irdischen Welt der Materie-Dimension sicherzustellen. Meine Hypothese dazu besagt: Wir hören bei der Lysis eine Musik, kosmische Grundfrequenzen, und wir können sie in jenem Zustand hören, weil wir befreit sind vom Filter des Körpers und vom Filter der Seele. Das Sein im Plasma und Geist ist erfüllt von Tönen, nicht weil Engelschöre singen, sondern weil die Struktur des Seins wahrhaft aus Tönen besteht, der so genannten Sphärenmusik, dem Urton der Schöpfung. Kurzum: Plasmawelt und Geistwelt stellen sich als Tonwelten heraus!
Bereits bei genauerer Betrachtung des Hochgefühls fällt eine extreme

Empfindsamkeit für Musik auf. Durch die teilweise Befreiung von den beiden Quartetten ist das Bewusstsein in diesem Zustand dermaßen geschärft, dass alle Lebensvorgänge mit erhöhter Aufmerksamkeit wahrgenommen werden. Viele Plasma-Reisende meinen, Tonfolgen zu hören, deren Quelle aber nicht zu orten ist. Manche haben den Eindruck, die Klänge kämen aus ihnen selbst und sie seien sozusagen die Atmosphäre dieser Dimension, die sie gerade betreten haben. Die Musik gehöre dort einfach dazu, so wie in der irdischen Welt das Heulen, Pfeifen und Rauschen des Windes. Ebenso wie bei uns die Luft Töne erzeugt, so bringt auch der Äther, was übersetzt heißt die »höhere Luft«, Sphärenklänge hervor.

Wie kommt es aber dazu, dass wir diese Musik mit einem Male hören können? Nachdem wir verschiedene Intensivierungsstufen durchlaufen haben, erreichen wir nun das Stadium einer extremen Steigerung, das uns so weit aufnahmefähig macht, dass wir das Dasein als Klang erfahren. Geräusche werden schon im Stadium des Trancegefühls als Musik erfahren. Das Klappern eines Kochtopfs aus Metall oder das Poltern eines rollenden Steins werden zu Harmonien, und der Wind, das Blätterrauschen, selbst der Motorradlärm kann sich in Musik verwandeln. Davon erzählen Lieder und Gedichte; viele Poeten haben in Momenten des Hochgefühls den Wasserfall oder den Wind als Sirenengesang vernommen. Nur dem profanen Ohr scheinen das »Geräusche« ohne Rhythmus und Melodie zu sein. Kann also unsere *Atmosphäre* (griech. *atmende Kugel*), können alle Dinge der irdischen Welt in Form einer Tonfrequenz erfahren werden? Hat ein Haus eine Schwingungsfolge, die erlauscht werden kann? Meine Intensivierungs-These sagt: Ja, das ist möglich, je höher wir auf dem Geistkontinuum emporgleiten, desto deutlicher tritt die Welt als harmonische Tonfolge hervor.

Klar ist jedoch: Es steigern sich sämtliche Sinnesempfindungen, nicht nur unser Gehör. In unserer Plasmagestalt hören wir nicht nur ohne Ohren, wir nehmen ohne Augen wahr, riechen ohne Nase, schmecken ohne Lippen und sind ein Ich ohne einschränkende Emotionen und störende Gedanken – wir verfügen zwar noch über sie, doch wir empfinden eine angenehme Distanz zu ihnen. Das Phänomen der Sirenen ist also lediglich der akustische Aspekt der allgemeinen Intensivierung, die wir als reine Plasmagestalt erfahren, wie der folgende Bericht deutlich macht:

»... hörte all dieses Läuten, dieses laute, laute Läuten und plötzlich ein schwarzes Loch und all die leuchtenden Dinge ringsherum sowie diese wundervolle Musik, die schönste Musik, die ich je gehört habe ... Das Läuten erst leise, dann lauter glitt schließlich hinüber in einen Choral, der mich ganz umarmte. Das war die bezauberndste Erfahrung, die ich je gehabt habe, einfach ganz in Tönen aufzugehen ...«
(Ring/Franklin, 1981, S. 201)

Startloch zur Unsterblichkeit

> *Ich fühlte, wie ich in ein Loch fiel,*
> *das sich drehte ...*
>
> LEWIS CARROLL, ALICE IM WUNDERLAND

»Dann tauchte vor mir etwas Dunkles auf, und als ich näher kam, sah es wie eine Art Tunnel aus, und ohne weiter nachzudenken, flog ich direkt darauf zu und hinein ...« (Ring, 1985, S. 33)

»Ich sah mich damals etwa fünf bis sechs Meter oberhalb meines Körpers schweben und war seelisch-geistig aus meinem Leib ausgetreten, ich sah mich dann in einem Tunnel verschwinden, wo es anfangs kühl war. Bald darauf wurde mir warm, und ich sah Licht und warme Regenbogenfarben. Ebenso hörte ich sphärische Klänge ...« (Persönliche Mitteilung)

»... und die Welt unmittelbar um mich herum wurde wie ein Tunnel mit Wänden ...« (Persönliche Mitteilung)

»Ich hörte ein Klingen, wie Musik, wie im Chor. Ein Klingen und Singen, und das hielt an bis der Sog kam, und ich verschwand auf einmal in der Röhre. In der Röhre selbst war nichts und ich habe mir bloß gedacht:

›Wo muss ich denn durch? Wieso kann ich auf einmal fliegen?‹ Das kam mir so komisch vor, es zog mich einfach. – Dann zog es mich in einen Strudel, in eine dunkle Röhre. Und am Ende der Röhre wurde es ganz hell. Ich sah meine Eltern da stehen. Aber sie wiesen mit der Hand gegen mich. Jetzt rief eine Stimme – es hallte so durch den Raum: ›Kehre auf die Erde zurück, denn dein Weg ist noch nicht abgelaufen.‹«
(Persönliche Mitteilung)

»Plötzlich schien es, als flösse ich in einen glitzernden Spiraltunnel, so eng, dass das letzte bisschen Luft aus meinen mit dem Tode ringenden Lungen gedrückt wurde. Dieser Tunnel endete in einem Lichtpunkt und irgendwie wusste ich, ich hatte mich auch durch diese winzige Öffnung hindurchzuquälen, ... und schließlich rutschte ich auch durch dieses Loch und war mit einem Male befreit von allem Schmerz und Druck.«
(Crookall, 1972, S. 12)

»... als ich plötzlich zu meiner Verwunderung auf mich selbst und die Gruppe um den Operationstisch von knapp oberhalb ihrer Köpfe zu schauen schien. Die Krankenschwester sagte mit fassungslosem Gesicht: ›Doktor, ihr Puls ist weg!‹ Dann bewegte ich mich durch einen langen, dunklen Gang und als ich so dahintrieb, dachte ich ganz ruhig bei mir: »Das muss es sein, was sie sterben nennen!« (J. E. Weiss, 1972, S. 41)

In der berühmten Kindergeschichte von Lewis Carroll »Alice im Wunderland« fällt Alice beim Spielen in ein dunkles Loch. Das Loch entpuppt sich als ein dunkler Schacht, an dessem Ende sich das »Wunderland« befindet, und dort herrschen ähnliche Bedingungen wie im reinen Geistzustand; der Raum kann sich verändern und die Zeit spielt den Besuchern aus der anderen Welt allerhand Schnippchen. Lewis Carroll hatte eine Ahnung von der Seelenablösung und gestaltete sie in seinem Buch mittels der Fantasie zu einprägsamen Bildern.
Auch in der Physik wurde Vergleichbares versucht: John Archibald Wheeler entwarf ein kosmologisches Modell, ein so genanntes Verbundsystem »Schwarzer Löcher«. Es gibt, so spekulierte er, hypothetische Orte im Universum, an denen sich die Zeit verändert und der

Raum krümmt, wobei es zu einem »Schwarzen Loch« komme; dort entstehe ein Zugang zu einer uns parallelen Raum-Zeit-Struktur. Im Innersten oder am Rand des »Schwarzen Loches« herrsche ein zeitloser Zustand, Singularität genannt. Wheeler warf die Frage auf, ob man nicht die gewaltigen Entfernungen im Raum-Zeit-Universum überwinden könne, indem man in ein solches »Schwarzes Loch« hineinreise, um am anderen Ende ein zeitloses Universum zu betreten. Von der »zeitlosen Dimension« aus würde man »von hinten« in ein »Schwarzes Loch« – von dieser Warte aus gesehen jedoch in ein so genanntes »Weißes Loch« – wieder in die Raum-Zeit-Dimension eintreten, jedoch an einem anderen Ort unserer Welt, Lichtjahre entfernt von unserem Ausgangspunkt – und das Ganze vollziehe sich in Zerozeit. Interstellare Reisen könnten so ohne Zeitverlust durchgeführt werden. Die Parallele zu unserem Tunnel ist insofern interessant, weil auch nach dem Todestunnel, wie wir noch sehen werden, Zerozeit entsteht.

Doch ich will mich hier nicht mit der physikalischen Struktur des Universums beschäftigen, ich halte es in diesem Buch mit jenem Ausspruch von Novalis: »Wir träumen von Reisen in das Weltall. Ist denn das Weltall nicht in uns?« (Fragment, um 1800).

»Mir wird schwarz vor Augen!«, sagen wir, wenn sich eine Ohnmacht ankündigt oder wir an Durchblutungsstörungen leiden. Ähnlich verhält es sich beim Autofahren; wenn wir von einem Gang in den nächsten schalten, besteht kurzfristig eine Leerlaufsituation: Leere, Nichts, Dunkelheit! Die Frage ist nun: Was geschieht mit uns, wenn sich unsere Sinne ausschalten? Ist es wirklich so, wie in der Chronik berichtet: Ohne Augen sehen wir schwarz, ohne Ohren hören wir Musik, ohne Tastsinn spüren wir eine Wohligkeit, ohne Riechen erfahren wir »himmlischen« Duft, ohne Geschmack schmecken wir »göttlichen« Nektar. Nun, das erscheint uns alles sehr zweifelhaft und abenteuerlich, aber dennoch wird genau das berichtet, zum Beispiel in dem Erlebnis eines 9-jährigen Mädchens:

»Dann überkam mich eine eigenartige Unruhe, und ich beobachtete, wie die Dunkelheit aus der Halle langsam in meinen Raum eindrang und diesen ausfüllte. Sie schien ein gewisses Gewicht zu besitzen und der

Raum wurde dunkler, es wurde auch schwerer für mich zu atmen, als liege ein Gewicht auf meiner Brust. Ich bemerkte wie ich kleiner und kleiner wurde. Es war, als würde man zusehends tiefer in einen Minenschacht gedrückt.« (Fox, 1976, S. 107)

In dem zitierten Bericht fällt der Betroffene in die Tiefe. Das erinnert uns an Fallträume, auch darin fallen wir ohne Ende. Meine Hypothese dazu ist, alle Fall-, Aufstiegs- und Schwebeträume enden in der Plasmadimension, weshalb es sich bei diesen Traumarten gar nicht um Träume, sondern um Seelenablösungen während des Schlafs handelt. Bei vergleichbaren Träumen werden aber auch andere Erlebnisse als Fallen oder Schweben erwähnt, zum Beispiel einfach ein Flug geradeaus:

»Dann wurde alles dunkel. Es war, als erwachte man im Weltraum in vollkommener Finsternis ... Als nächstes bemerkte ich eine Bewegung ... Als es schneller und schneller ging, nahm die Leere die Form eines Tunnels an, wie die Innenseite eines Tornados. Die Breite des Tunnels hätte 1000 Meilen sein können, man hat das Gefühl in die Unendlichkeit zu driften. Du hast das Gefühl des freien Falls, doch fällst du nicht wirklich, es ist eher eine Vorwärtsbewegung ...« (M. Grey)

Wieder andere *steigen hinauf* ins Schwarze Loch. Diese Unterschiede spielen keinerlei Rolle, es handelt sich lediglich um das Gefühl einer Loslösung, die sich ähnlich wie in Fall- oder Schwebeträumen so oder so äußern kann. Tatsächlich fallen wir genauso wenig wie wir aufsteigen, sondern es findet eine Lysis statt, eine Seelentrennung, und das übersetzt sich in unser verbleibendes körperliches Empfinden als Fallen, Aufsteigen oder Schweben und Fliegen. Ganz in diesem Sinne verwenden die Methoden zur bewusst herbeigeführten Seelenablösung die Imagination, in die Höhe hinaufzufliegen oder ins Bett hinabzusinken, wodurch eine Lysis künstlich hervorgerufen werden soll. Gleiche subjektive Sensationen kommen regelmäßig in der Hypnose und bei allen Entspannungstechniken vor, aber eben nur als ein Echo der echten Seelenablösung, und daher dürfen sie auch nicht damit verwechselt werden. Beim Autogenen Training etwa wird die

Suggestion, zu schweben und leicht wie eine Feder oder umgekehrt schwer wie ein Stein zu werden, verwendet, wodurch sich zwar der Körper entspannt, es aber noch lange nicht zur Lysis kommt.

Betrachten wir die Tunnelerfahrungen genauer, so zeigt sich, dass der Tunneleffekt durch die subjektive Illusion der Fortbewegung in der Dunkelheit zustande kommt. Erst die Geschwindigkeit, das heißt, ein subjektives Gefühl der Bewegung, führt zu dem bisher immer als geheimnisvoll und unerklärlich betrachteten Bild des Tunnels. Das Fortbewegungsgefühl hat die gleiche Ursache wie das Gefühl, zu fallen oder zu schweben, doch fallen wir nicht wirklich und bewegen uns auch nicht, diese Empfindungen sind Ausdruck der Trennung der Seele vom Körper (Lysis I) oder des Geistes vom Plasma (Lysis II).

Einige Berichte erwähnen auch einen sich drehenden Tunnel, ein Karussell, einen Tornado, einen Wasserstrudel oder eine Windhose. Jeder kann sich das Gefühl, in einen Strudel hineingezogen zu werden, vorstellen. Wir erhalten einen Vorgeschmack davon, wenn sich uns »alles vor Augen dreht«, uns schwindelig wird wie kurz vor einer Ohnmacht. Dieses bekannte Gefühl des Schwindels, bei dem uns schwarz wird vor Augen und der zur Ohnmacht führt, ist prinzipiell das gleiche Phänomen wie die Tunnelerfahrung, nur ist diese um einiges stärker. Schwindel betrachte ich daher als einen ersten Schritt zur Lysis. Und in der Tat wird eine Art »Drehwurm-Technik« ja auch bei den Trancetänzen vieler Völker eingesetzt – am bekanntesten ist der Sufi-Tanz, aber auch die Kulttänze afrikanischer und indianischer Stämme –, um in ein Hochgefühl zu gelangen; Kinder verwenden mit Vorliebe Drehspiele, um schwindlig zu werden, weil sie das als so »schön« empfinden und sich das Bewusstsein dabei trübt. Typische Gefühle dabei sind Ich-Verlust, Zeitlosigkeit, Unempfindlichkeit des Körpers, das Heraustreten aus der Welt, das Sehen schöner Bilder, Lust und ein angenehmes Gefühl von Distanz zur Welt. Das Drehwurm-Spiel ist bei Kindern auf der ganzen Welt beliebt, und darauf hat sich sogar die Spielzeugindustrie eingestellt und entwarf allerlei Spielgeräte, die sich rasch drehen. Meine These lautet daher: Wir besitzen einen natürlichen »Instinkt«, uns drehen zu wollen, weil das Lustgewinn und eine Flucht aus der Raum-Zeit-

Illusion in einen raumzeitlosen Zustand verspricht. Inwieweit dabei eine Links- oder Rechtsdrehung wirksamer ist, wäre interessant zu untersuchen. Wir wissen heute, dass alle Naturphänomene und -produkte entweder einen Links- oder einen Rechts-Spin aufweisen, der sich ganz entscheidend auf die Organismen auswirkt.

Es besteht demnach eine Analogie-Kette vom Drehwurm-Spiel der Kinder über das Schwindelgefühl bei der Ohnmacht bis hin zum Tunnel-Karussell bei der Todeserfahrung. Auch finden wir das Phänomen der Drehung im Spin der Atome, also in den kleinsten Naturvorgängen, ebenso wie in den Wasser- und Windwirbeln unserer irdischen Atmosphäre bis hin zu den Spiralnebeln im Weltall. Wirbel sind also sowohl in der Natur als auch in unserer menschlichen Psyche ein gleichermaßen bedeutsames Phänomen. In vielen Berichten von Nahtoderfahrungen, die den Flug durch den Tunnel beschreiben, taucht die Geschwindigkeit als hervorstechendes Merkmal auf. Manche fliegen in atemberaubender Jagd durch den Tunnel und haben dabei das Gefühl, bis ans »Ende der Welt« geschossen zu werden. Hier bildet der Wirbel das Tor zur Nachbardimension unserer irdischen Welt. Doch wie gesagt: Niemand dreht sich oder fliegt in der Nachbardimension, das Fliegen, Fallen, Aufschweben und Drehen sind Ausdruck der Ablösung vom Körper bzw. von der Seele.

Ich möchte eine weitere Analogie aufzeigen: Warum sind wir Menschen besonders anfällig für den Geschwindigkeitsrausch – angefangen beim Autofahrer auf unseren Landstraßen bis hin zu den Erbauern von Weltraumraketen? Warum all diese Geschwindigkeitswettkämpfe? Woher diese Lust auf Schnelligkeit? Bei der Jagd über die Autobahn, beim widerstandsarmen Gleiten übers Wasser, beim pfeilschnellen Flug durch die Luft? Jeder will frei sein, jeder will schneller sein, als es die natürlichen Gegebenheiten auf der Erde erlauben. Wir wollen Raum und Zeit überspringen. Das, glaube ich, ist auch der Ursprung unserer Liebe zum Sport. Unser Geschwindigkeitsrausch kennt dabei keine Grenzen. Ich habe ja bereits aufgezeigt, wie im Zustand von Trance- und Hochgefühlen sportliche Spitzenleistungen entstehen. Unsere Lust auf Geschwindigkeit bietet uns einen Vorgeschmack auf die Lysis. Unsere Trennung vom Plasmakörper vollzieht sich in einer Art Geschwindigkeitsrausch, wodurch das so häufig beschriebene Tunnelerlebnis zustande kommt.

Mich beschäftigt noch etwas anderes, was bisher nicht untersucht wurde und was zur Lösung des Tunnel-Phänomens beitragen könnte. Einige Erlebnisberichte erwähnen einen »Nebeltunnel«. Außen um den Tunnel herum, erfahren wir, herrsche Nebel, und daher sei es im Inneren des Tunnels so unangenehm feucht, windig und kalt!

»Da befand sich unmittelbar vor mir eine gerade, schmale Linie, wie ein Lichtstrahl. Beidseitig von mir gab es ›Nebel‹ und ›Rauch‹ und viele schattenartige Gestalten, die mich um Hilfe anzuflehen schienen und mich von meinem Ziel abzulenken versuchten.«
(E. Cayce in: Crookall, 1970, S. 30f.)

»Ich lag im Koma und war dem Tod nahe durch einen Unfall mit einem Pferd, das ich nicht in den Griff bekommen hatte. – Ich befand mich in einem dunklen Tunnel, in einem Nebel, der umso dichter wurde, je mehr ich mich vorwärts bewegte. Ich bemerkte auch eine sanfte Brise um mich herum.« (Shirley Vedeer, Vital Signs)

»Ich war mir einer sanften Brise um mich herum bewusst. Am Ende des Tunnels massierte sich ein Nebelfeld, so dicht, dass ich nichts mehr sehen konnte. Dann jedoch verflüchtigte der Nebel sich wieder, und ich konnte sehen.« (Persönliche Mitteil.)

Diese Berichte zeigen, die Betroffenen bewegen sich aus der Plasmazone heraus oder durch sie hindurch, was durch das Tunnelerlebnis bei der Lysis II dargestellt wird. Der Tunnel ist aber in Wahrheit gar keiner, sondern so drückt sich für unser bildliches Vorstellungsvermögen die Ablösung des Geistes vom Plasma aus.
Das Tunnelerlebnis stellt gewissermaßen die Reise durch die Plasmazone bildlich dar bzw. der Tunnel bildet das Nadelöhr und steht als Symbol für den Übergang und den Trennungsvorgang des Geistes vom Plasma. Durch die Seelenablösung landen wir im Plasma, und von dort führt uns die Tunnelerfahrung, die Lysis II, hinüber in den

reinen Geistkosmos. In vielen Fällen vollzieht sich allerdings die Seelenablösung ins Plasma so rasch, dass die betroffenen Reisenden sie gar nicht bemerken und sich sogleich im Tunnel wiederfinden, daher haben sie nichts über das Plasma zu berichten.

Natürlich existiert nirgendwo ein Tunnel, ebenso wenig wie es einen schwarzen Raum gibt, in den wir bei der Ohnmacht eintreten. Es ist vielmehr ein subjektives Gefühl. In gleicher Weise sind auch die Schwarzen Löcher Archibald Wheelers als Zeitverzerrung und Raumkrümmung zu begreifen und nicht tatsächlich existent wie Sonnen und Planeten. Wir müssen uns immer wieder klar machen, dass diese seltsamen Beschreibungen nur sprachliche Annäherungen an unfassbare psychische oder immaterielle Zustände sind. Wir beschäftigen uns in diesem Buch ausschließlich mit dem Bewusstsein und seinen verschiedenen Ausdrucksformen. Unsere Sprache bezieht sich aber auf eine Welt, in der die zwei Quartette Geltung haben und Zeit, Raum und Kausalität als etwas Dinghaftes und Gegenständliches aufgefasst werden. Unsere Sprache geht von Orten im Raum aus, von einem Hintereinander der zeitlichen Ereignisabfolge und von Zuständen, als seien es Räume in einem Haus; und unser Ich kleidet sie so in Worte, als sei es ein Bronze-Denkmal. Tatsächlich aber ist unser Ich eher veränderlich wie eine Wolkenbank, unser Körper ist eher eine Rauchfahne und unsere Uhrzeit eine Art Aufmerksamkeitszustand, der kommt und geht; unser Raum ist so etwas wie ein fahrendes Auto, fährt es schnell, ist der Raum klein, fährt es langsam, ist er groß. Unsere Sprache bezieht sich also auf Welterfahrungen, die sehr beschränkt sind, und für Beschreibungen von Sachverhalten außerhalb unseres Erfahrungsbereichs sind die Mittel unserer Sprache nur sehr unzureichend.

»Ich bewegte mich in eine bestimmte Richtung und sah ein Licht. Was mich forttrug weiß ich nicht. Es war eher etwas wie der Sog der Schwerkraft.« (Green/Friedmann 1983, S. 86)

»... urplötzlich konnte ich meinen Körper nicht mehr spüren. Ich fühlte mich wie Energie, die in den Raum fließt. Es herrschte vollkommene

*Finsternis und ich meinte hinabzustürzen, als dringe man in einen pech-
schwarzen Ort ein ... Etwas zog mich ... Dann, plötzlich spürte ich, wie
ich zurückgezogen wurde ...«* (Ring/Franklin 1981, S. 198)

Dieser Sog, dieses Ziehen oder diese »Gravitation« lässt sich leicht
erklären. Zunächst zieht sich die Seele beim Tod aus dem Körper.
Danach zieht sich der Geist aus der Plasmawelt heraus. Bei der Rück-
reise zieht die Seele den Geist, und danach der Körper die Geist-Seele
wieder in sich hinein. Am häufigsten wird jenes Gefühl eines Sogs
erwähnt, wenn der Körper die Seele in sich zurückzieht.

*»... langsam versank ich in dieser Schwärze; ich schwebte; ich fühlte mich
geborgen in der Dunkelheit.«* (Persönl. Mitteil.)

*»Als nächstes erschien ein dunkles Gebiet vor mir, ohne Licht, das den
Eingang eines Tunnels bildete. Ich flog da hinein und bewegte mich sehr,
sehr schnell vorwärts ... endlich sah ich in der Entfernung ein rundes
Licht.«* (Gallagher, 1982, S. 143)

In den meisten Fällen fliegen oder schweben die Reisenden in den
Tunnel. Warum? Dieses »Fliegen« weist eine lange Analogie-Kette
auf, die ich kurz vorführen möchte:

1. Je entspannter wir sind, desto leichter fühlen wir uns. Wenn wir
    innerlich jubeln, schweben wir über dem Boden. Wenn wir uns
    gut fühlen, sagen wir, wir sind leicht wie eine Feder, geht es uns
    schlecht, so fühlen wir uns dagegen bleischwer. Im Trancegefühl
    fühlen wir uns daher »leichter« als im Normalgefühl!
2. Im Hochgefühl haben wir oft einen Eindruck von Schwerelosig-
    keit, da wir in diesem Zustand unser Körperempfinden ganz ver-
    lieren. Wir haben Halluzinationen und meinen, mit Leichtigkeit
    durch die Luft zu schweben. Die intensivsten Empfindungen, zu
    fliegen oder zu schweben, stellen sich dann ein, wenn unser Kör-
    per bleischwer, taub oder gelähmt ist, und nicht umsonst wird in
    der Hypnose der Eindruck, außerhalb des Körpers zu schweben,
    als Anzeichen für den Erfolg einer Sitzung gewertet. Dieses Phä-
    nomen lässt sich ganz einfach erklären: Es handelt sich dabei um

einen »Relativitätseffekt«. Ist der Körper ganz schwer bzw. wird er nicht mehr gespürt, dann fühle ich mich zwangsläufig sehr leicht. Daher versuchen alle Bewusstseinstechniken, die sich des Körpers entledigen wollen, diesen zunächst in absolute Ruhe zu versetzen und ihn dadurch ganz schwer zu machen, um ihn als nächsten Schritt nicht mehr zu fühlen. Befreit vom Körpergefühl können wir uns dann störungsfrei allein unseren Gedanken widmen.

3. Einen großen Sprung machen wir mit der Lysis I, wenn sich die Plasmaseele endgültig ablöst; hier fliegt tatsächlich etwas aus dem materiellen Körper heraus; alle vorherigen Flugerfahrungen waren dagegen rein imaginativ.

4. Noch intensiver wird das Gefühl des Fliegens bei der Lysis II erlebt, bei der sich der Geist von der Plasmaseele abspaltet. So weit zur Analogie-Kette des Fliegens.

Todeserfahrungen aus anderen Kulturen
Tibet
Man betritt einen leeren Raum, der ganz von einer undurchdringlichen, dichten Dunkelheit erfüllt ist. Dabei hat man das Gefühl, in Ohnmacht zu fallen und das Bewusstsein zu verlieren. Die Erinnerung der Schwarzheit, im Tibetischen nag lam *genannt, stellt die dritte Stufe des Sterbeprozesses dar; ihr voraus geht die Erfahrung der Weißheit, gefolgt von der Erfahrung der Rotheit. Die Erfahrung der Dunkelheit wird auch »Geist des schwarzen Beinahe-Erlangens« genannt. »Beinahe« deshalb, weil man nahe daran ist, die Lysis II bzw. das Geistlicht zu erlangen.*

Die Tibeter kennen das Phänomen des Tunnels sehr wohl und auch die Gründe, weshalb der Reisende diese Erfahrung macht. Beschrieben wird das Ohnmachtsgefühl, die Dunkelheit des Tunnels und wie man kurz vor der Erfahrung des Geistlichts das so genannte »Beinahe-Erlangen« erreicht. Es heißt, dass sich auf dieser Stufe des Sterbeprozesses weitere sieben Quartett-Faktoren – die Tibeter kennen 80 – auflösen und dass sich dadurch der Faktor Raum endlich in Licht auflöst! Und in der Tat werden wir sehen, im Licht-Zustand verflüchtigt sich unser Raumgefühl gänzlich.

Indonesien

Eine interessante symbolische Darstellung der Todeserfahrung kennen wir vom Stamm der indonesischen Semang: Nach dem Verstreichen von sieben Tagen nach dem Tod wandere das Bewusstsein nach Osten,' heißt es dort. Das Bewusstsein passiere dabei eine Brücke (Lysis I), die aber in Wirklichkeit eine Wippe sei und den ahnungslos Darüberlaufenden hoch zum Firmament schleudere. In den meisten Traditionen wird das Plasma als Sternenhimmel bzw. als Astralzone dargestellt. Dort wandert das Bewusstsein weiter und gelangt zu einer zweiten Brücke (Lysis II), die direkt ins Totenland führt. Bei ihrer Überquerung fällt das Bewusstsein jedoch in einen Fluss (Plasma) und muss diesen daher durchschwimmen, um zum Eingang der Totenwelt zu gelangen. Dieser Fluss heißt übersetzt »Gefühl-Verlust«; in ihm verliert man all seine Erinnerungen an das Leben in unserer stofflichen Welt (siehe dazu auch das Kapitel »Das Lethe-Phänomen«). Eine andere Semang-Gruppe, die Kente, glauben, vor Eintritt in die Totenwelt würden dem Wanderer erst einmal alle Glieder gebrochen, und zwar vom Totenwächter, der zuvor die Eintreffenden gerichtet hat. Bei diesem Zerbrechen werden die Augäpfel nach innen gekehrt, was so viel heißt wie: innere Einkehr des Geistes! Das Gliederbrechen bedeutet Ich-Zerstörung und Aufhebung der beiden Quartette (vgl. Skeat, 1900).

Das Licht am Ende des Tunnels

Am Ende des Tunnels sehen viele Personen ein Licht, zunächst so groß wie ein entfernter Stern. Der Umfang des Lichtpunkts wächst schnell an, je weiter sie im Tunnel vordringen, bis er schließlich heller wird als tausend Sonnen. Dann tauchen die Reisenden ein in eine Lichtexistenz.

»Ich bewegte mich durch einen langen Korridor, und nach einer Weile sah ich ein kleines Lichtpünktchen, das wie ein Vogel aussah; es wurde dann langsam immer größer, bis die ganze Umgebung in einem schillernden, herrlichen Licht erstrahlte.« (Rawlings, o. J, S.151)

»Als ich da drinnen war (im Tunnel) sah ich zuerst kein Licht, aber als ich weiterreiste, sah ich es schließlich. Nachdem ich das Licht erreicht

hatte, fühlte ich mich so, als sei ich mehr oder weniger im Himmel.«
(J. T. Green / Friedmann, 1983, S. 86)

»Am Ende des Tunnels strahlte ein gelbes oder goldenes Licht, doch als ich mich ihm rasch näherte ... ich kam etwa bis zur Hälfte ins Licht, da kehrte sich die Bewegung um, ich wurde zurückgezogen, und es wurde kälter. Was ich als nächstes erinnere ... der Zahnarzt sagte: »Sie haben uns einen schönen Schrecken eingejagt.« (Blackmore, 1982, S. 183)

Ein Licht am Ende des Tunnels! Ein wunderbares Bild! Erinnert das nicht an eine Fahrt durch einen Schweizer Bergtunnel? Wer freute sich nicht, das Licht am Ende eines Tunnels immer größer werden zu sehen? Wir alle wollen aus dem dunklen Loch hinaus ans Licht. Alle Welt will Licht, Liebe, Leben, was ich abgekürzt als»L3« umschreibe. Offenbar funktioniert also unser Bewusstsein bei der Lysis ähnlich wie im irdischen Alltag.

Ich habe dargelegt, dass der Tunnel ein Phänomen der Plasmadimension ist und sich auf der materiellen Ebene als letztes Analogie-Echo zeigt, etwa wenn uns schwarz vor Augen wird. Weiter habe ich ausgeführt, dass der Tunneleffekt durch die Verbindung von Schwärze mit dem subjektiven Gefühl von Geschwindigkeit entsteht. Die wichtigste Erkenntnis aber ist: Der Tunneleffekt tritt auf beim Übergang von der Plasmadimension ins Geistfeld und nicht bei der Lysis I vom Körperlichen ins Plasma!

»Ich öffnete leicht meine Augen, und da war mein Bett umgeben von einem wundervollen türkisfarbenen Licht. Blaues Licht, ich erinnere mich noch an seine Heilkraft. Ich schaute erneut hin, und da standen mein Vater und John Michael am Fußende des Bettes. Sie lächelten mich an, und ich versuchte zurückzulächeln. Wenn ich sterbe, dachte ich, ist alles, was ich zu tun habe, zu ihnen zu gehen. Dann begann das blaue Licht sich zu drehen und andere Farben traten auf, und ich fühlte mich mit den Füßen voran in eine strahlende Regenbogenspirale gezogen. Ich drängte voran, mein Vater und John Michael waren mir ein Stück voraus, und jenseits von ihnen, am Ende dieses Tunnels aus wild flackernden

Farben leuchtete ein strahlendes Licht, so hell, dass ich nicht hinsehen konnte. Instinktiv wusste ich, würde ich dieses Licht erreichen, würde ich sterben. Doch die einzige Emotion, die ich fühlte, war Erleichterung. Ich hörte nun auf zu kämpfen, ich dachte, es liegt nicht mehr in meiner Hand. Doch plötzlich gab es einen unglaublichen Ruck, und ich stürzte zurück ins Bett.« (D. Stokes, 1980, S. 109)

Dieser für ein Tunnelerlebnis ohne Dunkelheit typische Bericht kann folgendermaßen erklärt werden. Zunächst wird hier ein Unterschied gemacht zwischen blauem Licht und hellem Licht. Im Tunnel selbst gibt es die Regenbogenfarben (ein Übergangsphänomen!) sowie das blaue Licht. Dieses blaue Licht habe ich als Plasma-Licht identifiziert. Bei der Lysis II beginnt sich das blaue Licht zu drehen – die Geist-Lysis beginnt – und daraus formt sich der beschriebene Spiraltunnel. Einer ganz anderen Quelle entspringt das weiße Licht, es ist das Licht der Geistdimension.

Lysis I und Lysis II
Lysis I ist die Seelenablösung vom Körper; von Lysis II spreche ich, wenn sich der Geist aus dem Plasma herauszieht. Im Plasmazustand ist das Bewusstsein noch gebunden, erst in der Lysis II befreit es sich gänzlich und wird zum reinen Bewusstsein. Die Schwierigkeit, die ich hier nur andeuten will, ist folgende: In der bisherigen Literatur zu diesem Thema wird nie unterschieden zwischen Lysis I und Lysis II, da man die Plasmadimension als solche überhaupt nicht kennt. Damit steht allerdings die gesamte bisherige Todesforschung auf tönernen Füßen und kann eigentlich gar keine Erklärungen bieten. Durch diese Unkenntnis und mangelnde Eigenerfahrung der Forscher kommt es in allen Untersuchungen immer wieder zu gravierenden Missverständnissen und Ungereimtheiten und überhaupt zu einer widersprüchlichen Darstellung des gesamten Themas. Lediglich *einem* Forscher, Robert Crookall ist es gelungen, aus den von ihm gesammelten Berichten über Todeserfahrungen eine weitere Dimension zwischen Geist und Materie herauszulesen. Ich habe in meinem vorausgehenden Buch *Der Stoff aus dem die Seele ist* alle Aspekte der Plasmadimension genauer untersucht und das Plasma als

halb-materielle Substanz und als Grundlage aller Materie ebenso wie unserer Psyche gedeutet.

Allwissenheit

»Kaum hast du dir eine Frage zurechtgelegt, da erhältst du auch schon die Antwort. Es ist unglaublich. Es lässt sich nur vergleichen mit einem Computer, an den man angeschlossen ist. – Befindet man sich in der Gegenwart des Lichts, ist man gleichzeitig in Verbindung mit dem absoluten Wissen. Jede Frage und Gefühlsregung wird augenblicklich gelöst und beantwortet. Man hat zuallererst ein Gefühl totalen Wissens, und man erkennt sofort die gesamte Evolution der Erde von Anfang bis Ende.« (Persönl. Mitteil.)

»... dass einem plötzlich klar wird, dass man mit dem absoluten, allumfassenden Wissen in Verbindung steht ... man denkt eine Frage und weiß sofort die Antwort ...« (Ring, 1985, S. 53)

»...und man weiß plötzlich furchtbar viel. Ich erinnere mich noch, dass ich wusste, dass überall im Universum vollkommene Ordnung herrscht, dass der Plan vollkommen ist. Dass alles, was geschieht – Kriege, Hunger, egal was – in Ordnung ist. Alles war vollkommen. Irgendwie war alles Teil der Vollkommenheit, und man brauchte sich überhaupt keine Sorgen zu machen.« (Ring, 1985, S. 57)

Die »Vision des Wissens« oder »Allwissenheit« gehört zum Repertoire der Lysis-Erfahrung und tritt regelmäßig, wenn auch unterschiedlich stark ausgeprägt auf. Sie gehört zum Erlebnis der dritten Lysis (L3), wie wir später noch sehen werden und verbindet sich dann mit Licht, Liebe und Leben zu einer Einheit.

Die Lysis II führt uns in einen geschlossenen Seinsbereich, in dem scheinbar alles gegenwärtige, vergangene und zukünftige Wissen nebeneinander besteht und auf einmal erfahren werden kann. Diese Erfahrung ist allerdings nur von kurzer Dauer und bei der Rückkehr in die Raum-Zeit-Illusion, nach dem Durchgang durch die beiden

Filter Plasma und Körper, bleibt von ihr nichts weiter übrig als eine vage Erinnerung, ein Nachhall, nämlich ein Wissen um die Einheit allen Daseins.

Sie ermöglicht einen flüchtigen Blick in eine andere Ordnung, eine Erleuchtung in Form einer blitzartigen All-Erfahrung. Aber all das sind ungenügende und, wie wir sehen werden, verfälschende Beschreibungen.

Eine etwas andere Schilderung und Deutung dieser Erfahrung sähe wie folgt aus:

»Ich war Teil der Vollkommenheit. Ich erfuhr den Plan des Universums und eine vollkommene Ordnung. Ich war unendlich vollkommen und erfuhr ungeahnte Liebe, Sicherheit, Geborgenheit und gelangte zu der Überzeugung, mir könne nichts passieren.«

Diese Aussage verbindet die »Vision des Wissens« mit der »Vision der vollkommenen Ordnung«. Hier wird ein Universum beschrieben, in das sich der Mensch nicht mehr »hineingeworfen« fühlt, so wie viele Menschen in die Raum-Zeit-Illusion, sondern wo er mit allem identisch ist. Wir erhalten dieses Mutterbauchgefühl, und das hebt uns heraus aus dem Gefühl, die Welt sei ein unsicheres Chaos.

Wir haben diesen Bewusstseinszustand bereits mehrfach im Geistkontinuum verfolgen können. Hier erreicht er seinen vorläufigen Höhepunkt. Es hat keinen Zweck, bei diesem Mysterium der Erleuchtung stehen zu bleiben und diese Erfahrung irgendwie zu vergöttlichen oder eine Religion daraus zu machen – was natürlich sehr nahe liegt und wozu sie in allen Epochen missbraucht worden ist.

Ich glaube, wir können diese Erfahrung nach den vorhergegangenen Analysen leicht durchschauen. Die »Vision des Wissens« gründet sich einfach auf einem starken Gegenwarts-Bewusstsein. Wir stehen ganz im Jetzt. Wir nehmen es wahr, frei von der Raum-Zeit-Illusion. Wir stehen jenseits der Materie und der Kausalität, die von einer Abfolge unendlich vieler Ereignisse auf ein statisches Jetzt zusammengefallen ist.

Zusammengefasst: Wir befinden uns in »L3«. Der L3-Effekt verschmelzt Raum, Zeit, Kausalität und Materie zu einer »Urkugel«. Eigenartig berührt es die Betroffenen, doch nur anfangs, alsbald gewöhnen sie sich daran. Merkwürdig erscheint ihnen allerdings bei der Rückkehr die ausgedehnte Gummibandstruktur der Raum-Zeit-Illusion. Nun besteht die Gefahr, dass jene, die diese Erfahrung nicht hatten, den, der sie hatte, in den Mittelpunkt eines Kultes stellen. Diese Erfahrung wird dann ritualisiert und dogmatisiert und spiritualisiert und führt zu einer sich darum herumscharenden sozialen Gemeinschaft, die darauf hofft, dieses Erlebnis nun serienmäßig sich und dem Einzelnen vermitteln zu können, was aber nie gelingt. Der Kult degeneriert dann bald zur Religion und Weltanschauung. Während das gesamte Gemeinwesen diese Erfahrung verformt, verwandelt sich die »Vision des Wissens« zu all jenem, das wir aus der praktischen Alltagsreligion zur Genüge kennen –, zur »spirituellen Pathologie«.

Dieser plötzliche Wahrnehmungswechsel, gab den spirituellen Suchern in der gesamten Geschichte der Menschheit viele Rätsel auf, er bedarf jedoch einer nüchternen und nicht von übertriebenem Enthusiasmus verfremdeten Analyse, und wir sollten diese von der Raum-Zeit-Illusion befreite Erweiterung unseres Bewusstseins ganz einfach als natürlichen menschlichen Zustand bzw. Prozess begreifen, vergleichbar dem Schlaf oder der Geburt.
Als Voraussetzung für die Erfahrung der dritten Lysis, der L3-Erfahrung, müssen folgende Bedingungen gegeben sein:

1. Der Zusammenbruch der Körperfilter durch die Lysis I (der Loslösung des Plasmas vom Körper). Damit fällt Quartett I (Raum, Zeit, Kausalität und Materie) weitgehend weg.
2. Alle Dimensionen des Daseins fallen in *Eins* zusammen, das wird als die »vollkommene Ordnung« beschrieben, in der »Allwissenheit«, »Licht«, »Liebe« und »intensives Leben« vorherrschen.
3. Das Zusammenbrechen von Quartett I (Raum, Zeit, Kausalität und Materie) führt zu einem umgekehrten Quartett: Aus Zeit wird Zerozeit, aus Raum Zeroraum, aus Materie Antimaterie und aus Kausalität Superkausalität bzw. aus der Kausalitäts-Linie wird ein Punkt!

4. Ebenso hebt sich Quartett II (Sinnesempfindungen, Gefühl, Denken, Ichbewusstsein) selbst auf, was zum Null-Ego-Zustand führt. Ich fühle mich dann nicht mehr als eine von anderen abgetrennte Individualität, sondern kann sagen »Ich bin alles«.

Ich möchte an dieser Stelle eine Warnung vorausschicken: L3 ist weder ein Endzustand noch ist ein Ende überhaupt in Sicht. L3 ist vielleicht nur ein Anfang. Dieser Urkugel-Zustand kann sich weiter intensivieren zum »Ana-Ana-Zustand«, der höchsten Stufe der Welterfahrung. Die Erwartungen sollten also noch nicht zu hoch geschraubt werden, denn im Grunde erfahren wir lediglich »das, was ist«. Wir erfahren die *wirkliche* Raum-Zeit-Illusion, wir sind angelangt im *wahren* Leben, wo wir doch eigentlich meinten, uns vom Leben zu entfernen. Jetzt erst darf wahrhaft »gelebt« werden, so zumindest versichern es uns die Quellen der Chronik. Und dennoch sind wir weder im Himmel noch im Jenseits, wir brauchen dafür weder eine Metaphysik noch Glaubenssätze zur Transzendenz. Wir sind einfach eingestiegen ins intensivierte Leben. Erstmals sind wir ganz auf uns selbst reduziert. Wir sind jetzt nicht mehr das Vorgestern und das Übermorgen, das Ichgefühl und die Sinnesempfindung. Wir kommen ohne all das aus und sind vielleicht zu unserem reinen Selbst geworden.

Ich möchte hier zum Abschluss noch aufzeigen, wie sich diese Wissens-Vision nach der Rückkehr in die Raum-Zeit-Illusion auswirkt. Dazu zunächst ein Chronik-Bericht:

»Als ich aufwachte und mich umsah, wusste ich plötzlich alles. Das war grässlich. Ich wusste, was jeder dachte, ich wusste, wer ins Zimmer kam, ich wusste, dass jemand den Flur entlangging, ich wusste, was dieser oder jener sagen würde; und bevor jemand das Radio andrehte, wusste ich, was gerade lief. Aber das habe ich niemandem gesagt, ich dachte nur: Ich muss versuchen, es auszulöschen; es muss wieder raus aus meinem Kopf. So ging das eine ganze Weile. Es war schrecklich, wirklich schrecklich. Ich kam rein und wusste alles, es fiel mir einfach zu ... Erst nach zwei Jahren wurde es allmählich schwächer.« (Browning, 1970, S. 169)

Eine erhöhte Wahrnehmung gehört zu den typischen Nachwirkungen einer Todeserfahrung. Dass nun aber die »Allwissenheit« so stark nachhallt, ist selten. Normalerweise erhält sich von der »Vision des Wissens« bestenfalls eine diffuse Weltweisheit. In diesem Fall aber ist die »Zeitmauer« sozusagen wohl nicht ganz geschlossen worden, sie hat ein Leck bekommen, und das Bewusstsein kann sich der höheren Wahrnehmung der nächsten Dimension bedienen.

Im subjektiv verzerrten Raum

»... jetzt muss ich mich wieder in das ›Kistchen-System‹ hineinbegeben! Es schien mir nämlich, als ob hinter dem Horizont des Kosmos eine dreidimensionale Welt künstlich aufgebaut sei, in der jeder Mensch für sich allein in einem Kistchen säße. Und nun würde ich mir wieder einbilden müssen, das sei etwas wert! Das Leben und die ganze Welt kamen mir wie ein Gefängnis vor, und ich ärgerte mich maßlos darüber, dass ich das wieder in Ordnung finden würde. Da war man froh gewesen, dass endlich alles von einem abgefallen war, und dann war es wieder so, wie wenn ich – so wie alle anderen Menschen – an Fäden aufgehängt wäre in einem Kistchen drin. Als ich im Raume stand, war ich schwerelos, und nichts hatte mich gezogen. Und das sollte nun wieder vorbei sein!« (Jaffé Hrsg., C. G. Jung, 1961, S. 296)

Die zweitgrößte Veränderung nach der Zeit betrifft sicherlich die Qualität des Raumes. Verwirrendes bekommen wir zu hören über Entfernungen, über das, was weit und nah ist. Ich stelle ein besonders unverständliches Beispiel an den Anfang, denn wir würden in einer solchen Situation ebenso verständnislos vor den neuen Gegebenheiten stehen wie der Betroffene. Im nächsten Beispiel zeigt sich eine in der Geistzone gestrandete Person über das eigenartige Durcheinander von nah und fern zutiefst verwundert. Ein Reisender wird von Narai, einem Geistwesen dieser Dimension, wie ein Tourist herumgeführt.

»Ich sah mich um und so weit ich sehen konnte da waren überall Häuser, und sie wurden in der Entfernung immer kleiner. Dann schaute ich

hinter mich, aber da waren jetzt keine strohgedeckten Häuser mehr. Ich fragte Narai, ›Narai, wir sind nur drei Schritte gegangen. Wo sind mit einem Mal die strohgedeckten Häuser?‹ Narai lachte und sagte: ›Ich habe dir bereits gesagt. Das hier ist ein großer Platz. Die Häuser, nach denen du fragst, sind bereits weit weg.‹
›Weit weg? Wie aber sind wir hierher gekommen? Wo sind wir überhaupt?‹
›Glaubst du wirklich, Zeit und Raum sind die gleichen hier wie dort, wo du wohnst? Nein! Hier ist alles anders. Zeit und Entfernung sind hier anders. Es spielt hier keine Rolle, ob etwas weit weg oder nah ist, das ist das Gleiche.‹« (Blackburn, 1983)

Vielleicht muss man das Beispiel zweimal lesen, es scheint konfus zu sein, aber es ist unsere eigene Konfusion, die mit den Veränderungen des Quartetts I nicht zurechtkommt. Hier ein weiterer Fall:

»Ich wurde mir nun bewusst, dass ich nicht nur vollkommen ohne Schmerzen war, sondern dass ich auch irgendwie über der Ambulanz zu schweben schien. Ich konnte auch meine stille weiße Gestalt auf der Bahre liegen sehen, meine Mutter in Tränen aufgelöst ... Zusätzlich konnte ich meine Großmutter sehen, wie sie in unserem Wohnzimmer auf und ab lief, etwa 15 Meilen entfernt, und meinen Onkel im Hospital, 15 Meilen in der anderen Richtung. Zu diesem Zeitpunkt schien es mir alles andere als befremdlich, mit all diesen Personen zur gleichen Zeit zusammenzusein.« (Blackburn, 1983)

Dieser Fall demonstriert sehr schön die Auflösung des Entfernungsempfindens. Es entsteht eine Art räumlicher Panoramablick, eine Kreisvision. Wir haben Augen um den ganzen Kopf herum, wie das griechische Wächter-Ungeheuer *Argos,* nach dem ich dieses Phänomen taufen möchte. Gesehen wird aber beim Argos-Phänomen nicht etwa die ganze Welt, sondern nur Dinge, die uns persönlich nahe gehen oder auf die unser Bewusstsein eingestellt ist. Hier deutet sich bereits an: Was in mir ist, gestaltet sich zu meiner Welt.
Wie absurd uns diese Beispiele auch erscheinen mögen, wir werden noch oft auf dieses Raumparadox zu sprechen kommen; hier nur eine

erste Anmerkung, dass es sich nämlich mit dem Raum anders verhält, als wir denken. Es sei auch noch gesagt: Der physische Raum, den wir kennen, ist scharf zu unterscheiden vom Raum des subjektiven Bewusstseins, den jeder leicht erfahren kann, wenn er nur die Augen schließt, träumt oder halluziniert. Da wir uns im reinen Bewusstsein ohne materielle Anhaltspunkte bewegen, bleibt der subjektive Raum das Einzige, womit wir uns trotz der irdischen Raum-Zeit-Illusion eine Orientierung verschaffen können – eine rein subjektive wohlgemerkt: Nah ist, was uns subjektiv, das heißt emotional, nah ist, und fern, was uns emotional fern ist. Der Geliebte ist uns nah, der Feind fern.

Zeitlupe und Zeitraffung

In den Kapiteln über das Normal- und das Trancegefühl legte ich dar, wie jeder von uns leichten subjektiven Verzerrungen der Zeitwahrnehmung unterliegt. Im Augenblick der Wut oder der Angst fließt Zeit schneller als etwa im Schlaf, in der Entspannung oder im Zustand der Konzentration. Im Kapitel über das Hochgefühl zeigte ich, wie die subjektive Zeitverlangsamung verantwortlich ist für eine Intensivierung der Wahrnehmung: Wer etwas lange betrachtet, also sich dem Schauen hingibt, der wird den Gegenstand seiner Aufmerksamkeit nicht nur genauer wahrnehmen, sondern seine subjektive Zeit verlangsamt sich zugleich. All das ist jedem Menschen hinreichend bekannt. Zudem treten eine ganze Reihe Zusatzphänomene auf, so beginnen die Dinge zu leuchten, strahlen scheinbar eine Aura ab, beginnen schließlich zu pulsieren, ja zu atmen und werden zu guter Letzt lebendig und sprechen mit uns. Je mehr die Konzentration zunimmt, desto langsamer fließt die subjektive Zeit. Wir finden vom Normalgefühl bis hin zur Todeserfahrung eine sukzessive Steigerung des Zeitlupeneffekts. Eine Parallele dazu ist die so genannte Zeitdilatation bei der Weltraumfahrt; die Astronauten altern bei hohen Geschwindigkeiten nicht so schnell wie auf der Erde. Bei der Auslösung einer Landmine im Krieg hatte ein Soldat folgendes Erlebnis:

»Plötzlich sah ich alles in Zeitlupe und bewegte mich nach oben in Richtung Schwärze ...« (Sullivan, 1984, S. 147)

Steigert sich die Konzentration weiter und damit der Zeitlupeneffekt, so verlangsamt sich unser Zeitempfinden schließlich so sehr, dass für uns die Zeit stillzustehen scheint: Zerozeit! Unser Bewusstsein kann offenbar wie eine Eisenbahn auf Zeitschienen hin- und hergleiten. Extreme Zeitdichte bzw. Schnelligkeit erfahren wir im Normalgefühl. Hier nimmt die Zeit eine so hohe Geschwindigkeit an, dass wir meinen, sie laufe uns davon. Wir laufen dann der Zeit hinterher und kommen unter Stress.

Auch unterhalb des Normalgefühls kann sich die Zeit beschleunigen, etwa reagieren wir unter dem Einfluss bestimmter Drogen schneller als im Normalgefühl; dann wirken wir überaus hektisch und unruhig, wir werden geradezu von unseren überbordenden Gedanken gejagt, unsere Körperbewegungen sind extrem zappelig und nervös, und wir leben viel zu schnell. Aber bereits im Normalgefühl ist es nicht viel anders: Lebenshetze, Unruhe und die daraus sich entwickelnde Lebensangst haben ihre Ursache in einer übersteigerten Geschwindigkeitsempfindung. Die Jagd nach Leben steht unter der Herrschaft der Zeit und macht uns zu Sklaven der Zeit. Wer aber gelernt hat, innerlich ruhig zu bleiben, kann Herr über die Zeit werden und sie für sich arbeiten lassen. Es hängt also von uns ab, ob die Zeit uns beherrscht oder wir sie, vielleicht ist das ja die größte Lebenskunst.

Es ist ein Paradox: Die von der Zeit Gejagten meinen zwar, viel zu tun, tatsächlich aber leisten die, die vom Lehnstuhl aus ruhig die Zeit dirigieren, mehr. Denn wenn ich subjektiv in einer langsamen Zeit lebe, intensiviert sich die Wirklichkeit, und ich habe viel Zeit, das Leben zu beobachten, nämlich in Zeitlupe, wodurch ich genauer und besser wahrnehme und dementsprechend bessere Einschätzungen treffen und optimaler handeln kann. Zeitschnelligkeit, das heißt Hektik, lässt uns über das Dasein hinwegfliegen wie ein Flugzeug über die Landschaft, während Zeitverlangsamung einer Wanderung zu Fuß entspricht, bei der wir jedes einzelne Gehöft und jeden Baum genau wahrnehmen.

Je anspruchsvoller eine Tätigkeit, desto mehr Konzentration müssen wir aufbringen, desto langsamer vergeht für uns subjektiv die Zeit bzw. wir bemerken die Zeitdauer immer weniger, und sie spielt keine Rolle. In dieser Verfassung machen wir weniger Fehler, wir überfordern uns seltener und fühlen uns bei unserer Tätigkeit wohler. Wir leben gesünder und sind harmonischer mit unserem Leben verbunden. Je schöpferischer, je wirkungsvoller eine Tätigkeit ist, um so mehr verlangsamt sich dabei für uns die Zeit. Sie ist nicht greifbar, denn sie ist wie Luft – zwar da, aber doch nicht wahrnehmbar. Daher vergessen und verdrängen wir sie, und daher kommen auch die Unruhe und Unsicherheit, die uns bei der Erwähnung des Wortes »Zeit« überfallen. Alle kennen wir die Uhrzeit, und doch weiß jeder insgeheim: »Zeit ist eine Illusion!« Es ließe sich nun auf dieser Erkenntnis eine neue Einordnung all unserer Tätigkeiten und Verhaltensweisen durchführen und eine komplexe Zeitpsychologie entwickeln.

Ich möchte nun, da das Verständnis der Zeit uns so schwer fällt, einen Vergleich heranziehen, und zwar mittels eines Gummibandes. Stellen wir uns ein gewöhnliches Gummiband vor, auf dem alle Ereignisse während einer Stunde, eines Tages oder eines Jahres wohlgeordnet hintereinander liegen. Wird das Gummiband nun gedehnt, so ziehen sich auch die einzelnen Ereignisse auseinander, erhalten einen größeren Abstand voneinander. Es dauert nun für uns subjektiv immer länger, ehe das nächste Ereignis auftaucht. Dehnen wir das Band noch weiter, erreicht es schließlich den Punkt der größten Dehnbarkeit und damit Zerozeit: Zwischen dem einen und dem folgenden Ereignis scheint eine Ewigkeit zu verstreichen. Die Zeit steht still! Ein Ereignis dauert nun unendlich lange, es wird zur Unendlichkeit, und wir erfahren es als *das* Ereignis, als das Dasein selbst. Was immer wir dabei erfahren, es wird zu einem gewaltigen Erlebnis.

In den Mythen der Menschheit nimmt die Erfahrung der Unendlichkeit den höchsten Platz ein, sie ist Ziel unserer größten Hoffnung. Alle Religionen und Philosophien haben sich daher der Hoffnung, die auf die Unendlichkeit gerichtet ist, bemächtigt und sie zu ihrem Zweck gebraucht oder missbraucht. Ja, man hat die Unendlichkeitserfahrung gleichgesetzt mit dem, was einige Religionen Gott nennen. Schauen wir in einem solchen erleuchteten Zustand auf unsere Umwelt, dann erleben wir ein stark verlangsamtes Zeitbewusstsein.

Dazu müssen wir beachten, dass sich nicht nur unser Zeitempfinden ändert, sondern auch die beiden Quartette: Wenn sich unsere subjektive Zeit verlangsamt, dann nimmt gleichzeitig unser Ichgefühl und unsere durch Wertmaßstäbe dirigierte Gefühlswelt ab und löst sich ebenso auf wie unsere Denkkategorien. Unser aus acht Teilen bestehendes Kartenhaus wird also systematisch abgebaut. Dadurch geht die zeitlose Betrachtung einher mit einer Abnahme des Ichgefühls. Nicht mehr *ich* betrachte dann, sondern *es* betrachtet, und das Betrachtete steht außerhalb kultureller und emotionaler Bewertungen. Wir schauen gewissermaßen wie ein ungeborener Mensch in die Welt, als wären wir weder durch die Raum-Zeit-Illusion noch durch kulturelle Konventionen eingeschränkt. In diesem Zustand blättert sozusagen der Anstrich, den uns die Kultur verpasst hat, ab, wir schauen ohne Brille ins Leben. Und da erfahren wir die Welt, wie sie ist. Wir erfahren den Baum als Baum, ohne Namen, ohne Beziehung zu ästhetischen Maßstäben von schön oder hässlich. Auch alle menschlichen Werte fallen weg. Da diese Erfahrung sich nicht im konventionellen Alltagsrahmen abspielt, bleibt sie unbeschreibbar. Sprachliche Beschreibungen können nur Annäherungen sein, eben nur auf der Ebene der Sprache, und was dabei herauskommt, entspricht etwa der Rede eines Blinden über die Farben. Die menschliche Wahrnehmungsweise ist aufgelöst; wir erfahren das reine Jetzt – die Zerozeit.

Andererseits kann das Gummiband auch zusammenschrumpfen, das heißt die Ereignisse rücken immer näher zusammen wie in einem Zeitrafferfilm. Dadurch kommt es zu einem Zusammenbruch der beiden Quartette, und wenn schließlich alle Ereignisse so schnell hintereinander ablaufen, dass sie alle auf einmal wie in einem einzigen Bild betrachtet werden können, dann wird auch hier Zerozeit erfahren. Wir überschauen dann die Zeit, die Geschichte, die Evolution, so wie wir eine Skulptur im Museum betrachten – mit einem Blick. In diesem Zustand wäre das Gummiband sozusagen auf eine Strecke gegen Null geschrumpft. Was vorher auf dem Band in Abständen verteilt lag, befindet sich nun auf einem Punkt. Ich vermag nun, Jahre und Epochen so zu überschauen wie von einem Berggipfel alle Bergketten und Täler, während ich im Tal immer nur einen Berg vor

Augen hatte, der mir die Sicht auf alles andere verstellte. Man muss also Gipfel besteigen und Gipfelerlebnisse haben, um den Überblick zu gewinnen.

Wir können demnach gleichermaßen über Zeitraffung oder über Zeitlupe zur Zerozeit vordringen. Welchen Weg wir wählen, scheint keine Rolle zu spielen. Es handelt sich dabei nicht um zwei verschiedene Zerozeiten, sondern um zwei verschiedene Wege, die Zerozeit zu erreichen.

Das Lethe-Phänomen

Die Wesen müssten am Flusse mit dem Namen »Sorglos« lagern und jeder dort seinen Teil trinken, damit sie vergessen und »sorglos« werden, um sich ganz dem hiesigen Weltlauf zu widmen.
ORPHISCHE ÜBERLIEFERUNG

Jeder Mensch muss ein gewisses Maß des Vergessens aus dem Becher der Lethe trinken, jeder nach seiner Art unterschiedlich viel.
PROKLUS DIADOCHUS

Alle Bewusstseinswesen trifft beim Abstieg das Vergessen, ob sie auf die Erde hinabsteigen oder in andere Teile des Alls.
Orphische Überlieferung
CAPELLE

Vergessen macht frei

Wenn wir die Aussagen der Chronik aus dem antiken Griechenland zusammenfassen, lässt sich folgende Essenz daraus gewinnen: Jede Nacht reisen wir durch die Traumphase in den Tiefschlaf und damit in die reine Geistzone. Das geschieht von selbst, ohne unser bewusstes Zutun. Wenn wir wieder aufwachen, verfügen wir über keinerlei Erinnerung an dieses Ereignis. Der Grund: Wir müssen bei der Rückkehr den Totenfluss Lethe überschreiten, den Fluss, den die Griechen treffenderweise »Sorglos« tauften. Denn trinken wir einen Becher von seinem Wasser, so nehmen wir anschließend sorglos wieder unser normales Leben in der Welt auf, ohne Erinnerung an unser immaterielles nächtliches Abenteuer. Wenn wir früh aufwachen, sind wir erholt und erfrischt; warum, bleibt uns allerdings ein Rätsel, das wir nicht einmal zu ergründen suchen.

Warum muss diese nächtliche Erfahrung jedes Mal vergessen werden? Wir berühren hier ein für unser irdisches Leben grundlegendes Problem: Der Mensch muss einen klaren Kopf haben, und wir müssen uns frei entscheiden können, unvorbelastet von Erfahrungen aus anderen Zeiten, Dimensionen und Zuständen. Gleichermaßen sollten wir uns allerdings auch von unserer irdischen Vergangenheit nach Möglichkeit immer wieder lossagen, um jederzeit neu beginnen zu können. Die Last durch die angehäuften Taten muss immer wieder abgeschüttelt werden, und das einmal eingefahrene Schicksal sollte von Zeit zu Zeit aus seinen Schienen herausgerissen werden, damit neue Spuren gezogen werden können. Jedes Leben sollte frei sein von Lasten der Vergangenheit. Daher tut uns der Schlaf gut, er lässt uns vergessen, ebenso die Ferienreise, die neue Landschaft. Zu Hause können wir dann neu beginnen, weil wir nun alles unvoreingenommener sehen.

Nehmen wir einmal im Einklang mit der Chronik an, dass wir tatsächlich im Schlaf auf Exkursion gehen, also ein Doppelleben führen, ein geheimes und ein bekanntes, wie ein Agent, der für zwei Seiten arbeitet. Stellen wir uns vor, wir würden uns alle an unser nächtliches Leben erinnern. Hätte unser Leben in der Raum-Zeit-Illusion dann überhaupt noch eine Chance gegen die Intensivwelt von »L3«? Würde es uns dann hier auf der Erde noch gefallen? Gefällt es einem Menschen, der vorübergehend in einem Palast wohnte, in seine Hütte zurückzukehren zu müssen? Kann der Reiche plötzlich als Armer leben? Wie sollen wir ein Leben in der Raum-Zeit-Illusion ernst nehmen, wenn wir erfahren haben, dass es eine »L3-Überwelt« aus Licht, Liebe und (»Luxus«-)Leben gibt? Sind wir einmal süchtig nach der Geistzone geworden, gibt es kein Zurück mehr. Wer einmal Licht gesehen hat, will nicht mehr im Dunkeln hocken. Gott sei Dank beraubt uns das Lethe-Phänomen unserer Erinnerung. Im Vergessen liegt daher all unser Trost, paradoxerweise jedoch gleichzeitig auch in der Erinnerung: Denn etwas bleibt sehr wohl, wie die Chronik uns aufzeigt, in uns haften. Und dieses Wenige reicht völlig aus, um unsere heimlichen Sehnsüchte nach der Geist-Dimension zu nähren. Und so entstehen Hoffnungskulte: Religion, Ethik, Wissenschaft und Philosophie – alles Erinnerungen an jene rätselhafte Intensivwelt von »L3«!

Es ist aber durchaus als Glück für uns zu sehen, dass wir uns nicht umfassend erinnern. Wie aber ergeht es dabei jenen auf der anderen Seite des Lethe-Stromes, erinnern sie sich etwa auch nicht mehr an ihr irdisches Leben? Zusammengefasst heißt es in der Chronik dazu:

Für Wesen in der Geistdimension ist es sehr schwer, sich an die Raum-Zeit-Illusion zu erinnern. Das Bewusstsein dort gleicht einer »Rauchfahne« und kann die Vorgänge auf der stofflichen Ebene nicht mehr entsprechend würdigen. Für sie zählt all das nicht mehr, was die beiden »Quartette« ausmacht: Begierde, Gefühl, Denken, Ich-Individualität, zeitliche und räumliche Entfernungen. Nur noch Zeiten des Glücks, die Sternstunden und die Tragödien ihres einstigen Lebens in der stofflichen Welt bleiben in ihrem »Restgedächtnis« haften. Nach kürzester Aufenthaltsdauer im Plasma- oder im Geistfeld können sie sich nicht mehr vorstellen, was Kausalität, Zeit und dreidimensionaler Raum tatsächlich ist. Ebenfalls fällt es dort schwer, sich eine Vorstellung darüber zu bewahren, was ein individuelles Ich bedeutet.

Sie erinnern sich jenseits von Raum und Zeit lediglich verschwommen an ihre frühere materielle Existenz, alles wird im Lethe-Strom abgewaschen wie Schmutz von der Haut. Daher gilt nun aber verstärkt auch für das irdische Leben: Es wird – auch im Hinblick auf das künftige Leben in höheren Dimensionen – nur bereichert durch intensive Lebensphasen, durch Ekstasen und Schicksalsschläge. Allein was schmerzt und was beglückt, zählt. Nur, was intensiv erlebt wird, kommt zum Tragen und verändert uns. In der Tat verschwimmen in der Geist-Dimension alle Mittelmäßigkeiten, all die unzähligen Phasen des Nichtssagenden, aber das ist ja bereits im irdischen Leben so. Man schaue sich als Erdenbewohner also seine Höhe- und Tiefpunkte genauer an. Besitzt man überhaupt welche? Oder hat man sich angepasst, von Norm zu Norm gehangelt, immer das Banner des Mittelmaßes hochgehalten, Klippen der Erkenntnis sorgfältig gemieden? Aus dieser gesammelten Weisheit der Chronik lässt sich demnach folgern: Lebe das Leben auf seine Höhepunkte hin! Meide das Normale! Offenbar ein Programm, das Friedrich Nietzsche an Radikalität in nichts nachsteht: Himmelhoch jauchzend und höllentief verzweifelnd!

Vergessen, Erinnern und geheime Losungsworte

Den Anhängern des antiken Kultes der Orphik (der sich auf Orpheus beruft) zufolge, treffen wir beim Eintritt in die Plasmadimension auf eine »rechtsfließende« Quelle (an anderer Stelle heißt es, auf einen Fluss) der Göttin Mnemosyne, die für Gedächtnis und Erinnerung steht, sowie auf die »linksfließende« Quelle (bzw. den Fluss) der Göttin Lethe, die Vergessen schenkt. Offenbar, so vermute ich, haben die Ankömmlinge aus der Raum-Zeit-Illusion von den Wassern Mnemosynes getrunken und erhielten so die Erinnerung an die Plasmadimension, in die sie ja im Schlaf schon oft eingetaucht waren, zurück. Jene allerdings, die aus der Plasmadimension in Richtung Raum-Zeit-Illusion hinabsteigen, müssen von Lethes Wassern des Vergessens trinken, und damit verschwindet für sie die Erinnerung an die Glorie von »L3«, von Licht, Liebe, Leben.

Mnemosyne stammt, dem Mythos zufolge, von Gaia und Uranos, dem Urelternpaar der Welt ab. Sie vereinigte sich für einige Zeit mit Zeus, und aus dieser Verbindung gingen die so genannten Musen hervor. Diese hatten die Aufgabe, allein durch ihre Gegenwart den Menschen das Vergessen von Leiden und Sorgen zu ermöglichen. Bekanntlich heitern uns ja die Künste – Musik, Tänze, schöne Bilder – auf und befreien uns so von den drückenden Alltagssorgen. Gibt Mutter Mnemosyne uns die Erinnerung an »L3« zurück, so helfen uns die Musen, ihre Töchter, die Raum-Zeit-Illusion durch die Kunst zu vergessen bzw. erträglich zu machen, weshalb tief in unserem Bewusstsein ein verschwommenes Bild von »L3« heraufdämmert.

Dieser Zwiespalt zwischen Erinnerung und Vergessen beherrscht die Menschheit seit jeher. Mit dem Gedankenmodell des Geistkontinuums zeige ich, wie auf jeder Stufe der Intensivierung des irdischen Lebens – vom Normalgefühl bis hin zur Todeserfahrung – immer mehr der gemachten Erfahrungen wieder erinnert werden können bzw. wie danach die Welt schärfer, klarer und heller wahrgenommen wird. Dieses Modell kann sämtliche kulturellen Errungenschaften erklären. Je höher wir auf dem Geistkontinuum emporschreiten, desto größer sind die positiven Nachwirkungen und desto stärker wird sich unsere »Vision« anschließend im Leben realisieren lassen. Daher nimmt die »Erinnerung« mit der »Höhe« des Geistkontinuums zu. Erinnerungen an die höheren Dimensionen sind demnach in unserem gesamten menschlichen Lebensprozess vorhanden, und für die meisten Menschen bereits im Trancegefühl ansatzweise zugänglich.

Das Leben in der Raum-Zeit-Illusion bestand für Platon aus nichts anderem als dem Wiedererinnern. Die Wiedererinnerungslehre, dargestellt in seinem großen Dialog *Phaidon*, ist allerdings sehr abstrakt geblieben, und seine Lehren lassen sich nur schwer auf den Alltag anwenden.

Der Kampf zwischen Vergessen und Erinnern, zwischen Lethe und Mnemosyne und deren Kindern, den Musen, beherrscht seit Ewigkeiten die Menschheit. Was aber ist es, das vergessen wird, und was soll erinnert werden? Mit diesem Geheimnis befasst sich die Chronik, deren geheimes Wissen den Schleier des Vergessens aufreißt. Was dabei zum Vorschein kommt, bewirkt ein tiefes Aha-Erlebnis: »Jetzt erinnere ich mich! Da war ich schon, im Schlaf, tausend Mal! Auch im Unterbewusstsein tausend Mal, aber ich hatte es jedes Mal gleich wieder vergessen.

Nach der Rückkehr aus der Plasmadimension und ihrer intensiven Wirklichkeitserfahrung tritt eine Erschöpfung ein: Wir kommen am Fuß des Berges an und werden ohnmächtig. Oder wie Platon sagt: Es entsteht nach der Erfahrung der großen Wachheit ein dämmriger »Trunkenheitszustand«, unser Bewusstsein verdunkelt sich, und wenn wir Lethe durchschwommen haben und in die stoffliche Welt zurückkehren, erinnern wir uns an nichts mehr.

Kunst, Wissenschaft, Liebe, Hochstimmung – kurzum Trancegefühl und der unbändige Drang nach Freiheit sind alles vage, unbewusste Erinnerungen an die Geist-Welt, heißt es in der Chronik, und Platon sagt, trotz Lethe sei unser irdisches Leben ein Versuch der *Anamnesis*, der Wiedererinnerung. Besonders die Musik, auch wenn sie nichts weiter sein mag als ein »Anklang« an die Geistwelt, gibt uns, wie unser Echo im Wald, einen Eindruck der ursprünglichen Natur des Daseins. Die Musik ebenso wie die Wissenschaft führt uns zurück, so Platon, zur »wahren Erde«.

Das *Chaldäische Orakel* – ein Kompendium von Schriften, das viele antike philosophische Lehren zusammenfasst – lehrt Platons »Anamnesis-Theorie«. Wir vergessen bestimmte »Losungsworte«, heißt es dort, die im Kosmos verstreut sind. Was immer mit diesen »Losungsworten« gemeint ist, wer sie besitzt oder kennt, vermag sich zu erinnern. Wer sie nicht besitzt, vergisst und wird Sklave der Raum-Zeit-Illusion, des irdischen Körpers und der Blindheit. Diese »Losungsworte« oder *Synthemata* seien einst von Gott als Passagierscheine in die Welt eingeführt worden, heißt es, damit sich die Seele beim Aufstieg in die Geist-Dimension ihrer zur gegebenen Zeit bedienen könne, um in diese Dimension eingelassen zu werden. Diese *Synthemata* sind gewissermaßen wie ein Treppengeländer; an ihnen können wir uns beim Aufstieg in die höheren Dimensionen festhalten.

Das Vergessen ist so wichtig wie das Erinnern. Es ist notwendig, damit wir uns angemessen um die hiesigen Dinge kümmern können, ohne von den strahlenden Gipfeln der Geist-Welt abgelenkt zu werden. Das Erinnern ist allerdings ebenso notwendig, damit wir das Leben erfüllend und intensiv gestalten, das Wunder des Lebens erkennen, ausschöpfen und uns ihm voll hingeben; dadurch angeregt loten wir die Welt aus und erfahren unser Dasein als einen Abglanz von »L3«.

Die Lethe-Analogie

Wenn wir von der Geist-Dimension in die Welt der Raum-Zeit-Illusion zurückkreisen, heißt es in der Chronik, dann müssen wir im Plasma einen Becher aus dem Fluss »Sorglos« trinken, was Vergessen bewirke. Denn vergessen *müssten* wir, um angesichts der unermesslichen Schönheit der Geist-Dimension die Schönheiten der Raum-Zeit-Welt nicht völlig gering zu schätzen.

So weit, so gut. Wie steht es aber mit dem Vergessen im irdischen Alltag?

Betrachten wir unser Leben, stellen wir zunächst fest, es gibt eine Unzahl emotionaler und geistiger Zustände: Wut, Angst, Liebe, Hass, Freude, Depression, Kreativität, Erschöpfung. Als Nächstes stellen wir fest: Unser Gemütszustand ist ständigen Schwankungen unterworfen. Spätestens alle paar Minuten wechseln wir von Freude zu Leid, von Liebe zu Hass. Wir sind dauernd im Fluss. Der Mensch ist wahrlich ein Tohuwabohu an Gefühlen, und dauernd blitzen neue Emotionen in uns auf wie bei einer farbigen Leuchtreklame. Betrachten wir die Abfolge unserer Gefühlszustände genauer, so stellen wir fest: Je intensiver mein Gemütszustand, desto schwieriger wird es, mir andere Emotionen vorzustellen. Von Schmerzen geplagt – jeder hat das wohl selbst schon erfahren –, kann ich mir Schmerzlosigkeit kaum noch ausmalen. Und wie steht es mit den Verliebten, den Hasserfüllten? Der eine kann sich kaum mehr in den anderen hineindenken. Man kann nicht in zwei Zuständen auf einmal verharren, es herrscht das Gesetz Entweder-Oder! So wie Öl und Wasser sich nicht vermischen, so verbinden sich auch nicht unsere emotionalen Zustände: Ein unsichtbarer Fluss grenzt sie voneinander ab, und der heißt Lethe! So wie es zwischen einzelnen Gefühlen eine Vergessensschranke gibt, wenn wir von einem Zustand in den anderen überwechseln, so gilt das auch, wenn wir von einer Dimension in die nächste reisen. Der Wechsel von einem Gemütszustand in den anderen ist zwar nicht direkt von einem Schock begleitet, doch werden wir dabei jedes Mal ein bisschen aus der Bahn geworfen.

Bei der Reise von unserer irdischen Raum-Zeit-Welt via Plasma in Richtung Geist-Dimension durchleben wir einen »Zeitmauerschock«, und dieser ist gewaltig. Kehren wir aus der Geist-Dimension zurück, erfahren wir einen umgekehrten Schock bei der erneuten Konfrontation mit Raum und Zeit: Sie sind uns plötzlich zu eng! Werden wir nun gefragt, wie es denn war in der Geist- und in der Plasmadimension, dann fehlen uns die Worte oder wir können uns nicht mehr daran erinnern. *Ein* Zustand verwehrt uns die Erinnerung an den anderen. Die Plasmadimension löscht die Erinnerung an die Geist-Dimension, die stoffliche Welt löscht die Erinnerung an die Plasmawelt, und das Gleiche geschieht in umgekehrter Richtung. Offensichtlich herrscht ein »Krieg« oder zumindest strenge Abgrenzung zwischen den Zuständen und Dimensionen. Ich habe im Titel von der »Lethe-Analogie« gesprochen. Wie sieht diese nun genau aus? Das Vergessen zwischen den Dimensionen habe ich bereits erläutert, doch nun stellt sich natürlich auch die Frage nach Parallelen zu all dem in unserer alltäglichen raumzeitlichen Welt? Dazu habe ich das Vergessen und die Abgrenzung zwischen den einzelnen Gemütszuständen angeführt. Und so wie wir nicht gleichzeitig in zwei Dimensionen leben können, so geht das auch nicht gleichzeitig in zwei Gemütszuständen. Und um das zu vermeiden existiert ein Naturgesetz: das Lethe-Phänomen! Ich stelle nun eine Analogie her zwischen der Funktionsweise unserer Emotionen und jener der Dimensionen. Unsere Emotionen verhalten sich zu den Dimensionen wie das Kleine zum Großen. Als Hypothese habe ich dargelegt, dass im Lethe-Strom unsere Erinnerung an die Raum-Zeit-Illusion gewissermaßen von uns abgewaschen wird. Nun wird aber auch das Plasma als wässrig, feucht, kalt und neblig beschrieben, und es heißt in der Chronik, wer in die Plasmawelt eindringe, verliere seine Beziehung zur Raum-Zeit-Illusion. Ist also vielleicht der Lethe-Strom nichts anderes als ein weiteres Bild für die Plasmazone? Sind Lethe oder Mnemosyne, Styx oder Pyriphlegethon lediglich bildliche Umschreibungen für das Plasma? Die Griechen wussten mehr, als wir anzunehmen wagen. Kannten sie die Plasmadimension und beschrieben sie ihre Eigenarten unter anderem mittels der Unterweltflüsse?

Wir haben uns den Lethe-Vorgang recht plastisch vorzustellen. Wir verlassen den physischen Leib zugunsten des Plasmakörpers und gelangen mit diesem sogleich in die Plasmadimension. Dadurch entfremden wir uns recht schnell unserer bisherigen Raum-Zeit-Welt, was symbolisch durch den Lethe-Strom zum Ausdruck kommt. Parallel zum Vergessen erfolgt jedoch, wie gesagt, ein Erinnern an all unsere im Schlaf durchgeführten Exkursionen in die Plasmadimension, versinnbildlicht durch den Strom Mnemosyne, der uns das

Wiedererinnern schenkt. Zieht sich jedoch im Weiteren der Geist-körper aus seiner Plasmaumhüllung heraus – wobei die Plasmahülle unbelebt zurückbleibt –, so erfolgt ein Vergessen unserer plasmatisch-psychischen Struktur und die Geist- Welt wird wiedererinnert.

Lebensfilm und inneres Gericht

Die Verstorbenen lernen,
das Erlebte rückwärts zu erleben.
Ägyptisches Totenbuch

»Ich sah nur zu, und ich sah mein ganzes Leben an mir vorbeiziehen.
Und als mein Leben abgelaufen war – in Schwarzweiß –, zoooom! war
es nicht mehr schwarz und weiß, sondern in Farbe, und ich sah Dinge,
die noch gar nicht geschehen waren ...« (Ring, 1985, S. 56)

Kaum haben wir uns im Plasma ein wenig von der Enge der beiden »Quartette« der irdischen Welt gelöst, nähern wir uns dem Zustand »L3« und damit der zweiten Lysis; und plötzlich tanzen zu unserer Verwunderung alle Erinnerungen um uns herum. Gerade sind wir dabei, die Plasmadimension zu verlassen, da tauchen Erlebnisse aus unserer Kindheit ebenso wie nicht weit zurückliegende Geschehnisse vor uns auf. Lagen eben noch unsere Erlebnisse wie Zwirnrollen auf-gerollt in uns, so spulen sie sich jetzt mit einem Male auf: Beginnend mit unserer letzten Erfahrung läuft unser Lebensfilm meist *rückwärts* ab, so als sei er irgendwo gespeichert worden. Wir sehen unser Schicksal noch einmal, und zwar recht schnell, als würde vor unseren Augen ein Vorhang aufgezogen und dahinter käme das ganze Theater unseres Lebens bühnenreif zum Vorschein. Nun mag das mancher als kaum glaubwürdige Fantasie abtun; erinnert sei jedoch daran, dass wir alle im Alltag öfter unser Leben Revue passieren las-sen, wobei wir zwar nur auf einen Tag oder eine Woche oder eine Ferienreise zurückblicken, das aber sind alles Vorformen des großen

Lebensfilms, mit dem wir bei der zweiten Lysis, der Loslösung vom Plasma in die Geist-Dimension, unweigerlich konfrontiert werden.

Ägyptische Überlieferungen nennen den Lebensrückblick »Das Wegfliegen der Erinnerungen«. Es sei so, als dehne sich unser Schicksal wie Rauch aus und verblasse wie sich auflösender Morgennebel in der Plasmawelt. Damit will man sagen: Unsere Erinnerungen gehören der Plasmawelt an, und sie bleiben dort wie Daten gespeichert (Akasha-Chronik, kollektives Unbewusstes)! Offenbar existierte in Ägypten die Theorie eines »Archiv-Kosmos«: In der Plasmawelt sollen unsere Erinnerungen, Gedanken und Gefühle wie Radiowellen im Äther gespeichert sein, so wie wir in der Raum-Zeit-Welt Waren- und Lagerhäuser für materielle Güter einrichten.

Befreit von den eigenen Erinnerungen sind wir als spezifisches Ich ausgelöscht, und unser Urwesen – also ein nicht von Erinnerungen belastetes, weder durch Emotionen verstörtes noch durch Denkvorgänge verwirrtes Wesen – tritt hervor. Wir sind damit ein unbeschriebenes Blatt; was uns dann aber noch als individuelles Wesen charakterisiert, bleibt fraglich. Ich behaupte, die Quartett-Faktoren sind zwar von uns abgefallen, aber ein Echo oder Schatten davon haftet uns auch in der Geist-Dimension an. Die Analogie-Kette dazu sieht wie folgt aus:

Quartett I

Raum	–	Punktuniversum
Zeit	–	Punktzeit
Kausalität	–	Gleichzeitigkeitsexistenz
Materie	–	stofflose Materie

Quartett II

Sinne	–	Universalsinn
Gefühl	–	Universalgefühl
Denken	–	Universaldenken
Ich	–	Universal-Ich, Gott-Ich

Raum: Der ausgedehnte Raum ist in Wahrheit nur ein »künstlich« aufgeblähtes Punktuniversum.

Zeit: Die ausgedehnte Zeit ist in Wahrheit nur eine »künstlich« aufgeblähte Punktzeit.

Kausalität: Die Ausdehnung von der Vergangenheit in die Gegenwart und in die Zukunft ist die »künstlich« aufgeblähte Gleichzeitigkeitsexistenz des Geistes.

Materie: Wie wird aus Geist Materie? Wenn sich Geist aufbläht, wird er Materie! Fällt Materie zusammen, wird sie Geist.

Sinne: Wenn der Universalsinn des Geistes – der Geist selbst – sich ausdehnt, entstehen viele Einzelsinne.

Gefühl: Wenn das Universalgefühl des Geistes sich ausdehnt, entstehen viele Gefühle.

Denken: Wenn das Universaldenken des Geistes sich ausdehnt, entstehen viele Denkvorgänge.

Ich: Wenn das Universal-Ich, das Gott-Ich, sich ausdehnt, entstehen viele einzelne Ichs.

Erwähnt sei hier die Überlegung Rudolf Steiners zum Lebensrückblick. Er beschreibt diesen Zustand als eine Phase »geistiger Gegenbilder«, als Spiegelbilder unserer Lebenstaten, vergleichbar unserem Spiegelbild in einem stillen Teich. Man erinnere sich im Rückwärtsgang an alles Leben bis hin zur Geburt. Nach dieser Darstellung befänden wir uns mit dem Eintritt ins Geistfeld in einer Antipodenwelt. Wir lebten wie Alice im Wunderland, die durch einen Spiegel hindurch in eine andere Welt eintrat – in eine wahre Fata Morgana, in einen Zustand, in dem die Welt wie ein Film rückwärts lief. Diese Spiegelwelt-Theorie wird erst am Schluss des Buches ausführlich erörtert. Zunächst aber einige Schilderungen von Lebensrückblicken:

»Dabei war es nicht eigentlich mein Leben, was ich da sah, es waren vielmehr die Gefühle, jedes einzelne Gefühl, das ich in meinem Leben je empfunden hatte und jetzt noch einmal spürte. Und mit meinen Augen sah ich, wie diese Emotionen mein Leben beeinflusst hatten und womit ich in meinem Leben das Leben anderer Menschen beeinflusst hatte, und ich verglich es mit dem Gefühl reiner Liebe, das mich umgab. Und es war schrecklich, was ich getan hatte ... Wissen Sie, ich habe schreckliche

Dinge angerichtet, wenn ich es an der Liebe messe ... Einfach verheerend. Darüber kommt man nie hinweg.« (Rawlings)

»Ich sah mein Leben vor mir vorbeiziehen. Jeder Gedanke, jedes Wort und jede Bewegung in meinem Leben ... Ich sah Dinge, die ich getan, aber längst vergessen hatte ... Das alles muss wohl im Bruchteil einer Sekunde stattgefunden haben ...« (Rawlings)

Für das indonesische Volk der Semang (Skeat 1900) bildet ein Fluss die Grenze zwischen Raum-Zeit-Welt und Geist-Welt. Hat sich das körperlose Bewusstsein darin gewaschen, so wird es sich anschließend seines Schicksals bewusst. So harmlos diese Beschreibung anmutet, so brisant ist doch ihr Inhalt im Lichte der Todesforschung. Den Fluss haben wir bereits als Ausdruck der Plasmawelt dechiffriert, als Pufferregion zwischen stofflicher Welt und Geist-Dimension. Im Plasma wird also unsere aus den beiden Quartetten bestehende Persönlichkeit »abgewaschen«, und das muss notgedrungen einen Lebensrückblick nach sich ziehen, so ähnlich wie beim abendlichen Entkleiden, wenn wir nackt dastehen und einen letzten Blick auf den Haufen abgelegter Kleider, sprich unsere Persönlichkeit, werfen. Mit der Beendigung der Reise durchs Plasma erleben wir sozusagen am anderen Ufer unseren Lebensrückblick, unser inneres Gericht. Im Grunde ist der Begriff »Gericht« verfälschend, denn lediglich durch das Ablegen des Plasmakörpers bei der zweiten Lysis erfolgt eine Trennung von unserer Persönlichkeit; wir können diese dann objektiv von außen betrachten, was sich uns als Lebensüberblick darstellt. Dass es dabei zu einer »gerichtlichen« Bewertung unseres Lebens kommt ist ein Nebeneffekt; vergleichen wir unser Leben mit der – wie der erste Bericht zeigt – reinen Liebe der Geist-Dimension, dann hat freilich unser egozentrisches irdisches Leben dagegen wenig Chancen, gut abzuschneiden.

In der mythischen Überlieferung der Semang gibt es – wie bei den Mythen von Stammesvölkern üblich – einen Fluss, den sie bezeichnenderweise *lungo* nennen, was so viel heißt wie »gefühllos«. Die Wasser dieses Flusses befreien den Menschen von den Quartett-II-

Faktoren, was als innere Reinigung bzw. als Lebensrückblick erlebt wird.

In der bisherigen Literatur zu diesem Thema gibt es keinen Versuch, geschweige denn eine Idee zur Lösung des Phänomens Lebensfilm. Allein durch das Drei-Körper-Modell kann eine Lösung dieser Menschheits-Überlieferung gelingen. Nach der Erfahrung des Plasmas, der Durchquerung des Flusses, blicken wir natürlich zurück zum anderen Ufer und schauen auf die Plasmaregion, sprich auf unsere Persönlichkeitslandschaft mit einem Augenzwinkern. Wir schauen auf unser Leben wie auf ein Bild! Danach werden wir naturgemäß sorglos, denn mit dem Überqueren dieses Wassers haben wir alle mentalen Sorgen, sprich Gefühle, Denkstrukturen und Erinnerungen hinter uns gelassen. Wir können auch von einem Ego-Tod sprechen, haben wir doch unsere plasmatische Seelenindividualität ganz abgestreift.

Allein das Drei-Körper- oder Drei-Welten-Modell vermag die hier besprochenen Phänomene zu erklären, und nur durch unser Wissen um die erste und die zweite Lysis kommt Struktur in die Spekulationen bezüglich der Todeserfahrungen. Im Augenblick, wenn sich der Geist aus der Plasmahülle erhebt, blicken wir schockiert und überwältigt auf unser nun entblößtes Inneres. Zum ersten Mal erfahren wir unser wahres Wesen, sozusagen wie in einer sekundenschnellen Psychotherapie und ohne das übliche Versteckspiel vor uns selbst. Auf unsere verlassene Plasmahülle aber blickt unser Geist! Dieser ist reines Bewusstsein ohne Inhalt, aber dennoch scheinbar mit einem Hauch von Individualität ausgestattet, und daher nichts anderes als unser Universal-Ich.

Im Symbol-Repertoire der Menschheit gibt es noch weitere Stilmittel, um die Seelentransformation und das Vergessen von Quartett II zu dokumentieren. Bei dem südostasiatischen Volk der Rangma Naga (Skeat, 1900) steht vor den Toren der Geist-Welt ein Wächter, der mit einem einzigen Backenstreich bei den Neuankömmlingen die Erinnerung an die Raum-Zeit-Illusion auslöscht bzw. einen Lebensüberblick erzeugt. Alle alten Traditionen kennen das Wächtermotiv. Es stellt eine Variante der Grenze dar bzw. in unserem Sprachgebrauch die Lysis oder den Dimensionen-Wechsel. Die Wächterfigur des Volkes der Lakhern fragt die Ankommenden über ihre irdischen Tage einfach aus und erreicht damit das gleiche Resultat: einen Lebensrückblick! Ähnliche Beispiele ließen sich zu Hunderten anführen. Die Menschheit besitzt ein recht konkretes, wenn auch symbolisch chiffriertes Wissen vom Lebensrückblick und der damit einhergehenden Trennung des Geistes vom Plasma.

Nun ist der Übergang in die reine Geist-Welt nicht immer einfach und auch nicht jedermann gestattet. Die Sungtam Naga Südostasiens machen den Einlass abhängig von einer Mutprobe. Wer diese nicht besteht, werde ein Gespenst und verbleibe in der Plasmawelt (Skeat, 1900).

Der Lebensrückblick, der durch die Trennung des Geistes vom Plasma entsteht, hat einen Vorläufer, nämlich in den kleinen Lebensrückblicken, die wir am Feierabend, beim Geburtstag oder nach erledigten Aufgaben vornehmen. Ich stelle dazu den Fall einer 14-Jährigen vor.

Das Mädchen erzählte mir von einem Beinah-Unfall mit dem Auto. Im elterlichen Wagen sitzend geriet sie in eine Situation, die jeden Augenblick zum Frontalzusammenstoß führen musste. In diesem Moment höchster Spannung und den Zusammenprall geistig vorwegnehmend rauschte mit einem Male ihr gesamtes Leben an ihr vorbei. Dabei bleib sie jedoch gleichzeitig voll in der Unfallrealität verwurzelt. Der Lebensrückblick begann bei der aktuellen Situation und lief dann rückwärts; ihr letztes Bild war, wie sie im Garten als kleines Mädchen spielte.

Hier löste bereits die hohe Anspannung, die Angst und die Vorwegnahme des Zusammenstoßes den Rückblick aus, obwohl noch gar nichts geschehen war. Man sieht daran, wie labil unser Bewusstsein ist, so dass bereits die reine Imagination eines nahenden Todes Anlass zum Lebensrückblick gibt.

Hier tut sich ein weiteres Betätigungsfeld für den Todesforscher auf: die verschiedenen Ebenen, auf denen todesähnliche Erfahrungen auftreten können. Als Prinzip dabei gilt, je weiter weg vom echten Todeserlebnis eine Erfahrung ist, umso schwächer ist ihre Nachwirkung. Todeserfahrung heißt ausschließlich, dass die erste und die zweite Lysis erfolgen. Finden diese nicht statt, handelt es sich um ein Echo der Todeserfahrung auf der Ebene des Hochgefühls oder gar nur des Trancegefühls. Auch der Lebensrückblick weist daher verschiedenste Intensitätsgrade auf dem Geistkontinuum auf.

Das gleiche Mädchen wurde später in einen tatsächlichen Unfall verwickelt. Dabei hatte es keinen Lebensrückblick, aber etwas, das diesem vorauszugehen pflegt. Dieser Unfall sei besonders »schön« gewesen.

»Wenn ich dabei gestorben wäre, wäre es schön und okay gewesen. Es war keine Abwehr gegen das Sterben da. Ich glaubte, dass ich sterben müsste, mit Sicherheit. Ich dachte in diesem Augenblick, dass ich mich jetzt von meiner Freundin, die neben mir saß, verabschieden müsste, und so legte ich ihr noch schnell den Arm auf die Schulter und drückte sie. Ich war unheimlich gelassen. Dieser Unfall (zu dem es dann auch kam) war besonders ›schön‹.«

Durch eine solch gefährliche Situation engt sich natürlich unsere Wahrnehmung auf die gegebene Umwelt ein, wir nehmen jetzt enorm scharf wahr, und dabei stellt sich die Welt stets als wunderschön heraus. Schönheit ist also eine Frage der Wahrnehmungskonzentration! Was zuvor banal war, erkennen wir nun als einmalig. Ich habe das bereits im Kapitel über das Hochgefühl geschildert. Zu diesem Unfall fügte das Mädchen noch hinzu:

»Aha, schon wieder ein Gefühl von Angst, aber nicht so stark wie beim ersten Mal. Ich dachte besonders schnell und klar und erhielt in kurzer Zeit mehr Informationen als in der gleichen Zeitspanne im Normalzustand.«

Die Umwelt wird durch die Zeitkomprimierung intensiver wahrgenommen, die Informationsaufnahme ist dementsprechend höher, und damit empfinden wir auch die Schönheit der Welt, denn jetzt schauen wir mit aller Aufmerksamkeit hin. Ebenso wie nun die Welt klarer und schöner wahrgenommen wird, so auch das eigene Leben, das ja nun offensichtlich zu Ende geht. Wir halten daher naturgemäß Rückschau, denn das ist eine instinktive Reaktion, in größter Lebensgefahr und in besinnlichen Momenten.

Die Wahrnehmungsenergie, könnte man sagen, steigt an, aber nur dadurch, weil offenbar, und das ist der Kern meiner Hypothese, kurzfristig die Quartett-II-Faktoren durch Schock und Überraschungseffekt oder besondere Momente der Klarsicht ausfallen und wir ohne den Halt gewohnter Wahrnehmungsmaßstäbe dastehen. Auf einmal sehen wir »das, was ist«. Die Welt ist nicht nur plötzlich schön, sondern unser ansonsten vernebeltes und unübersichtliches Leben steht mit einem Male als Ganzheit vor uns, wie wir auch aus der weiteren Schilderung des Mädchens herauslesen können:

»Du hast so viele Energien in dir, die du nicht nutzt. Danach wusste ich, was Tod bedeutet. Die Erkenntnis, dass Leben wichtig ist. ... So viele Kleinigkeiten verlieren plötzlich an Bedeutung. Dinge, in die ich vorher so viel Kraft hineingesteckt hatte. Ich habe nach den Unfällen versucht, viele Sachen anders zu machen.«

Einen Lebensrückblick im Traum berichtete mir ein Elektronikfachmann eines französischen Atomreaktors. Er träumte, er werde von einem Mann verfolgt. Voll Angst und Panik kletterte er auf einen Schrank und versteckte sich dahinter. Doch der Verfolger sprang ihm hinterher, hielt ihm die Pistole vors Gesicht und schoss. Er sah einen Feuerstrahl wie in Zeitlupe auf sein Gesicht zukommen und spürte den Schuss wie eine Ohrfeige. Im gleichen Augenblick sah er sein ganzes Leben an sich vorbeihuschen und dachte dabei: *»Ach, genauso, wie es die Leute immer behaupten!«* Damit endete das Erlebnis und er erwachte. Auch hier wird die Todesgefahr nur imaginiert. Offenbar ist nicht die reale Situation, sondern die psychische Einstellung maßgebend für die Auslösung des Lebensrückblicks. Es scheint fast, als wäre diese Panoramaschau – erfolgt sie doch üblicherweise kurz vor dem Tod – eine Art instinktive Überlebensreaktion. Bevor wir sterben, wollen wir wenigstens unser Leben noch einmal überblickt haben, das gibt ihm einen letzten Höhepunkt und besiegelt unsere vergänglichen Taten.

Der Anubis-Zustand

Ich komme jetzt zu einem weiteren Aspekt des Lebensrückblicks. Zur Veranschaulichung wähle ich den Fall des englischen Admirals Beaufort aus dem 18. Jahrhundert, der gut dokumentiert ist. Im Hafen von Portsmouth fiel er ins Wasser, und da er nicht schwimmen konnte, ging er unter, bevor Hilfe herbeieilte. Kurz darauf konnte er jedoch gerettet werden. Er berichtete:

»Alle Hoffnung war verflogen, alle Anstrengung verschwand, und ich merkte, dass ich ertrank. Vom Augenblick, an dem alle Anstrengung aufhörte, überkam mich ein Gefühl der Ruhe und vollkommenen Absorbiertheit, das die vorangegangenen aufgewühlten Sensationen erstickte – man mag das Apathie nennen, aber sicherlich nicht Resignation, denn Ertrinken schien nicht länger etwas Böses zu sein. Ich hoffte nicht mehr darauf, gerettet zu werden, noch hatte ich körperliche Schmerzen. Im Gegenteil, meine Sinneseindrücke waren jetzt eher angenehmer Art, ähnlich der trüben, aber zufriedenen Empfindung, die, durch Erschöpfung erzwungen, dem Schlaf vorauseilt. Obwohl die Sinne abgetötet waren, nicht so der Geist; seine Aktivität schien erhöht zu sein in einem Maß, das aller Beschreibung spottete, ein Gedanken stieg auf nach dem anderen mit einer Geschwindigkeit, die unnachvollziehbar ist für jeden, der sich nie in der gleichen Situation befunden hat. Den Lauf dieser Gedanken kann ich nie mehr zurückverfolgen, das Ereignis, das gerade stattgefunden, die Ehrfurcht, die es erzeugt hat, die Geschäftigkeit, aus der es entstand, der Effekt, den es auf einen passionierten Vater hatte, und tausend andere Umstände, verbunden mit zu Hause, waren die ersten Überlegungen, die auftauchten. Sie nahmen dann einen weiteren Verlauf, unsere letzte Fahrt, eine ehemalige Reise mit Schiffbruch, meine Schule, den Fortschritt, den ich dort gemacht und die Zeit, die ich verplempert hatte, und sogar all meine jugendlichen Ambitionen und Abenteuer. So, rückreisend durch jedes Ereignis meines Lebens, überschaute ich dieses in seinem ganzen Ausmaß; nicht so im Überblick wie hier vorgestellt, sondern die Bilder füllten sich auf mit allen Details. In Kürze, meine gesamte Lebenszeit wurde mir vorgeführt in Gestalt eines panoramahaften Rückblicks und jedes Ereignis ging einher mit einer Bewusstheit von falsch und richtig bzw. mit einer Überlegung über seinen Grund und seine

Konsequenzen; in der Tat krochen viele belanglose Ereignisse, die längst vergessen schienen, wieder in meiner Imagination hoch und mit der Aura einer erst vor kurzem gemachten Bekanntheit.« (W. Munk)

Die Stadien dieser Todeserfahrung seien noch einmal aufgeführt: Verlust der Hoffnung, Gefühl der Ruhe, keine Schmerzen, nur das Bewusstsein ist noch aktiv, Lebensüberblick, inneres Gericht. Der letzte Punkt, das Stadium des »inneren Gerichts«, findet auch in folgender Schilderung Erwähnung:

»... jede einzelne Episode meines ganzen Lebens stellte sich vor. Da war jedes Ereignis, jeder Gedanke und jedes Gespräch greifbar wie eine Bilderserie. Es gab kein Erstes und Letztes, jedes war zeitgemäß, jedes fragte eine bestimmte Frage: »Was hast du mit deiner Zeit auf Erden getan?«
(Weiss, 1972, S. 65)

Die beiden Beispiele zeigen, wie der Lebensrückblick eine bestimmte Funktion erfüllt: Wir halten Rückschau, um unser Leben einzuschätzen. War es sinnvoll? Haben wir getan, was möglich war? Haben wir die Angebote des Lebens genutzt? Was haben wir unterlassen? Wo waren wir zu kurzsichtig, kleinlich, egoistisch? Plötzlich bekommt unser Leben Sinn und Struktur, alles fällt an seinen Platz. Das ist der Augenblick der Erleuchtung, der Lebensheilung, dem keine wie auch immer geartete herkömmliche Psychotherapie das Wasser reichen kann. Aus dieser Vogelperspektive erkennen wir die Zusammenhänge und die Notwendigkeiten unseres Lebens; unsere gesamte Geschichte spitzt sich auf eine Pointe hin zu. In der Geschäftigkeit des Alltags sehen wir den Wald vor lauter Bäumen nicht, wir handeln ohne Plan und Ziel. Bei der Todeserfahrung dagegen erkennen wir auf einmal den roten Faden, der sich durch unser ganzes Leben zieht.

Das innere Gericht ist also, wie wir gesehen haben, etwas ganz anderes als jenes Höllengericht, das der Volksmund im Kielwasser christlicher Strafvorstellungen daraus gemacht hat. Es ist eine Psychotherapie, die sich wie ein Naturgesetz aus den Abläufen der Lysis ergibt. Es wird damit keine moralische Wertung verfolgt, wie der Christ es leicht deuten könnte. Man darf vielmehr von einer »Erfindung« der Natur sprechen, uns zum Abschluss unseres Lebens, quasi als Belohnung, einen Überblick zu gewähren, so, wie dem Bergsteiger der Gipfelüberblick vergönnt wird.

In altägyptischen Überlieferungen von der Seelentransformation wird der Lebensrückblick mit seinem inneren Gericht, dem *Anubis*-Gericht, genau dort angesetzt, wo er auch bei zeitgenössischen Personen auftritt, nämlich nach der Tunnelerfahrung und kurz vor dem Eintritt in die L3-Dimension. Der Mythos schildert dabei *Anubis* als hundsköpfigen Richter. Dieser entscheidet, ob der Verstorbene im *Duat* (Plasma, Unterwelt) bleibt oder als *Iakhu* (geheiligter Geist) in die Geistzone, das *Amenti*, weiterreisen darf. Dort könne man sich, wie die Ägypter glaubten, in »alles verwandeln, was einem gefällt« – also in die große Freiheit der Geistdimension. Das *Anubis*-Gericht wird geschildert als ein »Rückwärts-Erleben« des eigenen Lebens, genau wie es in den vorigen Berichten auch der Fall war.
In der tibetischen Überlieferung richtet der Totengott die Verstorbenen im *Sidpa Bardo* (an der Grenze zu L3), indem er die Neuankömmlinge zerstückelt, was im übertragenen Sinne in allen Kulturen nichts anderes bedeutet als »Auflösung der Ich-Struktur«. Zerstückelt wird nicht der Körper, der ist in der ersten Lysis längst abgelegt worden, es kann sich lediglich um den Plasmakörper, also um unsere Psyche handeln. Es werden dabei die »schwarzen und weißen Steine sortiert«, sprich die bösen und die guten Taten gegeneinander abgewogen, und das Ergebnis bestimmt den Richterspruch. Der Betroffene sieht dieser Prozedur emotional unbeteiligt zu, der Zerstückelung ebenso wie der anschließenden Neuzusammensetzung. Denn in der Tat sind wir unbeteiligt, wenn erst einmal unser mentaler Mantel, der Plasmakörper, von uns abfällt, denn da wir fast schon Geist sind, betrifft uns das alles nicht mehr, da wir ihn nicht länger brauchen.
Wir sind damit aber noch nicht am Ende unserer Analyse des Lebensrückblicks. Eine weitere kleine Entdeckung ist mir noch gelungen: Mit dem Lebensfilm stehen wir am Tor, das in den L3-Zustand führt, und damit stehen wir bereits in der Zero-Zeit. Einige Personen beschreiben das etwa so: Die Zeit zieht sich zusammen; sie zerläuft

so, wie auf Salvador Dalís Gemälden die Uhren zähflüssig zerfließen. Sowohl bei der subjektiv empfundenen Zeitlupe, wie bei der Zeitraffung erfahren wir das Gleiche: Ich nehme mein Leben intensiv wahr.

Bei der Loslösung des Geistes vom Plasma erfolgt der Lebensrückblick (manchmal allerdings auch eine Vorwärtsabfolge der Lebensereignisse in der Zukunft) und damit tritt die Zero-Zeit ein, weil unser Plasmakörper, die Seele, sich ablöst vom Geist und wir bei dieser Ablösung, so wie beim Ausziehen der Kleider, die einzelnen Teile noch einmal genau wahrnehmen – Mantel, Jacke, Hemd etc. Der Lebensfilm ist Ausdruck dafür, dass der Geist sein zweites Kleid, die Seele, »an die Garderobe hängt!« An diesem kritischen Punkt, wo wir den Lethe-Fluss überschreiten und unser Leben vergessen, überschauen wir noch einmal unsere Erinnerungen, um gleich darauf am anderen Ufer des Flusses in die Zero-Zeit einzutreten. Die Seelen-Zeit erkennen wir nun ebenfalls als eine Illusion, so wie wir als Seele die Raum-Zeit-Welt als Illusion erkannt haben.

Die Analogie des Lebensrückblicks
Der Lebensrückblick oder Lebensfilm durchläuft eine Reihe von Intensivierungsstufen:

1. Lebensrückblick im Alltag durch intensives Überlegen, Rückschau halten, Tagesrückblick, Sinnieren etc.
2. Lebensrückblick im Trancegefühl bei erhöhter Wachheit, wobei wir unser Dasein klarer erkennen.
3. Lebensrückblick im Hochgefühl: Wir nehmen unser unbewusstes Leben in aller Schärfe wahr und erkennen verborgene Strukturen.
4. Lebensrückblick bei der Seelenablösung, der zwar selten berichtet wird, aber nichtsdestotrotz existiert; er ist gekennzeichnet durch extrem erhöhte Wahrnehmungsfähigkeit.
5. Lebensrückblick bei der Seelentransformation, sprich Lysis, vom Plasma; inneres Gericht.

So faszinierend der Lebensfilm ist, so wenig wurde bisher seine

Ursache verstanden. Erst das Geistkontinuum, das immer stärkere Lebensrückblick-Erfahrungen hervorbringt, und die Erkenntnis des Drei-Welten-Modells, gestatten einen Einblick in den Mechanismus dieses Phänomens.

Nach dem inneren Gericht, bei dem, bildlich gesprochen, die voll beschriebenen Zettel unserer Erinnerung davonwehen und auch das letzte Kalenderblatt unseres Lebens abgerissen wird, dämmert der Zustand L3 (Licht, Liebe, Leben) und damit die letzte Transformation herauf. Wir treten ein – wie die alten Ägypter sagten – ins »wahre Licht des Tages«.

Die Anti-Filter-Erfahrung

Nach dem Verlassen des Körpers
  ist das Bewusstsein neunmal
so klar wie im Leben.
Tibetische Überlieferung

Unser Bewusstsein lässt sich auf einem Kontinuum ansiedeln, das bei einem Zustand der Dumpfheit und Bewusstlosigkeit beginnt und sich bis zur äußersten Wachheit und Überklarheit steigert. Unser Bewusstsein taucht also vom tiefsten Meeresgrund hinauf zur lichtdurchfluteten Oberfläche und springt wie ein Delphin aus dem Wasser ins volle Sonnenlicht des Tages. Wohl aus diesem Grund nannten die alten Ägypter den Tod »Das Heraustreten ins Tageslicht«. Die Chronik berichtet auf der ganzen Welt von einer Steigerung der Wachheit und Aufnahmefähigkeit, vom immer intensiveren Erleben des Augenblicklichen. So ist auch mein gesamtes Theoriegebäude in diesem Buch nichts anderes als ein Versuch, eine quasi naturgesetzliche Steigerung der Bewusstseinsklarheit bei der Reise durch die Dimensionen nachzuweisen.

Die beiden Hauptbegriffe dabei sind sicherlich »Intensivierung« und »Geistkontinuum«. Ich bin durch den Vergleich verschiedenster Chronik-Berichte aus der ganzen Welt und aus allen Zeitaltern darauf gestoßen. Das zentrale Gesetz der Chronik lautet »Intensivierung eines Merkmals«, wodurch ein Kontinuum analoger Zustände entsteht, die sich nur hinsichtlich ihrer Stärke unterscheiden. So können beispielsweise alle Sinne ihre Kapazität erhöhen. Das Ohr kann dann zum »dritten Ohr«, das Auge zum »dritten Auge« und alle Sinne zum »sechsten Sinn« werden. Die gesamte Welt erscheint uns dann vielleicht, wie die Tibeter vermuten, neunmal (sprich: dreimal drei) klarer als gewöhnlich.

Jeder weiß von sich selbst: ich bin mal wacher, mal weniger wach. Am Morgen sind viele von uns verschlafen, am Abend sind wir müde; mittags nach dem Essen sind wir auch nicht sehr aufnahmefähig; wir haben gute und schlechte Tage. Dann gibt es, nach allgemein menschlicher Erfahrung, aufgeweckte und träge Charaktere. Kinder werden meist als hellwach, spritzig, überschäumend vor Lebensfreude und Tatendrang empfunden, Greise dagegen als erstarrt und unlebendig. Wer wach ist, sind wir überzeugt, nimmt das Leben in all seinen Nuancen voll wahr. Wachheit genießt offenbar eine große Anerkennung, und diejenigen, die die Vielfalt des Daseins aufnehmen und in Form von Büchern, Theaterstücken, Gesang oder sonst wie wiedergeben – Kulturgrößen, Dichter, Stars – werden verehrt von denjenigen, die nicht über solche Talente verfügen. Wer die Vielfalt und Lebendigkeit und alle Feinheiten des Lebens erkennt, spürt und aufgreift, wer wach ist für alles Versteckte und Verborgene, genießt alle Errungenschaften der Menschheit. In der asiatischen Tradition steht daher der Erweckte und Erleuchtete als Buddha, *Avatar* oder *Bodhisattva* auf der höchsten Stufe der menschlichen Entwicklung. Damit wird im Grunde gesagt: Wachheit, die Erfahrung dessen, »was ist«, stellt das Ziel der menschlichen Spezies dar. Auf dieser Erkenntnis gründend entwickelte sich in Asien eine Vielzahl von Bewusstseinstechniken, mit denen der mangelnden Wachheit, der Subjektivität, Täuschung und Willkür unserer Sinne und des Gehirns entgegengewirkt werden soll.

Ich habe die zunehmende Wachheit, beginnend mit der Phase des Trancegefühls, dann eine weitere Steigerung mit der Phase des Hochgefühls und schließlich die extreme Form der Wachheit in der Seelenablösung dargestellt. Damit sind wir allerdings keineswegs am Ende, denn mein Ziel ist es, in diesem Buch an einigen Beispielen das Prinzip der Intensivierung zu schildern, um so zu einem umfassenden Modell des menschlichen Daseins zu gelangen. Da jedoch die Intensivierung sozusagen die »Methode des Daseins« darstellt und den verschiedensten Phänomenen als verbindendes Agens zugrunde liegt, muss ihr Wesen zuallererst grundlegend verstanden werden. Mit der Entdeckung der Intensivierung erhalten wir Zugang zu vielen Phänomenen, die von der akademischen Psychologie gänzlich ausgeblendet werden. Mit dem Intensivierungs-Prinzip wird selbst aus solch bizarr anmutenden Phänomenen wie der Seelenablösung und der Todeserfahrung eine normale Erscheinung der menschlichen Psyche. Mit dem Verständnis der Intensivierung wird alles psychische Geschehen transparent, und der kunterbunte Flickenteppich psychischer Faktoren lässt sich nun als harmonisches Muster betrachten. Die Intensivierung erzeugt ein Geistkontinuum immer wieder gleicher, doch verschieden intensiver geistiger Zustände. Zwischen den einzelnen Intensivierungsstufen bestehen Analogien, ein Zustand gleicht dem anderen, da letztendlich alle bloß eine Manifestation in unterschiedlicher Stärke sind.

Das stoffliche Gehirn ist wie ein Sieb, wie eine Art Filter. Es hält Erinnerungen ebenso zurück wie allzu intensives Wachsein. Wird dieses Sieb zu einem großen Loch erweitert, fließt mit einem Male eine umfassendere Wirklichkeit in uns hinein. *Anamnesis*, nannte Platon das, Wiedererinnerung der vollen Wirklichkeit. Von den Menschen, die diese Erfahrung machen, heißt es dann: »Mir war, als stünde ich am Anfang meines Lebens.« In der Tat findet dabei eine extreme Intensivierung des Lebensgefühls statt, wir sehen jetzt wieder wie Kinder, sind naiver, freier, weniger vorbelastet. Die Raum-Zeit-Illusion fällt uns wie Schuppen von den Augen. Wir erlangen die Sichtweise wieder, die uns die Welt als Kunstwerk sehen lässt.

Im Alltagsfrust, im erbitterten Krieg »Jeder gegen Jeden«, in den Niederungen der Ichverkrampfung, die immer nur auf das Überleben pocht, ist uns das unglaubliche Wunder der Welt verloren gegangen. Im Trancegefühl von Verliebtheit, Hass oder Glück ging uns zwar gelegentlich ein Licht auf, war der Himmel sozusagen blauer, der Tag heller, der Duft lieblicher, die Form runder, doch verblasste all das sehr schnell wieder in der Pflicht zur Arbeit, im Erfolgswettbewerb, in den täglich notwendigen Verrichtungen. Die verschiedenen Intensivierungsstufen haben uns zwar vereinzelt auf eine Lichtung geführt, doch jetzt bei der ersten Lysis, dem Verlassen der Raum-Zeit-Illusion, spüren wir ein enormes Erwachen. Die Materie ist durchlässiger geworden, wir unterliegen den Begrenzungen von Raum und Zeit nicht mehr in dem bekannten Maße, Gefühl und Denken sind auf unfassbare Stufen erhoben und entfalten sich nun unabhängig von den Bedingungen der stofflichen Welt.

Wie ich bereits sagte, nicht nur unsere Alltagsgewöhnung, auch das Gehirn und sämtliche Sinnesorgane (21 statt fünf werden in der Medizin angeführt), kurzum alle acht »Quartett«-Faktoren bilden einen Filter, der uns die Sicht auf die Wahrheit verstellt, solange nicht die erste Lysis stattgefunden hat. Auch die Lysis-Vorformen, Trance und Hochgefühl, vermögen uns nur in bescheidenem Umfang zu befreien. Doch beginnend mit der Seelenablösung, und damit von den Beschränkungen des stofflichen Körpers befreit, nehmen wir mehr Dinge oder diese intensiver wahr. Allerdings klingt es recht paradox, dass wir ohne Ohren mehr und bessere Töne hören, ohne Augen mehr und Schöneres wahrnehmen sollen. Und dabei wird bereits auf der Ebene unserer stofflichen Welt dauernd von dem unermesslichen Reichtum an Sinneseindrücken geschwärmt!

Die Anti-Chaos-Erfahrung

Alles macht plötzlich Sinn. Alle Fakten erhalten ein Muster; alles hängt logisch miteinander zusammen und ist geordnet.
(Resümee)

Ich nenne diesen Chronik-Typ, der den intensivierten Bewusstseinszustand beschreibt, die »Anti-Chaos-Erfahrung«. Während wir im Lebensalltag im Allgemeinen überfordert sind, hinter allen Tatsachen und Dingen einen gemeinsamen Zusammenhang, eine Harmonie, zu vermuten, weil wir uns immer nur auf wenige Ausschnitte der Welt konzentrieren können, entsteht im Zuge der allgemeinen Intensivierung der Sinne und Körperfunktionen bei der ersten Lysis eine Erhöhung der Auffassungsgabe und des Erkennens globaler Zusammenhänge. Ja, wir meinen die »Weltlinien« zwischen den Dingen zu erkennen, Linien, die sich auf »Sympathie« und auf Analogie zwischen allen Erscheinungen gründen. Auch die beiden »Quartett«-Strukturen haben ihre Wirkung auf uns verringert, wir unterliegen ihnen nicht mehr in dem Maße wie in der Raum-Zeit-Illusion. Auch die künstlich errichteten Ichgrenzen sind teilweise weggefallen, wodurch wir die Welt objektiv und nicht mehr bloß in Beziehung zu unseren Überlebens-Bedürfnissen sehen. Wir sehen also ungeschminkt »das, was ist«.

Alle Berichte der Chronik sind geprägt von dieser Überwahrnehmung mit ihrer Tendenz, »Alles in Allem« zu erkennen. Man mag diese Erfahrung, weil schwer zugänglich, ablehnen, vergisst dabei jedoch, dass sich bereits bei einfacher Konzentration Ansätze zu diesem erweiterten Bewusstseinszustand zeigen. Dabei wollen wir uns nicht von Bezeichnungen und Beschreibungen irreführen lassen: Diese Totalitäts- oder »Anti-Chaos-Erfahrungen« sind lediglich das Echo einer potenziellen Weltharmonie, nie aber die eigentliche Erfahrung derselben. Eine Weltharmonie, die es zu geben scheint, kann vom Menschen zunächst nur analogisch, also im Kleinformat erfahren werden. In der Geist-Dimension jedoch erleben wir sie total, denn dann sind wir selbst das »Alles«. Solche kurzen Einblicke in die wahre Welt sind angesichts des Chaos in unserer stofflichen Welt bald wieder vergessen; zurück bleibt eine wehmütige Erinnerung daran. Am Schluss des Buches werde ich auf diese »Alles-in-Allem-Erfahrung« im Rahmen meiner Analogie-Theorie nochmals zurückkommen.

Die Argosaugen

Ich sah in einem Radius von 360 Grad.
Wir sind keine lokalisierbaren Wesen. Wir sind nur vorhanden als Gedankenmasse; und Gedanken haben kein Gesicht und keinen Hinterkopf; wir sind raum-zeitlos. (Resümee)

Normalerweise sehen wir nur nach vorne. Es gibt Tiere, die auch seitlich und teilweise nach hinten schauen können; sie besitzen einen größeren Sehwinkel. Das aber hat nichts zu tun mit dem, was ich »Argosaugen« nenne, in Anlehnung an das griechische Ungeheuer *Argos, das* der Überlieferung nach so viele Augen besaß, dass es in alle Richtungen sehen konnte. Das genannte Phänomen wird in der Literatur immer wieder erwähnt, nie aber zufriedenstellend gedeutet. Ich möchte an dieser Stelle eine Lösung für diese eigenartige Erfahrung vorschlagen.

Kaum in der Geist-Welt angelangt, meinen viele, eine Rundumwahrnehmung zu besitzen. Ansätze für diese finden wir jedoch bereits im Hochgefühl. Dort bereits ist unsere Wahrnehmung nicht nur intensiver, sondern auch umfassender. Wir sehen nicht nur weiter, sondern wissen auch, was hinter uns vorgeht. Überprüft man die Aussagen, stellen sie sich zwar meist als Täuschungen heraus, aber das ist unwesentlich. Bedeutsam ist: Wir haben dieses Gefühl, eine Art Weltauge zu sein, bereits auf der Stufe der Raum-Zeit-Illusion. Zwei Faktoren tragen nun zu diesen »Argosaugen« bei:

1. In der Hochgefühlsphase findet bereits eine gewisse Reduzierung der Quartett II-Faktoren statt; wir vertiefen uns teilweise so sehr in unser Gefühls- und Gedankenleben, dass eine gesteigerte Vorstellungskraft entsteht.

2. Die Aufmerksamkeit steigert sich tatsächlich.

Beide Vorgänge zusammen ergeben im Hochgefühl bereits Vorformen des Argosaugen-Phänomens. Dass sich nun dieses Phänomen bei der Todeserfahrung noch weiter verschärft, darf erwartet werden. In der Geist-Dimension jedenfalls gehört das »Argosauge« zur »normalen Ausstattung« und findet daher gar nicht mehr die nötige Erwähnung, denn wie die Chronik uns aufzeigt: Wir sind keine lokalisierbaren Wesen mehr, nur noch raum-zeitlose Gedankenmasse, und folglich sind Augen überflüssig. Da kein dreidimensionaler Raum mehr vorhanden ist, bedarf es keiner wie auch immer geschärften Augen mehr. Wir nähern uns dem geheimnisvollen Zustand: »Ich bin überall!«

Über die Vision

Bei Visionen gehen wir im Allgemeinen davon aus, es handle sich um Einsichten, die bisher noch nie gemacht wurden. Man höre dabei ungehörte und sehe ungesehene Dinge, denke nie zuvor Gedachtes und erhalte Prophezeiungen. Betrachten wir die Visionen jedoch nüchtern, stellt sich meist heraus, dass keineswegs neue Erkenntnisse gewonnen werden, noch echte Zukunftsaussagen vorliegen, und selbst so genannte »neue« Informationen entpuppen sich als alltägliche Ratschläge und Fantasien, die von jedermann auch im Normalzustand gemacht werden können. Ich betone »meist«, denn einige wenige gegenteilige Fälle gibt es allerdings durchaus.

Eine kurze Anmerkung sei hier eingeflochten zum Irrglauben, Prophezeiungen über die Zukunft seien möglich, ja sie seien gar gang und gäbe. Untersucht man so genannte Prophezeiungen nüchtern, so findet dieser im Volksglauben fest verwurzelte Irrtum keinerlei Basis. Vielmehr handelt es sich in der überwiegenden Zahl der Fälle um überzeichnete Gefühle dessen, was sich in der Gegenwart abspielt und bei genauerer – eben visionärer – Betrachtung seine Schatten gewissermaßen vorauswirft. Propheten sind in fast allen Fällen eher Prognostiker. Das hören die Gläubigen ungern und führen sofort Gegenbeweise an, die aber in den meisten Fällen keine sind.

Hier wird etwas Wichtiges nicht verstanden. Die Zukunft ist nicht vorgegeben. In der Geist-Welt ruhen unendlich viele Versionen von »Zukünften« – ich betone »unendlich viele«. Tatsächlich jedoch gibt es gar keine Zukünfte noch Vergangenheiten und Gegenwarten, alles ruht auf einem Punkt, der sich nur in der stofflichen Welt »auseinander gezogen« zur kausalen Zeit gestaltet. Werden also Prophezeiungen über die Zukunft gemacht, so sind es irgendwelche aus dem Meer der Möglichkeiten entnommene Aussagen. Das Gleiche betrifft auch die Auswahl von »Vergangenheiten« und »Gegenwarten«, worüber aber keiner je nachdenkt. Die zwanghafte Ausrichtung des Erdenmenschen auf die Zukunft ist ebenso verständlich wie falsch. Sobald man in die Geistwelt eintritt, klärt sich das falsche Prophetentum augenblicklich auf: Zeit existiert nur als Geistbeschränkung. Ein Vorwärts in der Zeit gibt es nicht, nur ewige Gegenwart, die gleichzeitig die Zukunft und Vergangenheit ist – ein Gefühl, das im Körper nicht zustande kommt aufgrund des Filters durch die Einschränkungen, die ihm die »Quartette« auferlegen. Die ganze Problematik der Zukunftsvoraussage ist jedoch noch viel komplizierter, soll hier aber nicht weiter ausgeführt werden.

Was die visionäre Wirklichkeit von der auf normalem Wege erfahrenen Wirklichkeit unterscheidet, ist die Intensität, die mit ihr in unseren Gefühlen einhergeht. Wir erfahren etwas ganz Banales, dieses erscheint uns nun jedoch – extrem intensiviert – als etwas Außer- und Übermenschliches, als göttliche Vision, als Prophezeiung. Bei Visionen in der Materie-Welt erfahren wir keinen Baum, sondern den Baum an sich, den Urbaum, der für alle Bäume steht, der das Prinzip aller Bäume in sich vereint. Sehen wir einen Menschen, so ist das nicht der normale Mensch, er verkörpert das Prinzip des Menschen schlechthin. Wir abstrahieren von persönlichen und einmaligen Merkmalen und nehmen nur noch allgemein typische Charakteristika wahr. Wir sehen objektiv. Wir sehen die Dinge ohne unser Quartett II, das heißt, ohne Bewertungen, ohne Gefühle, ohne persönliche Anteilnahme, ohne Bezug zu uns selbst. Das Wie, nicht das Was ist entscheidend. Die Inhalte der visionären Erfahrung spielen keine Rolle. Es wird unser normales Dasein wiedergegeben, lediglich im Lichte gesteigerter Wahrnehmung. Und um das irgendwie auszudrücken, berichten uns die Visionäre, sie hätten etwas ganz anderes, etwas Überirdisches geschaut. Doch dabei wissen sie nicht, dass sie nur das Normale wiedergefunden haben, allerdings in ein Licht getaucht, das wir hier in der Raum-Zeit-Illusion nicht kennen, das Licht der reinen Seele, das alles strahlender, schöner, runder, glatter macht, als es tatsächlich ist. Visionäre schauen rein seelisch, zumindest teilweise befreit von den beiden Quartetten. Die Vision ist umso wahrer und deutlicher, je weniger Quartett-Einflüsse vorliegen. Die Dinge wirken dann nicht mehr wie tot, sie wirken im Zustand des Hochgefühls, als seien sie an der Tagesordnung. Alle Bewegungen sind übertrieben, wer läuft, fliegt halb, wer sitzt, versinkt fast im Stuhl, wer spricht, schmettert Worte aus seiner Kehle. Die so genannten Offenbarungen geben uns daher keine geheimnisvollen neuen Erkenntnisse, sie rufen uns vielmehr zu: Nehmt die Welt intensiver wahr, dann seht ihr wirklich, was ist! Die Philosophie, die hier zum Tragen kommt, heißt: Die Welt, die ihr kennt, ist wirklich die ganze Welt, es gibt nichts Neues; aber ihr könnt eure Welt auf verschiedene Weisen neu wahrnehmen. Kurzum: Die in allen Epochen immer wieder in unsere Realität einbrechende Urwelt, das Überirdische, das Jenseits, der Himmel, die Götter, das Höchste, sie liegen bereits offen ausgebreitet wie ein

Teppich vor uns, wir müssen nur die Stufen des Geistkontinuums erklimmen, um diese vermeintlichen anderen Welten in unserer Welt zu sehen. Es gilt der zentrale Satz: *Materie ist Geist!* Was uns diese Hyperwelten mitteilen, ist jene versteckte, aber immer gleich lautende Information: Es gibt keine Überwelten und keine Übermenschen, weder ein Oben, noch ein Unten, nur das, was ist. Aber das ist eben mehr, als was wir mit normaler Wahrnehmung erfassen können; es bedarf der Argosaugen, der Vision, der Anti-Chaos-Erfahrung, um all das wahrzunehmen. Es ist ein echtes Paradox, das hier vermittelt wird: Das Jenseits sagt: »Es gibt nur Diesseits!« Der Himmel spricht: »Es gibt nur Erde!« Höhere Wesen flüstern uns zu: »Wir sind ganz Mensch!« und selbst Gott ruft: »Auch ihr seid Götter, und ich bin Mensch!«

Déjà-vu

Déjà-vu – »schon einmal gesehen«. Wie oft hat jeder von Ihnen gemeint, diese Situation oder jenes Gesicht schon einmal gesehen zu haben? Plötzlich haben wir das Gefühl »Hier waren wir schon!« Es kommt uns vor, als würde sich unser Leben wiederholen, als würde unser Lebensfilm noch einmal gezeigt werden. Das ist ein Déjà-vu-Erlebnis. Diese Wahrnehmungsepisoden sind beim Hochgefühl an der Tagesordnung bzw. wenn uns ein Déjà-vu begegnet, dann befinden wir uns im Hochgefühl. Einige Personen kommen in diesem verwirrenden Augenblick vollkommen durcheinander und wissen sich nicht mehr in Raum und Zeit zu orientieren. Sie meinen, »wenn mein Leben sich wiederholt, was bin ich dann?« Wir stürzen in einen bodenlosen Abgrund, in eine Raum-Zeit-Falle. Gott sei Dank dauert dieses Erlebnis nur Sekunden, dann sind wir wieder »hier« und in Raum und Zeit orientiert: Es ist, als seien wir einem kleinen Albtraum entstiegen, und wir fühlen uns erleichtert.

Im Rahmen der Intensivierungstheorie lässt sich das Déjà-vu-Erlebnis leicht deuten. Dieser Wahrnehmungsart geht immer ein Zustand erhöhter Konzentration, Geistesabwesenheit oder Versunkenheit voraus, aber auch Verwirrung, Desorientierung sowie Schock mag diesem Erlebnis den Boden bereiten. Wir befinden uns in gesteigerter Aufnahmebereitschaft. Das müssen wir nicht unbedingt bemerken, im Gegenteil, wir spüren keinerlei Veränderungen an und in uns, denn das Hochgefühl schleicht sich stets hinter unserem Rücken in unser normales Leben hinein. Durch die Intensivierung nistet sich das Gesehene nachdrücklich in uns ein. Ein Glühwürmchen leuchtet dann wie ein Komet. Bei einem gewissen Grad an Intensivierung kommt es gar zum Umkippen von Raum und Zeit. Und wir meinen, das schon einmal erlebt zu haben. Ein Gefühl überkommt uns, vergleichbar jenem in der Eisenbahn, wenn wir nicht wissen, fahren nun wir oder der gegenüberliegende Zug. Wir verlieren plötzlich das Gefühl für vorwärts und rückwärts; ebenso verlieren wir im Déjà-vu den Boden der Zeit unter den Füßen; wir stürzen in ein Zeitloch. Wir treten aus unserem Ich wie aus einem Taucheranzug heraus, und sind der Zeit enthoben. Und dabei entsteht das Déjà-vu. Die Kausalität ist aufgehoben, es herrscht keine Abfolge von Ereignissen mehr, keine logische Geschichte, jedes Ereignis steht für sich. Eingetaucht in Ewigkeit meinen wir, das Gesehene schon zu kennen, denn in der Ewigkeit kennen wir immer schon alles. Die Fakten liegen vor uns ausgebreitet wie ein Blumenbeet, und welche Blume wir pflücken, ist ganz gleich, ob eine aus der Vergangenheit oder aus der Zukunft. Und in diesem Zustand sehen wir nun das, worauf wir uns konzentriert haben, ins Zeitlose intensiviert, was sich für uns subjektiv so darstellt, als würden wir diese Situation, diesen Gegenstand oder diesen Menschen bereits kennen. Da die Entstehung eines Déjà-vu nicht leicht zu verstehen ist, hier noch einmal eine Zusammenfassung der Ursachen dieses Phänomens:

1. Wir befinden uns in einem Zustand der Geistesabwesenheit, das heißt wir haben unser Ich verloren.
2. Dadurch geraten wir in einen zeitlosen Zustand, denn mit dem Ich ist auch das Zeitgefühl verloren gegangen.
3. Im Zustand der Zero-Zeit erfahren wir grundsätzlich die Welt so, als würden wir sie schon immer kennen. Wer ins Jenseits reist, meint, immer schon da gewesen zu sein. Das hängt damit zusammen, dass unsere Wahrnehmung so stark intensiviert ist, dass uns selbst Unbekanntes wie tausendmal gesehen erscheint.

Nabelschnur zwischen zwei Welten

Der Stamm der sibirischen Dolganen glaubt, dass die Seele und unseren Körper ein unsichtbarer Faden verbindet (Friedrich, 1955, S. 47-53). Und die sibirischen Niganasan vermuten, die »Lebensfäden« würden von der »Mondmutter« in Ordnung gehalten; die Mondmutter ist verständlicherweise auch verantwortlich für die Geburt und damit für die Nabelschnur. Nabelschnur und »Lebensfaden« werden jedoch streng auseinander gehalten. Stirbt ein Mensch, schneidet die Mondmutter den Lebensfaden durch, ebenso wie sie bei der Geburt über die Durchtrennung der Nabelschnur wacht. Die Schamanen dieses Volkes führen zudem bei Geburten eine Zeremonie durch, bei der sie symbolisch an einem Lebensfaden zur Mondmutter hinaufklettern (Graceva, 1985 , S. 150). Ebenfalls in symbolträchtiger Weise sprechen die Cuna-Indianer Panamas von einer »Nabelschnur«, einem dünnen Faden, der als Brücke dient, die über zwei rhythmisch zusammenschlagende Felsen führt und so dem Wanderer ins Jenseits das Leben retten kann.

Das Motiv der gefährlichen Felsen ist vielen Kulturen bekannt, sie bilden die Eingangspforte in eine andere Dimension. Wer durch sie hindurchgelangt oder wie die Cuna-Indianer geschickt darüber hinwegläuft, landet in der anderen Welt, und zwar kraft der vorhandenen »Nabelschnur«, die offenbar die Verbindung zwischen der Raum-Zeit-Welt und der uns benachbarten Dimension herstellt. Diese Vorstellung mag zunächst lächerlich erscheinen, doch hat es damit seine besondere Bewandtnis.

In Tibet wie in den meisten alten Kulturen gibt es die Vorstellung eines Seiles, das Himmel und Erde verbindet. Die mythischen Urkönige Tibets starben nicht, sie kletterten am Mu-Seil in den Himmel. Man sagt dort: »Zieh das Mu-Seil hinauf«, was so viel heißt wie in den Himmel zu steigen. Es wird auch »Seil des langen Lebens« genannt, und es entspricht dem Lebensfaden, der uns mit etwas anderem verbindet, das uns, wie die Nabelschnur den Fötus im Mutterleib, am Leben erhält. Der Lebensfaden führe, so die tibetische Überlieferung, zum »Regenbogenkörper« mit seinen fünf Farben, der unserem Plasmakörper entspricht. Er sei unsterblich, in ihm lebe man nach dem Tod, und er sei der Körper, in dem auch die Götter lebten.

Die ersten Könige, erzählt eine alte Bonpo-Chronik, hätten am Kopf ein Seil aus Licht (hellgelb bis braungelb) gehabt, das sich beim Tod aufgelöst habe wie ein Regenbogen. Die mongolische Version dieser Vorstellung lautet wie folgt: Beim Tod löst sich das *Mu*-Seil, welches aus dem Kopf kommt und »Seil der Helligkeit« genannt wird, auf und stellt sich am Himmel als Regenbogen dar. Die Tibeter glauben, das *Mu*-Seil werde vom so genannten Windpferd, dem zweiten Körper, den ich als Plasmakörper bezeichne, in den Himmel emporgezogen; Wind oder Prana oder *lung* sind die tibetischen Bezeichnungen für das Plasma. Das Aufsteigen am Seil sei aber kein wirkliches Aufsteigen, vielmehr steige die Lebenskraft von den Sexualorganen über die Wirbelsäule und durch die Fontanelle am Kopf auf und dann durch das Mu-Seil hindurch in die andere Daseinsschicht, wo sie zunächst als »Windpferd« also in Gestalt des Windes weiterlebt.

Der Grundgedanke hinter den genannten Vorstellungen, die wie gesagt, weltweit vorkommen, ist folgender: Der Mensch besteht aus mehreren Körpern, die sukzessive immaterieller werden: der Physis, dem Windpferd-, Plasma- oder Regenbogen-Körper sowie dem Geist-Körper. Alle drei sind durch eine Art Nabelschnur verbunden: Durch die erste vom Leib zum Windkörper fließt die Lebenskraft, unser Plasma, und vom Geist- zum Plasmakörper fließt offenbar reines Bewusstsein.Wird diese Schnur getrennt, kommt es zum Tod des jeweiligen Körpers in der vorherigen Dimension. Tod bedeutet daher für uns den Tod des Leibes, aber gleichzeitig das Überleben von Windpferd- und Geist-Körper. Danach kommt es zu einem zweiten Tod, und mit der Durchtrennung der zweiten Nabelschnur verfällt der Windpferd-Körper; übrig bleibt allein reines Geist-Bewusstsein. Aufschlussreich ist noch, dass die Schnur aus dem Kopf kommen soll. Ähnliches wird auch in modernen Berichten über Todeserfahrungen beschrieben. Allerdings kann die Schnur auch aus dem Nabel oder aus der Stirnmitte oder anderen Körperstellen austreten. Nach tibetischer Überlieferung soll der Mensch beim Tod seinen Körper durch die Fontanelle verlassen, die gleichzeitig als bester Austrittsort gilt; der Austritt durch andere Körperöffnungen (Nase, Mund,

Harnröhre, After) gilt als Zeichen niederer Gesinnung und mangelnder geistiger Entwicklung. Wer durch die Brahma-Pforte, die Fontanelle, austritt, wird mit klarem Bewusstsein in die Geistzone eintreten. Den Hinweis, die Schnur bestehe aus Licht, finden wir übrigens häufig in zeitgenössischen Berichten von Menschen, die im außerkörperlichen Zustand diese Verbindungsschnur zwischen ihren Körpern gesehen haben.

Sehr anschaulich finde ich in diesem Zusammenhang den Bericht eines 47-jährigen Mannes, der mir sein Erlebnis, ausgelöst durch einen Autounfall, erzählte. Er prallte mit dem Kopf an die Windschutzscheibe, war sofort bewusstlos, hatte aber dabei einen »Traum«, in dem er sich allerdings seiner Rolle in diesem Traum deutlich bewusst war. »Ich sterbe«, fühlte er, bemerkte ein Kribbeln im Körper und sah sich mit einem Male von außen auf seinem Bett liegen. Er verspürte einen Zug an der Stirn und in der Bauchgegend, als wolle man ihn herausziehen oder hochheben. Eine Silberschnur, glänzend wie Licht, zog sich vom Kopf seines stofflichen Körpers zum Bauch jenes zweiten Ichs, das er jetzt war, und von dem aus er beobachtete. Er dachte währenddessen in zwei Körpern gleichzeitig. Schließlich ging er in einem Zimmer auf und ab – in einem Krankenhauszimmer, in das man ihn gebracht hatte. Er fühlte sich befreit von aller Angst und Schwere und hatte sich bereits mit seinem Tod abgefunden. Plötzlich jedoch »schnappte« er zurück in seinen stofflichen Körper.
Dieser Bericht bedarf einer kurzen Erläuterung. Durch den Schock des Zusammenpralls löste sich der Plasmakörper schlagartig vom materiellen Körper. Als sich der Betroffene selbst von außen sah, dachte er zunächst, er träume. Sein Bewusstsein wechselte zwischen beiden Körpern hin und her, da er durch den Lebensfaden noch mit seinem stofflichen Körper verbunden war. Im materiellen Körper hatte er zwangsläufig das Gefühl eines Ziehens; es handelt sich dabei offenbar um jenen Zug, den der Lebensfaden ausübt. Dessen Beschreibung als »Silberfaden« findet sich recht häufig, andere sprechen vielleicht korrekter vom »Lichtfaden«, denn er glänzt stark. Während der Betroffene noch in seinem zweiten Körper im Krankenhaus auf und ab ging, »schnappte« er zurück in den materiellen Leib; dieses

Schnappen ist häufig mit einem akustischen Geräusch verbunden; der Lebensfaden zieht sich zusammen, und der Plasmaleib schnappt wie ein Türschloss wieder in unseren materiellen Körper ein.

Verschiedene Begriffe, die für die »Nabelschnur des langen Lebens« verwendet werden, sind: Band, Schnur, Seil, Pipeline, Silberfaden, Schnur aus Licht, Lichtstrahl. Diese Schnur wird gelegentlich beschrieben als aus mehreren Einzelsträngen bestehend. Anderen erscheint dieses Band lebendig, vibrierend, leuchtend, silbrig, und es sei, heißt es gelegentlich, dehnbar wie ein Gummi. Darüber hinaus wird immer wieder darauf aufmerksam gemacht, sie verbinde den Materie-Körper mit einem zweiten Leib. Aus diesem Grund möchte ich sie als »Plasmaschnur« bezeichnen. Des Weiteren beobachten viele Personen eine zweite Nabelschnur: Sie sehen zwei Körper und beobachten von einem dritten aus. Ein zweiter, weniger häufig erwähnter Verbindungsfaden hält Plasma- und Geistkörper zusammen und könnte daher Geist-Schnur genannt werden. Wir müssen uns die durch zwei Seile verbundenen drei Körper vorstellen wie drei Bergsteiger, die untereinander durch Seile verbunden sind. Jeder hängt am Seil in einem gewissen Abstand vom Nachbarn. Das oberste Mitglied der Seilschaft nennt sich Bewusstsein, das mittlere Plasma, das untere Physis.

Hoffnung auf den Multikörper

Physis, Plasma, Bewusstsein. Das ist die Hierarchie unseres Daseins, wie es uns die Chronik präsentiert. Durch diese Entdeckung eines Körperkontinuums gelang es mir, die meisten Phänomene der Chronik, die bisher absurd und unlogisch schienen, zu deuten. Mit der Entdeckung dieser Hierarchie greifen wir auf ältestes Menschheitswissen zurück. Zu Beginn meiner Studien wusste ich nichts vom Drei-Körper-Modell, erst durch die intensive Auseinandersetzung mit dem Chronik-Material fühlte ich mich schließlich gezwungen, dieses als Grundlage unseres Daseins zu formulieren.

Wenn der Mensch tatsächlich aus drei Körpern besteht, die drei gänzlich verschiedenen Welten angehören, müssen wir uns als ein multidimensionales Wesen begreifen lernen. Vielleicht hat die Chronik Recht und unser ganzes existenzielles Drama als Menschen resultiert vor allem aus unserer angeborenen Spaltung, zur gleichen Zeit in drei Körpern zu leben, wobei es dauernd zu Kämpfen innerhalb dieses Dreigespanns um die Vorherrschaft kommt: Soll in diesem oder jenem Fall nun die Physis, das Plasma, sprich die Psyche, oder der reine Geist dominieren? Diese dauernde Rangelei kennzeichnet unsere Lebensdynamik.

Es ließen sich nun aus allen Kulturen die entsprechenden Drei-Körper-Lehren darstellen; ich beschränke mich hier auf die ausführlichste und klarste, die tibetische:

Stufe 1: Nirmana-Kaya (Nirmana = Physis; Kaya = Körper). Das ist unsere physische Welt, die Raum-Zeit-Illusion, unser biologischer Körper. Es ist die Welt der grobstofflichen Buddhas, sagen die Tibeter, die aus Mitleid für die Menschen ins vergängliche Dasein eintreten.

Stufe 2: Sambhoga Kaya (Sambhoga = vollkommene Ausstattung), auch die Dimension des Windpferds genannt; das ist unsere Plasmawelt. In dieser Ebene besitzt man einen »Körper der Glückseligkeit« oder den »Körper des himmlischen Genusses«. Diese Dimension sei wie ein Spiegel, sagen die Tibeter, nämlich ein Spiegelbild unserer Taten und Gedanken. Alles, was ich tue und denke, existiert dort als Gedanken- oder Gefühlsform.

Stufe 3: Dharma-Kaya (Dharma = höchstes Gesetz). Diese Ebene ist die höchste Wirklichkeit, der Bereich des Ur- oder Adibuddhas, die Grundlage aller Erscheinungen. Immer gleichbleibend, einheitlich, harmonisch und strahlend, deshalb auch »klares Licht« genannt; sie entspricht etwa dem, was ich Geist-Dimension genannt habe, geht aber über diese noch weit hinaus.

Nirmana-Kaya = Physis
Sambhoga-Kaya = Plasma
Dharma-Kaya = Geist-Dimension

Die drei Körper verbinden sich in der Raum-Zeit-Illusion zu *einem* Wesen. Ein Multikörper entsteht! Tatsächlich, so die tibetische Philosophie, seien wir aber keiner dieser drei Zustände, sondern noch mehr: absolutes, ungegenständliches Sein, das sich in den drei Dimensionen lediglich wie der Mond im Teich spiegelt.

»Alles ist in Fluss!«, sagte Heraklit. Ein Fluss treibt ständig vorwärts. Unser Bewusstsein dagegen, meinen wir, stehe still. Beobachten wir es aber einmal genauer, so erkennen wir: Es ist in Fluss, vom Normalgefühl über die genannten Zwischenstadien zum Plasmazustand und schließlich weiter in den Bewusstseinszustand und von dort vermutlich wiederum weiter zu dem, was ich Ana-Analogie genannt habe. Plasma und Bewusstsein sind daher wie Staustufen in einem Fluss.

Um zur ersten großen Staustufe oder zur ersten Lysis zu gelangen, treten wir zunächst in die Einschlafphase mit ihren sanften Visionen und ihrem Bilderreichtum ein und gleiten bald darauf in die Traumphase hinüber. Beide Zustände wiederholen die Alltagswelt bzw. setzen sie fort. War der Alltag wie ein Sturm auf hoher See, so flaut er nun ab, es legen sich die Wellen. So heftig Träume auch sein können, verglichen mit dem Leben selbst sind sie dessen unwirkliches Spiegelbild. Schließlich treten wir in den Tiefschlaf ein und damit beginnt die erste Lysis. Eine neue Daseinsebene wird erreicht, und wir sind vom stofflichen Körper befreit.

Nach der tibetischen Überlieferung, die über eine genaue Kenntnis der Lysisformen oder Aggregatszustände des Lebens verfügt, stellt sich die Hierarchie wie folgt dar:

Das tibetische Drei-Körper-Modell

1. Chikhai Bardo: In diesen Zustand (Bardo) sinkt der Sterbende ganz unwillkürlich hinein. Dieses Hineinsinken wird als körperlicher Druck empfunden. Die Bücher beschreiben das so: Ein Kältegefühl überkommt uns, es wird feucht und klamm. Wir haben das Empfinden, im Wasser zu sein. Die übliche Bezeichnung für diesen Vorgang heißt: »Die Erde sinkt ins Wasser« (Erde = Körper; Wasser = Plasma).

Die Parallelen zum Übergang von der Raum-Zeit-Illusion in die Plasmawelt sind unverkennbar: Kalt, feucht, neblig, wässrig – so beschreiben zeitgenössische Berichte über Todeserfahrungen diese Dimension. Auch dass die »Erde ins Wasser sinkt«, ist nicht nur symbolisch zu verstehen. Tatsächlich erscheint es den Betroffenen so, als tauchten sie mit ihrem Körper in Wasser ein. In Wirklichkeit jedoch durchlaufen sie eine Seelenablösung und verlassen den Körper, was sich häufig in einem Gefühl des Sinkens, bisweilen aber auch des Hinaufschwebens, äußert. Der Ausspruch » Die Erde sinkt ins Wasser« muss daher auf die genannte Art gedeutet werden: Die Erde – der Körper – sinkt ins Plasma! Und in Bezug auf die Dimensionen heißt das: Die Erde – sprich die Materie – löst sich im Plasma auf oder umgekehrt: Aus dem Plasma wird das Materie-Universum geboren.

2. Chos nyid Bardo: »Das Wasser sinkt ins Feuer« (Wasser = Plasma; Feuer = Geist). »Das Wasser sinkt ins Feuer« verweist auf die zweite Lysis. Das Plasma sinkt ins Feuer des reinen Geistes. Dass das reine Geist-Bewusstsein als Feuer dargestellt wird, ist eine bekannte symbolische Tradition bei vielen alten Kulturen. Auch hier treffen wir auf das Paradoxon, dass das Wasser ins Feuer sinkt, wobei tatsächlich das Feuer – also der Geistkörper – sich aus dem Plasma befreit. Bei diesem Übergang, sagen die Überlieferungen, werde einem ganz »heiß«. Im Feuerland existiere nur noch unser Geistbewusstsein, und dieses eben sei feinstofflicher als das Plasma, so wie Feuer feiner ist als Wasser und dieses feiner als Erde.

Auch hier müssen wir uns den Vorgang wieder umgekehrt vorstellen: Aus dem Geist-Bewusstsein, sprich Feuer, wird Plasma, sprich Wasser, geboren. Wir haben damit ein klares Evolutionsmodell vorliegen, das sowohl makrokosmisch als auch in Bezug auf unsere menschliche Individualität zu begreifen ist.

Diese Reihenfolge Erde – Wasser – Feuer hat Tradition und findet sich, wie gesagt, bei fast allen alten Kulturen. Zu guter Letzt sei Heraklit noch stellvertretend für viele Philosophen erwähnt, die ähnliche Theorien entwarfen. In seinem Fragment B 36 heißt es: »Für die Seelen ist es Tod, zu Wasser zu werden, für das Wasser Tod, zur Erde zu werden. Aus der Erde wird Wasser, aus Wasser Seele. Die Seele steht in diesem Fall für das Feuer oder für das, was ich Geist nenne. Wenn der Geist sich verdichtet, also »stirbt«, nimmt er die Qualität von Wasser an und verbindet sich so zu Plasma. Dieses verdichtet sich weiter zu Erde, sprich es »stirbt«, indem es zu Materie wird.

Der Körper ist ein Grab

Soma Sema.
(Der Körper ist ein Grab.)
Altorphischer Spruch

Ich habe alle Angst vor dem Tod verloren. Ich sehne mich sogar danach. Gleichzeitig jedoch würde ich nie etwas tun, um ihn selbst herbeizuführen. Ich habe das Gefühl, wir sind zu einem bestimmten Zweck hier auf der Erde, und wir können das, wofür wir hier sind, nicht umgehen.
(Resümee)

Woher kommt diese Abneigung gegen den Selbstmord? Diese Menschen haben angeblich eine Reise auf die andere Seite der Zeitmauer oder in höhere Dimensionen unternommen und ergehen sich in überschwänglichen Worten über eine Welt jenseits unserer Welt, doch nun lehnen sie scheinbar inkonsequenterweise den Selbstmord ab. Müssten sie ihn nicht propagieren?
Nun sagt zwar die Chronik, es sei nicht die Tat selbst, die negativ zu werten sei. Vielmehr würden sich das Motiv, aus dem heraus wir uns umbringen und die Gefühle, die wir beim Akt des Selbstmords haben, ungünstig auf unsere Existenz in der Geistzone auswirken, denn wir werden das Spiegelbild unserer Gedanken sein. Zum anderen müssten Selbstmörder jene Zeit, die sie normalerweise noch gelebt hätten, in einem wenig angenehmen Bewusstseinszustand verbringen, eben in jener negativen Geistesverfassung, in der sie sich getötet haben. Ist damit vielleicht der Plasma- oder Minus-Zustand, wie ich ihn beschrieben habe, gemeint? Selbstmörder, so meinen andere Chronik-Quellen, bleiben so lange in einer von der Raum-Zeit-Illu-

sion geprägten Atmosphäre, bis sie gewissermaßen ihr natürliches Lebensende in der stofflichen Welt erreicht haben.

Aus all den Chronik-Fragmenten spricht immer wieder nur eins: Das Leben ist wertvoll, weil es uns die Möglichkeit zu lernen gibt. Und Lernen sei Zweck des Lebens und der Evolution! Das überrascht keineswegs. Doch der Grund, warum das Leben so sinnvoll sein soll, ist noch ein bedeutsamerer: All die Bedingungen, die wir Menschen an der Raum-Zeit-Illusion so oft bemängeln, die Enge des Raumes, die Kürze oder Länge der Zeit, die Undurchdringlichkeit der Materie, die Schwere des Körpers sowie die erbarmungslos wie eine Lawine voranrollende Kausalität der Ereignisse werden stets als ganz besonders sinnvoll hervorgehoben. Sie gäben uns die Möglichkeit, uns selbst zu kontrollieren. Auf diesen wichtigen Aspekt werde ich jedoch an späterer Stelle genauer eingehen, hier nur so viel:

Aus den Erklärungen von Menschen, denen ein Wissen aus den anderen Dimensionen zugänglich ist, spricht eine ganz andere Art der Lebensweisheit zu uns, als wir zunächst vielleicht vermuten würden. Keine Spur von Jenseitsmetaphysik, keine Erwähnung überirdischer Engelschöre, ausschließlich praktische Hinweise für das alltägliche Leben in der Raum-Zeit-Illusion. Und je tiefer wir in die Geist-Dimension reisen – das ist das Paradoxe – desto tiefer wird unser Verständnis für die Raum-Zeit-Welt. Bisher hat kein Forscher die außergewöhnlichen Zustände jenseits der Zeitmauer als positiv für unser irdisches Leben herausgestellt. Doch das so genannte »Leben nach dem Leben«, wie es in so vielen Büchern überschwänglich gefeiert wird, erweist sich bei genauerer Betrachtung als ein Feld ungeahnter Lernmöglichkeiten für unser Leben in der Raum-Zeit-Illusion.

Abgesehen davon: Was heißt eigentlich »Selbstmord« in unserem Zusammenhang genau? Bringe ich mich um, so bringe ich mein Ich um, meine gesamte psychische und soziale Konstruktion erlischt, meine Sinne erblinden, Denken und Fühlen sterben ab; Quartett I fällt unserer Tat ganz zum Opfer. Nicht ausgelöscht werden jedoch unsere höheren Ich-Zustände der Quartett II-Faktoren. Denn kaum haben wir uns aufgelöst, so lässt sich aus der Chronik herauslesen, erstehe ein reineres Ich, und dieses entspreche endlich unserem wahren Selbst. Endlich – denn vorher, in der Raum-Zeit-Welt seien wir so etwas gewesen wie ein Taucher im beengenden Taucheranzug, mit dem die beiden Quartette verglichen werden könnten. Daher der Leitsatz der altorphischen Schriften: Der Körper ist ein Grab! Wer sich umbringe, verzweifelt über seinen sozialen oder psychischen »Taucheranzug«, er entledigt sich zwar dieses Gummianzugs wie die Schlange ihrer alten Haut und entflieht den Zwängen der stofflichen Welt, aber um den hohen Preis, wie wir noch sehen werden, dass er sich als Folge davon ein dünneres Ich einhandelt.

Lebenssteigerung nach Ich-Auflösung

»Die ersten paar Tage nach meiner Wiederbelebung war ich amüsiert über die Art, wie mein Körper funktionierte. Es schien mir ganz seltsam, nach so etwas wie einem Glas Wasser zu langen, Essen erschien mir als etwas absolut Neues.« (Wheeler, 1982, S. 20)

Das Gefühl, nicht mehr in den eigenen Körper zu passen, ihn nicht mehr als Teil seiner selbst zu empfinden, ist eine seltsame, aber höchst natürliche Erfahrung. Auch nach langer Genesungszeit müssen wir uns erst wieder an unsere Körperbewegungen gewöhnen, was vielen Betroffenen dann neu und ungewohnt erscheint. Wie viel mehr an Zeit aber brauchen wir, wenn wir eine Zeit lang ganz ohne Körpergefühl zugebracht haben. Zurückgeboren zu werden in die alte Welt der Körperschwere und aus einem leichten, luftigen Geist- oder Plasmakörper plötzlich zurückversetzt zu werden ins enge stoffliche Körpergefäß, ist jedoch ein vorübergehendes Leiden. Wir gewöhnen uns tatsächlich bald wieder daran und können uns dann nach kurzer Zeit kaum mehr etwas anderes vorstellen. Einen Körper zu besitzen gehört dann wieder zum allernormalsten dieser Welt.

»Ich nehme die Dinge nicht mehr so ernst. Ich lasse sie auf mich zukommen. Ich bin ein Beobachter meines Lebens. Ich kenne meinen Platz. Warum werden wir so ruhig? Wohl weil wir dann wissen, wo unser wirklicher Platz ist, und das Ende bereits definiert ist. Die Spannung ist weg, so als ob man weiß, dass man bei einem Spiel gewinnen, bei einer

Prüfung bestehen wird oder nicht, man geht dann ohne Spannung hinein. Gleichzeitig kann man sich mehr auf den Augenblick konzentrieren. Vielleicht verdirbt uns die Angst und Anspannung das Leben, weil wir nicht wissen, wohin wir kommen.« (Wheeler, 1982, S. 94)

Diese prägnante Aussage zeigt uns Folgendes:

1. Wir werden nach einer Todeserfahrung zum distanzierten Beobachter und erhalten ein so genanntes »Zeugenbewusstsein«. Als Folge davon sind wir nicht mehr so eng mit unserem Ich verbunden.
2. Wir leben von nun an in der Gegenwart und werden nicht mehr von bedrückenden Erinnerungen an die Vergangenheit oder von Zukunftsängsten verfolgt. Wir verlieren außerdem die Angst vor der Zeit.
3. Wir kennen die Lösung für unser Leben, daher verschwindet die Lebensangst, denn von der Geist-Dimension aus haben wir das eigene Leben aus der Vogelperspektive bereits überschaut.

»Seitdem ist alles so anders. Ich esse förmlich die Luft, bin selbst der Wind. In Himmelsblau versinke ich. Das Gras ist grüner als grün. Alles ist einfach schöner. Meine Sinne sind enorm geschärft. Ich sehe etwas wie einen ›Heiligenschein‹ um die Dinge herum.« (Resümee)

Diese Intensivierung der Sinne nach einer Seelenablösung und Todeserfahrung wird von fast allen Quellen berichtet. Was ist aber der Grund dafür, dass wir die Welt nach solchen Entfremdungserfahrungen tiefgründiger, wahrer, schöner empfinden? Mich überrascht diese Erfahrung keineswegs; sie tritt auf dem Geistkontinuum auf allen Stufen auf. Es ist so, als ob man lange in ein Licht schaut, und anschließend noch einige Zeit bei geschlossenen Augen das Nachbild sehen kann. Die Intensivierung der Sinneswahrnehmungen als Nachwirkung ist zwar nicht so ausgeprägt wie bei der Todeserfahrung, dennoch aber beeindruckend genug, um uns aufzufallen. Doch verblasst die Wirkung bald, und es bleibt nur eine Erinnerung.

Der Geist
im Lichthimmel

ALLES IST LICHT

*Wäre es nicht denkbar, dass die Stoffe und das
Licht sich ineinander umwandeln?*

Isaac Newton

*Von allen körperlichen Dingen sind Himmel
und Erde die größten; von allen Kräften sind die
Urkräfte des Lichten und des Trüben die größten.*

Dschuang Dsi

Unter psychischen Extrembedingungen wie Schock, Todesangst, Krisen und fast-tödlichen Abstürzen, überhaupt bei allen Todeserfahrungen oder Transformationszuständen erscheint uns die Umwelt plötzlich heller und damit gleichzeitig schöner. Das ist eine allgemein menschliche Konstante, die es zu klären gilt. Bislang hat die Forschung dieses außergewöhnliche seelische Erleben ausgespart. Ich habe die Lichterfahrung bereits gedeutet, sie entsteht in Extremsituationen, in denen wir unsere Ich-Identität, jenes dauernde »Das bin ich!« vorübergehend vergessen und dadurch auf die Vorgänge außer-

181

halb von uns wacher reagieren können – denn wir müssen uns nun nicht mehr um uns selber kümmern, wir haben unsere gesamte Aufmerksamkeitskapazität für die Außenwelt übrig. Selbst die einfachste Konzentration bringt einen gewissen Ich-Verlust mit sich. Je weniger wir uns selbst beobachten, werten oder uns »verhalten«, desto instinktiver reagieren wir auf »das, was ist«. Wir deuten die Welt nicht mehr im Rahmen unserer Ego-Spiele und Ego-Wünsche, denn wir können objektiv schauen. Je mehr wir uns dem Null-Ego-Zustand nähern, desto stärker beginnen die Dinge zu leuchten, und schließlich tauchen wir in eine Helligkeit ein, die so intensiv ist, dass wir meinen, in einer anderen Welt zu sein. Aber keineswegs, wir sind hier geblieben, nur haben wir uns selbst tendenziell ausgelöscht. Und je weiter wir uns von unserer Subjektivität entfernen, desto mehr nähern wir uns der Objektivität, Platons »wahrer Erde!« In ganz ähnlichem Sinne gab Goethe auf die Frage, wie er es zu all seinen Leistungen gebracht habe, lakonisch zur Antwort, er habe nie an sich selbst gedacht. Im Folgenden einige Belege für diese Lichterfahrung, die für sich selbst sprechen:

»Ich wurde ins Licht gezogen, es war, als sei ich der Phönix, nur so kann ich das beschreiben. Als fliege ich zur Sonne. Du kennst die mythische Figur, die zur Sonne flog und von ihr verzehrt wurde ... Ich erhielt auch das Wissen des Lichts.« (J.T. Green/Friedmann, 1983, S. 87)

»Diese Reise (Seelenablösung) vollzog sich für einige Zeit recht unspektakulär, und ich begann mich zu wundern, wie lange das dauern würde, als ich in einen überwältigend weiten Lichtraum eintauchte – ein pulsierendes, lebendes Licht, das nicht mit Worten beschrieben werden kann.« (Weiss, 1972, S. 42)

Ich sehe mich als winzigen Punkt, der sich von meinem irdischen Leib gelöst hat, und ich erblicke diesen Körper regungslos vor mir liegen. Irgendwie wird mir klar, dass mich eine bedrückende Finsternis umfängt, und ich habe das Gefühl einer schrecklichen Einsamkeit. Plötzlich empfinde ich einen Strahl weißen Lichtes. Als kleiner Punkt, der ich nun bin, strebe ich aufwärts, dem Ursprung des Leuchtens, der Quelle des Lichtes entgegen, und ich weiß, dass ich sie erreichen muss oder verloren sein werde.« (Delacour 1973, S. 185)

»Als ich näher ans Licht herankam, spürte ich die Gegenwart anderer Wesen rechts und links neben mir, aber meine intensive Konzentration auf das Licht ermöglichte mir nicht, sie zu sehen. Das Licht war Liebe ... und alles, was schön ist ... es gibt keine angemessenen Worte, das zu beschreiben. Ich wäre so gerne vorwärts gegangen, doch spürte ich, wie ich gezwungen wurde zurückzugehen. Es war, als würde ich in den Armen Gottes geschaukelt werden ... Ich wurde dann einfach in meinen Körper zurückgelegt ... in absolutem Zeitlupentempo. In diesem Augenblick fühlte ich ein schweres Gewicht auf mir, und das machte mich furchtbar ärgerlich. Ich wollte einfach nicht hier sein.« (Sullivan, 1984, S. 147)

»In meiner tiefsten Depression begann der Raum sich mit Licht zu füllen. Ich sah ›Licht‹, doch gibt es in unserer Sprache kein Wort, um die Brillanz zu beschreiben. Das Licht, das in den Raum eindrang, war Christus; ich wusste das, weil ein Gedanke tief in mir hallte, ›Du bist in der Gegenwart von Gottes Sohn‹. Ich habe ihn ›Licht‹ genannt, aber ich hätte ebenso gut ›Liebe‹ sagen können, denn dieser Raum war überflutet, durchdrungen, erleuchtet, von einem höchst vollkommenen Mitgefühl, das spürte ich. Es war eine Gegenwart, so beruhigend, so freudvoll und befriedigend, dass ich mich für immer verlieren wollte in seinem Wunder.« (Weiss, 1972, S65)

»Man konnte in die Sonne hineinschauen, es blendete nicht. Unsere Sonne dagegen ist gedämpft, so milchig schaut sie aus – nein, es war noch heller ...« (Persönliche Mitteilung)

»Der Ort war durch ein starkes Licht so sehr erleuchtet, dass es die Blumen und die Häuser ganz erstrahlen ließ, und die Farben brillant und klar hervortraten. Es ließ meine Augen aufspringen.« (Blackmore, 1982, S.126)

»Mit 12 Jahren ertrank ich in der Goldach, einem Fluss in der Schweiz. Ich wurde von einem Spielkameraden gerettet. – Ich spielte mit einer

Gruppe von Freunden im Wasser, als ich von einem Strudel erfasst und auf den Grund des Flusses hinuntergezogen wurde. Meine Freunde glaubten zunächst, ich mache einen Spaß und tauche lediglich. Unten auf dem Grund schluckte ich viel Wasser, ich wehrte mich, merkte aber, wie ich ertrank. Es schmerzte schrecklich. Dann plötzlich sah ich ein strahlendes Licht, wunderbar und friedlich – aller Schmerz fiel von mir ab. Ich schwebte nun frei, die Schwere des Körpers war wie weggeblasen; Frieden und Harmonie. Dieses Licht hatte einen azurblauen Schimmer. ›Aber was ist mit meiner Mutter‹, dachte ich. Und in diesem Augenblick holten mich die Freunde herauf, brachten mich zum Ufer und nahmen eine Wiederbelebung vor. – Nach diesem Erlebnis hatte ich keine Angst mehr vor dem Tod. Ich versuchte auch meine Frau von dem Erlebnis zu überzeugen, jedoch ohne Erfolg. Ich weiß, dass ich friedlich sterben werde. ›Der Tod ist schön.‹«(Persönliche Mitteilung)

Mit der Tunnelerfahrung, d.h. nach der Seelentransformation, dem Abwerfen des Plasmaleibes, das sich, wie beschrieben, als Tunnelerfahrung äußert, sind wir befreit von den beiden Quartetten, zumindest weitgehend. Wir sind befreit von Körper und Plasma und bestehen jetzt nur noch aus bloßem Geist. Wir stehen jetzt im »vollen Licht des Tages« und erkennen erstmals, was Helligkeit wirklich ist. Ungehindert von allen Filtersystemen entfaltet sich nach dem Tunneleffekt die Urlicht-Erfahrung.

Nun aber entsteht ein seltsames Phänomen: Jene, die diese Erfahrung selbst nicht gemacht haben, davon aber inspiriert und begeistert sind und selbst dieses Erlebnis suchen, entwerfen einen Lichtmythos. Sie reden und schreiben darüber und führen einen Verehrungskult für jene ein, die es geschafft haben, die Lichtregion zu betreten. Lichtkulte, Mysterienschulen, Lichtmythen werden begründet. Religion, sprich Pseudoerfahrung, entsteht. Die Hoffnungsideologie der Unerfahrenen sucht einen Ausweg aus der trüben Raum-Zeit-Illusion und entstellt dabei die Lichterfahrung. Ich betone das, weil wir lernen müssen zu unterscheiden zwischen jenen, die wirklich diese Erfahrung gemacht haben und jenen, die nur darüber reden.

Das Zwiebelmodell Physis, Plasma, Geist zeigt, wie mit dem Abfallen der Schalen das Innerste sich immer mehr enthüllt. Dieses Innere scheint ein »Schöpfungslicht« oder »Weltenlicht« zu sein. Strahlt an der Wurzel unseres Daseins eine Lichtquelle? Ist Licht der Ursprung aller Information? Wer in dieser Lichtatmosphäre leben will, muss sich allem Streben in der Raumzeit, aller Sinnestätigkeit entledigen, darin stimmen alle Chronikberichte überein. Durch das Abstreifen der beiden Quartette werden wir neu geboren. In diesem Sinne stellt die persische *Avesta* das Licht als »feuriges Fluidum« dar oder als »Samen des Lebens«. Licht wäre demnach der Code zum Aufbau des Lebens sowohl auf der Geist- und Plasma-Ebene ebenso wie auf der Raumzeit-Ebene.

Licht – Ursprung aller Information

Licht ist das Merkmal der Denkenergie,
während Leerheit ihr Wesen ausmacht.
Tibetische Philosophie

Bewusstsein löst sich in Raum auf,
Raum löst sich in Licht auf.
Tibetische Philosophie

Diese Lichterfahrung
macht selbst das kleinste Insekt.
Tibetische Philosophie

Nach dem Durchschreiten der »Todespforte« ist der
Mensch gebadet im »vollen Licht des Tages«. Der
Titel des ägyptischen Totenbuches lautet »Heraus-
treten ins Tageslicht«.
Altägyptische Überlieferung

»Land des Tages«
Eskimo-Begriff für die Geistzone

Ich möchte nun auf die tibetische Tradition bezüglich des Lichts eingehen. Diese kennt wie auch wir eine in Phasen ansteigende Lichterfahrung. Phase 1 besteht aus »Luftspiegelungen« mit einem fünffarbigen Lichtspektrum; in Phase 2 erscheint das Licht wie der Mond, in Phase 3 wie die Sonne und in Phase 4 erscheint das Licht wie die Dunkelheit! Bei Phase 4 handelt es sich um das Tunnelerlebnis, was ebenfalls als Lichterscheinung gedeutet wird. Phase 5 wird beschrieben als »ein wolkenloser Himmel« oder als »Urlicht«, das uns nach dem Tunnelerlebnis, dem »Licht der Dunkelheit« erscheint; wir nennen es »Basis-Helle«. Hier eine genauere Beschreibung dieses Lichts:

»*Nun folgt der Grund dafür, warum die Basis-Helle sich hier in solch einer Art manifestiert. Das Sugatagarbha ist anwesend in allen Lebewesen und durchdringt sie von Anfang an. Verdunkelt durch mitverursachende Unwissenheit, bzw. dem unwissenden Aspekt des Allgrunds, bleibt die Weisheit, die in uns vorhanden ist, unerkannt, dadurch ist jedes Wesen dauernd eingebettet in Konfusion. Diese Verdunklung löst sich zur Zeit der Auflösungsphase für eine kurze Zeit in sich selbst auf. Weisheit erfüllt dann auch gewöhnliche Menschen. Sie versagen aber und erkennen nicht, und das Gewohnheitsmuster der Verdunklung wiederholt sich. Endlos werden die Wesen wiedergeboren, und die Kette samsarischer Existenzen dauert ungebrochen an.*« (Rangdrol, 1989, S. 47)

Ich glaube das Zitat gibt die Situation recht genau wieder. Noch zu erwähnen ist, dass mit dem Eintritt in die »Basis-Helle«, ins Urlicht, die von den Tibetern benannten 80 Lebensfaktoren, die – in größerer Aufsplitterung – etwa meinen zwei Quartetten entsprechen, sich auflösen, womit augenblicklich »leerer Raum« entsteht und wir von aller Raumzeit-Prägung befreit werden. Nur verstehen die meisten Menschen diesen Vorgang nicht und setzen an die Stelle des Urlichts ihre Raumzeit-Fantasien. Diese bestimmen für sie die Bewusstseinswelt, eine Täuschungslandschaft mit all ihren Illusionen, vergleichbar einem Wachtraum. Das Erkennen des Lichts gelingt zwar jedem, aber seine tiefere Bedeutung und Qualität erfassen nur wenige, weil sie nicht frei sind von allen Quartett-Bedingungen und dadurch nicht die Kraft haben, das reine Licht lange auszuhalten. Diese »Basis-

Helle«, das Urlicht, manifestiert sich wie ein »wolkenloser Himmel«; erkennt man ihre Natur, erlangt man sofort eine Erleuchtung und wird ohne weitere Zwischenzustände befreit von allem aus plasmatisch-psychischen Quellen stammenden Leiden.

All die im Kapitel Seelentransformation geschilderten Zustände geschehen schnell hintereinander und dauern, wie die Tibeter sagen, nur einen Augenblick. Das Licht dauert nicht länger als das Schnippen mit den Fingern, zumindest für normale, in höheren Zuständen ungeübte Menschen; einige Wache erschauen das Licht für »die Dauer eines Essens«; und gut Geübte können es erfahren, so lange wie sie wollen. Auf jeden Fall löst sich im Urlicht das Bewusstsein auf in »leeren Raum«, und dieser löst sich danach selbst auf in eine neue Qualität von Licht, das schwer zu beschreiben ist; und dieses wiederum löst sich auf in einen Zustand, der »Gefühl der Einheit« genannt wird, Einheit mit allem Sein; auch dieses Einheitsgefühl zerfällt zugunsten einer noch höheren Qualität, schlichtweg »Weisheit« genannt; zu guter Letzt erreichen wir die so genannte »spontane Gegenwart« (*Vidyadhara*). Bis jetzt sind wir jedoch erst bis zum Urlicht vorgedrungen.

Ergibt die Analyse der Materie Licht?

Wir kennen alle den Goldwahn unserer Kultur. Wir kennen Goldwäscher im Goldrausch, die Brutalität der spanischen Konquistadoren auf der Suche nach dem Goldland. Mit Gold ist alles zu erhalten, es steht für alle Waren und Währungen. Wir wissen, dass Gold gleich Geld ist und dass immer eine Goldreserve im Staat vorhanden sein muss, sonst ist das Papiergeld nichts wert. Wir behängen uns mit Gold und vergolden Bilderrahmen, um dem Bild mehr Glanz zu verleihen. Wir vergolden auch Gegenstände, und insbesondere wollen wir in unseren dauernden Anwandlungen von Selbstsucht unser Leben vergolden.

Gold gilt als Abglanz höherer Welten. Es leuchtet aus sich selbst heraus, so wie auch in höheren Welten alles erstrahlt. Im Mittelalter galten alle Materialien als wertvoll, die eben diese Qualität aufwiesen, nämlich aus sich selbst heraus zu strahlen und zu funkeln. Man sagte, alle Dinge, Tiere und Pflanzen würden von einem helleren oder fahleren Strahl der immateriellen Schönheit durchleuchtet. Licht galt als Ursprung des Schönen, und ich weiß nicht, ob sich daran bis heute viel geändert hat. Da Gold von allen Metallen am meisten Licht reflektiert, galt es als unmittelbares Abbild eines raumzeitlosen ewigen Lichtes. Ja, Gold wurde zum Inbegriff des Geistes. Die mittelalterliche Theorie ging aber noch weiter. Es wurden auch nicht-leuchtende Lichtformen angenommen: Ein Gesicht leuchte oder strahle, wenn es ehrlich und offen sei; die Augen leuchteten, wenn die Seele klar sei; die Materie sei letztendlich ebenfalls ein Strahlen, nur auf der untersten Ebene der Strahlkraft. Alles leuchte, selbst das Schwarze und Dunkle. Licht sei unser Leben, so wie die Sonne unsere Lebenskraft. Daher gelte uns die Sonne als Höchstes und werde zu Recht von allen Völkern verehrt, aber nur als Abbild einer höheren Sonne, einer Urdimension des Lichts.

Unsere gesamte Lebensaktivität drängt wie der Grashalm dem Licht zu. Wir wollen raus aus dem Dunkel der Nacht, der Armut, dem Unwissen, dem Schmutz. Wo immer wir hinwollen – Ziel ist das Licht oder eine höhere Intensivierung des Lichts. Wir können alle Lebenstatsachen gewissermaßen nach Lichtwerten erfassen und auch alles Verhalten auf einer Lichtskala anordnen. So ist etwa Eifersucht nicht sehr lichtintensiv, ebenso ist Neid oder Dummheit lichtschwach. Sind wir reich, geistig wie materiell, werden wir lichtvoller, sind wir fröhlich, erscheinen wir heller. Es gilt vor allem *lumen illuminans animus* – »das Licht erleuchtet die Seelen« – vom höchsten bis zum niedrigsten Wesen, vom geistigen Wesen bis zum Körper« (Johannes Scotus Eriugena in: Assunto 1987, S. 186). Licht gilt als Ursprung aller Schönheit, und wenn wir das materielle Licht, unser irdisches Licht, analog auf einem Lichtkontinuum weiter verfolgen, so gelangen wir zu einem immateriellen Licht, von dem unser Sonnenlicht nur ein Abglanz ist, so wie das Mondlicht ein Abglanz des Sonnenlichtes ist.

Licht galt daher im Mittelalter als etwas Überirdisches, das aber in Form unseres materiellen Lichts unmittelbar anschaubar wird. Im

Mittelalter wurde daher alles gemessen an seiner Fähigkeit zur Transparenz und zur Reflektion eines höheren, intensiveren Lichts. In dieser Metaphysik klingen antike Lichtphilosophien nach, besonders die des Platonismus und Neuplatonismus, die von christlichen Interpreten verarbeitet und im so genannten *Corpus Areopagiticum* etwa ab dem 9. Jahrhundert niedergelegt und dogmatisiert wurden. Ab dem 13. Jahrhundert, nachdem man die arabische Lehre von der Optik integriert hatte, erhielt die Lichtmetaphysik eine wissenschaftliche Begründung.

Ist Licht lebendig?

»Das Nächste, was man spürt, ist dieses herrliche, wirklich herrliche Gefühl, das von dem Licht ausgeht – fast wie von einer Person. Aber es ist keine Person, sondern ... eine Art Wesen. Es ist Energie ... Dann nimmt das Licht plötzlich Kontakt auf mit einem ... auf irgendeine telepathische Art, könnte man sagen ... Als Erstes wird einem gesagt: ›Entspanne dich, alles ist wunderbar, alles ist in Ordnung‹ ... Man fühlt sich sofort entspannt ... Man hat ein Gefühl von absoluter, reiner Liebe.«
(Ring, 1985, S. 53)

»In der Mitte des einen Kreises befand sich ein herrliches Wesen. Es war weder ein Mann noch eine Frau, sondern beides zusammen. Noch nie zuvor hatte ich etwas so Wunderschönes, Liebenswertes und durch und durch Erfreuliches gesehen wie dieses Wesen – und auch seither nicht wieder. Es strahlte reine Liebe aus. Jede Pore seines Gesichts war in ein unglaubliches Licht getaucht. Das Licht leuchtete in den prächtigsten Farben, lebhaft und vibrierend. Es strahlte nach außen in einem gleißenden Weiß, über dem so etwas wie ein Hauch von Gold lag. Ein starkes Gefühl von Freude und Ehrfurcht erfüllte mich. Ich wurde von einer unbeschreiblichen Woge der Liebe erfasst. Mir war, als stünde ich am Ursprung meines Lebens, vielleicht sogar vor meinem Schöpfer ... Der zweite Kreis umgab den ersten. Darin nahm ich sechs schimmernde perlmutartige Prägungen wahr, die sich entfalteten und öffneten wie die Blütenblätter einer Blume an der Sonne. Es waren Lebewesen. Ihre

Schönheit, ihr Charme, ihre prächtigen, strahlenden Farben und die Nähe, die ich zu ihnen verspürte, waren atemberaubend. Und daneben das gewaltige, strahlende, helle, weiße Licht. Es saugte mein Bewusstsein völlig auf ... Mir wurde klar, dass es Teil aller lebenden Dinge war und dass alle lebenden Dinge Teil von ihm waren. Ich wusste, dass es allmächtig war, dass es grenzenlose, göttliche Liebe verkörperte.«
(Ring, 1985, S. 61)

Dass es Farben gibt, die wir nicht kennen, möchte ich zunächst bezweifeln. Denn wie wir gesehen haben, erhöhen und verdichten sich Farben bereits im Hochgefühl, sie werden strahlend und intensivieren sich zu größter Kraft und Schönheit. Jede Farbe holt durch Intensivierung das Beste an Leuchtkraft aus sich heraus. Man darf das getrost verallgemeinern und sagen: Alles will leuchten! Alles ist Licht! Diese beschwörende Formel durchzieht jedenfalls die Chronik. Unser materielles Farbspektrum und das Licht seien dagegen durch Schatten abgetönt. Durch das Material, das ihre Grundlage bildet, dringe Licht nicht durch, weshalb wir alle materiellen Gegenstände von außen beleuchten müssen. Dabei kommt es jedoch zu Unterschieden: Vergleichen wir nur einmal eine durch Schatten abgedunkelte Farbe in einer Wandecke mit einer optimal ausgeleuchteten farbigen Fläche in einem Museum. Obwohl in letzterem Fall die Farben ganz zum Strahlen kommen, lässt sich das nach allen Chronik-Berichten mit der Selbststrahlung der Dinge in der Geistzone nicht vergleichen. Eine Idee von dieser Selbststrahlung vermittelt uns das Leuchten der Tiefseefische. Sie leuchten, weil sie nur so erkennbar sind. Ihre strahlenden Farbmuster übertreffen bei weitem die im Vergleich dazu bloß wie aufgemalt wirkenden Farbmuster der Fische in den oberen Gewässerregionen. Ebenso ist das glänzende Sonnenlicht, das zwischen weiß und gelb schillert, um vieles kräftiger oder lebendiger als ein nur auf Leinwand aufgemaltes Sonnenlicht. Und das ist es, an was die Reisenden, die von der Geistzone zurückkehren, sich erinnern: die gleichsam biologische Lebendigkeit des dort herrschenden Lichts. Wichtiger noch ist ihre Erkenntnis – Alles ist Licht! –, die uns hier in der Raum-Zeit-Illusion keineswegs einleuchtet. Im Gegenteil, hier kämpfen Licht und Dunkelheit um die Hegemonie.

Angenommen aber, die Chronik-Formel »Alles ist Licht« gilt auch für unsere Dimension, wo versteckt es sich dann? Hinter den beiden Quartetten, lautet die Antwort, hinter Körper- und Plasmafilter. Erst die schrittweise Durchquerung und Überwindung des Körperlichen und der Plasmadimension bringt uns der von den Reisenden so enthusiastisch gefeierten Lichtwelt näher. Also: Mehr Licht! Hin zum Licht! Leben als Lichtdasein! Licht wird dabei verstanden als hinter den Masken von Materie und Plasma verstecktes Urantlitz. In der Geistdimension, befreit von den unteren Stufen des Bewusstseins- und Weltkontinuums wären wir nur noch Licht.

Urlicht im »Himmlischen Sarkophag«

Der Mensch ist nicht zufrieden mit der Sonne. Zwar preisen wir sie in Lobeshymnen, bringen ihr Opfer dar, zapfen ihre Energie an, treiben Sonnenkult und lassen uns von ihr verbrennen, und jeder will seinen Platz an der Sonne. Für uns heute bedeutet sie Licht, Wärme, Energie, Schönheit, in der Vergangenheit zelebrierte man sie noch direkter in Sonnenmysterien und Sonnenmythen. Die Ägypter kannten neben dem sichtbaren Licht der Sonne vier weitere Lichtarten, auf deren Symbolik sie eine großartige und umfassende Philosophie des Daseins errichteten, die zeitgenössischen Kosmologien in keiner Weise nachsteht.

1. Das Licht der Sothis

Als erste Lichtart wird das Licht der Sothis (ägypt. auch Sopdet) genannt. Es handelt sich um die Göttin Sothis, die Beleberin der Gewässer; sie wird mit dem Sternbild Sirius (Hundsstern) gleichgesetzt. Nach einer Seelenablösung trifft der Reisende zuerst auf das sothische Licht; es ist das eigenartige Licht einer heraufdämmernden neuen Dimension, es ist das Licht des Plasmas, das Licht unseres zweiten Körpers!

Die Ägypter bezeichneten dieses Licht auch als Zodiakal-Licht. Der Zodiak (Tierkreis) ist jene von Menschen erdachte Zone am

Himmel, die man zu Sternbildern zusammenfasste. Das Licht der Sterne können wir bereits in der Raum-Zeit-Illusion wahrnehmen, das sothische Licht erst nach der Trennung vom Körper. Die europäische Tradition übernahm diese Darstellung von den Ägyptern und sprach vom »Astrallicht« (lat. astra = Stern), gleichzeitig aber auch vom »Astralkörper«. Wir hätten also einen Sternenkörper, der Sternenlicht ausstrahlt. Da dafür kein materieller Nachweis vorliegt, ist eher anzunehmen, dass hier eine sinnbildliche Übertragung vorliegt, nämlich dass mit dem Zodiakal-Licht ein Licht gemeint ist, welches nach der Lysis I, dem Übergang von der irdischen in die Plasmawelt auftritt. Unterstützt wird diese Vermutung durch Folgendes: Die Ägypter erblickten in den Sternen vergöttlichte Seelen bzw. Helden sowie Dämonen und Götter. Diese wurden, da sie von besonderer Natur waren und sich durch besondere Leistungen hervorgehoben hatten, bei ihrem Tod bzw. beim Verlassen der Erde zur Ehre dort oben hinversetzt und leuchten den Menschen nunmehr als Sterne. In der Tat heißt es in den Mythen, dass viele Urwesen, erste Könige oder Götterherrscher, nicht starben, sondern zu den Sternen zurückkehrten, woher sie auch gekommen waren. Sie kehrten in ihre Heimat oder – wenn die Sterne das Plasma symbolisieren, wie ich meine – in den Tod zurück, weshalb die Milchstraße mit ihren unzähligen Sternen auch der »himmlische Sarkophag« genannt wurde. Der Tod wurde also möglichst weit entfernt angesiedelt und mit den Sternen identifiziert.

Tatsächlich aber hat das sothische Licht weder etwas mit Sternen noch mit ihrem materiellen Licht zu tun: Es handelt sich um eine poetische Darstellung innerer Zustände oder von Zuständen in anderen Dimensionen. Es ist eine allgemein menschliche Praxis, dass diese durch materielle Orte oder durch Dinge symbolisiert wurden, um für unser Denken anschaulich zu werden. Ich plädiere also dafür, das Zodiakal-Licht als Plasma-Licht zu bewerten bzw. als das Licht, welches wir erkennen, wenn wir uns in der Plasmazone befinden und dabei unsere Plasmahülle, die alle Materie und Körper umgibt, leuchten sehen.

Sothis ist, wie ich bereits erwähnte, die Göttin der Gewässer, und wie wir wissen, wird das Plasma als wässrig, feucht, neblig oder als Fluss,

Meer und See beschrieben. Sothis wurde auch als Bringerin der jährlichen Nilüberschwemmung gefeiert, darüber hinaus als Göttin des »belebenden Wassers«, offenbar nicht nur des irdischen Nilwassers, sondern eines existenziellen Wassers, des »Lebenswassers«. Und das Plasma ist in der Tat unser »Lebenswasser«, die Grundlage, auf der unsere raum-zeitliche Welt schwimmt wie eine Insel oder ein treibender Holzstamm. Unser Leib ist demnach das Lebensboot, mit dem wir auf dem sothischen Gewässer des Plasmas schwimmen. Als Schlussfolgerung vermute ich daher, dass Sothis-Licht und Plasma-Licht eins sind. Denn in der Tat ist dieses Licht das Erste, was uns nach der Lysis bzw. nach dem »Verlassen der Erde«, wie die ägyptische Vorstellung vom Sterben es beschreibt, begegnet.

2. Das Finsternis-Licht des Seth

Ich habe gezeigt, wie der Reisende nach dem Aufenthalt im Plasma häufig durch eine »Blackout«- oder Dunkelzone hindurch muss, um in die Geistzone zu gelangen. Diese oft als dunkler Tunnel beschriebene Erfahrung entspricht dem Verwandlungszustand vom Plasma in die Geistzone. Die naheliegende ägyptische Parallele zu diesem Zustand ist das so genannte »Finsternis-Licht des Seth«. Seth und Osiris – der Legende nach zwar Brüder, aber Feinde – bekämpften sich. Seth wurde später vielfach mit dem Satan oder dem Teufel, also mit dem Dunklen, identifiziert. Offenbar, so meine Vermutung, wurde er dem Finsternis-Licht ziemlich willkürlich zugeordnet, weil auch er als dunkler Charakter galt.

Das Finsternis-Licht entspricht dem Tunnelerlebnis, es dämmert herauf nach dem Sothis-Licht, d.h. nach der Plasmazone, was ganz der Abfolge des Todeserlebnisses entspricht. Die ägyptischen Quellen behaupten nun jedoch: »Das Licht der Finsternis ist der von der Erde in den Weltraum geworfene Schattenkegel!« Ich vermute, dass diese Darstellung des Finsternis-Lichts als Schattenkegel der Erde in der Tat nichts anderes ist als das Tunnelerlebnis! Wir verlassen ja unseren Körper fast wie ein Raumschiff, werden Plasmakörper und verlassen diesen später wiederum als reiner Geist.

Wenn sich unser Bewusstsein vom Plasma befreit, dann verlassen wir, wie die Ägypter treffend sagen, tatsächlich unsere Erde – die Plasma-

193

zone liegt offenbar unmittelbar um die Erde herum – und reisen in den Weltraum, in den leeren Raum des Bewusstseins.

3. Das Licht des Anubis

Nach dem Durchschreiten des Sothis-Lichtes (Plasma-Licht) und des Finsternis-Lichtes (Tunnel) tritt der Reisende in das »Licht des Anubis« ein. Anubis galt einst als Herrscher des Jenseits, wurde dann aber von Osiris abgelöst und nahm ab dann nur noch die Rolle eines Totenrichters ein; auf den Wandmalereien wird er mit Hundekopf dargestellt. Anubis wurde zum Wächter an der Grenze des Toten- sprich Geistreichs und hatte die Aufgabe, die ankommenden Geistwesen nach ihrem vergangenen Leben in der stofflichen Welt zu befragen; er ermöglicht dadurch nichts weiter als einen Lebensrückblick und die damit verbundene kritische Einschätzung der eigenen Taten. Bevor die Reisenden also ins anubische Licht eintreten dürfen, müssen sie sich gereinigt haben von falschen Haltungen. Sobald die Riten der »Augenöffnung«, sprich des Erwachens in einer anderen Dimension, beendet sind, nimmt unser *Ba* (Geist) das Licht des Anubis wahr. Erst mit »geöffneten« Augen, genau genommen nämlich – da Körper- und Plasmafilter bereits von uns abgefallen sind – *ohne* Augen, nehmen wir diese neue Lichtqualität wahr.

Anubis ist keineswegs eine unbedeutende Wächterfigur, sondern Ausdruck der reinen Geistdimension. Er besitzt zudem nicht nur alles Wissen über den materiellen Weltraum und dessen materielle Planeten, insbesondere den Mond, sondern auch über Astronomie und Kosmologie sowie über den immateriellen Geistkosmos. Die Ägypter stellen auch hier das Immaterielle symbolisch durch das Materielle dar, einfach damit die andere Dimension für den Menschen einigermaßen fassbar wird.

So wie der Mensch das Licht der Morgenröte erlebe, sagen die alten Quellen, so erfahre der Transformierte das anubische Licht, nämlich als Beginn und Morgenröte einer heraufdämmernden neuen Dimension. Bevor er jedoch endgültig eingelassen wird in diese strahlende Welt, erfahre der Reisende neben dem Lebensrückblick die »Dinge des Sechem«, sprich die Erleuchtung über den sichtbaren Kosmos. Dieses Allwissenheitserlebnis habe ich bereits dargestellt, es tritt regelmäßig auch bei modernen Reisenden auf (siehe Kapitel Allwissenheit, S. 129). Der Punkt, an dem die »Erleuchtung über den sichtbaren Kosmos« auftreten soll, erscheint mir recht geeignet, denn mit dem Abstreifen von Körper und Plasma sind wir erstmals nicht mehr in der materiellen Dimension gefangen und können diese daher auch erstmals ganz überschauen. Wenn der *Ba*, unser Geist, in die Region des »himmlischen Nils« – das Spiegelbild des irdischen Nillandes – eintrete, werde er »lichtbegabt«, werde er selbst zu Anubis und selbst anubisches Licht. Wir erhalten gleichsam einen Lichtkörper und sind dann Lichtexistenz. Hier, »fern der Zerstörung«, jenseits des dauernd verfallenden und untergehenden Zeitflusses der irdischen Welt, erhält der Glückliche wie Re, der Sonnengott, ein Lichtbewusstsein.

Wer in diesem Licht badet und somit selbst Lichtkörper ist, besitzt gleichzeitig jenes so häufig in der Hieroglyphenschrift auftauchende Uzat-Auge, das Licht-Auge, das die materielle Welt so ansehen kann, als sei sie transparent, d.h. wir können nun alles erkennen, wissen und voraussehen; daher wurde es nicht nur als Auge, sondern auch als Quelle magischer Fähigkeiten verehrt.

Ich möchte in diesem Zusammenhang noch etwas erwähnen, was später für uns wichtig wird. Anubis galt als Kenner der Astronomie, Kosmologie und Mathematik, also der Zahlen und Weltensysteme. Von ihm haben die Menschen dem Mythos nach Teile ihres Wissens übernommen. Scheinbar handelt es sich um ein rein physikalisches Wissen. Da Anubis aber ein Lichtwesen ist, beherrscht er auch die Wissenschaften der immateriellen Dimensionen, kurzum das Wissen des Geistes! Wenn man ein spiegelbildliches Verhältnis zwischen der Raum-Zeit-Illusion und der Geistzone annimmt, sind beide Welten sowie deren Wissenschaften durch Analogie verbunden. Sie stehen zueinander im gleichen Verhältnis wie ich zu meinem Spiegelbild im stillen Teich. Das eine ist wie das andere, aber auf der jeweils anderen Daseinsebene, so wie ich als Spiegelbild im Wasser anders existiere als in der Raum-Zeit-Illusion. Und genau diese verwirrende doppelte Kenntnis besitzt Anubis über die Mathematik von Erde und Himmel.

4. Das Schöpfungs-Licht (Welt-Ei-Licht)

Ursprung und Quelle dieser drei überirdischen Lichtarten sowie des materiellen Sonnenlichts ist aber nur *ein* Licht: Es wird das »Ewige Licht« oder auch das »Licht des Beginns der Weltschöpfung« genannt. Es wird auch als »Urlicht« oder als »Welt-Ei-Licht« bezeichnet, weil am Anfang der Welt der ägyptischen Mythologie zufolge alle Welten aus einem Urei hervorgekrochen seien wie Küken aus dem Ei. Der Einfallsreichtum der Ägypter hinsichtlich der Umschreibung von Unbeschreiblichem war offenbar schier unerschöpflich.

5. Das Licht des Osiris

Eine weitere Bezeichnung für das Schöpfungslicht ist das »Licht des Osiris«.

Wir haben es also in der ägyptischen Kosmogenese mit fünf Lichtstufen zu tun.

Das Rätsel vom schattenlosen Licht

> *»Ich glaube, wenn der Tod unsere Augen schließt,*
> *werden wir im Licht erwachen,*
> *von dem unser Sonnenlicht nur ein Schatten ist.«*
> ARTHUR SCHOPENHAUER

Wo viel Licht ist, ist auch viel Schatten, sagt man. Unsere irdische Lichtquelle, die Sonne, scheint immer nur aus einer Richtung. Wohin ihr Licht nicht fällt – in Ecken, Ritzen oder hinter Mauern und auf der von ihr abgewandten Seite – herrscht Schatten. Jeder Körper wirft seinen Schatten, das gehört zu unserer materiellen Existenz und wir denken darüber nicht nach. Hören wir nun von einem Licht, das keine Schatten wirft, oder von einem schattenlosen Land, dann denken wir sofort an Märchen. Licht ohne Schatten ist für uns nicht vorstellbar. Tatsächlich ist jedoch ein schattenloser Raum denkbar: Wenn Licht von allen Seiten gleich stark auf einen Gegenstand fällt, dann wirft dieser auch keinen Schatten. Eine andere Möglichkeit ist die, dass die Objekte alle aus sich selbst heraus leuchten. Es gäbe dann Licht-Mauern, Licht-Tische, Licht-Berge. Ich vermute, die Chronik spricht von solch einer schattenlosen, aus sich selbst heraus leuchtenden Lichtwelt.

Auch in vielen Mythen der Völker trifft man auf dieses rätselhafte schattenlose Licht und auf das »Land ohne Schatten«. Die Seele, so hören wir immer wieder, besitze keinen Schatten; ebenso gebe es eine »Ewige Sonne«, die gleichfalls keinen Schatten erzeugt, denn in ihrem Reich scheinen alle Dinge aus sich selbst heraus zu leuchten. Diese so genannte »Ewige Sonne« wäre demnach nur ein poetischer Ausdruck dafür, dass alle Dinge und Wesen aus sich selbst heraus leuchten.

Aller Schattenlosigkeit zum Trotz soll es, so die Chronik, bei den Wesen dennoch Unterschiede im Grad der Helligkeit und Strahlkraft geben. Die Nähe zum Allumfassenden oder die Ähnlichkeit damit drücke sich durch einen Anstieg der eigenen Lichtemanation aus. In der Geistzone verwandeln wir uns in Licht, wie auch zahlreiche Todeserfahrungs-Berichte bestätigen, und werden zu reinen Lichtwesen, die keine Schatten werfen. Schattenlos zu sein heißt also offenbar nichts anderes als »Selbstleuchten«!

Die Geist-dimension

*Heutzutage herrscht weitgehend Überein-
stimmung, die auf der Straße der Physik beinahe
an Einstimmigkeit grenzt, dass der Strom des
Wissens einer nicht-mechanischen Wirklichkeit
entgegenfließt; das Universum beginnt, mehr
einem mächtigen Gedanken als einer Maschine zu
gleichen. Der Geist scheint nicht länger mehr ein
zufälliger Eindringling in den Bereich der Materie
zu sein. Wir beginnen zu mutmaßen, dass wir
ihn eher als Schöpfer und Lenker des Bereichs der
Materie begrüßen sollten ...*

Sir Arthur S. Eddington

Mit dem Eintritt in die Lichtregion des Geistes, treten wir ein
in das, was von uns nach der Lysis II übrigbleibt, nämlich in unser
ureigenes Ur-Bewusstsein, das nun befreit ist von allem Körperlichen
und Plasmatischen. Wir werden sprichwörtlich das, dessen wir uns
insgeheim immer bewusst sind: reiner Geist. An der Basis allen
Bewusstseins ruht universales Bewusstsein.

Asphodelos, das Quarantäne-Quartier

*Und alle, die jeweils eintrafen, hätten den Ein-
druck gemacht, als kämen sie von einer langen
Reise, und sie seien gerne auf jene Wiese gegangen
und hätten sich dort wie bei einem Volksfest gela-
gert und sich begrüßt ...*

Platon

Die Sphäre des Plasmas, das Reich des Hades, dem das »Innere«, die immaterielle Grundlage der Erde, gehört, liegt hinter uns. Der Prozess der Seelentransformation, der Übergang vom Plasmazustand zum reinen Bewusstsein, der von einer Lichterfahrung eingeleitet wird, lässt sich nun vollständig schildern. Beginnen wir mit der griechischen Chronik.

Der feuchte und trübe Zustand des Hades, der Plasmawelt, liegt hinter dem Reisenden, obwohl es in der griechischen Überlieferung heißt, Hades lasse niemanden aus seinem Reich entkommen, weshalb er zum meistgehassten Gott Griechenlands wurde. Tatsächlich aber handelt es sich beim Hades lediglich um eine Durchgangszone ähnlich einem Wartezimmer oder einer Empfangshalle, denn viele Helden sind seinem Schlund entronnen und niemand bleibt für ewig dort.

Dem Mythos nach weiß Hades nichts von all dem, was in der Oberwelt des Olymp, im Elysion, vor sich geht. Selbst sein Helm der Unsterblichkeit gestattete ihm offensichtlich nicht, die ihm angrenzende Region des »Himmels«, wo Kronos regierte, aufzusuchen. Allerdings führt vom Hades, der Unterwelt oder dem Plasma, ein Weg direkt ins Elysion, nämlich vom »Teich der Erinnerung«, Mnemosyne aus. Wer von dessen Wassern trinkt, erinnert sich sofort an seine Ursprungsexistenz, und wie zuvor beschrieben, eröffnet sich für den Reisenden der Zugang zum Elysion einfach dadurch, dass er das Plasma, den Fluss Lethe, durchschwimmt (Wiedergeburt).

Mit dem Elysion betritt der Reisende offenbar den reinen Geistzustand, weil dort alles in hellem Licht erstrahlt. Noch höher angesiedelt als das Elysion sind für die Griechen nur die »Glückseligen Inseln«. Diese höchste Geistregion grenzt an das Elysion oder ist eine Steigerung desselben. Die »Inseln der Glückseligen« sind dem Mythos nach allerdings jenen vorbehalten, die bereits dreimal wiedergeboren wurden und daher das Elysion gut kennen; diese »Götterlieblinge« dürfen dann dort für immer verweilen. Den Eingang zum Elysion bilden die so genannten Asphodeloswiesen, auf die ich nun eingehen werde.

Wer Griechenland bereist hat, kennt die hoch gewachsenen Asphodelien, die mit ihren aschfarbenen Blüten einen grauvioletten Schleier über die Wiesen der Mittelmeerküsten legen. Die Wurzeln und Samen der Asphodelien wurden einst den Verstorbenen geopfert, was man besser versteht, wenn man weiß, dass im alten Griechenland vor der Einführung des Getreides die Asphodelien als Grundnahrungsmittel dienten. Die Asphodelien galten als Blumen des Lebens, andererseits aber auch als Totenblumen. In den »elysischen Gefilden«, wohin die Reisenden nach der Lysis I (Seelenablösung) und der Lysis II (Tunnel) gelangen, erstreckt sich nach der griechischen Überlieferung die Asphodeloswiese, oder auch kurz Asphodelos genannt. Hier endete die Unterwelt, die keineswegs *unter* unserer Welt, sondern zwischen Erde und Mond liegt, d.h. »unterhalb des Mondes«, weshalb sie auch oft »*sublunare* Welt« oder einfach Hades genannt wird. Auf der Asphodeloswiese, deren Farbe nicht umsonst als aschgrau oder grauviolett geschildert wird, wohnen nach altem Glauben die »Abbilder der vom Leben erschöpften Menschen«, die »Menschen ohne Schatten«. So berichtet etwa das große griechische Epos, die *Odyssee*, wie der Gott Hermes die Leichen der von der Göttin Penelope getöteten Freier aufsammelt, mit ihnen in wagemutiger Fahrt den Unterweltfluss Okeanos (siehe Kapitel Das Lethe-Phänomen) überquert, wobei sie am »Land der Träume« (Plasma) vorbeisegeln, und er schließlich mit seiner Last die Asphodeloswiese erreicht. Auf dieser Wiese treffen sie die Geistkörper der vor Troja gefallenen Helden, die auf dieser Wiese sehr vergnügt ihre Tage mit Reiten, Turnen, Würfel- und Lautenspiel verbringen.

Der Begriff Asphodelos (griech. *a* = nicht; *sphodos* = Asche; *elos* = Tal) wird oft übersetzt als »Tal, das nicht zu Asche werden kann«. Die hier lebenden Helden sind zwar zu Asche verbrannt worden, aber ihr Bewusstsein lebt weiter und kann nicht zu Asche verbrennen. Wir befinden uns in einem germanischen *Walhall* oder in einem aztekischen *Xochitlicacan,* was so viel heißt wie »dort, wo die Blumen stehen«. Die Azteken kannten wohl ebenfalls eine Art von Asphodeloswiesen. Ihre Überlieferung besagt: Im »Blumenland« steht ein Baum, an dessen Früchten die Verstorbenen wie an Mutterbrüsten saugen. Ebenso erzählten sich die Griechen, es gäbe dort neben roten Rosen auch Schatten spendende Weihrauchbäume und solche von denen schwere goldene Früchte herabhängen. Ob es sich bei diesen goldenen Früchten um Äpfel handelt, bleibt unklar, wir können es jedoch vermuten, denn wir befinden uns im Elysion, was so viel heißt wie »Apfelland«. Eine weitere Bestätigung unserer Vermutung erhalten wir durch die »sieben Spielzeuge des Dionysos«, des Welten-herrschers nach Zeus; eines seiner geheimnisumwobenen Spielzeuge waren die »Goldenen Äpfel«, und diese galten als eine Art Pass, mit dem der Herrscher jederzeit in die »Elysischen Gefilde« eingelassen werden konnte. Erinnert sei hierbei auch an Herakles' Reise zu den »Glückseligen Inseln«, wo er die »Äpfel der Hesperiden« holte. Die hier verwendeten mythischen Bilder sind allesamt sehr aufschlussreich: Die Glückseligen Inseln sind offenbar der höchste geistige Zustand, und die Goldenen Äpfel bilden den Schlüssel oder Zugangspass zum Elysion. Die Hesperiden gelten als Töchter der Nyx (Nacht) oder des Atlas, sie wohnen jenseits des Okeanos (Plasma), im äußersten Westen gemeinsam mit dem Drachen Ladon im »Garten der Götter«, sprich den Glückseligen Inseln, wo sie die Goldenen Äpfel bewachen. In unser Verständnis übersetzen lässt sich diese Darstellung wie folgt: Die Hesperiden sind die Wächter zwischen Plasma und Geistzone. Beim Übergang von einem zum nächsten Zustand brauchen wir, sozusagen als Pass, die Goldenen Äpfel. Die Äpfel gelten als Symbol der Fruchtbarkeit und der Erotik, denn sie verbinden zwei Wesen (Adam und Eva) ebenso wie sie die zwei Zustände – Plasma und Geistzone – verbinden. Zur Veranschaulichung des oben Beschrie-benen ein Chronikbericht:

»Wenige Augenblicke später schwebte ich über meinem Bett. Ich konnte meinen Körper liegen sehen, aber er interessierte mich so wenig wie irgendein anderer Gegenstand im Zimmer. Ich empfand nichts als Frie-den, ein Gefühl, dass nun alles gut sei. Dann fiel ich in eine zeitlose Leere. Als ich mein Bewusstsein wiedererlangt hatte, schwebte ich durch den Raum, schwerelos und körperlos. Und doch war ich »ich selbst« und befand mich in einem grünen, rings von Bergen umgebenen Tal, das in Licht und Farben von unbeschreiblicher Leuchtkraft getaucht war. Von überall her kamen Leute auf mich zu, Menschen, die ich gekannt und tot geglaubt hatte. An viele hatte ich seit Jahren nicht mehr gedacht, aber

*jeder, den ich einmal gern gehabt hatte, schien zu meiner Begrüßung
gekommen zu sein. Alle waren mehr durch Persönlichkeitsmerkmale
als durch ihr Äußeres wiederzuerkennen. Ihr Alter hatte sich verändert. Einige, die als ältere Menschen gestorben waren, erschienen jetzt
jung, andere, die als Kinder dahingeschieden waren, begrüßten mich als
Erwachsene.«* (Ford, 1971, S. 204 f.)

*»Als ich niederfiel, sah ich mein gesamtes Leben in einer Sekunde an mir
vorübergleiten, und dann war alles schwarz. Als ich aus diesem Dunkel
herauskam, wollte ich zurück, woher ich gekommen war, dorthin, wo
es so schön gewesen war; wundervolle Blumen und bezaubernde Musik
und alles wechselte. Selbst eine Tulpe war anders, schöner als eine normale Tulpe. Ja, ich sah Blumen und Berge ...«*
(Peter Hurkos, in: Browning, 1970)

Die Berichte lassen sich in einem Wort zusammenfassen: Paradies!
Wir gelangen offenbar in eine Atmosphäre, die all unseren Hoffnungen entspricht – und ist das Paradies nicht unsere wahre Hoffnung? Und ist es nicht das Natürlichste, alle Lebenserscheinungen
auf der Skala der Intensivierung immer höher zu treiben? Jeder will
das Sein leuchtender, stärker, größer, schöner, intensiver erfahren.
Wir wollen das vollste, blühendste Leben. Und das betreten wir nun
nach der Lichterfahrung wie eine große Bühne oder einen paradiesischen Garten. Die Schönheit und Feierlichkeit der Asphodeloswiese
beruhigt, wir spüren tiefsten Frieden bei uns einkehren. Die Harmonie von Asphodelos führt uns zu erhabenen Gedanken. Der Angst-
zustand, der viele im Angesicht der Geistzone erfasst, wird sogleich
von der beruhigenden Atmosphäre im Keim erstickt. Bekannt ist die
Szenerie der Asphodeloswiesen auch als »Ebene der Ankunft«, wo
wir uns erholen können wie in einem Genesungsheim. Der Schock
des Zustandswechsels, der Zeitmauer- oder Dimensions-Schock soll
hier aufgelöst werden. Die Strukturen hier gleichen der Atmosphäre
der Raum-Zeit-Illusion, nur eben paradiesisch erhöht. Es folgt nun
eine typische Schilderung, wie man auf den Asphodeloswiesen empfangen wird.

»Aus diesem Grunde prüfen die Wächter an der Nebelwand jede ankommende Seele, nicht um sie zu richten – das gehört nicht zu ihrer Aufgabe –, sondern um ihnen so weit wie möglich zu helfen. Sie haben Erfahrung im Lesen der Charaktere, erfassen die seelische Entwicklung jedes Einzelnen und geben im Gedankenflug ihre Berichte an übergeordnete Stellen, die über die im Einzelfall notwendige Hilfe entscheiden. In kürzerer Zeit, als ich jetzt zur Erklärung benötige, sind alle Vorkehrungen getroffen und einer oder mehrere Helfer ausgesandt, um den Neuankömmling auf der Ebene oder einem Wiesenhang, wie du ihn selbst kennen gelernt hast, zu empfangen.
›Wie erkennen die Helfer in der Menge gerade denjenigen, der ihnen anvertraut werden soll?‹
›An seinem Gewand.‹
›Aber wo so viele das gleiche Gewand tragen, kommen da nicht häufig Verwechslungen vor?‹
›Niemals. Die Helfer sind zu gründlich auf ihre Aufgabe vorbereitet, um jemals fehl zu gehen. Die Farben der Gewänder mögen dir gleich erscheinen, in Wirklichkeit aber gibt es zahlreiche feine Unterschiede, deren jeder eine ganz bestimmte seelische Verfassung anzeigt, nach der sich wiederum die Betreuung durch die Helfer richtet. Fehler gibt es dabei nicht.‹
Die Farben sind also ein unfehlbarer Gradmesser?«
(Lee 1977, Bd. II., S.90f.)

Dass die »Vibrationsrate«, d.h. die Farbe einer Person, Ausdruck ihres Gemützustandes und ihrer Erkenntnis ist – sehen wir einmal von der Abstrusität der Idee ab –, ist eigentlich ein beruhigender Gedanke. Endlich kann man auf Anhieb erkennen, mit wem man es zu tun hat. Jetzt kann man hinter die sozialen Masken schauen: Wir sind wie ein lebendiges Röntgenbild geworden.

»Ich habe noch den süßen Geschmack im Mund von dem Wasser, das ich trank. Denn dort war ein großer Springbrunnen, und ich habe aus dem Springbrunnen getrunken. Ich habe Blumen gesehen, die dreimal so groß waren wie unsere Blumen. Sie dufteten, wie es bei uns die schönsten Blumen im höchsten Sommer nicht vermögen.

Ich habe viele Menschen aus weiter Entfernung gesehen. Wenn ich zu ihnen hinlaufen wollte, entschwanden sie in dem gleichen Tempo, in welchem ich mich ihnen zu nähern versuchte.

Unter einem riesigen Baum, der bis in den Himmel gewachsen zu sein schien, stand ein Trommler. Dieser Trommler lief nicht vor mir fort. Er stand da und schlug auf seine Trommel und wartete, bis ich ganz nah war.

Ich weiß nicht, ob er es war, der zu mir sprach. Jemand sagte zu mir, dass nun alles gut sei und dass ich auch – wenn ich wollte – fliegen könnte.

Wie schwer jetzt meine Arme und meine Beine wieder sind. Ich glaube, ich kann sie nie mehr bewegen, denn dort in jenem anderen Land, in dem ich war, war alles ganz leicht. Wenn nur die Menschen nicht immer vor mir davongelaufen wären.

Der Trommler wurde dann so groß wie der Baum. Ich konnte ihn nicht einmal mehr sehen. Und ich lief dann immer weiter durch diese schöne grüne Welt und rief laut nach einem Menschen. Jetzt weiß ich, dass ich nach meiner Mutter gesucht habe. Aber sie ist doch lange tot. Ich habe nach ihr gesucht, und jemand sagte mir auch, dass ich sie demnächst finden würde. Aber es werde noch etwas dauern. Es daure immer eine lange Zeit, ehe man die anderen finde, auf deren Suche man ist.

Ich bin dann unter dem großen Baum, der bis in den Himmel ragte, eingeschlafen.« (Delacour, 1973, S. 44)

»Was ich sah, stellte alle irdischen Freuden in den Schatten. Ich sehnte mich danach, der fröhlichen Menge und dem Kindergesang und der Freude in den Apfelgarten zu folgen. Die Luft war glasklar, so dass Details deutlich hervorstanden in diesem neuen Licht: der Obstgarten in durchsichtigem Weiß und Rosa, erstaunlichen Schattierungen von Grün und Rot, Gelb und Rotbraun – und es gab duftende Blüten und reife rote Früchte an den Bäumen.« (Weiss, 1972, S. 42)

»Während ich in der Mitte dieser üppigen grünen Wiese stand, konnte ich Tiere, Blumen und Bäume sehen. Es waren Blumen, die mir besonders gefielen. Ich hatte noch niemals eine solch verschwenderische Fülle von hübschen Pflanzen und Blumen auf dieser Welt hier gesehen. – Eine Weile stand ich im hüfthohen Gras und horchte auf dessen leises Rascheln

in der sanften Brise, die wehte. – Die Wiese kam mir vor, als sei sie gerade von einem Morgenregen reingewaschen worden. Sauber. Makellos. Vollkommen. Es gab nichts, was diesen Eindruck der Reinheit verdarb.« (Wheeler, 1982, S. 89)

Diese märchenhaften Erfahrungen zeigen, wie großartig unsere Hoffnungen sich erfüllen können. Manch einer mag das kitschig finden, aber offenbar hegen wir kitschige Hoffnungen, die dann in der Geistzone prompt reale Gestalt annehmen. Vergessen wir nicht: Die Geistzone ist eine Landschaft des Geistes, und wir beschäftigen uns hier mit subjektiven Wirklichkeiten! Daher all die Springbrunnen, die klaren Gewässer und das Blumenmeer; daher können wir fliegen, sind leicht wie eine Feder und schlafen ein unter einem Himmelsbaum, der die Achse darstellt, die Himmel und Erde verbindet und der Ausdruck der unendlichen Verbundenheit aller Welten ist. In diesem Zustand nimmt jeder das wahr, was er wahrnehmen kann. Viele – so die tibetische Überlieferung – seien im Geistkörper zwar wach, aber ihre Sinne seien nicht genügend geschult, um das zu erkennen, was tatsächlich erkannt werden kann. Wir sehen lediglich Spiegelbilder der Raum-Zeit-Illusion.

Mein Vater und seine Mutter starben zur gleichen Zeit – offenbar, weil sie sehr stark miteinander verbunden waren. Zu dieser Zeit hatte die Frau meines Bruders während einer kurzen Mittagsruhe folgenden Traum:

»Ich sah wie beide Hand in Hand und glücklich vereint mit dem Rücken zu mir gewandt und ohne mit den Füßen den Boden zu berühren in eine Blumenwiese hineinliefen. Eine wunderbare Musik war dabei zu hören. Die Blumen waren herrlich, ich konnte sie eigenartigerweise aus der Ferne und gleichzeitig ganz aus der Nähe betrachten. Beide waren von ihrem Alter befreit. Sie waren jung, so um die dreißig, und der Schwiegervater (er hatte nur ein Bein) hatte jetzt wieder zwei Beine. Die Atmosphäre war in ein ganz besonderes Licht getaucht. Dieser Traum war irgendwie kein Traum, er war realer als ein Traum, realer als unsere Wirklichkeit. Das ist jetzt über 13 Jahre her, aber ich kann die Präzision der Bilder nicht vergessen.« (Persönliche Mitteilung)

Dieser Bericht meiner Schwägerin über die Vision einer Blumenwiese ist sehr selten, denn hier macht nicht der Verstorbene selbst die Erfahrung, auf diese paradiesische Wiese zu gelangen, sondern ein Außenstehender wird gewissermaßen in die Vision des Sterbenden mit hineingezogen.

Geistige Hospitäler

Die Tlingit-Indianer an der kanadischen Nordwestküste kennen bei ihrer Vorstellung vom Sterben ein »Schlaf-Haus«. Dort ruhen sich die Ankömmlinge aus dem Plasma erst einmal richtig aus, bevor sie weiterreisen (Swanton 1908). Im Allgemeinen sprechen die Überlieferungen der Chronik davon, dass besonders jene sich hier erholen, die eine lange Krankheit hinter sich haben, ebenso wie auch Personen, die mit Angstzuständen oder unklaren Erwartungen die Geistzone betreten, oder jene, die unter »Dimensionsschock« leiden. Sie alle brauchen viel Schlaf.

Es sind aber nicht nur Schlafhäuser, von denen wir hören, sondern auch regelrechte Krankenhäuser, in denen aber eher eine Anpassungsoperation an die neuen Bedingungen vorgenommen wird, als das, was bei uns in solchen Institutionen passiert. Ähnlich, wie man nicht einfach den Mount Everest ohne vorherige Höhenadaption ersteigen kann, so bedarf es in der Geistzone verschiedener Eingewöhnungsphasen, und Asphodelos, das Quarantäne-Quartier, ist eine solche. Für viele mag all das lächerlich klingen, aber in der Todesforschung gilt es, sich mit mancherlei schwer vorstellbaren Fakten anzufreunden.

Diverse Chronikquellen lassen den Schluss zu, dass Menschen, die z.B. erschossen werden oder durch einen plötzlichen tödlichen Unfall ums Leben kommen, die also nicht durch Krankheit oder Erschöpfung geschwächt sind, dieser »geistigen Hospitäler« nicht bedürfen, sie treten frisch und selbstbewusst in die Geistzone ein. Durch den rasanten Wechsel der Dimension wissen sie jedoch nicht, wo sie sich befinden. Sie hatten nicht wie die langsam Dahinsiechenden genug Zeit, sich mit dem Tod auseinander zu setzen, und sind sich gar nicht dessen bewusst, dass sie tot sind. Da Asphodelos dem Raum-Zeit-Environment jedoch recht genau nachgebildet ist, können sich die verwirrten Neuankömmlinge hier leidlich zurechtfinden.

Vielleicht ist Asphodelos gerade aus diesem Grund unserer Welt so wunderbar nachempfunden, damit wir uns nicht plötzlich in einer fremden Welt wiederfinden. Kaum auf der »Ebene der Ankunft« angekommen, verwirklichen sich unsere Geist-Wünsche, und wir nehmen unser ureigenstes Paradies wahr. Und der Duft der blumenübersäten Wiesen wird uns so real vorkommen, dass wir keinen Zweifel mehr an der Wirklichkeit dieser Szenerie hegen. Wir sind im Reich unserer geheimsten Hoffnungen angelangt, hier dürfen wir uns erholen vom »Lebens-Schock«. Nur, dass wir auch hier ein Leben entsprechend unseren subjektiven Halluzinationen und Begierden führen werden, können wir auf dieser unteren Stufe der Erkenntnis noch nicht erfassen.

Die Traumhäuser

Die Häuser, die wir in der Geistwelt wahrnehmen, wurden erdacht, um eine vertraute Umgebung für die Neuankömmlinge zu schaffen, und sie wurden mittels Gedankenformen erbaut.

»Als ich mich in meiner Umgebung umsah, bemerkte ich, ich befand mich in einem großen Gebäude aus vielfarbigen Steinen, und jeder vibrierte in einem bestimmten Ton wie in einem großen Orchester ... Die Steine erzeugten eine höchst bezaubernde Musik. Ich sagte ›vielfarbige Steine‹, doch ist das eine Fehlbezeichnung, denn sterbliche Menschen können sich in ihrer Imagination keine auch nur annähernde Vorstellung der Farben, der Schönheit und der Frische dieser Steinmauern machen. Ich streckte meine Hand aus, um diese Steine zu berühren, um zu prüfen, ob sie real waren. Sie waren real.« (Persönliche Mitteilung)

»Es war ein Land, in dem Lebewesen, die über unheimliche Fähigkeiten verfügten, Paläste und Häuser mit großen und schweren Säulen errichtet hatten, Paläste und Hochhäuser –, aber in Formen, wie der Mensch sie wohl nie erdacht hat. Ich habe anfangs versucht, diese Formen auf Papier zu bringen. Aber es gelingt mir nicht. Wenn ich zeichne und in den Begriffen Länge und Breite und Höhe überlege, dann verschwimmt alles, und es wird ein lächerliches irdisches Gebäude daraus, aber nicht das, was ich sah. (...)

Ich lebte also in dieser Welt der hohen Häuser und der Säulen. Um mich her waren viele Wesen wie ich. Ich glaube, wir haben Formen gehabt, die den irdischen Formen sehr ähnlich sehen. Aber es geht mir damit, wie mit dem Versuch, die Umrisse jener Häuser auf das Papier zu bannen. Ich bringe es nicht zustande ... wenn ich es dann beschreiben sollte, wenn ich die Augen öffne, um es mit Strichen und Linien und Kreisen zu verwirklichen, dann geht es auf einmal nicht mehr weiter. (...)
Aber war ich denn wirklich wie ein Mensch, so, wie ich heute bin? Ich erinnere mich, dass ich mit Wesen zusammen war, die durch die Dinge hindurchschritten. Das schien mir anfangs selbst merkwürdig und unglaublich ... Ja, jetzt fällt es mir ein, einen Zeitbegriff hatte ich nicht in jener anderen Welt, in diesem Dasein zwischen Säulen und Häusern, unter den Wesen, die so stark waren, dass sie alles verrücken und bewegen konnten. Die Zeit schien nicht zu existieren.«
(Delacour, 1973, S. 222 f.)

Die Quarantäne-Funktion drückt sich auch in der Art der Gebäude aus, auf die wir in der Geistwelt stoßen, und ich möchte hier kurz auf dieses Phänomen eingehen. Diese Gebäude wurden anscheinend extra errichtet, um den Neuankömmlingen einen beruhigenden Eindruck zu vermitteln. Die Berichte der Chronik lassen vermuten, die Häuser seien durch die Gedankenkonzentration der dortigen Geistwesen entstanden. Man baut in der Geistwelt in Gedanken etwa so, wie wir in der irdischen Welt Luftschlösser bauen. Kaum sind wir also der Kartenhauswelt der Raum-Zeit-Illusion entronnen, taumeln wir in erdachte Traumhäuser hinein. Mir drängt sich die Frage auf, kommen wir in der Geistwelt etwa vom Regen in die Traufe?
Zum Abschluss möchte ich zwei typische Quarantäne-Erlebnisse wiedergeben, die Aufschluss darüber geben, wie es zustandekommt, dass wir die Geistzone nur kurz berühren. Ein ehemaliger österreichischer Polizeikommissar sandte mir folgende persönliche Erfahrung zu.

»Eine Stimme – noch immer habe ich sie im Ohr – sagte dann zu mir: ›Du bist müde, hast viel durchgemacht. Ruh dich aus und schlafe.‹ Dies tat ich. Und mich umfing ein wohltuendes Nichtwissen. Wie lange es

dauerte, weiß ich nicht, da mir jeglicher Zeitbegriff fehlte. Dann hörte ich aber wieder die männliche Stimme, dass ich noch eine Aufgabe zu erfüllen hätte und mein Wunsch nach Ruhe allzu egoistisch wäre. Darauf musste ich durch den Tunnel wieder zurück und erwachte in der Intensivstation aus einer tiefen Bewusstlosigkeit.« (Persönliche Mitteilung)

Der Zeitmauerschock

Bereits im vorhergehenden Kapitel wurde angedeutet, wie schwer es uns fällt, uns in eine neue Dimension einzugewöhnen. Das Quarantäne-Phänomen belegt sehr deutlich, dass wir uns erst einmal erholen, uns gar in »geistigen Hospitälern« einer Eingewöhnungskur in das ungewöhnliche Umfeld unterziehen müssen, damit wir lernen, uns angemessen in der anderen Wirklichkeit zu bewegen. Die Eingewöhnung ist nötig, sonst kommt es zu absurden Verhaltensweisen, etwa, wenn wir versuchen, uns in der Geistwelt so zu verhalten wie in der Raum-Zeit-Dimension. Man könnte uns dann etwa mit einem Wal vergleichen, der in der Luft fliegen wollte.

Stellen wir uns einmal vor, wir reisen nach Indien. Viele Konventionen sind dort anders, so haben die Inder beispielsweise die Angewohnheit, bei Ja den Kopf zu schütteln und bei Nein zu nicken – eine verkehrte Welt für uns. So tut sich mancher Reisende am Anfang sehr schwer, und aus der Konfrontation mit der fremden Welt kann ein Kulturschock resultieren. Ein etwas ausgeprägterer Fall von ungewohnter Umgebung wäre folgender. Ein Astronaut reist zum Mond. Bevor er dort landet, muss er mit dem Vakuum im Raumschiff fertig werden: Er schwebt in der Luft, und alle irdischen Bewegungsarten versagen dabei. Erst spielt er Fisch, dann Vogel, ja, er versucht schließlich, normal zu gehen; aber alle diese Fortbewegungsmethoden versagen. Schließlich landet die Raumfähre auf der Mondoberfläche. Das Gewicht des Astronauten beträgt nun nur noch ein Sechstel des ursprünglichen. Jetzt kann er über die Mondkrater hüpfen. Was diesem Astronauten auf dem Mond passiert, könnte man einen »Atmosphäreschock« nennen.

Unsere Thematik beschäftigt sich mit etwas Vergleichbarem, nur sind die Auswirkungen viel umfassender als bei einem Kultur- oder Atmosphäreschock. Wechseln wir von der Raum-Zeit-Dimension in den Plasmazustand über und von dort in die Geistdimension, dann erhalten wir zum Beispiel einen *Zeitmauerschock*. Die veränderte Zeitstruktur in der nächsten Dimension »schockiert« so sehr, dass wir die neue Zeitstruktur einfach nicht wahrhaben wollen und so tun, als befänden wir uns noch in der irdischen Welt. Was also ist im Plasma und in der Geistdimension noch an irdischen Verhaltensweisen zu finden?

Kaum haben wir uns jedoch an die neue Umgebung gewöhnt, vergessen wir recht schnell unsere Erinnerungen an die alte Welt. Das Leben in der Raum-Zeit-Welt erscheint uns zunehmend milchigtrüb, erst fallen einzelne Fakten, dann ganze Erinnerungsblöcke aus unserem Gedächtnis heraus; und bald ist uns die Raum-Zeit-Welt ein fremdes, nicht mehr nachvollziehbares Land. Besonders durch das Wegfallen von Raum, Zeit und Kausalität und durch die Auflösung unserer Ichstruktur sowie durch die Abwesenheit von Materie entfremden wir uns der alten »Heimat« schnell und können ihre Probleme schon bald nicht mehr verstehen. Standen wir in der Raum-Zeit-Welt mit beiden Beinen fest auf dem Boden der Tatsachen, so finden wir jetzt in der Geistdimension unseren Halt allein in der Kraft unseres selbstschöpferischen Denkens, das noch als Überrest des irdischen Denkens zu verstehen ist, sich aber zunehmend in ein All-Denken verwandeln wird.

Der Zeitmauerschock stellt sich demnach als Steigerung des Kultur- und Atmosphäreschocks dar. Jeder Bewusstseins- und Dimensionenwechsel ist mit einem solchen Schock verbunden.

Oh, strahlendes Land

Eine amerikanische Tänzerin schrieb mir Folgendes über eine Erfahrung, die sie als Kind bei einem Unfall gemacht hatte:

»Ich ging Schlitten fahren. Wir wollten unseren Spaß an diesem Tag haben, und ich gab mein Bestes. Wir rodelten den Berg hinab, ich steu-

erte. Da stand ein Baum unten am Hügel. Unser kombiniertes Gewicht verstärkte sich auf die Kufen und erhöhte unsere Geschwindigkeit. Der Baum kam immer näher auf uns zu. Die anderen Mädchen begannen zu schreien: ›Steuere, steuere!‹ (Sie raste mit dem Schlitten an einen Baum, erlitt aber scheinbar keine Verletzungen. Erst später stellten sich verschiedene Symptome ein.)

Ich wurde die ganze Nacht abwechselnd bewusstlos und wieder wach. Ich konnte mich nicht länger bewegen oder sprechen. Ich war zu schwach. Dann wurde es schwarz. Als meine Wahrnehmung wiederkam, war ich nicht mehr ein Mädchen mit einem Namen und Körper – ich war ein Wahrnehmungspunkt, der außerhalb des Bildes lag. Ich beobachtete von einem hohen Ort aus, was geschah. Ich war außerhalb des Raumes, sah aber, was dort vor sich ging. Ich befand mich in der oberen linken Ecke und hing in der Luft, schwebend in der Dunkelheit und beobachtete die Bewegungen der Schwestern und Doktoren. Sie riefen meinen Namen wieder und wieder, doch könnte ich noch nicht antworten. Ich besaß keinerlei Verbindung mehr zu meinem Namen und Körper. Sie schienen nicht zu bemerken, dass ich gar nicht mehr da war. Mir schien, als machten sie unheimliches Aufhebens um einen toten Hund, der da auf dem Küchentisch lag. Sie schnitten ihn auf und nähten ihn zu und verbanden ihn mit Maschinen, um ihn zurück ins Leben zu bringen. Ich fühlte Mitleid für sie und ihre hastige und ängstliche Teamarbeit. Ich wollte ihnen sagen, sich nicht zu beunruhigen, und sie von ihren Bedenken erleichtern. Ich brauchte all das nicht und wollte es nicht. Ich war ja nicht mehr in diesem Hundekörper.

Ich war im Himmel. Frei. Ich war Moleküle, die sich erhoben, ausdünsteten. Ich wollte eine Wolke sein und schwebte. Je höher ich flog, desto leichter wurde es, als ob die Quelle des Lichts oben und jenseits sein würde. Je höher ich aufstieg, umso leichter wurde ich, leichter im Sinne von leuchtender, goldener, wärmer, sonniger; und leichter im Sinne von weniger dicht, luftiger, verteilter. Ich schwebte in dieses luxuriöse Reich. Meine Zusammensetzung schien die der Milchstraße zu sein, nur abgebildet gegen den Himmel und die Luftströme. Sie besaßen keine Körper- oder Stofflichkeit, doch konnte ich ihre Gegenwart spüren. Die Luft war selbst ein Ort, lebendig und strahlend, ein sinnliches Medium. Fortbewegung war ohne Anstrengung möglich, Segeln in Spiralen, Säulen, Achter-

211

figuren, nur so aus Spaß. Die Gedanken waren brillant-klar, ungetrübt und wortlos. Die Wahrnehmung war transparent. Die Gedanken materialisierten sich in Handlungen. Die Seligkeit, der Humor, die Abwesenheit von Konflikten und von Schwerkraft waren so verführerisch und elementar wie mein Bedürfnis nach Wasser die Nacht zuvor. Ich gehörte zu diesem Ort so sicher wie ich einst zu einem Körper gehört hatte. Ich fühlte mich so rein und einfach wie ein Atom. Vollkommen. Vereint mit der Unendlichkeit. Mich selbst enorm freuend.
In der Zwischenzeit behandelten die Ärzte und Schwestern den Hund. Meine Aufmerksamkeit wurde zurückgezogen, ganz gegen meinen Willen, zur oberen linken Ecke dieses dunklen Krankenhauszimmers. Ich beobachtete von dort oben die unglückliche Szene, die Mediziner, wohlmeinend und entschlossen, mich zu retten. Eine Schwester rief: ›Kannst du mich hören?‹, und schrie meinen Namen. Ich dachte, ich würde erklären, dass das nicht ich sei, es wäre nur ein Hund. Sie hörten aus meinem Mund: ›Ich bin ein Hund‹ und ›Ich liege auf dem Küchentisch‹ und setzten ihre Arbeit fort. Indem ich die Worte sprach, hatte ich willentlich und unglücklicherweise meinen Körper wieder betreten. Ich begann mit einem wilden Protest, riss mir den Bauchkatheder heraus, die Nadeln, die tropfenden Schläuche. Die Schwestern schnappten nach allem, eine rannte nach der Spritze. Wieder wurde mir versichert, ich sei kein Hund, ich läge nicht auf dem Küchentisch, sondern im Hospital, und dass alles in Ordnung sein würde.« (Persönliche Mitteilung)

Hier noch der Fall eines Anthropologen:
»Als ich den Tunnel verließ, trat ich in ein wunderbar strahlendes Land ein, in einen unendlichen Raum, eine unendliche Zeit ... Es war ein vollkommner Raum. Darin sah ich erstaunliche Geschöpfe: Löwen und andere Wesen, alle herrlich geformt, von vollendeter Grazie und Schönheit jenseits aller Vorstellung. Ich sah auch eine Anzahl Menschen, einige davon waren bekleidet, einige nicht. Die Kleidung, die transparent schien, war Schmuck, nicht aber jene Art Schmuck, wie er uns vertraut ist; es schien, als bewegten sich die Hände durch die Kleidung hindurch, ohne Widerstand irgendwelcher Art. Die Menschen, alle von anmutiger Schönheit, waren jene, für die ich mich seit langem interessierte – mein Vater (der seit 25 Jahren tot war), Sigmund Freud und Charles Darwin

(über die ich jahrelang geschrieben, gelesen und gelehrt hatte). Jeder dort schien ein Wissen, so strahlend und verklärend wie das Licht selbst, zu besitzen. Und auch ich besaß es. Natürlich hatte ich nie zuvor solche Erscheinungen erfahren, an sie geglaubt oder sie für wahr gehalten, doch nun waren sie da, so als hätte ich sie immer gehabt ... Ich hörte auf zu fliegen, mein Interesse verlagerte sich auf neue Phänomene. Ganz nach meinem Belieben, wie auch die anderen, wandelte ich umher. Ich wusste, alles, was es zu tun galt, war, sich einer interessanten Person zu nähern, um wie von selbst und ganz unmittelbar ihr Wesen zu verstehen. Worte können solch ein universelles Wissen nicht vermitteln.«
(Gallagher, 1982)

Diese Berichte müssen hier für viele andere stehen. Die Chronik verweist immer wieder auf ein »strahlendes Land«, dessen Licht identisch sei mit Wissen. Licht und Wissen seien austauschbare Begriffe. Darüber hinaus sei Licht identisch mit Schönheit. Die Triade Licht – Liebe – intensives Leben, oder Licht – Wissen – Schönheit entsteht. Auf der Wahrnehmungsebene drückt sich dieses »strahlende Land« als Licht aus; auf der Denkebene als Wissen und auf der ästhetischen Ebene als Schönheit. Es handelt sich nicht um drei verschiedene Phänomene, sondern um drei Ausdrucksweisen *eines* Phänomens. Die Geist-Erfahrung wird auf allen Sinnesebenen aufgenommen. Mindestens acht Arten, die Geistzone zu erfahren, lassen sich aufzählen, nämlich entsprechend den acht Quartettbedingungen. Insbesondere kann uns also die veränderte Kausalitäts-, Raum-, Zeit- oder Materialstruktur oder unser verändertes Gefühl, Denken, Empfinden und die veränderte Struktur unseres Ich auffallen. Licht, Wissen, Schönheit – das sind die drei am häufigsten genannten Versionen, die Geistzone zu erfahren.

Die große Gegenwart

»Ich fühlte die Gegenwart des Königs des Universums. Ich fühlte, wie mich die Kraft durchdrang. Ich wusste, ich bestand jetzt aus reiner Energie.« (Wheeler, 1982, S. 111)

»... nach und nach wurde ich mir einer Gegenwart bewusst; einer Gegenwart der Freude, Harmonie und des Mitgefühls. Mein Herz sehnte sich danach, Teil dieser Schönheit zu werden.« (Weiss, 1972, S.42)

Die Kraft, die wir beim Eintreten in die nächsthöhere Dimension plötzlich spüren, kann leicht auf folgenden Vorgang zurückgeführt werden: Im Augenblick, in dem wir den Plasmakörper abwerfen, stehen wir gewissermaßen ganz nackt da, nur noch bekleidet mit dem Geistkörper. Durch diesen Ablösungsvorgang haben wir Physis und Plasmakörper abgeworfen und uns wie eine Schlange gehäutet. Da die beiden Quartette ebenso wie unser Seelenplasma ganz weggefallen sind, existieren wir auf einmal als Geistwesen und sind plötzlich auf unser wahres Dasein zurückgeführt worden. Als lebendiges Jetzt, als ewige Gegenwart und befreit von Vergangenheit und Zukunft, ja von Zeit überhaupt, erkennen wir, dass wir zuvor als lebendig Begrabene, als Mumie eingesperrt in zwei Sarkophage – irdischer Körper und Plasmakörper – gelebt haben. Die Chronik beschreibt diese Erfahrung der »großen Gegenwart« euphorisch als Zuwachs an Vitalität und als Anstieg der Lebendigkeit, was nichts anderes heißt als die Abwesenheit der beiden Quartette.

Alle Dinge sind voller Götter

> *... aus Menschen zu Heroen, aus Heroen zu*
> *Dämonen, aus Dämonen ... zu den Göttern*
> *emporgehoben werden*
> *und so zur schönsten und seligsten Vollendung*
> *gelangen.*
> PLUTARCH

> *Alle Dinge sind voller Götter.*
> THALES VON MILET

»Neben mir stand ein herrliches Wesen. Ich konnte keine genauen Umrisse erkennen, nur ein Licht, dessen Strahlen alles um mich herum

erleuchteten und das mit einer Stimme sprach, die so sanft war ... so sanft, wie man es sich kaum vorstellen kann ... Während dieses liebevolle, aber zugleich ehrfurchtgebietende Wesen zu mir sprach, erhielt ich einen so tiefen Einblick in die Bedeutung der Dinge, dass ich es nicht mit Worten wiederzugeben vermag. Ich begriff den Sinn von Leben und Tod und hatte plötzlich keine Angst mehr ... so dass es überhaupt keinen Grund dafür gab, meinen wilden Überlebenskampf fortzusetzen.«
(Ring, 1985, S. 71)

»Es war friedlich und kühl ... Ich konnte andere wie mich selbst sehen, sie schwebten herum, nur Zentimeter über dem Boden ... tot (Viet Cong), nur waren sie wie ich ... Unsere Augen trafen sich, doch waren da keine feindlichen Gefühle zwischen uns, nur etwas, das wir gemeinsam hatten ...« (Sullivan, 1984, S. 149)

»Und da bemerkte ich auf einmal auch die ganzen Menschen, die da in hellen Scharen, wie mir schien, überall an der Zimmerdecke entlang schwebten. Es waren alles Leute, die ich in meinem früheren Leben gekannt hatte, die aber schon vor mir gestorben waren. Ich erblickte meine Großmutter und ein Mädchen, das ich aus meiner Schulzeit kannte, und viele andere Verwandte und Freunde. Ich sah hauptsächlich ihre Gesichter und spürte ihre Gegenwart ... Es war ein freudiges Zusammentreffen und ich hatte das Gefühl, dass sie gekommen seien, um mich zu schützen und zu führen.« (Moody, 1977, S. 62)

»Mehrere Wochen, bevor ich beinahe gestorben wäre, war Bob, ein guter Freund von mir, ums Leben gekommen. In dem Augenblick, als ich nun meinen Körper verließ, hatte ich sofort das Gefühl, dass Bob da war, dass er genau neben mir stand ... Ich sah ihn nicht in seinem normalen Körper ... Er war da, aber nicht in seinem stofflichen, sondern in einem irgendwie durchscheinenden Körper ...« (Moody, 1977, S. 63)

»Ich sah klar und deutlich, wie Gott kam, stehen blieb und mir die Hände entgegenstreckte. Er stand da und schaute auf mich herunter, und alles war in Licht gehüllt ... Er war groß und ganz in Weiß gekleidet, ich glaube, er hatte eine weiße Robe an ... Sein Gesicht war wunderschön,

*ich habe seitdem nie wieder etwas so Wunderschönes gesehen. Seine Haut
schien zu strahlen, und sie war makellos, absolut makellos ...«*
(Sabom, 1982, S. 72)

Der Biologe Alfred Russel Wallace entwickelte bereits vor Charles
Darwin die Evolutionstheorie, denn 1910 schrieb er ein Buch mit
dem Titel *The World of Life*. Darin bezeugte er seine Auffassung,
ein grundlegendes Gesetz des Universums sei die unendliche Vielfalt
der Lebensformen und das Universum bestehe aus unendlich vielen
Existenzen und Intelligenzen. Er hoffte, über die physische Biologie
hinaus werde sich unser Geist unabhängig vom Körper ständig wei-
terentwickeln.

Wallace steht für Hunderte von Forschern, die auf eine Umwand-
lung des Menschen hoffen, die nichts zu tun hat mit Schulbildung,
Industrialisierung und mechanischem Wissen. Wenn wir offen sind,
in uns hineinhorchen und für einen Augenblick die Verkrustungen
von Meinung und Klugheit abwerfen, dann werden viele in sich
einen Drang zur Überschreitung des Menschlichen spüren. Nietzsche brachte diese geheime kollektive Hoffnung mit einem Wort zum
Ausdruck: der Übermensch! Das menschliche Denken erlaubt mehr,
als nur den Menschen zu denken. Wir können uns Titanen an Gestalt
und Giganten des Geistes erträumen. Wir haben das in der Literatur,
in Märchen, Mythen und Wissenschaftsutopien getan. Ein angebo-
rener Trieb nach Überschreitung des Menschen ist jedem Menschen
eingeboren. Oder soll der »Jahr-2000-Mensch« das Ende sein? Sehen
wir von materiellem Luxus und von technologischer Naturbeherr-
schung einmal ab, sind wir damit wirklich zufrieden?

Wir sprechen immer nur von materiellem Fortschritt, dieses Buch
handelt jedoch vom geistigen Fortschritt, von Meta-Zuständen und
Meta-Menschen, und die gibt es in unzähligen versteckten Winkeln
unzähliger Herzen, Hirne, Träume und Romane, Wissenschaftsfik-
tionen und Religionen. Es ist wohl das Plus-Plus-Prinzip, die »Sehnsucht nach mehr«, die uns zum Vorwärtsschreiten zwingt. Die *Metas,*
die Götter, Geister, Verstorbenen, Übermenschen gehören ebenso
zum menschlichen Denkrepertoire wie Zwerge, Elfen und Naturbe-
wohner. Etwas zieht uns unbewusst empor aus der Raum-Zeit-Illu-

sion, die Chronik behauptet, es sei der Drang, ein Gott zu werden. Ein Transformierter sei kein »Vergänglicher« mehr, sagen die altägyptischen Einweihungsquellen. Mit dem Abwerfen des Leibes sei er frei und dürfe neben Göttern Platz nehmen. Wo aber befindet sich dieser »Platz«? Im Ägyptischen Totenbuch heißt es, die Götter lebten im Jaru-Feld am nördlichen Himmel, wo sie in Myriaden von Teilchen anzutreffen seien. Und der größte altgriechische Philosoph Thales von Milet hatte ebenfalls eine Erklärung: »Alle Dinge sind voller Götter.« Ob hier jedes kleinste Teilchen selbst als ein »Gott« verstanden werden soll oder ob doch eher sich vom allgemeinen Stoff abhebende Intelligenzen gemeint sind, bleibt unklar. Nach altägyptischer Ansicht sieht der Transformierte das von Lichtwesen wimmelnde Amenti, die Geistzone, vor sich erglänzen. Diese Lichtwesen bestehen aus der von der Sonne entbundenen Kraft sowie aus den »Winden, die die Flüssigkeiten des Unendlichen mit sich führen, dank welcher die Himmel sich mit den Planeten verbinden«. Sie setzen sich zusammen aus Sonnenenergie, sprich Bewusstsein und den »Flüssigkeiten des Unendlichen«, dem Plasma, das Immaterielles und Materielles verbindet. Diese hohen Wesen manifestieren sich als Lichtquelle. Ich wählte für diese Intelligenzen den Begriff *Meta*.

Für den Transformierten stehen in der Geistzone verschiedenste *Metas* bereit, die ihn, wie die altmexikanischen Maya sagten, bei der Reise durch die Himmelszonen unterstützen. Moan, zu Recht dargestellt als Vogel, ist solch ein Reisebegleiter. Er beaufsichtigt die »Erleuchtung« des Transformierten und wacht über die unerfahrenen Neuankömmlinge. Ein diesem Untergeordneter ist Lamat, der sich gewöhnlich links neben dem Transformierten aufhält. Er trägt den Anfänger in der Geistzone – bildlich gesprochen – in die Höhe. Ein weiterer *Meta* der Maya ist Chilan, er erkennt die Transformierten sofort am Licht, das sie ausstrahlen. Dieses Licht wird durch das Zeichen für die Sonne dargestellt, es ist das Lebenslicht oder Lebensfeuer. Für den Transformierten gibt es auch das Zeichen Pix-an, das als »göttliches Wort«, »Seele« oder »der Geläuterte, der seine menschliche Gestalt verloren hat« verstanden wird (Arnold, 1978).

Begegnung mit den Metas

Eine Intelligenz aus der Raum-Zeit-Illusion gerät »außer Atem«, wenn sie in Kontakt mit einem *Meta* kommt! Wie lässt sich diese Aussage verstehen? Ich kann hier nur eine sinnbildliche Deutung anbieten: *Metas* sind »Schwingungswesen«, die schneller »schwingen« als Raum-Zeit-Wesen. Im Angesicht einer solch schnellen »Schwingung« kommt ein irdisches Wesen gleichsam außer Atem, weil es nicht schnell genug »mitschwingen« kann. Eine solche »Hochfrequenz-Intelligenz« kann eine »Niedrigfrequenz-Intelligenz« jederzeit besuchen, so wie schnell bewegende Partikel sich langsamer bewegende durchdringen können, nicht aber umgekehrt. »Niedrigfrequenzen« sehen »Hochfrequenzen« nicht; letztere schwingen, wie gesagt, zu schnell. »Niedrigfrequente Wesen« nehmen »Hochfrequente«, also *Metas*, nur verschwommen wahr oder spüren ihre Anwesenheit etwa so, wie wir eine Vorahnung haben. Andererseits können auch *Metas* eine »Niedrigfrequenz« nicht immer klar sehen, sie ist dann zu langsam für sie. *Metas* beschreiben das Zusammentreffen mit einer langsamen Schwingung oft als beklemmend. Sie fühlen sich dann so, als würde ihnen eine Zwangsjacke angelegt, bestehend aus langsamen Schwingungen bzw. aus den zwei Quartetten, die sie in ihren Ausdrucksmöglichkeiten beschränken. Sie fühlen sich so wie wir, wenn wir uns leistungsschwach, erschöpft und niedergeschlagen fühlen und unter Gedächtnisverlust leiden. Andererseits fühlen sich »Niedrigfrequenz-Intelligenzen«, wenn sie versehentlich zu weit in die Geistzone vorgedrungen sind, so, als würden sie »auseinander fliegen«, wie die Ägypter es beschrieben. Sie meinen dann, ihr Ich zu verlieren, das sich wie Dampf auflöse, oder sie meinen, unter dem Informationsüberangebot förmlich zu kollabieren. Das vollzieht sich nach dem Muster: »Wer Gott sieht, stirbt!« Aufschlussreich sind in diesem Zusammenhang auch die folgenden Erfahrungsberichte:

»Ich hatte einen Herzstillstand ... Was tat ich dann, ich wurde vervollständigt durch eine Gegenwart ... Ich schaue hin und dachte, es ist eine Gestalt, aber es war keine. Ich gehe durch Gedanken wie durch Lichtreklame-Figuren, aber es waren keine. Was ich mir dann sagte, war, es ist ein Licht, aber es ist mehr als eine Idee, die dich begleitet, und das war

sehr angenehm ... Es war wie eine Person, die dir etwas zeigen will, doch wurden keine Worte gewechselt.« (Green/Friedman, 1983, S. 88)

»Ich schaute nach rechts und sah eine Silbergestalt erscheinen wie eine Silhouette durch den Nebel. Als ich näher kam, spürte ich ein tiefes Liebesgefühl, das alle Bedeutungen des Lebens umfasste. Es war, als sähe ich den Geliebten, die Mutter und den besten Freund auf einmal und das tausendfach multipliziert. Als das Lichtwesen näher kam, intensivierten sich diese Gefühle der Liebe, bis sie zu tief waren, um noch ertragen werden zu können. Ich hatte das Empfinden, weniger dicht zu werden, als habe ich 20 oder 30 Pfund an Gewicht verloren. Die Last meines Körpers hatte ich zurückgelassen und war nun reiner Geist. – Das Lichtwesen stand vor mir. Als ich in seine Essenz schaute, konnte ich prismatische Farben sehen, als sei es aus tausend winzigen Diamanten zusammengesetzt, jeder strahlte in den Farben des Regenbogens.
Ich sah mich um, unter mir waren andere Wesen, die wie ich aussahen. Sie schienen verloren zu sein und vibrierten mit einer Schwingung, die weit unter meiner war. Als ich sie beobachtete, bemerkte ich, wie auch ich mich verlangsamte. Ein unangenehmes Gefühl war mit dieser verlangsamten Schwingung verbunden, und so schaute ich weg. Ich schaute über mich. Da waren noch mehr Wesen, leuchtender, strahlender als ich. Ich fühlte mich unangenehm, schaute ich auf sie, denn nun begann auch ich schneller zu vibrieren. Es war, als hätte ich zu viel Kaffee getrunken, das beflügelte mich und steigerte mein Tempo zu sehr. (...) Ich fühlte mich wohl in dieser Gegenwart, eine Familiarität, die mich glauben ließ, er hätte alle Gefühle mitgefühlt, die ich je gehabt habe von der Zeit meines ersten Atemzuges bis zum Augenblick, wo ich vom Licht getroffen wurde. Schaute ich auf dieses Wesen, hatte ich das Gefühl, niemand könnte mich besser lieben, niemand könnte mehr Empathie, Sympathie und Zuspruch und Mitgefühl für mich haben als dieses Wesen.« (Brinkley, 1995)

Universale Schönheit

»Gesang – mehr als Gesang. Gesang unter der Haut, Gesang im Knie. Gesang in der Luft, durch die du gehst. Farbe – leuchtende Farben. Bei

219

Blau gehst du wie durchs Meer. Bei Rot läufst du durch Sonnenunter-
gänge. Töne — mehr als Klang. Wir schwingen selbst als Ton. Es gibt
keine Sonne, wir leuchten selbst, wir sind Atmosphäre, Licht, Schall,
Ton, Farbe — sie kommen aus mir selbst.« (Persönliche Mitteilung)

Wie entsteht diese »Überschönheit«, von der die Chronik immer wieder schwärmt? Ich habe bereits gezeigt, wie im Gipfelzustand, im
Hochgefühl und bei der Seelenablösung durch Konzentration und
Hingabe eine Art Hyperrealismus entsteht. Wir sehen dann »das,
was ist«, befreit von allen menschlichen Vermutungen und Wünschen. »Realer als real« wirken die Gegenstände um uns herum,
wenn wir unsere Aufmerksamkeit in aller Schärfe auf sie richten.
Wenn wir selbst dieser Gegenstand werden, entsteht das Phänomen
des Hyperrealismus, die Wirklichkeit beginnt zu vibrieren. Durch
die Wahrnehmungskonzentration steigern sich bei dem Gegenstand
all seine Qualitäten, er wird »wirklicher«, weil unsere abgestumpf-
ten Sehgewohnheiten jetzt aufbrechen. Was wir meinen, schon tausendmal gesehen zu haben, sehen wir jetzt wie zum ersten Mal. Der
Gegenstand besitzt nun keinen Namen mehr, er ist kein Gebrauchs-
gegenstand mehr, noch ist er irgendwie definierbar. Er hat weder Wert
noch Unwert, keine unserer üblichen Bewertungen passen mehr.
Leer von allem menschlichen Ballast, objektiv geworden, erstrahlt er
in Überschönheit.
Was geschieht, wenn wir hundert Prozent unserer Aufmerksamkeit
auf nur einen Gegenstand richten? Wir sehen ihn dann so, wie er
ist, befreit von unserer menschlichen und allzu menschlichen Beurteilung; er beginnt zu strahlen, zu funkeln, zu atmen; er wird lebendig, bekommt fast ein eigenes Wesen und wird schließlich zu dem,
was wir heilig nennen — unantastbar, wertvoll und schön. Und noch
etwas: er erhält einen Sinn! Den Sinn, dass alles Dasein schön, gut
und wahr ist. Die Qualität der Schönheit hat sich, je weiter wir auf
dem Geistkontinuum fortschreiten, zunehmend gesteigert und in
der Geistzone erreicht sie ihren Höhepunkt. Aber, muss ich fragen,
hätten wir in der Raum-Zeit-Illusion nicht auch die Kraft, die Welt
ganz und gar anzuschauen, und könnten Geistwelt und Raum-Zeit-
Dimension dann nicht zusammenfallen? Die Chronik verneint das

und beharrt darauf, wir müssten erst durch die Lysis I und II hindurch; allerhöchste Schönheit sei nur jenseits des Körper- und Plasmafilters erfahrbar.

Die Chronik ist voll mit Erlebnissen von Individuen, die die »universale Schönheit« erfahren haben; ihre Erlebnisse und Zeugnisse davon gehen jedoch unter im reißenden Strom der alltäglichen Banalität und in der großen Angst der Masse der Menschen vor dem Einsteigen in die »Welttiefe«. Eine Schwellenangst vor der Wahrheit, die frei ist von unseren Masken und von allen vernebelnden Theorien und Gefühlen, sitzt uns Menschen im Nacken. Es existiert eine Urangst vor gesteigerten, veränderten und außerkörperlichen Wahrnehmungen und vor Todeszuständen. Aber wer Schönheit und echte Wirklichkeit erfahren will, muss einen kleinen Tod sterben, wie auch bei der Liebe. Jeder, der ein bisschen lieben will, muss auch ein bisschen sterben wollen. Aber das ist kein wirklicher Tod, wenn diesem auch ähnlich, nur eine vorübergehende Schmälerung von Quartett II, ein Ich-Tod! Wir müssen etwas von uns abgeben, wenn wir mehr erhalten wollen. Es ist ein immerwährendes Geben und Nehmen! Wie intensiv jemand die Realität schauen kann, wie viel Schönheit er erfährt, hängt von seinem Mut ab, sich selbst zu verschenken. Daher gilt: Wer viel verschenkt, auch viel erhält. Wer aber alles verschenkt, alles erhält. Das ist die Paradoxie des Geistkontinuums, der niemand so recht folgen will.

Auf den unteren Stufen des Geistkontinuums entsteht Schönheit durch die Einengung der Aufmerksamkeit auf einen Punkt. Unsere Panoramawahrnehmung konzentriert sich auf *einen* kleinen Ausschnitt. Dieser erhält nun die gesamte Wahrnehmungsenergie, und zwar auf Kosten einer breiteren Umwelterfahrung. Statt alles diffus wahrzunehmen, nehmen wir jetzt *einen* Gegenstand wahr, aber diesen in aller Präzision. Es ist dabei allerdings lediglich eine Verschiebung der Aufmerksamkeitskapazität eingetreten. Diese hypnotische Zentrierung auf einen Punkt lässt mit einem Schlag Überschönheit vor uns erstehen. Wir sagen dann, das Irdische werde zum Überirdischen, tatsächlich aber sehen und hören wir dann nur das, was ist, und nicht mehr das, was wir gewohnt sind, zu sehen und zu hören. Alle Religionen gründen sich auf diese Überwirklichkeit, ohne zu bemerken, dass sie sich eigentlich auf die eigentliche Wirklichkeit beziehen, die nur bei extremer Konzentration wahrgenommen wird. Mittels des Geistkontinuums können wir jedoch diese Missdeutung auflösen und sowohl die mystischen als auch die materialistischen Interpretationen dieses Phänomens vermeiden. Wir stehen an sich vor einem normalen psychologischen Ereignis und bedürfen keiner Überwelten, dieses zu deuten. Die Religion hat uns durch übertriebene und falsche Einordnung des Schönheits-Effektes irregeführt und so getan, als seien diese Erlebnisse nur ausgewählten Menschen zugänglich. Tatsächlich handelt es sich um ein Alltagsphänomen, dem jeder schon einmal, wenn zunächst auch nur auf den unteren Bewusstseinsstufen, begegnet ist.

Psychologie und Psychiatrie haben solche Chronikberichte totgeschwiegen oder als Geistesstörungen verunglimpft. Angefeindet und diskriminiert von beiden Seiten schweigen heute die Menschen, wenn sie solche Erfahrungen machen, sie trauen ihren eigenen Augen nicht mehr und verdrängen das Erlebnis aus Angst vor Diskriminierung und Verhöhnung. Die entscheidenden und vitalsten Erfahrungen unseres Lebens sind so in den Untergrund gedrängt worden. Wir haben das Gleichgewicht verloren, uns wurden die Augen herausgenommen, die Ohren abgeschnitten; und selbst wenn wir die Überschönheit in Augenblicken der Objektivität und beim Verfall der beiden Quartette erfahren, dann wissen wir diese Erfahrung nicht einzuordnen, sondern wir verdrängen, vergessen und verstecken sie. Es ist heute zum Schwierigsten geworden, die Welt ohne Begriffe und Bewertungen und ohne Theorien anzuschauen. Wir haben verlernt, uns einfach gehen zu lassen, einmal Nicht-Ich zu sein. Alles ist verkulturalisiert und beschriftet. Vielleicht ist den Tieren und Pflanzen dieses Einfachste möglich. Vielleicht ist es das, was wir so oft als Instinkt begrüßen oder verschmähen. Wer weiß, vielleicht wandern Hunde und Katzen durch den Gesang der Schöpfung, durch ein Farbenmeer und leuchtende Sonnen, die keine Sonnen sind. Es muss Wesen geben, denen die Schönheit der Schöpfung dauernd etwas ganz Selbstverständliches ist.

Gedankenwissenschaft und Gedankenkunst

Kunst und Wissenschaft seien im Geistzustand auf einem viel höheren Stand als in der Raum-Zeit-Dimension, hören wir immer wieder. Wie lässt sich das erklären? Die Antwort lautet, weil dort die Gedanken frei fließen können und keine Materie ihnen im Weg steht. Da alles gänzlich abhängig ist von unserem Denken, ist etwa dem Künstler keine Fantasiegrenze gesetzt, und er vermag all das zu schaffen, was er imaginieren kann. Der Materiefilter ist ganz weggefallen, wodurch Denken und Fühlen nicht mehr durch den Körper behindert werden.

Der Denker wird nun kompliziertere, umfassendere Analogien zwischen Gedanken und Ereignissen herstellen, und der Künstler wird, befreit vom trägen Untergrund der Materie, drei- und mehrdimensionale Gedankenbilder schaffen, die alles uns hier Bekannte überbieten. Was früher die Pinsel beim Maler und der Meißel beim Bildhauer leisten mussten, das schafft jetzt die reine Kraft der Gedanken. Geradezu phantastisch muss sich da Kunst, Architektur, Bildhauerei und Erfindertum entwickeln. Stellen wir uns einmal vor, was herauskäme, wenn unsere Gedanken Wirklichkeit würden. Wie sähe unsere Umwelt aus, wenn wir Gedankendome errichten könnten? Wie würden Sie Ihre Wohnung »gedanklich« einrichten? Welche Luftschlösser würden Sie sich bauen? Wie phantastisch würden Sie sich kleiden? Wie sähen unsere Gedankenstädte aus? Nun, so sieht die Geistwelt aus.

Schönheit und Kunst entstehen durch den Wegfall der beiden Quartette, anders ausgedrückt durch deren Intensivierung hin zu höheren Stufen. Ich fasse die Erkenntnisse also nochmals konkreter zusammen:

Quartett I:

1. Die Intensivierung der Zeit führt zu einem Gefühl ewiger Gegenwart und Zeitlosigkeit, wodurch ich enorm viel Zeit habe, eine Sache zu beobachten und erst dadurch die wahre Schönheit eines jeden Dinges erkennen lerne. Das Empfinden, dass etwas hässlich ist, resultiert daher aus dem Gefühl, zu wenig Zeit zu haben; man schaut nur kurz und oberflächlich hin und dringt nicht vollkommen in den Gegenstand oder das Ereignis ein.

2. Durch die Intensivierung des Raumgefühls schlägt der dreidimensionale Raum in einen ausdehnungslosen Punkt um. (Giordano Bruno: »Die Linie ist der Punkt!«) Es entsteht der Zustand: »Wir sind überall!« Wenn alles Sein sich auf einen Punkt zusammenzieht und keine Entfernungen mehr bestehen, ist alles überall, und wir können in Zerozeit an jedem Ort sein. Dieser Punkt ist weder unendlich klein noch unendlich groß, das wäre eine Vorstellung der Raum-Zeit-Illusion, er *ist* einfach. Vielleicht ist es so, wie wenn auf einem Lichtbild mehrere Bilder in Sandwich-Manier übereinandergelegt sind. Wir sehen dann auf einem Bild viele Bilder – alle in der gleichen Dimension. Raumlosigkeit schafft demnach eine neue, vielschichtige und multidimensionale Schönheit – die berauschende Erfahrung, gleichzeitig überall und alles zu sein.

3. Durch den Wegfall von Raum und Zeit wird die Materie als schöner erlebt, weil wir sie ohne Zeitdruck – eben zeitlos – bestaunen und ohne Raumentfernung – eben raumlos – direkt erfahren. Man überlege sich einmal, wie sehr uns Zeit und Raum von der Umwelt entfremden, ja, wie sie uns in Feindschaft zu dieser bringen. Jenseits der niederen Phasen des Geistkontinuums nach der Lysis I und besonders nach der Lysis II erfahren wir jedoch nicht mehr die Schönheit der Materiestrukturen, sondern die Schönheit der Ideen, nicht mehr etwa die Schönheit der Steine, sondern die Vorstellung, die wir uns von Steinen machen, nicht mehr die Farben, sondern die Gefühle, die wir beim Anblick von Farben empfinden. Wir erfahren die Schönheit unserer Phantasien, jener bizarren Gedankengebilde, die unser Ich ausmachen; wir bestaunen die Konstruktionen verschiedenster Ich-Architekturen, so wie wir in der Raum-Zeit-Dimension Bauwerke bewundert haben. Zwar haben wir bereits in der Raum-Zeit-Welt Philosophien, Modelle, Konzepte und Theorien bestaunt, diese stehen jetzt aber nicht in schwarzen Druckbuchstaben, sondern so vor uns wie Burgen, Schlösser und Paläste.

Quartett II:
1. Sinnesempfindungen: Ob diese, ganz gleich wie echohaft auch immer, in den höheren Phasen des Geistkontinuums überhaupt noch vorhanden sind, bezweifle ich, da sie zum Körper gehören, und die-

ser ist ja bereits weggefallen. Die fünf Sinnesempfindungen steigern sich so stark, dass aus Sehen ein Hellsehen, aus Hören ein Hellhören wird. Wir brauchen nicht mehr über Entfernungen hinweg zu schauen, denn der Raum ist aufgelöst, und die Entfernungen sind aufgehoben. Wir sehen daher sofort alles, andererseits aber auch nur das, was wir tatsächlich sehen wollen.

2. Gefühle: Befreit von Quartett I steigern sich unsere Gefühle in enorme Höhen. Wir erfahren jetzt die Gefühle anderer Wesen unmittelbar, nämlich nicht mehr getrennt durch den Körper; wir können uns jetzt die Gefühle anderer Menschen überziehen wie einen Overall. Wir verwandeln uns kurzfristig in einen anderen. Der Vorteil dieser Erfahrung ist, wir können so erstmals verschiedene emotionale Welten ausprobieren. Auf diese Weise lernen wir Mitgefühl, Mitleid und Respekt vor anderen Menschen mit anderen Erfahrungen. Offenbar besitzen wir in der Geistzone noch Gefühle, jedoch intensiviert bis zu einem Punkt, an dem wir sie ganz ohne menschliche und irdische Bewertungen und Maßstäbe erfahren. Ein Gefühl ohne positive und negative Zustände zu erfahren, ist in der Tat für viele nicht mehr nachvollziehbar. Aber bedenken wir, dass schon im Hochgefühl die Welt tendenziell ohne Bewertungsmaßstäbe erfahren wird. Wir werden also auch emotional ganz objektiv, und Schönheit erfahren heißt, sie objektiv zu erfahren.

3. Denken: Jetzt heben wir ab zum Gedankenflug. Durch den Wegfall des Gehirnfilters bricht die Denkkraft ungehindert durch. Was zuvor nur Anstrengung verursachte und zu mageren Resultaten führte, weil wir durch die Gehirnstrukturen verlangsamt sowie durch Raum- und Zeitfaktoren eingeengt waren, wird im befreiten Zustand zu einem Genuss und hat wohl mit dem, was wir als Denken bezeichnen, nur noch wenig zu tun. Es kommt nämlich zum Allwissenheits-Effekt und zu einem Denken in Analogien, wodurch wir erkennen, dass jedes mit jedem verbunden ist. Das Denken in Identitäten oder Analogien berauscht uns, das Erkennen von Analogiestrukturen wird für uns zum ästhetischen Genuss, so wie es für den Architekten schön ist, ein harmonisches Bauwerk zu entwerfen.

4. Ichbewusstsein: Das singuläre Ich fällt einem Löwen zum Opfer, jenem übergroßen Ich, das keines mehr ist. Wir sind auf den höheren Ebenen des Geistkontinuums immer weniger ein Ich und immer mehr ein *Wir*, tendenziell sogar ein Alles. Unsere Identifikation – zuvor nur auf uns selbst bezogen – verteilt sich nun auf immer mehr. Das Motto hier lautet: Ich und die Welt sind eins! Dem Ichgefühl sind die Grundlagen wie ein Teppich unter den Füßen weggezogen: Empfinden, Fühlen und Denken sind ebenfalls aufgehoben, Quartett I ist zusammengebrochen. Das Ich ist zum Wir und Alles ausgeweitet, und das bringt eine neue Schönheitserfahrung ganz eigener Art mit sich. Das hundertfach erweiterte Ich erkennt das Zusammenfallen aller Weltfaktoren als etwas Schönes. Schönheit ließe sich daher definieren als das Erkennen eines großen Reichtums an Verbindungen und Analogien zwischen den Dingen und Zuständen, und als Wegfall der zwei Quartette bzw. als deren Intensivierung.

Sprache ohne Worte

»Ohne dass jemand zu mir gesprochen hätte – man sprach überhaupt nicht in jener Welt, sondern man dachte nur, was man sagen wollte, und der andere wusste es –, also ohne dass mir jemand etwas gesagt hatte, ahnte ich, dass ich auf Wartezeit in der anderen Welt sei.«
(Delacour, 1973, S. 111 f.)

Lässt sich die Wirklichkeit überhaupt in Worte kleiden? Alle Chronikberichte stellen glaubhaft dar, die Erfahrungen jenseits des Raum-Zeit-Bewusstseins ließen sich nicht mit Worten beschreiben. Man verfälsche die Erfahrung sofort, wenn man darüber spreche. Doch wie kommt dieses Phänomen zustande, dass unsere Worte nicht zur Darstellung ausreichen? Die Chronik berichtet uns von furchtbar banalen Dingen, von Häusern, die wunderbar seien, von Blumen und Wiesen und Bäumen und Tieren, von Menschen wie wir auch. Nur sei es nicht das *Was,* sondern das *Wie,* nämlich die Art und Weise wie sich die bekannten Tatsachen präsentieren, die uns begeistern. Die Raum-Zeit-Wirklichkeit ist gewissermaßen in die Geistzone eingetaucht und extrem intensiviert worden; das Andersartige besteht daher allein in einer Steigerung des Bekannten. Wird daher von Häusern, Wäldern und Menschen berichtet, wird von Superhäusern, Superwäldern und Supermenschen berichtet. Diese undefinierbare Atmosphäre drückt sich in den Schilderungen der Rückkehrer so aus, dass sie sich über die eigenartige Qualität des Raumes wundern, doch es fällt ihnen schwer, den Zusammenbruch der zwei Quartette zu erfassen. Ihre Unfähigkeit, das Ausmaß ihrer Verwandlung zu begreifen, verursacht jene notorisch mangelhafte Berichterstattung über die Geistzone.

Man muss sich vor Augen halten, die Reisenden sind völlig neuen Weltkoordinaten ausgesetzt; sie stehen in einem fremden Land, dessen Sprache sie nicht sprechen, ja, sie wissen überhaupt nicht, wo sie sich befinden und wie sie hierher kamen. Kann man von solchen Reisenden eine angemessene Darstellung des Landes erwarten? Wir dürfen uns also keine hinreichende Wiedergabe der Geistzone und ihrer bizarren Strukturen erhoffen.

Bereits die Gipfelerfahrung während des Hochgefühls lässt sich nur schwer in Worte fassen. Und wie sehr müssen wir uns allein schon bemühen, anderen Menschen unsere Gefühlszustände zu vermitteln, denn bereits in der Gefühlsphase stößt jede Beschreibung an ihre Grenzen. Mit welchen Schwierigkeiten sehen sich dann erst Reisende aus der Geistzone konfrontiert?

Dennoch stellt sich dabei die Frage nach der Schilderung der Wirklichkeit ganz allgemein. Mit dem Entwurf des Geist- und Weltkontinuums habe ich eine Kette von Wirklichkeiten beschrieben, die sich untereinander nur schwer kommunizieren lassen. Beim Überwechseln von einer zur anderen Ebene entsteht der Dimensions-Schock, wir vergessen unsere Reiseerlebnisse und dadurch vermögen wir nur blasse Spiegelbilder unserer Erlebnisse wiederzugeben. Ebenso wenig wie Wesen einer Dimension die anderen richtig verstehen können, weil ihnen einfach die Voraussetzungen dazu fehlen, können wir von einem bestimmten Bewusstseinszustand aus einen anderen nachvollziehen. Das heißt, wir können immer nur jenen Zustand angemessen beurteilen, in dem wir uns selbst gerade befinden. Wir müssen uns das vergleichsweise so vorstellen wie eine Kugel, die nicht von einer zweidimensionalen Fläche und diese wiederum nicht von einer Linie und diese wiederum nicht von einem Punkt erfasst werden kann. Beschreiben wir wider bessere Einsicht doch die anderen Wirklichkeiten, dann kommen jene furchtbar banalen und nur an unserer eigenen Wirklichkeit gemessenen Eigenheiten zur Sprache. Wir beobachten ja die andere Wirklichkeit ausschließlich unter unseren eigenen Voraussetzungen und projizieren diese so lange auf die andere Welt, bis wir meinen, letztere verstanden zu haben; das aber heißt lediglich, dass wir das andere entsprechend unserer Maßstäbe genormt haben! So also entsteht jener billige Abklatsch der Geist-Dimension, der diese so oft in einem lächerlichen Licht erscheinen lässt.

Sprache zur Verlangsamung der Welt

Ich habe oft gesprochen mit Geistwesen,
und zwar in ihrer Sprache, das heißt durch Ideen
und Gedanken.
Emanuel Swedenborg

Gedanke schwang sich über Gedanken mit einer
Schnelligkeit, die ... wahrscheinlich
unbegreiflich ist.
Wheeler

Sprache als akustisches Luftphänomen, von Stimmbändern hervorgebracht, gibt es in der Geistzone nicht. Sind weder Stimmbänder noch Luft vorhanden, bleibt als Sprache nur noch das Denken, die lautlose Kommunikation übrig! Gedanken verstehen sich dann mit anderen Gedanken ebenso wie sich Sprechende mit anderen Sprechenden verstehen. Was in der irdischen Welt als Sprachtönung, Akzent oder Dialekt bekannt ist, hieße dort »persönliche Denkstruktur«. Jedem ist eine ganz eigene Denkdynamik angeboren. Daher erkennen sich die *Metas* untereinander an ihrem Gedankenstil.

Die Rede der *Metas* ist aus vielen Ideen und Visionen zusammengesetzt wie eine Welle, die uns überspült. Stellen wir uns einmal vor, mit welchem Wortschwall manche Menschen über uns herfallen; wäre ihrer Sprechgeschwindigkeit nicht durch Zunge und Luft eine Grenze gesetzt, gingen wir in ihrem Wortschwall unter. Im allgemeinen kann in der irdischen Welt jedoch das Sprechen mit der Geschwindigkeit der Gedanken nicht mithalten. Wir denken schneller, als wir sprechen können, weshalb es häufig auch zu Versprechern kommt. Dass wir mit Zunge und Luft langsam die Worte formulieren müssen, kann jedoch auch ein Vorteil sein, denn so lernen wir, unsere Gedanken zu zähmen und uns prägnant und kurz zu fassen. Verglichen mit der Gedankensprache befindet sich unsere »Luftsprache« im Steinzeitalter. Unsere »verlangsamte Welt« bietet bei aller Primitivität jedoch den Vorteil, dass wir alles in großer Ruhe und Eindringlichkeit betrachten und besprechen können. Eine Chance für Kontemplation!

Der Urklang der Dinge

»Ein einziges Zeichen der ›inneren Sprache‹ hat mehrere Bedeutungen. Man kann sogar in einem einzigen solchen Zeichen sein ganzes Leben erfahren.«
(Justinus Kerner, 1829).

Sehr geheimnisvoll und sehr verschlungen klingt diese Aussage, wie alles, was wir hier vorzubringen haben. Haben wir uns vom ersten Erstaunen erholt, lassen sich solche Paradoxe, wenn auch nicht auflösen, so doch mit tieferem Verständnis betrachten. Wer von uns wollte nicht gern die »innere Sprache« beherrschen?
In unserer »äußeren Sprache« sei »wenig Ausdruck«, müssen wir uns sagen lassen, sie sei »laut und ausdruckslos« (Kerner), ja, unsere Sprache sei eigentlich »tot«. Was wir mit tausend blumigen Worten umschreiben, gelänge uns in der »inneren Sprache« mit einem oder wenigen Zeichen, durch die all unsere Lebensabschnitte wieder erinnert würden. Diese Zeichen müssen folglich etwas völlig Immaterielles sein, etwas jenseits von Raum und Zeit. Zeitlose Sprache? Vielleicht besteht diese Ursprache aus universellen Symbolen, aus

Zeichen, die das kleinste gemeinsame Vielfache repräsentieren und Sprache auf den einfachsten Ausdruck reduzieren.

Die »innere Sprache« hat eine gewisse Ähnlichkeit mit dem Panoramablick, wie ich ihn bei der Transformationserfahrung geschildert habe. Dabei überschauen wir mit einem Blick unser gesamtes Leben, wir sehen es auf einmal vor uns liegen, so wie wir das Panorama einer gewaltigen Berglandschaft überschauen. Wie aber kann man sein Leben in Form *eines* Zeichens sehen? Die »innere Zeichensprache« bewirkt ein sofortiges Wissen und Verstehen. Sie weist Anklänge an die Allwissenheitserfahrung auf.

Die »Sprache Gottes« sei die Schöpfung, die Sprache der Menschen sei die Tat, sagt Kerner. Wir Menschen drückten uns aus durch unsere Sprache sowie durch unsere Taten und deren Wirkungen. Gott aber bringe die gesamte Schöpfung hervor. Vielleicht kommen wir über diese Aussage unserer Fragestellung etwas näher. Die Namen für die Dinge sind nur für uns da. Die Dinge heißen nicht wirklich so, wie wir sie nennen. Die Namen aber, die Gott den Dingen gebe, seien *ihr Zeichen,* seien sie selbst, es herrscht also Identität von Name und Objekt! Die »Namen« Gottes seien wie die »Schwingungen« der Dinge! Das können wir freilich von der menschlichen Namensgebung nicht behaupten. Hier klingt der alte Mythos von der Identität von Wort und Wirklichkeit zu uns herüber: Was man am Beginn der Zeit einst aussprach, wurde Wirklichkeit, berichten die alten Überlieferungen.

Jedem Ding sind bestimmte Schwingungen eigen, das ist eine uralte Vermutung: Rhythmus oder Harmonie nannten es die Alten, Frequenz würden wir heute sagen. Jedes Sandkorn weist eine Eigenfrequenz auf, und würden wir diese herausfinden, wüssten wir den »Namen«, das »Zeichen« dieses Sandkorns. Ist die »innere Sprache« also gleichbedeutend mit dem »Urklang der Dinge«?

Geist-Paradoxien

>*»Erkenne dich selbst = Erkenne deine Seele.«*
>
> <small>CICERO</small>

>*»Der Stoff der Welt ist Geist-Stoff. Der Geist-Stoff ist nicht ausgebreitet*
>*in Raum und Zeit ... Wir müssen aber annehmen, daß er, auf eine*
>*andere Art oder von einem anderen Gesichtspunkt aus gesehen, sich in*
>*Teile differenzieren kann. Nur da und dort, erhebt er sich zur Höhe des*
>*Bewußtseins, doch von solchen Inseln kommt alles Wissen ...«*
> (Sir Arthur S. Eddington)

Geist-Stoff – der Stoff der Welt

Die größte Hoffnung des Menschen, die alle Mythen durchzieht,
besteht darin, dass wir uns der Zeit, dem menschlichen Verfall und
der Auslöschung wirksam entziehen können. Der Chronik innerster
Kern dreht sich um Seele und Geist. Es gibt ein »Bewusstsein«, postulierte Eddington, der große Physiker, für Cicero war die »Seele« eine
vergleichbare Konstante und für Friedrich Hegel der »Geist«. Was
immer sich hinter diesen Begriffen verbirgt, sie bringen eine Hoffnung zum Ausdruck. Alles Leben will leben. Es gibt kein Volk der
Erde, das keine Seele, keinen Geist kennt, und keine Kultur, die sich
nicht erhofft, die Raum-Zeit-Welt zu transzendieren und das Leben
bis in ewige Zeiten hinein zu verlängern. Die Hoffnung auf ewiges
Bewusstsein ist die heimliche Triebfeder unserer Welt.

Als Geistprinzip kannten die Ägypter *Ba*, was vielerlei Bedeutungen
hatte, etwa »leuchtender Stern« oder »Öffnung«, »Loch«, und häufig
wurde *Ba* auch als Vogel dargestellt. Der Vogel ist bei fast allen Völkern ein Symbol für den Geist, der gerade den Körper verlässt und
gilt zudem als Träger der Lichtkraft. Neben Licht bedeutet *Ba* zusätzlich Feuer oder innerstes Wesen, etwas Geistiges, Unzerstörbares,
und es verlässt den Körper durch ein Loch im Kopf, die Fontanelle.
Wenn *Ba* den Körper verlässt, stirbt der Mensch, schläft ein oder

wird bewusstlos. Es ist das *Ba,* das den Körper lebendig macht, das in den Himmel, das Lichtland, zurückkehrt und selbst ein Lichtgeist ist! Modern gesprochen ist *Ba* Lichtenergie, Photon, Ursubstanz und Grundbaustein unseres Daseins, unser Ur-Wesen.

Lernen durch Verwandlung

Wir lernen eine Sache, etwa ein Handwerk, am besten, wenn wir es praktisch ausüben. Theoretisches Erklären, wie Tischlerei funktioniert, bringt uns nicht weit. Auch jemandem den anstrengenden Aufstieg auf einen Berg zu schildern, mag spannend sein, doch die eigene Erfahrung ist wirkungsvoller. In derselben Art und Weise scheint für das Geistige eine Lernmethode zu existieren, die ich als »Chamäleon-Lernen« bezeichnen möchte.

Ich will beispielsweise wissen, wie ein Baum oder ein Wal lebt. Wozu ihn dann wissenschaftlich studieren, das bringt mich nicht weiter. Ich entscheide mich einfach Baum zu sein, mit Zweigen, Blättern, Rinde. So scheint das in der Geist-Dimension vor sich zu gehen: Lernen durch Verwandlung! Lernen mit der Verwandlungsfähigkeit eines Chamäleons, das sich an seine Umwelt farblich anpassen kann. In der Geist-Dimension scheint eine universelle Verwandlungsfähigkeit zu herrschen, so wie wir hier in der irdischen Welt durch Einfühlen und Nachahmen die Lebensweise einer anderen Spezies nachempfinden können.

Auch Schauspielerei, Tanz und Spiel beruhen auf diesem Prinzip. Alle Künste, auch Gesang, Musik und Akrobatik versuchen etwas abzubilden, nachzustellen oder nachklingen zu lassen. Parallel dazu versucht die Wissenschaft, etwas nachzuahmen mit den Mitteln des Wortes und der Logik – etwas nachzudenken. Überhaupt können sämtliche Ereignisse und Dinge mittels der acht Bedingungen der beiden Quartette wiedergegeben werden; dabei benutzt der Tanz den Körper, die Musik die materielle Struktur von Luft und Ohr, der Maler Augen und Hände, der Plastiker Augen und Tastempfinden. Alle Künste unterliegen Quartett I, sind zeit- und raumorientierte, kausal ablaufende Ereignisse und haben eine stoffliche Grundlage.

Der Mensch lernt die Welt kennen durch chamäleonartiges Nachahmen und Anpassen. Alle diese Raumzeit-Formen des Lernens sind jedoch nur Vorformen des echten »Chamäleon-Lernens« in der Geist-Dimension; dort tun wir nicht nur so als ob, sondern wir werden tatsächlich – so wie das Chamäleon sich farblich seiner Umwelt anpasst – zu dem Gegenstand unserer Nachahmung. Wir werden Wal und Baum, denn wir sind reine Denksubstanz, reines Gefühl, und was wir fühlen – die Bauchigkeit des Wals, die Stämmigkeit des Baumes – das sind wir. Der stoffliche Körper tritt nicht mehr trennend zwischen Denken und Wirklichkeit.

Der Widerspruch zwischen Wunsch und Möglichkeit führt in der irdischen Welt zu allerhand Pathologien. Wünsche werden für Wahrheiten genommen und Wahrheiten für Wünsche, man weiß nie richtig, wo man steht – auf Hoffnung oder auf festem Boden. In der Geist-Dimension jedoch herrscht die Einheit von Denken und Dasein. Dort gilt Descartes' berühmter Satz »Ich denke, also bin ich!« nicht mehr, sondern hier heißt es: »Ich bin, was ich denke!«

Eine Gefahr allerdings lauert in der Geistzone auf uns, eine Gefahr, an der viele scheitern. Diese besteht in der unumschränkten Möglichkeit der Selbsterfüllung von Wünschen nach dem Prinzip: »Ich bin, was ich denke!« Die Umwelt passt sich uns an wie eine Schlangenhaut. Die Welt ist weich und schmackhaft wie ein Puddingland, und wir kneten und backen uns daraus, was wir wollen. Solche Schlaraffenland-Zustände sind verlockend und verfänglich für die Anfälligen, die Gourmets, die Gierigen ebenso wie für die gedanklich Schwachen, die körperlich Lüsternen, die hochmütigen Intellektuellen, gleichfalls für emotionale Nervenbündel, Gefühlvolle und die Heerschar der Sensiblen. Sie werden sich ihre Welten schaffen nach eigenem Geschmack und durch ihre selbst geschaffene Geistwelt laufen wie durch eine schillernde Seifenblase. Dass hier jeder seines Daseins Schneider und seines Glückes eigener Schmied ist, übersteigt unseren in der Raum-Zeit-Illusion geprägten Horizont. Dem Jahrmarkt der Eitelkeiten darf nun in der Geist-Dimension in einem Ausmaß gehuldigt werden, gegen das unsere Auswüchse in der irdischen Welt ein schwacher Abglanz bleiben.

Wer durch die Lysis die Raum-Zeit-Illusion hinter sich lässt und in die Lichtbereiche vordringt, entkommt zwar dem armseligen Möglichkeitsspektrum unserer irdischen Welt, aber er wird vom Regen in die Traufe und unter einen Wasserfall an Möglichkeiten geraten, der ihm alle Selbstdisziplin zu rauben droht.

Unsere Raumzeit lässt keine großen Träume zu. Luftschlösser bleiben unverwirklicht. Es herrscht das harte Gesetz von Stein und Stoß. Die Materiewelt erlaubt keine Höhenflüge, aber sie ist ein Übungsfeld. Hier proben wir, mit unseren Gedanken nicht übers Ziel hinauszuschießen, unsere Phantasie in Grenzen zu halten und Schlösser auf festen Grund zu bauen. Gedankenkontrolle ist das Stichwort. Wer in der Materiewelt Gedankenkontrolle lernt, wird sich auch im körperlosen Zustand kontrollieren können; denn gerade in der Geist-Dimension ist das besonders wichtig, da wir dort reine Gedankenwesen sind. Wenn aber unsere Gedanken uns dort wie Wasser durch die Finger rinnen und wie Knallfrösche aus der Hand springen, dann werden wir uns verirren. Wer sich von 1000 Zetteln nicht auf einen konzentrieren kann, wird sich verzetteln. Daher betrachten Kenner der Chronik die Raum-Zeit-Dimension als Experimentier- und Vorbereitungsfeld zur Gedankenkontrolle für die Geistzone. Und damit erhalten die festen Strukturen von Raum, Zeit und Materie einen wahren Sinn: Sie helfen uns, uns auf einen Punkt zu konzentrieren. Der Raum engt uns wohlweislich ein, die Zeit nagelt uns auf einen Punkt fest, die Materie lässt keine Zweifel an ihrer Dichte aufkommen und gibt uns einen festen Daseinsrahmen; die Kausalität zeigt uns, wo wir im Nacheinander der Ereigniskette stehen. Die materielle Welt ist eine Konzentrationshilfe. Die stoffliche Welt ist eine Meditationsstätte, die uns hilft, unser Bewusstsein mittels der acht Quartett-Faktoren zu zähmen wie ein wildes Pferd, das der Zügel bedarf. Die Meditation selbst aber ist eine fortgeschrittene Form der Gedankenkontrolle und Gedankenberuhigung. Kurzum: Der Schluss liegt nahe, dass unsere irdische Welt eine Art Probebühne darstellt, auf der für eine geheimnisvolle ferne Premiere geübt wird.

Bewegung durch Hinwendung

Wenn es eine Zeit gibt, dann zwangsläufig auch einen Raum, denn sich ausdehnende Zeit schafft Raum. Zeit aber entsteht durch Bewegung. Sind aber Raum und Zeit aufgehoben, dann müsste auch Bewegung zum Stillstand kommen. Diese Merkwürdigkeit lässt uns die Chronikberichte besser verstehen, die besagen: Es gibt im Geist keine objektiven Bewegungen über einen Raum hinweg, sondern nur eine Bewegung des Gemüts oder Denkens. Denken wir etwas in eine bestimmte »Richtung«, dann bewegen wir uns dorthin bzw. schaffen durch diese Bewegung einen Raum und damit eine Zeit. Es findet aber lediglich eine Zustandsänderung unseres Gemüts oder Denkens statt.

Wir bewegen uns dabei nicht von Ort zu Ort – Orte gehören der Raum-Zeit-Welt an –, sondern immer dem Prinzip der Ähnlichkeit, Gleichheit oder Analogie folgend. Das klingt zunächst verwirrend. Doch wer uns ähnlich ist, zu dem fühlen wir uns bekanntlich hingezogen, und in der Geistwelt heißt das, wir sind damit sofort bei ihm. Da sich Gleiches anzieht, bilden sich Gefühlsgemeinschaften, Wahlverwandtschaften, Symbiosekollektive, aber zwischen all diesen herrscht keine räumliche Nähe, wie das in unserer Raum-Zeit-Welt der Fall ist, denn Raum ist in der Geistwelt nicht vorhanden, stattdessen existieren aber Ähnlichkeitsbeziehungen, Netzwerke der Geistesverwandtschaft und der emotionalen Symmetrie. Was symmetrisch zueinander ist, steht auch in Kontakt, ja, es schließt sich automatisch zusammen. Von Fortbewegung, wie wir sie aus der stofflichen Welt kennen, kann keine Rede mehr sein. All das lässt sich in etwa damit vergleichen, dass ich auf einer bestimmten Radiofrequenz sende und mich folglich all jene hören, die diese Frequenz eingestellt haben, alle anderen aber nicht.

Nackte Wahrheit

In der Chronik wird immer wieder behauptet, es gebe ein Reich der Wahrheit. Durch die Abwesenheit eines Körpers erscheinen wir in der Geistwelt anderen so, wie wir wirklich sind, nämlich »nackt«. Vergleichbar wie man in der irdischen Welt unsere nackte Haut sehen kann, so in der Geistwelt unsere Gedanken. Unser Innerstes ist nach außen gekrempelt, Gefühle und Gedanken glitzern wie Leuchtreklame in einem Schaufenster. Dem Gesprächspartner ist sofort klar, was wir von ihm halten. Höflichkeitsfloskeln helfen uns nicht mehr weiter, und für ein Versteckspiel hinter starren Gesichtsmasken oder freundlichen Mienen fehlt uns die körperliche Grundlage. Wir liegen wie ein aufgeschlagenes Buch vor jedermanns Röntgenblick. In der Raum-Zeit-Welt konnten wir jederzeit schnell unter die Tarnkappe des Körpers und der Kleider schlüpfen, uns hinter sozialen Rollen und Titeln, hinter Sprachfloskeln und sozialen Gepflogenheiten verstecken, nach außen hin etwas vorgeben, was wir innerlich nicht waren; wir konnten hoch- und tiefstapeln und hatten immer hundert Schutzmanöver in der Hinterhand. In der Geistwelt aber sitzen wir im Glashaus, sind selbst wie ein Kristall geworden, und da heißt es nun, die Wahrheit zu sprechen.

Könige ohne Ich

Hier in der stofflichen Welt treiben wir viele Spiele mit unserem Ich: Unsere liebsten sind dabei Versteckspiele, Schachmanöver, Rollentausch. Wir spielen dieses Ich hier, jenes Ich dort. Ichstärke wird groß geschrieben, Ichschwäche führt zum Untergang im sozialen Rollenkampf! Ziel des Lebens scheint zu sein, sich ein Ich aufzubauen, so wie man ein Haus baut. Und im Rahmen der in diesem Buch angestellten Überlegungen ist das auch, so banal es klingen mag, ein gutes Ziel, ja unsere eigentliche Bestimmung in der stofflichen Welt.

Je schärfer unser Ego hervortritt, desto stärker werden wir uns unserer Individualität bewusst. In diesem Prozess der Ausbildung unseres Egos sind wir vollkommen beherrscht von den beiden Quartetten, sie sind unsere einzige Realität. So wach uns der Egoismus machen mag, so erzeugt er doch nur eine sehr beschränkte Wachheit im Rahmen des Normalgefühls. Das Ich ist ein Gefängnis, so wach es auch scheint. Erst Nicht-Ich-Zustände erweitern unser Bewusstsein; sie lassen Erfahrungen in uns hinein, die der Egoismus niemals verkraften könnte. Es gibt solche seltenen Augenblicke, in denen wir aus dem Egorausch aufwachen und die Welt deutlich hervortreten sehen. Solche Erfahrungen sind Sternstunden, aber jeder Mensch erfährt ein- oder zweimal im Leben dieses Glück. Je wacher ich für meine Existenz werde, desto schärfer tritt vorübergehend mein Ich – sprich die acht Quartett-Faktoren, aus denen es sich zusammensetzt – zurück und fällt dann auf dem Höhepunkt des Geistkontinuums, also bei extremer Intensivierung, förmlich in sich zusammen wie ein Kartenhaus.

Diese Paradoxie ist die Quintessenz der Intensivierung: Wenn wir alles haben, haben wir nichts mehr. Wir durchschauen dann: Das von den acht Quartett-Faktoren beschwerte Ego bewirkt nichts anderes als eine Verlangsamung unserer Erkenntnis, so wie wir im Wasser weniger scharf sehen als in dünner Luft. Desgleichen erkennen wir, dass unser Körper im Gegensatz zum Geistkörper, der sich mit Gedankengeschwindigkeit fortbewegt, einer ebensolchen Verlangsamung ausgesetzt ist.

Unser Leben in der Raum-Zeit-Illusion erweist sich aus der Vogelperspektive betrachtet als ein Dasein im Schneckentempo. Doch gerade diese Verlangsamung, diese ruhige Existenz erscheint mir als der wahre Lebenssinn. Wir alle suchen nach einem Sinn in unserem irdischen Dasein, bemerken aber das Einfachste nicht, nämlich dass in der Langsamkeit unseres Lebens gleichzeitig der Sinn dieses Lebens besteht.

Das klingt zunächst absurd, wir sollten aber Folgendes bedenken: Raum und Zeit zwingen uns ein verlangsamtes Bewusstsein auf: Wir entwickeln uns allmählich und wachsen schrittweise heran. Dabei können wir das Dasein genau und ohne Hektik studieren. Es gibt die Zeit und die Kausalität, die uns dieses Phänomen ermöglichen, und Schritt für Schritt verarbeiten wir die sich ergebenden Veränderungen. Wir sind nicht jetzt Kind und plötzlich Greis, das bedarf der Reifung. Wir sind nicht jetzt hier und plötzlich dort, das bedarf des Weges, des Raumes, den wir auf diese Weise schrittweise behutsam erforschen können. Es gelingt uns so, jedes Segment unseres Lebens ausführlich zu studieren. Wir sind wie Forscher, die mit der Lupe die Mikrostruktur der Materie untersuchen. Wir lernen dabei, wie vielfältig die Welt aufgebaut ist. Unser Leben in der Raum-Zeit-Welt ist ein in Zeitlupe ablaufender Film mit dem Zweck, jede kleinste Bewegung wirklich erspüren zu lernen.

Der Grund, weshalb ich das Kapitel mit »Könige ohne Ich« überschrieben habe, ist folgender: Wir Raum-Zeit-Intelligenzen müssen unser Ich und unsere Quartett-II-Faktoren sorgfältig kultivieren. Aber damit nicht genug, was die meisten Menschen in der Materiewelt als den Höhepunkt ihres Lebens ansehen – ein stattliches und starkes Ich – das müssen sie beim Fortschreiten auf dem Geistkontinuum schon bald, spätestens in der Phase des Hochgefühls wieder ablegen. Und jene, die ihr Ich weit hinter sich gelassen haben, nenne ich »Könige ohne Ich«. Ein König darf kein Ich besitzen, will er König sein. Ein Ich zu haben ist etwas für die Sklaven! Diese Paradoxie führt uns sogleich zu einer weiteren.

Irre, Kinder und Narren, wird oft behauptet – in der irdischen Welt die Geringsten, da sie kein ausgeprägtes Ich besitzen –, seien in der Geistwelt die »Könige ohne Ich«, denn ohne Ich sind wir nichts als reiner Geist. Hier klingt ein alter Mythos nach, der vom Philosophenherrscher, denn das kann nur einer sein ohne Ich und das wiederum gilt vor allem für Kinder, Narren und Weise.

Können Gedanken Berge versetzen?

Gedanken können Berge versetzen, sicherlich. Wer aber kommt auf die Idee, durch Gedanken Berge versetzen zu wollen. Man greift lieber zur Schaufel. Niemand kommt auf die Idee, weil es nicht geht, sagen wir. Und wenn wir hier in der stofflichen Welt glauben, es gehe nicht, dann geht es ebenso wenig in der Geistwelt. Hier bedarf es der Idee plus dem Zupacken. Im Geistzustand geht es ganz ohne Schaufel. Aber wer glaubt, kaum vom Körper befreit, dort unglaublich schöpferisch werden zu können und nur so vor Ideen zu sprühen, der hat sich getäuscht. Es bedarf nämlich auch der Übung im Ideenentwickeln. Wer in der Materiewelt nicht bereits vor Ideen sprühte, wird auch dort keine haben. Hier ist unser Übungsfeld, hier in den verlangsamten Breiten ist es schwerer mit Ideen als mit Muskelkraft zu arbeiten.

Aber wer hier Ideen entwickelt, in dieser harten Umgebung, wird es in der Geistzone um so leichter haben. Zudem: Es ist ebenso schwer, Gedanken zu ersinnen wie Materie zu bearbeiten. Ob wir aus einem Marmorblock wie Michelangelo eine Pietà herausmeißeln oder mit unseren Gedanken ein Kunstwerk schaffen, ist gleichermaßen schwer. Man glaube nur nicht, jeder sei von Natur aus mit Ideenreichtum ausgestattet. Daher ist selbst im Seelenreich nicht jeder in seinen Gedanken ein Künstler, Philosoph und Dombauer; er bleibt das Spiegelbild dessen, was er im Normalgefühl ist. Jeder misst sich entsprechend seiner Fantasie sein Maß an Luxus, sein Maß an Licht zu. Es ist jener der Reichste, Schönste und Beste im Geiste, der sich am meisten davon denken kann. Reich werden die reich Fühlenden! Arme, aber reich Denkende werden in der Geistwelt reich sein an dem, was es dort in Fülle gibt: an Gedanken!

In der Geist-Dimension werden wir in einem geistigen Kosmos leben, sofern wir uns hier darauf vorbereiten. Wer im Leben nicht Geist geworden ist, wird es nicht lange im Geistreich aushalten und sich zurück flüchten in die Plasmawelt oder zurück in die materielle Welt. Es gilt deshalb hier zu lernen, im Geiste Berge zu versetzen, selbst wenn es unmöglich ist. Der Glaube an die eigene Idee sollte immer als Banner vor uns flattern.

Zunächst meinen wir, die Naturgesetze der stofflichen Welt hätten Vorrang, aber je weiter wir in die Natur eindringen, desto mehr enthüllen sich unsere geistigen Naturgesetze. Irgendwann gelangen wir zur Erkenntnis einer Identität von Natur- und Geistgesetzen, irgendwann offenbart sich uns eine ungeheuerliche Symmetrie, die uns vorbereitet auf die vollkommene Symmetrie aller Tatsachen in der Geistzone.

Im Plasma sind wir Ausdruck unserer seelischen Begierden. Sind diese abgeworfen und bleibt von uns reiner Geist übrig, sind wir tendenziell individualitätslos geworden, aber mit Resten von persönlichen Merkmalen ausgestattet. Wir verschmelzen zwar mit archetypischen, kollektiven Strukturen, aber diese werden immer noch gefiltert durch ein gewisses Maß an Individualität. Wir wissen zwar »Individualität ist ein Irrtum!«, aber noch ist unser Ich nicht ganz erloschen. Daher entstehen auch im Geist noch subjektive Strukturen von individuellen Schöpfern.

Die Linie ist der Punkt

»Ich sah kleine Boote mit kleinen weißen Segeln. Die Boote waren gerade groß genug, um zwei Leute aufzunehmen. Sie segelten vor und zurück auf einem kleinen See, der die natürlich aussehenden Elemente des Feldes, der Wiese und des Waldes von jenem Park in der Ferne trennt. Der Park war ähnlich einem, den ich als Kind in Erinnerung hatte ... Über das Feld hörte ich, vom Wind mitgetragen, kaleidoskopische Musik

kommen ... Auch alle meine alten Spielkameraden waren dort, genau wie sie vor sechzig Jahren waren. Aber ich erkannte sie jetzt als alt. Sie wirkten jung, wie sie da spielten, aber ihre äußere Erscheinung war wie die letzte, die ich von ihnen in Erinnerung habe. Es war, als ob Jugend und Alter miteinander verschmolzen waren.« (Wheeler, 1982, S. 90)

»Meine Großmutter war im Alter von 96 Jahren gestorben, sie sah aber überhaupt nicht alt aus, sie sah aus wie 40- oder 45-jährig. Und meine Mutter, eine ziemlich korpulente Frau, die mit 60 Jahren gestorben war, sah schlank und gesund aus, glücklich und gesund ...«
(Sabom, 1982, S. 71)

Aus der Chronik geht hervor, dass es in der Geistzone keine Kinder oder Alten gibt. Aber das ist keineswegs ein Kuriosum. Geistzone heißt Zerozeit. Wenn kein Zeitablauf vorhanden ist, dann auch kein Wachstum, keine Entwicklung, kein Älterwerden oder Jungsein. Stattdessen herrscht ruhige, ausgeglichene Zerozeit, und jeder wählt sich das Alter aus, das er am meisten liebt. Denn in der Geistwelt gilt: Wir sind, was wir denken! Daher sind die Individuen hier vorwiegend um die 30 Jahre alt, was wohl als angenehmes Alter eingeschätzt wird. Wie das obige Beispiel illustriert, vermischen sich in der Erfahrung der Person Erinnerung und jenseitige Wirklichkeit. Am Anfang sind die Erfahrungen noch überlagert von irdischen Erinnerungen, was sich aber bald legt.

Stellen wir uns eine Kugel aus Kaugummi vor. Wir kauen diese weich und ziehen den Gummi, wie das als Kind jeder schon einmal getan hat, in die Länge. Aus der Kugel wird eine Linie, und was zuvor in der Kugel alles auf einem Punkt versammelt war, gewissermaßen in einem *Jetzt* konzentriert, liegt nun hintereinander angeordnet auf einer Linie. Denn Zeit ist, wie jeder weiß, ein kausales Nacheinander von Ereignissen. Was in der Kugel *Sein* war, ist jetzt *Werden*. Was vorher neben oder mit mir war, liegt nun in meiner Vergangenheit oder meiner Zukunft. Zeit dürfen wir daher bestimmen als Ausdehnung eines zeitlosen Punktes in eine Reihe von unzähligen Punkten, d.h. zu einer Linie. Giordano Bruno, der Begründer der Theorie der

»vielen Welten«, wusste das bereits im 16. Jahrhundert treffend zu beschreiben: »Die Linie ist der Punkt!« Auf unserem ausgezogenen Kaugummi erscheint zuerst die Geburt, dann ein Kind, ein Jugendlicher, ein Erwachsener, schließlich ein Greis und zuletzt der Tod. Geburt und Tod sind wohlgemerkt Erscheinungen des ausgezogenen Gummis, nicht der Kugel. In der Kugel stellen sich Geburt und Tod als ein bloßer »Zustandswechsel« dar, etwa so, wie wenn ich von einem Zimmer in ein anderes gehe. Geburt und Tod sind in der »Urkugel« nicht unbedingt Zustände, die notwendigerweise eintreten müssen. In der Geistzone scheint es ebenso zu sein: Unser gedehntes Kaugummiband Leben ist zusammengeschrumpft. Damit gibt es dort auch kein Wachstum wie bei uns. Stattdessen scheint es möglich zu sein, sich die Zustände nach Belieben selbst zu wählen. Wir sind im Bereich der unbegrenzten Möglichkeiten. Da Zeit nicht existiert und alle Möglichkeiten sozusagen vor uns liegen wie im Supermarkt, ist es nur eine Frage der Wahl, was wir dort sind.

Der Wegfall der Zeit

Die Menschen im Geist-Zustand seien zufrieden und gelassen, weil sie nicht mehr der Zeit unterlägen, heißt es in vielen Chronikberichten. Dass in diesem Zustand nun alle Menschen gut seien und gelassen, bestätigen andere Berichte jedoch keineswegs. Im Gegenteil, die Menschen seien am Anfang so wie hier in der irdischen Welt auch, und erst nach und nach, in einer zweiten Geistphase, legten sie ihre Individualität (Schopenhauer: »Individualität ist ein spezieller Irrtum!«), ihr Ich und ihre kulturellen Konventionen ab. Diese Chronikberichte beziehen sich jedoch auf verschiedene Phasen der Geist-Entwicklung. Keiner Zeit unterworfen zu sein – man stelle sich das einmal plastisch vor: keine Termine, keine Pünktlichkeit, wir müssten uns nie beeilen und könnten ganz wie ein Tier mit dem Rhythmus unserer Gefühle leben; wir würden die Arbeit wohl als Spiel erfahren und lebten in ewiger Ferienstimmung ohne all die Zeitkrankheiten Hektik, Stress und Anspannung. Wir würden ganz im Augenblick leben, ohne dabei dauernd an Vergangenheit oder Zukunft zu denken. Wir würden nicht mehr in Zukunftsfantasien und Erinnerungen schwelgen. Unsere Existenz als Zeitsklaven wäre vorbei.

Aus der Erfahrung der »Ewigen Gegenwart« entspringt L3; wir erfahren vollkommenes Licht, umfassende Liebe, d.h. Verbundenheit mit sämtlichen Lebewesen und intensiven Lebensrausch. Dieser L3-Effekt erreicht jedoch im Geistfeld noch nicht den Zenith. Licht erkennen wir nun zwar als einen anderen Ausdruck von universeller Liebesverbundenheit und intensiviertem Leben, und Leben erkennen wir als eine Form von Licht und Liebe, wobei Licht, Liebe und Leben drei Begriffe für dieselbe Sache sind. Diese Dreiheit ist tatsächlich eine Einheit und ihre Aufsplitterung entsteht lediglich durch unser geringes Fassungsvermögen in der Raum-Zeit-Illusion, in Wirklichkeit ist da weder Licht, noch Liebe, noch Leben, sondern etwas Geheimnisvolleres. An ihrer Stelle steht – so deuten es einige Quellen an – eine universelle Leere, die gleichzeitig das universelle Alles ist. Von diesen beiden Begriffen können wir aber offenbar nur als Licht, Liebe und Leben sprechen, wenn wir sie für uns fassbar machen wollen.

Kehren wir zurück zur Zeit. Wenn diese sich auflöst, dann entsteht erstmals der Mensch wie er ist, eben ohne Zeitgefühl. Ich habe das auf allen Stufen des Geistkontinuums nachgewiesen, das Zeitgefühl nimmt zusammen mit den zwei Quartetten sukzessive ab. Alle Quartett-Faktoren verfallen gleichzeitig und gleichermaßen schnell mit der Abnahme des subjektiven Zeitgefühls. Es spielt keine Rolle, ob ich sage, die Zeit verfällt oder der Raum oder das Denken. Aber wir sprechen in unserer Kultur von der Zeit als der obersten Herrscherin, daher stelle ich sie hier in den Mittelpunkt.

Was unserer Zeit in der Geistwelt entspricht, ist der Zustandswechsel, der etwa einem Gefühlswechsel gleicht. Geist ist kein Ort im Sinne unserer Raum-Zeit-Welt oder eine Zone um die Erde herum, wie es die alten Quellen oft darstellen, sondern ein Zustandskosmos bestehend aus Gedanken-Stoff und ewigem Jetzt.

Mumifizierung als Verbindung zur Geistwelt?

Es gibt einen alten, aus dem orphischen Mysterienkult stammenden Spruch: »*Soma Sema*« («Der Körper ist ein Grab«). Ich deute das als: Der Körper ist ein Grab für unser Bewusstsein! Das Bewusstsein fällt in den Körper wie in ein Grab; dort muss es sich der Gangart des Körpers anpassen, es darf nur mit dem Gehirn denken, muss die Gesetze des Raumes achten, die Zeit einhalten und lernen, sich nicht an der Materie zu stoßen. Wegen dieser Zwänge beschreiben die antiken Schriften den Körper oft als Gefängnis, Höhle oder Grab, aus denen es sich zu befreien gilt. Das Leben solle genutzt werden, um sich zu befreien. Das wiederum sei aber nur Helden möglich, so schwer sei es. Orpheus war ein solcher Held, und inspiriert durch seine Erfahrungen entstand der orphische Kult, von dem eben jener Spruch »*Soma Sema*« stammt.

Der Körper ist wie jegliche Materie in der Tat eine »Zeitfalle«, in die das Bewusstsein hineingerät. In ähnlicher Weise wird Materie von der zeitgenössischen Physik als Energieverdichtung auf einem immateriellen Energieteppich gesehen, als ein Einsprengsel im weißen Marmorfußboden der unendlichen Hallen des Zeitlosen. Diese Vorstellung hat eine starke Ähnlichkeit mit den Darstellungen der antiken Welt vom menschlichen Körper als Höhle, Grab und Gefängnis. Aus dieser Vorstellung heraus wollte Platon am liebsten nichts mit den Menschen zu tun haben, da sie noch einen Körper besaßen bzw. voller Begierden und Leidenschaften waren. Dieser radikale Gedanke soll uns nun hinüberleiten zu einem anderen, und zwar wieder äußerst abwegigen.

Viele alte Kulturvölker haben ihre Toten mumifiziert. Wir kennen das aus Tibet, Ägypten, Peru, aber auch von einer Reihe Indianerstämmen, von der Osterinsel oder der Urbevölkerung der Kanarischen Inseln, den Guanchen. Beim Studium der ägyptischen Totenbücher fielen mir Beschreibungen auf, die von den Spezialisten nie ernst genommen wurden oder aus Mangel an Verständnis unbeachtet blieben. Darin heißt es: Die Mumie soll dem Geist des Verstorbenen, der sich im Duat (Plasma), eventuell auch im Amenti (Geistzone), aufhält, helfen, sich zu orientieren; die Mumie soll für einen Halt im Materiellen sorgen.

Vielleicht leuchtet die Bedeutung dieser Aussage nicht jedem sofort ein. Aber erinnern wir uns: Wenn wir uns im außerkörperlichen Zustand befinden, dann sind wir nach der Lysis ziemlich orientierungslos. Wir finden uns nicht zurecht in den fremden Zonen. Nach meiner Hypothese wurde die Mumifizierung eingeführt, um dieser Verwirrung entgegenzuwirken. Das Bewusstsein des Verstorbenen oder Transformierten entbehrt immerhin des stützenden Körpers, der ihm in der stofflichen Welt wie ein Gerüst war. Damit der Reisende zumindest irgendwo einen Erinnerungshalt hat, versuchte man den Körper so lange wie möglich zu konservieren. Der Geist sollte in der stofflichen Welt weiterhin einen Bezugspunkt haben, eine emotionale Beziehung zu sich selbst, und zwar mittels der Erinnerung an den einstigen Körper. Eine Brücke zwischen stofflicher Welt und Geistzone wurde so auf raffinierte Weise hergestellt. Nicht anders verhielt es sich mit den Grabbeigaben aus der einstigen Umwelt des Verstorbenen bis hin zu Speisen und gleichzeitig getöteten Dienern und Verwandten.

Die künstliche Rekonstruktion der einstigen sozialen Umwelt sollte den Verstorbenen vor dem Schock der Todeseinsamkeit bewahren. Diesbezüglich von einer Psychotherapie für Tote zu sprechen ist nicht abwegig. Der Geist hat jetzt einen Konzentrationsfokus, von dem aus er die Weiten der Geistwelt erkunden kann. Wenn er sich verirrt, braucht er sich nur an die Mumie zu erinnern, und schon findet er wieder Halt. Die Mumie ist für das Bewusstsein wie ein Leuchtturm im Meer der unendlichen Potenzialität. Den Geist verbindet eine Art Nabelschnur mit seiner Erinnerungsstation Mumie, und so kann er die neue Welt erforschen, ohne den Kontakt zu seinem Ursprung zu verlieren, wie ein neugieriges Kind, das sich noch an der Schürze der Mutter festhalten darf.

Die Negativform unserer Sinne

Der Körper ist weggefallen, wie kann es da noch Sinne geben? Es gibt sie aber noch – in ihrer Negativform! Wir verfügen zwar nicht mehr über Nasen, Ohren und Augen, dafür aber über innere Nasen, Ohren und Augen. Bedenken wir, wenn wir die Augen schließen, können wir dennoch in Träumen und Visionen, in der Vorstellung, im Tagtraum sehen. Ja, ohne innere Vorstellung sind wir gar nicht überlebensfähig. Und was wären wir ohne Fantasie, die sich doch auf innere Bilder und Klänge gründet? Ohne die körperlichen Sinne bzw. im Zuge ihrer Intensivierung wird Sehen zur Vision oder zum Hellsehen, Hören zum Hellhören, ebenso Riechen und Schmecken und Tasten. Wir empfinden telepathisch über Raum und Zeit hinweg und was unter dem Begriff Psi-Phänomene bekannt ist, gehört zum Alltag der Geistzone. Wenn die Quartette sich aufzulösen beginnen, entstehen je nach dem Standort auf dem Geistkontinuum leichte Psi-Phänomene, die sich in der Geistzone, in dieser ihnen ureigenen Sphäre, voll entfalten können, und mit meinem Modell des Geistkontinuums ganz unspektakulär zu erklären sind. Je mehr sich Raum oder Zeit auflösen, desto eher kommt es zum Hellsehen oder zur Telepathie. Allerdings muss gewarnt werden: Weder sehen wir ohne Augen, noch hören wir ohne Ohren. Es scheint nur so, als sähen und hörten wir, aber das ist eine typische Fehleinschätzung des Raum-Zeit-Denkens. Wir befinden uns nicht mehr auf einer Weltlinie, sondern wie ich zuvor dargelegt habe, in einer Urkugel, in der sämtliche Informationen raumzeitlos vorhanden und abrufbar sind. Wenn sich zudem noch das Ich zum Null-Ich steigert, dann nehmen wir die Welt vorurteilsloser wahr und erhalten intensiviertes Wissen. Je weniger Strukturen und Filter – wie Raum, Zeit, Materie, Kausalität, Ich, die Sinne, Denken und Fühlen – vorhanden sind, desto umfassender ist unsere Wahrnehmung.

In der Raum-Zeit-Welt lassen wir nur wenige Dinge an uns herankommen, wir umgeben uns mit unzähligen Sichtblenden und Schutzhüllen, damit uns nicht die gesamte Welt auf einmal überrollt. Das ist nicht negativ zu sehen, denn wir erhalten dadurch die Möglichkeit, einen kleinen Ausschnitt der Welt umfassend und detailliert zu studieren. So, wie wir in einer Menschenmenge nicht alle reden hören, sondern nur jene, auf die wir uns konzentrieren, und das Ohr die übrigen Gespräche einfach ausblendet, so verhält es sich mit unserem ganzen Leben: Wir blenden fast alles aus, und dieses bisschen, das wir zu uns durchlassen, nennen wir dann überschwänglich das Leben.

Die tibetische Überlieferung stellt das folgendermaßen dar (zitiert nach Rangdrol, 1989, S. 69):

1. Ohne Körper könne man in einem Augenblick überall hinreisen.
2. Ohne festes Verhalten sei man alle Augenblicke in neue Tätigkeiten verstrickt.

3. Ohne reale Nahrung, weil ohne Körper, könne man die verschiedenen Speisen der sechs Daseinsbereiche zwar erkennen, aber nicht zu sich nehmen.
4. Ohne feste Freunde habe man wechselhaften Kontakt zu den verschiedenen Wesen des Sambhoga-Kaya (Plasma).
5. Ohne klare Grundlage (Quartett II) wechseln unsere Erfahrungen dauernd wie ein Irrlicht, wir erfahren den Terror der Halluzinationen.

Auf drastische Weise werden hier die Gefahren des quartettlosen Zustandes angeführt, weshalb wir bereits im Leben lernen sollten, die beiden Quartette gelegentlich abzuwerfen, um vorbereitet zu sein auf das spätere Geistleben, damit wir uns dort nicht verirren und verlieren. Wir sollen bereits hier lernen, Halt im Haltlosen zu erlangen! Daher sicher auch Platons letzter Ausspruch: »Übe zu sterben!«

Ein Freiheitskampf

»Es war eine Art Trancezustand, dem ich mich willig und mit großer Dankbarkeit hingab; jeder Augenblick bereitete mir neue Überraschungen, und tausend Fähigkeiten schienen sich plötzlich in mir zu entfalten, derer ich mir bisher nie bewusst gewesen war. Als ob ich in Fesseln gelegen hätte, die nun gesprengt würden.« (Lee, 1977, Bd. II, S. 83)

Dieses Gefühl von gesprengten Fesseln haben wir insbesondere nach der Lysis vom stofflichen Körper. Unsere Sinnesempfindungen, zuvor durch Augen und Ohren gefiltert, intensivieren sich; wir dürfen nun von einer super-sensorischen Wahrnehmung sprechen. Da uns im post-körperlichen Zustand Augen und Ohren fehlen, erfahren wir auf der Plasma- und Geist-Ebene eine reine, vibrierende Welt, gestrickt aus Ideen und Wünschen. Wir treten ein in Platons so oft missverstandene Ideenwelt.

Transparenz
Durch die Lysis II wird offenbar unser Geist-Körper freigesetzt; Bewusstsein existiert jetzt ohne die beiden Filter. Die dichten The-

atervorhänge der Materiewelt und des Plasmas sind beiseitegeschoben, und wir sind jetzt wie ein Kristall: Jeder kann durch uns hindurchschauen und unsere wahren Gedanken lesen. Das menschliche Drama, das Masken- und Versteckspiel hinter den »Mauern« unseres Körpers ist beendet. Manch ein Übermütiger möchte nun gleich von einer »Erleuchtung« sprechen, wie die asiatischen Traditionen sie kennen, aber das sind blinde Hoffnungen. Wir mögen leuchten, aber das ist in der Geist-Dimension nichts Besonderes. Die Persona (etruskisch = Maske) der Raum-Zeit-Illusion ist von uns abgefallen, wir sind zur Trans-Persona geworden und stehen jenseits der Masken.

Die Erfahrung der Transparenz zieht bei vielen Betroffenen etwas nach sich, das sie nach dem Wiedereintritt in die Raum-Zeit-Welt als Reinigung beschreiben. Sie fühlen sich psychisch geläutert. Ein Mal konnten sie wahrhaft das sein, was sie wirklich sind. Sich ein Mal ohne den Ballast des Körpers gespürt zu haben, ist eine große Befreiung. Wer von den Früchten dieser Freiheit gekostet hat, der kann das nie mehr vergessen. Diese Personen werden ihre Existenz in der Raum-Zeit-Illusion nie mehr dumpf hinnehmen, denn sie haben den Duft einer weiten Welt geatmet. Sie kommen nie mehr ganz zurück in die enge Behausung ihres Körpers und werden Menschen mit zwei Seelen. Alles Streben nach politischer, kultureller und individueller Freiheit ist nur eine Vorstufe und Miniaturform dieser großen Befreiung von der Raum-Zeit-Illusion. Ich spreche damit dem Befreiungskampf gegen Diktatur und Unterdrückung keineswegs den Sinn ab, im Gegenteil, das sind Vorübungen für die Befreiung von der Einengung des stofflichen Körpers. Denn alle Freiheitsbewegungen wollen in letzter Instanz äußere und innere Unabhängigkeit, freie Entfaltung, und wir lehnen jegliche Vorschriften für Geist und Körper ab. Die Lysiserfahrungen bewirken in radikaler Form eben dies: umfassende Unabhängigkeit, Erweiterung des eigenen Spielraums, uneingeschränkte Entfaltung.

Die Lysis II geht den letzten Schritt, der im Keim in allen gesellschaftlichen Freiheitsimpulsen steckt. An der Wurzel unseres menschlichen Lebens steht ein instinktiver Drang nach Freiheit des Geistes. In der Raum-Zeit-Illusion äußert sich dieser Drang zunächst als eine Befreiung von den Einschränkungen der acht Quartett-Faktoren: Wenn wir zu wenig Raum haben, wollen wir mehr Raum, wenn wir durch die Zeit gehetzt werden, wollen wir Befreiung von der Zeit, wenn wir in ein kausales Zwangssystem von Regeln eingezwängt werden, wollen wir Zukunftsvisionen; wenn uns die Materie zu sehr einengt, wollen wir die Mauern einreißen. Daher sind alle Denkdiktaturen und Moralreligionen dazu bestimmt, Geschichte zu werden. Denn wir wollen uns unseren Traum vom harmonischen, intensiven Leben erfüllen.

Eros als Mass aller Dinge

»*Und dann geschah es, dass mir die wohl größtmögliche Ekstase zuteil wurde, die Menschen wohl je auf dieser physischen Erde erleben können. Ich fühlte mich in den Zustand der totalen Liebe versetzt und staunte alles um mich herum an. Ich befand mich in einer Liebeswallung mit jedem Blatt, jeder Wolke, jedem Grashalm und jedwedem Lebewesen.*«
(Kübler-Ross, 1984, S. 87)

»*Über dem Engelhimmel ist die Sonne, die reine Liebe; sie erscheint feurig wie die Sonne in der Welt. Die Wärme dieser Sonne gibt den Menschen und Engeln Wollen und Liebe. Licht, Verstand und Weisheit, die daraus entstehen heißen geistlich. Was aber aus der Sonne der Welt entsteht, heißt natürlich und enthält das Leben. Die Ausdehnung des Lebensmittelpunktes ist die geistliche Welt, diese besteht durch ihre Sonne: und die Ausdehnung des natürlichen Mittelpunktes ist die natürliche Welt, welche ebenfalls durch ihre Sonne besteht. Das Feuer der Sonne der Welt oder der Natur kommt aus der Sonne des Engelhimmels her, welches die göttliche Liebe ist, die zunächst von Gott ausgeht, welcher sich in der Mitte befindet*« * (Swedenborg, 1963).

Swedenborg verbindet wie ich Licht, Liebe und intensives Leben, auch bei ihm sind es im Grunde drei Begriffe, die er für Gott verwendet.

---

* Es gäbe im Himmel (in der Geist-Dimension) eine Sonne, eine höhere Sonne, sagt Emanuel Swedenborg, der größte Seher Europas, die aus reiner Liebe bestehe. Ein schönes, aber verwirrendes Bild. Es handelt sich keineswegs um eine Sonne, sondern um den Zustand der Liebe. Die Sonne nimmt Swedenborg als Sinnbild für Liebe und Licht. So, wie unsere Sonne das physische Leben erhalte, ermögliche die »höhere Sonne« auf ihre Weise das Leben im Geist, mehr noch, unsere Sonne sei nur ein Abbild der höheren Sonne. Da die Sonne ein Symbol für die Liebe ist, gibt es nach Swedenborg im Zentrum des Seins etwas, das er als Liebe umschreibt, womit allerdings keineswegs unsere irdische Sexualität gemeint ist.

Wilde Spekulationen um das Welt-Ei

Am Uranfang der Welt steht das »Ur-Ei«, sagt ein orphischer Mythos. Diese Vorstellung vom Ur-Ei ist universell. Es gibt nur wenige Völker, die nicht die eine oder andere Form des Welten-Eis kennen. Aus dem Ur-Ei trat der erste und größte Gott hervor: Eros! Mit ihm entstand gewissermaßen das Dasein. Er nämlich enthüllte, was im Ei verborgen lag: sich selbst. Später aber holte er auch das Chaos und Gaia, die Erde, daraus hervor. Auf seinen Einfluss ist es übrigens zurückzuführen, dass sich diese beiden begatteten, woraus dann sukzessive der Kosmos, die Götter und die Menschen entstanden. Geboren wurde alles aus der Liebe: Schöpfung heißt Liebe, so die Urgleichung! Daher beherrscht Eros alles, von den geschmeidigen Gliedern des Menschen bis hin zu seinem Geist. Eros hält alles zusammen, natürlich mit Hilfe seines Bruders Himeros, der Sehnsucht. Diese ist offensichtlich als evolutives Agens allen Wesen und Dingen eingeboren und dient dazu, zwischen allen Zuständen und Dingen alles verbindende Analogien (Liebesbeziehungen) zu schaffen.

Bei diesem Zusammenhalten der Welt unterstützt ihn nach einer Version des Mythos auch seine Gemahlin Psyche, die den weiblichen Aspekt des Eros verkörpert. Die Eros-Dimension wäre damit überraschender – aber treffenderweise gleichzeitig die Dimension unserer Psyche! Die Psyche dürfen wir daher verstehen als das erotisch-zusammenfügende Prinzip, denn Psychisches verbindet und schafft erotische Kohäsion. Anderen Mythen zufolge hüllt sich Eros in »bindendes Feuer«, oder es heißt auch, er sei das »Urfeuer« selbst. Liebe wäre demnach eine Analogie zu Feuer, vielleicht, weil es ebenso heiß lodert und unberechenbar flackert wie diese.

Im Neuplatonismus sprach man vom »Pflücken der feurigen Blume« und meinte damit das »Erkennen mittels des Eros«, der somit mit dem Feuer gleichgesetzt wurde. Da unser wahres Wesen nicht Materie sei, sondern Eros, also Feuer, haben wir kraft dieser Verbindung Anteil am gesamten »feurigen Dasein« der Welt.

In Platons Symposion vermittelt Eros als Dämon (als Wesen zwischen Materie und Geist, sprich als Seele) zwischen den Menschen und Gott. Eros bringt die Menschen der Trinität des Wahren, Schö-

nen und Guten näher, die bei Platon an Stelle des christlichen drei-
einigen Gottes steht. Im »Chaldäischen Orakel«, jener für das Mittelalter so wichtigen Schrift, hält Eros die Welt ebenfalls durch sein
»bindendes Feuer« zusammen; die Welt drehe sich durch das Feuer
in ewiger Liebe. Als Zwischendimension und Mesokosmos verbindet
Eros Mikro- und Makrokosmos, und er schafft ein Weltkontinuum
zwischen Materie und Geist. Er ist es auch, der klein und groß als
Analogie erkennt, er hebt den Gegensatz von hoch und tief auf und
hält die Welt zusammen, so wie das Ei seinen Inhalt. Eros ist der
Fugenkitt zwischen den drei Dimensionen. Er sorgt dafür, dass das
Rechte eine Spiegelung des Linken, das Schöne eine Spiegelung des
Hässlichen ist. Die das Universum bewegende Kraft sitzt nicht wie
in der christlichen Vorstellung »irgendwo dort draußen« im All und
regelt patriarchalisch den Kosmos: Diese Kraft steckt in jedem Ding
und ist – Gott wollte es so – eine erotische Kraft!
Eros durchdringt alles, auch den über ihn nachdenkenden Menschen. Und so können wir – wie unser Alltag tausendfach beweist
–, dem Eros nicht entgehen, sei es nun in Gestalt des Sexus oder in
all unseren Sehnsüchten nach Größerem, Übermenschlichem, nach
Ganzheit und Vollkommenheit. Eros erscheint in tausend Gestalten
und Verkleidungen und ist allgegenwärtig. Er weiß uns zu täuschen
und reißt uns immer wieder zurück in den Daseinsfluss, der letztendlich alles verbindet. Jede kleinste Form der Vereinigung ist Ausdruck der großen immerwährenden Vereinigung, die Leben heißt.
Das universelle Symbol für den Eros und den Mesokosmos ist daher
das Knüpfen des Lebensteppichs mittels des in sich selbst zurücklau-
fenden schleifenartigen Weltknotens. Leben ist also Liebe und Feuer
und in meiner Darstellung das immerwährende Schaffen von Analogie-Ketten, auf dass alles gleich werde und eine Einheit!
In Platons Welt ebenso wie der Swedenborgs ist allein der Eros die
treibende Kraft menschlicher Entwicklung. Er lehrt den »Aufstieg
der Seele« durch die Erkenntnis seiner selbst. Er lehrt eine Evolution durch »Erotik«. Nur wer Liebe, Sexus und Eros bei sich selbst
erlebt und ausagiert, und zwar in allen acht Quartett-Faktoren, lernt
das Dasein kennen. Eros ist die Brücke zwischen den Dingen und
Zuständen, das Prinzip, das alles zusammenhält und das ist nichts

anderes als das Plasma, der Urkitt und Urstoff des materiellen Weltalls: Der Eros ist die Seele, und die Seele entspricht der Plasmadimension!

Das Wort »Verbindung« ist jedoch zu sehr vom mechanischen Denken bestimmt, als dass es dem, was Platon, Swedenborg oder ich mit Analogie meinen, gerecht werden kann. Ich möchte daher eher von *Algebra* sprechen! Der Begriff »Algebra« bezeichnet ein »Sichverbinden ursprünglich zusammengehörender Teile«, d.h. ein sich Wiederverbinden dessen, was einmal getrennt wurde, also eine Wiederherstellung der Einheit. Der zweite Begriff, um dieses Verbindende zu erfassen, ist die *Analogie*, und diese bezeichnet »eine Entsprechung scheinbar verschiedener Dinge und Zustände«. Hierin liegt die ewige Anziehungskraft des Eros: durch Analogien die Vielfalt der Welt zur Einheit zurückzuführen. Im vollkommenen Eros lösen sich alle Unterschiede auf – das ist das Geheimnis, das uns ihm blind folgen lässt. Nur das Geheimnis lockt!

Wer dem Eros folgt, sucht den Seidenkokon, in dem alle Vielfalt verwoben ist, und findet durch ihn hindurch zur Leere des Anfangs zurück. Damit treffen wir auf das grundlegende Prinzip des Daseins: Die Fülle strebt zur Leere so wie der Mann zur Frau – und umgekehrt. Die Fülle ist daher lediglich die am weitesten entfernte Analogie von Leere. Fülle ist somit zugleich Leere, ein entferntes Spiegelbild des Urbildes. Für uns Stoffwesen ist das ein vollkommener Gegensatz, für den analogisch Denkenden aber nur eine sich als Gegensatz tarnende Einheit. Analogie hieße damit pointiert gesagt *coincidentia oppositorum* – »Zusammensetzen der Gegensätze zur Einheit«.

Jede Form der Vereinigung, jedes Balzen von Vögeln bis hin zum Liebesrausch des Menschen, jede denkerische Verknüpfung, jedes Mitempfinden, Mitleiden, Mitfreuen, ja alles Anteilnehmen an Handlungen anderer, an einer Landschaft, einem Buchinhalt, einem Film ist nichts anderes als eine Verbindung, die auf dem Feuer des Eros gründet. In den menschlichen Tätigkeiten und den Naturgesetzen das Prinzip des verbindenden Eros nachzuempfinden ist die Aufgabe der Analogie-Wissenschaft oder, anders gesagt, von echter Spiritualität.

Wir haben die Angewohnheit, im »Feld der polaren gestalthaften Erscheinungen«, wie die Tibeter sagen, in der Raum-Zeit-Illusion, Einheiten auseinander zu dividieren. Aus *einer* Tatsache oder Erfahrung werden durch differenzierte Begriffsbildung im Laufe der Zeit viele Tatsachen und Erfahrungen, und zwar so lange und so oft, bis sich Begriffe, die anfangs rein als Mehrfachbezeichnungen galten, als Polaritäten darstellen. Auf diese Weise entstand zum Beispiel die Polarisierung von L3 in die drei Begriffe Licht, Liebe und Leben.

Es herrscht heute eine unübersehbare Vielfalt an Begriffen, so dass wir uns in ihrem Gestrüpp verirren können; wir verfallen den Wörtern, werden Sklaven ihrer Gegensätzlichkeiten; wir verinnerlichen diese und denken und fühlen fortan selbst nur noch in Polaritäten. Wir sprechen hier vom Licht, dort von Liebe und da von Leben. Wir reden im Kreis herum, im Teufelskreis, und meinen dabei zu weitreichenden Erkenntnissen gekommen zu sein. Es ist, als sprächen wir vom »alten Greis«, vom »weißen Schimmel«, und tatsächlich läuft sich das Leben auf diese Weise leer durch Wortwiederholungen. Die Rückführung der Wortvielfalt auf eine Handvoll Wörter wäre wahrlich ein Projekt für Analogie-Begeisterte.

Die Wurzel des Daseins ist die Einheit, *Individualität ist ein Irrtum.* Wir müssen nun fragen wie diese Einheit gemeint ist. Wenn Eros, der Urstoff, gleichzeitig Psyche ist, sind auch Psyche und Urstoff eins! Also wird die stoffliche Vielfalt aus einem Drang der Psyche heraus geboren, und das Psychische – Gefühle und Gedanken – hält alles zusammen. Die Materie ist damit im Psychischen vorgebildet, ist selbst Psychisches und damit etwas Quasi-Materielles – Urstoff, Antimaterie.

Materie ist, wie die tibetische Kosmologie sagt, nur der Schaum, den die Wellen, sprich die Urmaterie, hervorbringt. Dieser Schaum ist etwas Eigenständiges, aber ohne Meer ist er undenkbar. Die Griechen wussten um etwas, das wir heute nicht mehr wissen, daher machten sie Psyche zur Gattin des Eros. Aber Eros und Psyche sind nur zwei Namen für *eine* Sache. Wenn Eros aber alles miteinander verbindet, was in der Materie zersplittert und isoliert existiert, diese alles verbindende Einheit aber nicht das Letzte ist, dann muss die Einheit im reinen Geist noch umfassender sein.

Verkehren Engel sexuell durch Licht?

Im antiken Griechenland unterschied man sehr genau zwischen zwei Arten des Eros, dem »gemeinen Eros«, der so genannten Aphrodite Pandemos (Pandemos = das ganze Volk oder Land) und dem »himmlischen Eros«, der Aphrodite Urania (Urania = Himmel). Dieser Unterscheidung der Liebe kann sich die Analogie-Theorie leicht anschließen – im Sinne einer »Mikroliebe« und einer »Makroliebe«: Die Aphrodite Pandemos ist demnach das verdünnte Abbild der Aphrodite Urania, im Sinne einer »Analogie-Unschärfe«. Unsere Alltagsliebe ist daher ein blasses Abbild der universellen Liebe, vergleichbar mit einem Rasterbild, das aus nur einigen Punkten besteht, aber noch immer die Konturen eines Gesichts oder Körpers andeutet.

Das Schöne an dieser unvollkommenen Liebe ist, dass sie sich vervollkommnen und aufsteigen kann – daher unsere Sehnsucht. Andererseits ist natürlich all unser Liebesverkehr nur ein bloßer Versuch zur Liebe, tausend Bedingungen hindern uns an der echten Erfüllung, insbesondere der Körper selbst. Der Körper muss abgelegt werden, bevor Aphrodite Urania hervortreten kann. Der körperliche Sexus steht also zum unkörperlichen Eros in einem Verhältnis wie der Sohn zum Vater.

»Hinauf und höher!«, dieser Drang ist laut Goethe jedem Menschen angeboren. Wir befinden uns im Mikrozustand, in der Raum-Zeit-Illusion, wollen aber in einen Makrozustand hinaufwachsen. Ich nenne dieses Streben das *Transpersona-Prinzip*, denn wir kommen nicht »hinauf und höher«, ohne unsere *Persona* (etruskisch = Maske) abzuwerfen. Die Lysis I aber ist solch ein Abwerfen unserer Körper-Persona und die Lysis II ein Abwerfen unserer Psyche-Persona.

Viele Quellen behaupten, es gäbe in der Geistzone verschiedene Lebensformen, man träfe dort auf Wesen, die in Bezug auf ihre Fähigkeiten, L3 zu erfahren, auf unterschiedlicher Stufe stehen. Einige könnten viel verkraften, andere weniger, das sei eine Frage der Übung und Gewöhnung oder der Erkenntnis. Wer demnach viel liebt bzw. viel Weisheit hat bzw. viel Licht ertragen kann, sei »höher hinaufgelangt«. Nach unserer Formel sind Licht und Liebe gleich und folglich austauschbar: Lichtkommunikation ist das Gleiche wie Liebesverkehr, und Liebe läuft über Lichtkontakt.

Offenbar hängt die Intensität unserer L3-Erfahrung auch ab von der Übung: Wenn wir nämlich in der Raum-Zeit-Illusion eine große Kapazität für L3 erworben haben, dann werden wir L3 bei der großen Seelentransformation in den Geistzustand auch intensiver erfahren. Der irische Dichter W.B. Yeats bemerkt lakonisch: »Die sexuelle Beziehung zwischen Engeln ist Licht.« In der Tat, Engel – sprich Lichtwesen, Verstorbene oder Geistreisende – kommunizieren untereinander durch Licht bzw. durch Liebe, was als intuitives Verstehen, als telepathischer Brückenschlag oder zutreffender als »Geistesblitz« erfahren wird. Es sei das Licht, das ihnen Wissen vermittle und alles Wissen in sich gespeichert habe. Ähnliches belegen die beiden folgenden Berichte:

»Ich besaß das totale, vollständige Wissen von allem, was je in meinem Leben geschehen war, hatte es klar vor Augen – selbst die nebensächlichsten Dinge, die ich längst vergessen gehabt hatte ... alles war so klar ...« (Ring, 1985, S. 64)

»Eine strahlende, weißgelbe, warme Lichtsäule ragte vor mir auf ... Ich wurde gefragt – aber ohne Worte, durch direkte, mentale Kommunikation: ›Was hast du getan, um der Menschheit zu helfen oder sie weiterzubringen?‹ Gleichzeitig sah ich mein ganzes Leben an mir vorübergleiten, und ich begriff, was zählte. Ich will hier nicht weiter darauf eingehen, aber glauben Sie mir, ich wurde erlöst für etwas, das ich für unwichtig gehalten hatte, und was mir wichtig vorgekommen war, bedeutete nichts.« (Ring, 1985, S. 62)

Die Liebeskraft in der Geistzone sei so gewaltig, dass männliche und weibliche Wesen androgyn (zweigeschlechtlich) werden könnten. Dem stehen allerdings die Aussagen von zurückgekehrten Geistreisenden entgegen, die berichten, es gäbe gar keine Geschlechtlichkeit mehr im Geistkosmos. In diesem Zusammenhang steht auch der uralte Mythos von der Einheit der Geschlechter am Anfang oder am Ende der Zeiten (sprich im Todesreich). Erst im Laufe der

Geschichte, besagt der Mythos sei eine Trennung von Mann und Frau als sich gegenseitig ergänzende Dualität aufgetreten und parallel dazu der Zyklus von Geburt und Tod, den es zuvor ebenfalls nicht gegeben haben soll. Bei Platon heißt es, die Anziehung zwischen den Geschlechtern rühre von dieser vorzeitlichen Trennung her, und der Mensch wolle zurück zur Ganzheit. Die Liebe sei daher unser natürlichster Trieb, nämlich wieder wir selbst zu werden, und wir halten voller Sehnsucht Ausschau nach unserer Ergänzung.

Dass wir uns in der Geistzone automatisch als androgyne Wesen erfahren und eine Ganzheit werden, dafür geben die Berichte von Geistreisenden Zeugnis. Am Anfang einer Todeserfahrung erscheinen einem jedoch die Lichtwesen gelegentlich noch als Mann oder Frau, aber sie werden schon bald ungeschlechtlich, weil unsere Projektionen nachlassen.

Romeo und Julia

Es besteht ein rätselhafter Zusammenhang zwischen Liebe und Tod. Die Literatur bestätigt das und ist voll von Beispielen. Unzählige junge Menschen stürzten sich wie in Goethes Erfolgsroman *Die Leiden des jungen Werther* wegen Unglück in der Liebe und nach der Lektüre des Buches in den Tod. Es brach eine wahre Modewelle des Selbstmords aus. Liebe steht in engem Zusammenhang mit dem Tod, denn sie ist selbst eine Art kleiner Tod, ein erster Anklang daran! Unser eigenes Ich muss sterben, wenn wir das Ich eines anderen in uns hineinlassen wollen. Ist Liebe auf ihrem Höhepunkt denn etwas anderes als ein Eintauschen eines Ichs für ein anderes? Doch es ist kein Austausch, so wie man Waren austauscht. Verglichen mit einer Geschäftsbeziehung sähe das folgendermaßen aus: Statt miteinander zu handeln und zu feilschen, schließen sich die Geschäftspartner zu *einer* Firma zusammen, ihre beiden Anteile vermischen sich, und jeder stellt seine individuellen Geschäftsinteressen zurück zugunsten der gemeinsamen Sache.

Voraussetzung für die große Liebe ist der vorübergehende kleine Tod des eigenen Ich. Es findet eine Lysis vom Ich statt, die uns auf eine höhere Ebene hebt. Der Liebende erfährt mit diesem kleinen Ich-Tod einen Abglanz von L3. Während Liebende also »zu sterben« beginnen, beginnen Sterbende zu lieben, aber höher, tiefer, lichter. Die Todessehnsucht der Liebenden wird so verständlich, sie ringen um L3-Liebe. Sie wollen gar nicht sterben, nur intensiver lieben, und das kann nur erreicht werden durch den Selbstmord aus Liebe. Es ist beim Selbstmord aus Liebe nicht so sehr Verzweiflung über den Verlust der Liebe im Spiel, sondern ein generelles Zweifeln und Verzweifeln an der Kapazität der Liebe in der Raum-Zeit-Welt. Der Liebende stürzt sich daher in den Tod und hofft, er gelange dadurch zu einem gesteigerten Leben.

Der Liebende weiß intuitiv um die wahre Natur des Todes, nämlich dass es ihn nicht gibt. Hinzu kommt: Im Hochgefühl der Verliebtheit beginnen wir nicht mehr nur den Partner, sondern die Liebe um ihrer selbst willen zu lieben – Liebe aus Liebe, Liebe ohne Objekt. Eine wahre Inflation der Liebe könnte man einwenden, doch gerade damit kommen wir dem Eros nahe, der Aphrodite Urania im Gegensatz zur objektbestimmten Aphrodite Pandemos.

Wie zuvor bereits angedeutet: Liebe ist eine Form der Analogie und Symmetrie – das Finden eines Gleichen. Auf dem Höhepunkt der Verliebtheit weitet sich dieses Analogiegefühl auf die ganze Welt aus. Wir sehen für Augenblicke die Weltlinien wie Längen und Breitengrade, die alles miteinander verbinden. Wir wenden uns in diesem Moment Aphrodite Urania zu, die frei ist von objektbezogener Liebe, also ohne einen Partner, denn sie ist wie der »wolkenlose Himmel«: leer. Ja, alle Analogien, die dieses unendliche Liniengeflecht der Welt zusammenhalten, offenbaren sich nun als eine Einheit, als »Alles mit Allem«. Da aber das »Alles« paradoxerweise immer nur ein »Nichts« sein kann, herrscht Einheit, und die Dualität von Nichts und Alles hat ein Ende. Durch die enge Verbindung zwischen den Liebenden erkennen sie die Gleichheit und das universelle Prinzip der Analogie. Das Mikroerlebnis der Liebe zu einem Partner führt zum Makroerlebnis der universalen Verbindung. Und wenn ich diese beiden Phasen durchlaufen habe, erfahre ich eine dritte und letzte: »Ich bin alles« und »Ich bin Alles in Allem!«

Auf dem Höhepunkt der Verliebtheit will ich die ganze Welt umarmen, nicht nur den Partner! Der ist dann »Mittel zum Zweck«, ein Übergang, eine Brücke zur universalen Liebe. Daran müssen sich wahrhaft Liebende gewöhnen – nur Brücke zu sein zu Höherem. Ein bewusst liebendes Paar erfährt sich als Analogie und Abbild der Gesetze der Liebe des Gesamtkosmos. In einer solchen Verbindung werden aus Ich und Du universelle Wesen, die Individualitäten fallen von uns ab wie welkes Laub, und zwei Götter stehen strahlend da. Wir schauen lichtblitzartig ins Gesicht von L3. »Wer Gott sieht stirbt!«, heißt es. Niemand erträgt als irdisches Wesen lange das leuchtende Antlitz von L3, daher die Kürze aller Liebeseuphorie.

Sicherlich ist es manchem unangenehm, dass ich dauernd Liebe und Tod gleichzeitig ins Spiel bringe. Wir wollen ja Liebe und nicht den Tod. Spinoza löste diese Problematik auf seine Weise, indem er sagte: »Der Tod ist umso weniger schädlich, je mehr der Geist Gott liebt ...«

Je größer die Analogie-Erfahrung, desto weniger schmerzlich ist für uns der Ego-Verlust. Je größer die Universal-Liebe, desto weniger stark ist unsere Furcht vor dem Tod. Da die Liebeserfahrung so grundlegend für das menschliche Dasein und die Voraussetzung für die physische Fortpflanzung überhaupt ist, stellt sich die Frage, ob der Sexus nicht als unterste Analogie des Geist-Eros verstanden werden kann; und weiter, ob wir mit dem Sexus nicht das Nadelöhr – in uns selbst – vorliegen haben, durch das wir hindurchschlüpfen müssen, um ins schillernde Reich von L3 zu gelangen. Andererseits darf dieses »Nadelöhr des Sexus« gleichfalls als Todespforte aufgefasst werden, die sich öffnet, wenn unser Ich sich auflöst. Vielleicht erwachen unsere Lustgefühle und unser Eros überhaupt erst durch die Analogie-Erkenntnis und das Analogie-Gefühl? Hier tun sich wiederum neue, ungeahnte Perspektiven darüber auf, was Eros ist: Erkenntnis des Gleichen!

Bei jeder Form der geistigen Konzentration, nicht nur in der Liebe, kommt es zum kleinen Ich-Tod. Wir nehmen dabei die Welt analogisch wahr, sehen mehr Verbindungen, mehr Ähnlichkeiten, mehr Gemeinsamkeiten. Wir beobachten dieses vielfältige Fadenkreuz der Beziehungen mit Anteilnahme und verstehen dadurch die Welt besser: Hier sitzen wir an der Wurzel aller Erfindungen, Ideen und großen Errungenschaften, hier wird Neues geboren, an dieser Quelle der Intelligenz und Neuschöpfung. Die Analogie-Wahrnehmung ist verantwortlich für ein erfolgreiches und glückliches Leben, Grundlage von Kunst und Wissenschaft und Grundlage für jedwede erfolgreiche Lebensmeisterung. Hieraus lässt sich eine gänzlich neue Psychologie ableiten, eine Analogie-Psychologie. Die Liebe gebiert also den Tod und dadurch gleichzeitig höhere Liebe, wie Schopenhauer in seinen »Aphorismen zur Lebensweisheit« ausführt:

»... wie nämlich der Eros mit dem Tode in einem geheimen Zusammenhang steht ... vermöge dessen der Orkus (Totenfluss) ... also nicht nur der Nehmende, sondern auch der Gebende und der Tod das große Reservoir des Lebens ist. Daher also, daher, aus dem Orkus kommt alles, und dort ist schon jeder gewesen, der jetzt Leben hat – wären wir nur fähig, den Taschenspielerstreich zu begreifen, vermöge dessen das geschieht, dann wäre alles klar.« (Bd. IV, S. 592)

Die Algebra von Liebe und Weisheit

»Es war wie ein totales Eintauchen in Licht, Helligkeit, Wärme, Frieden, Sicherheit ... Es war, als würde man selbst dazugehören, als wäre man eins mit diesem Licht. Ich könnte sagen: Ich war Frieden, ich war Liebe.« (Ring, 1985, S. 49)

»Überall um mich herum Liebe ... ich fühlte mich leicht – gut – glücklich – voller Freude, unbeschwert. Für immer – ewige Liebe. Zeit bedeutete nichts. Nur das Sein. Liebe. Reine Liebe.« (Ring, 1985, S. 49)

Nach Emanuel Swedenborg ist das Licht, das er sinnbildlich eine »geistige Sonne« nennt, identisch mit Liebe. Diese »Licht-Liebe« sei jedoch gleichzeitig reine *Weisheit* (siehe auch meine Ausführungen zur »Allwissenheitserfahrung« S. 129). Wir dürfen Wissen und Weisheit gleichsetzen, denn mit Wissen ist kein Gedächtnisinhalt gemeint, sondern Wissen um höhere, transzendente Dinge – eben Weisheit. Swedenborg erkannte die Identität von Licht und Liebe und darüber hinaus deren Identität mit Wissen und Weisheit. Ich spreche daher von der »Licht-Liebe-Weisheits-Analogie«! Damit ist die Welt wieder ein Stück kleiner geworden, hat sich auf weniger Begriffe zusammengezogen, womit wir uns einen Schritt weiter Nikolaus von Kues' (Cusanus) »zusammengezogener Gottheit« nähern. Denn unser letztendlicher Auftrag ist die »Erkenntnis der Einheit in der Vielfalt«!

In diesem Rahmen erwähnenswert ist Swedenborgs keineswegs patriarchalisch gemeinte Analogie des Mannes als Ausdruck der Weisheit und der Frau als Ausdruck der Liebe; die Anziehung der Geschlechter definiert er als »Spiel« zwischen Weisheit und Liebe, die wieder zusammenkommen wollen. Er sieht Mann und Frau als Symmetriebeziehung eines aus einer ursprünglichen Einheit herausgewachsenen Duos, das ständige Anstrengungen unternimmt, die, wie die alten Ägypter es nannten, »auseinandergeflogene Urzeit« durch Algebra (arabisch »Wiederzusammensetzen einst vereinigter Teile«) zu vereinen. Es besteht kein Unterschied zwischen Weisheit und Liebe ebenso wenig wie zwischen Erkenntnis und Kunst. Sie sind der Nord- und Südpol *einer* Erde, was aber nur beweist, wie vielfältig sich das irdische Leben gestaltet, sobald man die Urpotenz der Einheit z.B. von Mann und Frau aufsplittet. Dieser uralte Mythos, diese ewige Hoffnung auf eine Wiedervereinigung von Mann und Frau, von Wissen und Liebe, wie fremd das auch immer für zeitgenössische Ohren klingen mag, wird erst unter dem Gesichtspunkt des Analogie-Modells wieder bedeutsam: Dass nämlich Liebe und Weisheit/Wissen im Grunde zwei Ausdrucksformen ein und derselben Sache sind, ähnlich wie Kunst und Wissenschaft aus zwei Richtungen Gleiches zu erreichen versuchen.

Orgasmen im Geistzustand

Die Frage nach der Sexualität in der Geist-Dimension bleibt noch zu lösen, denn wie kann eine sexuelle Verbindung geschehen, wenn das Objekt der Sexualität, der Körper, nicht mehr vorhanden ist? Fragen wir uns zunächst: Worin besteht eigentlich unsere Sexualität? Der Geschlechtsverkehr ist vor allem ein körperlicher Akt. Befinden wir uns aber in der Plasma- oder der Geist-Dimension fällt der Hautkontakt und die körperliche Berührung weg, übrig bleibt allein eine Vorstellung von der Liebe. Stimmen zwei Menschen gefühlsmäßig und gedanklich überein, kommt Sympathie auf. Die Liebe nährt sich vom Eindruck der Ähnlichkeit oder Gleichheit, damit erhalten wir ein sofortiges Wissen über den Partner; unser Wissen und unsere Liebe sind somit identisch. Wenn wir lieben, heißt das, wir wissen, und durch unser Wissen erweitert sich unsere Welterfassung; Ziel dabei ist es, mittels des Prinzips »Ich bin alles!« zur Einheit zu gelangen. Das Gefühl der Identität mit dem anderen drückt sich aus als ein Gefühl von »Ich kenne dich!« und »Ich erfasse dein ganzes Wesen!«, d.h. als ein Gefühl der bewusst erlebten Gegenwart, nämlich jederzeit ohne jede Ablenkung ganz der andere zu sein und sein Wesen zu absorbieren. Die Voraussetzung für ein solches Ähnlichkeits- und Analogiegefühl ist natürlich die Zeitlosigkeit, und die kleine menschliche Liebe wird so zum Sprungbrett ins große Meer der universellen Liebe. Und dass ihre kleine Liebe nur ein Echo der universellen Liebe ist, das spüren alle Verliebten ungeachtet ihrer sonstigen geistigen Tiefe.

Darüber hinaus sind aber Liebe und Wissen identisch mit Licht. Schon im Hochgefühl beginnt sich das Licht zu intensivieren; wir machen erste Lichterfahrungen und später nimmt dieses, je höher wir auf dem Weltkontinuum steigen, zu, so lange zu, bis die Chronik-Berichte nur noch von einer Lichtexistenz sprechen können, die nichts anderes ausstrahlt als Wissen, das als Liebe erfühlt werde. An Stelle der irdischen Sexualität mit Körperkontakt von nackter Haut und Geschlechtsteilen, Orgasmus und Fortpflanzung tritt im Geistreich die Trinität von Licht, Liebe und Wissen, und diese garantieren uns intensivstes Lebensgefühl, das Lebensmaximum, nach dem wir alle so sehr verlangen.

Das Weltfeuer

Einer der bedeutendsten Chronisten des Analogie-Kosmos ist Emanuel Swedenborg. Leider wirken seine Werke (*Arcana Coelestia*, »Himmlische Geheimnisse«, 1749–1756) auf den modernen Menschen oft befremdlich. Viele Ansichten erscheinen uns irrig, seine Denkweise wirkt vielfach obskur und zusammenhanglos. Was uns dabei am meisten irritiert, sind seine unglaublichen Analogieschlüsse, ähnlich wie auch ich sie mir erlaube, und das muss beim unvorbereiteten Leser zu heftigen Abwehrreaktionen führen. Doch das ist das Schicksal aller Analogietheorien, und es gilt nach wie vor. Doch Analogiesätze vermitteln durchaus einen höchsten Sinn. Wer Unzusammenhängendes zusammenführt, wirkt unseriös. Denn wir sind es gewöhnt, die Welt feinsäuberlich zu zerlegen und alle Dinge gegeneinander zu setzen, und unsere materialistische Begriffswelt unterstützt uns dabei kräftig.

Swedenborgs entscheidende Analogie oder »Entsprechung«, wie er es nennt, besteht zwischen dem Menschen der Raum-Zeit-Welt und dem Menschen in der Geist-Dimension. Er sagt, *wir seien im Geistzustand das, was wir im Leben an Kapazität zum Geistigen gewesen sind.* Das ist leicht zu begreifen: Nach der Lysis I und II bleibt von uns zwangsläufig nur das Unkörperlich-Geistige zurück. Swedenborg selbst formulierte es dunkler: »In jedem bleibt nach dem Tode seine Liebe!« Mit Liebe ist natürlich nicht der Sexus gemeint, sondern die Fähigkeit, analogische Verbindungen in allen Sinnesbereichen, im Denken und Fühlen zu knüpfen. Was in der Geistzone von uns übrig bleibt, ist »Liebe«, genauer gesagt, die Fähigkeit zur Analogieverschmelzung.

Eine weitere schwer deutbare Aussage Swedenborgs besagt: Das Leben als Ganzes, unser Körper, unsere Körperteile und unsere Gedanken stünden zueinander in einer Beziehung der Liebe oder der Entsprechung. Swedenborg versucht sämtliche Daseinszustände miteinander in Beziehung zu setzen; das gelingt ihm aber notgedrungen nur mittelmäßig, und lediglich dem, der selbst erfahren hat, was er beschreibt, weiß, worauf Swedenborg hinaus will, dem Unverständigen bleibt die Entsprechungslehre nahezu unverständlich. Wir können heute bei unserem geringen Kenntnisstand analogischer Verbindungen lediglich sagen: Das Leben als Ganzes ist ein Spiegelbild unserer Gedanken; »Ich bin, was ich denke!« Wir könnten auch sagen, einzelne Körperteile sind Widerspiegelungen des gesamten Körpers; so ist die Ohrmuschel Abbild eines Embryos in der Geburtslage im Uterus, die Fußsohlen, Iris und die Handflächen bilden an ganz bestimmten Punkten den Gesamtkörper im Kleinformat ab, woraus sich die Fußreflexzonenmassage, die Irisdiagnostik und die Handlesekunst entwickeln ließen. Vielleicht erkennen wir später einmal, wie jeder Körperteil auf seine spezifische Weise den Gesamtkörper repräsentiert, aber all das erscheint doch ziemlich kompliziert und abstrakt. Hier werden Prinzipien des Körpers mit der für jeden Körperteil eigenen »Schrift« oder Algebra dargestellt; und das sind recht verschiedenartige »Schriften«, die da auftauchen: die Ohrmuschelschrift, die Handlinienschrift, die Irisschrift, und keine gleicht zunächst der anderen. Es findet hierbei eine Deutung des Gesamtkörpers von verschiedener Warte aus statt.

Es bedarf einer gänzlich neuen Wissenschaft, die diese verschiedenen »Übersetzungen« aufschlüsseln kann. Swedenborg hat lediglich ganz allgemein darauf hingewiesen, dass jedes jedes »liebt«. Wie aber Analogieketten zwischen Gedanken, Körper und einzelnen Körperteilen und darüber hinaus zur ganzen Welt erkannt werden könnten – was uns völlig überfordert –, das hat er nur summarisch angedeutet. Vermutlich könnten Spezialisten innerhalb ihrer Disziplin einige Analogie-Ketten isolieren, und anschließend müssten interdisziplinäre Forscher die Analogie-Ketten der einzelnen Gebiete miteinander verbinden. Ich habe in diesem Buch die größte Analogie-Kette – das Geistkontinuum – behandelt, das als *Superanalogie* verstanden werden muss, denn es bildet die Grundlage für unzählige kleine Analogien.

Swedenborg sagt, ohne die »Liebe« würden wir »erkalten«, denn die Liebe sei die »Wärme des Lebens«! Wenn wir statt Liebe das Wort Analogie einsetzen, wird das eher verständlich. Nur durch unsere Fähigkeit, Verbindungen zu knüpfen, macht uns das Leben überhaupt Freude und ergibt einen Sinn. Unsere ganze Wissenschaft befindet sich auf der Suche nach Analogien, nach Zusammenhängen, alle Kunst versucht das Leben zu »übersetzen« – in Skulptur oder Malerei, in Tanz oder Theater. Eigentlich besteht unser gesamtes Leben darin, einen Zustand in einen anderen zu übersetzen. Je klarer wir denken, desto mehr Beziehungen gehen uns auf und desto

»wärmer« wird uns; ich glaube, mit diesen Ausführungen ließe sich Swedenborgs These deuten. Doch Swedenborg geht in seinen Spekulationen noch weiter, und spätestens jetzt resigniert wohl auch der einfühlsamste Leser. Er schreibt: Diese Lebenswärme wird erzeugt vom Feuer der »Engel-Sonne«, welche lauter Liebe ist.

Ist das nun metaphysischer Kitsch, Kauderwelsch oder esoterische Philosophie? Ich will versuchen, diese Aussagen nüchtern zu analysieren. Wir haben gesagt, die Liebe, das Erkennen von Analogien halte die Welt zusammen und gäbe uns »Lebenswärme« bzw. »Lebensfeuer«, und die Erkenntnis aller Analogien ergäbe somit das »Weltfeuer«. Nun spricht Swedenborg vom Feuer der »Engel-Sonne«, dazu ist zu sagen: Das Weltfeuer und die »Engel-Sonne« sind identisch. Die »Engel-Sonne« ist der L 3-Zustand, in dem wir spielend und wie von selbst die Analogiestruktur unseres Daseins erkennen. Das Feuer ist die »Wärme«, die mit der Erkenntnis der Analogien einhergeht. Wir wissen zudem, dass sich der Körper rein biologisch aufheizt, wenn wir lieben, uns freuen, geistige Erkenntnisse erlangen, sprich, wenn wir Analogien bilden, meditieren oder uns konzentrieren. Jeder spirituelle Prozess geht mit einer inneren Erwärmung einher, genauer gesagt, jede Annäherung an unseren Plasmaleib erzeugt Hitze.

In gleicher Weise lässt sich folgender befremdliche Satz Swedenborgs analysieren: »Engel sind Gefühle der Liebe in menschlicher Gestalt.« Das heißt nichts anderes, als dass die Menschen im Geistzustand nur noch aus ihrer Fähigkeit bestehen, Analogien zu knüpfen; sie vereinheitlichen alles und erkennen den Urgrund aller Dinge; die Menschen im Geistzustand können wir als Engel bezeichnen, denn im Geistreich sind wir alle Lichtgestalten.

Swedenborg fährt in dieser Sprache fort: »Jeden kleidet sein Gefühl!« Auch das lässt sich zu unserem Verständnis umschreiben: Wer viele tiefe Gefühle hat, der ist besser »gekleidet«, als jener mit wenig Gefühlen, genauer gesagt, mit wenig analogischen Gefühlen. Ein Gefühl, insbesondere das Liebesgefühl, im Geistzustand, bewirkt immer eine Verbindung und arbeitet daher stets analogisch. Dem trägt auch Goethes Ausspruch »Gefühl ist alles!« Rechnung. Wer also mitfühlen kann, wer Ähnlichkeiten zwischen seinem eigenen Gefühl und dem anderer erkennt und alle Gefühle auf das göttliche Ureinheitsgefühl zurückführen kann, der ist im Geiste besser »gekleidet« als andere. Und jeder ist im Geistreich wie im Plasma an der Qualität seiner Gefühle, sprich an seiner Fähigkeit zur Analogiebildung erkennbar. Die Analogiegefühle bilden unser immaterielles Kleid, unsere »Standeskleidung« gewissermaßen, an der jeder den anderen sofort einschätzen kann. Es ist wie im Mittelalter, als man Adlige und Bürgerliche anhand ihrer Kleidung leicht unterscheiden konnte.

Nach der Seelenablösung behält nach Swedenborg zunächst jeder Mensch noch sein »Äußeres« bei; er verhält sich wie in der Raum-Zeit-Illusion, weil er noch nichts anderes kennt. Nach einiger Zeit jedoch komme das innere Wesen als Analogiegefühl und Analogiedenken deutlich zum Ausdruck, denn der Verstorbene werfe sein irdisches Verhalten gänzlich ab und befreie sich sozusagen von der Erinnerung. Der Mensch ohne Rollenzwang, ohne soziale und persönliche Geschichte offenbart sich. Und jetzt erkennt jeder bei jedem anderen, ich bin mit ihm analog, ich verstehe ihn.

Soweit ich Swedenborg verstehen konnte, unterscheidet er vermutlich drei Stufen der »Liebe« oder der Analogie. Während auf der materiellen Ebene die Liebe Kinder erzeugt, sind in den höheren Stufen der Liebe nur noch Gefühls- oder Gedankenschöpfungen möglich. Die Liebe entbehre dort aller körperlichen Reize, die Liebe äußere sich dort durch »Wesensgleichheit«, was wiederum unserem Begriff der Analogie entspricht.

Licht, Liebe , Leben

»Das Licht war gelb. Es war in allem und um alles herum und überall ... Es ist Gott sichtbar gemacht. Wer es nicht selbst erfahren hat, kann es sich nicht vorstellen. Wer es erlebt hat, wird es nicht vergessen, sehnt sich nach diesem vollkommenen Gefühl und sehnt sich danach, aufgenommen zu werden.« (Ring, 1985, S. 51)

Mit L3 ist der Gipfel unseres geistigen Aufstiegs erreicht. In der Chronik finden wir Darstellungen zu L3 keineswegs in systematischer Weise, sondern eher unzusammenhängend, an vielen Stellen verstreut, verwirrend, und eigentlich wirken die Berichte darüber allesamt so, als sei den Geistreisenden nicht ganz klar, was genau sie beschreiben sollen. Drei zusammenfassende Merkmale seien hier angeführt:

1. Das Leben ist eine *Symphonie* des Eros. Eine Symphonie verbindet verschiedene musikalische Partituren; sie entsteht, indem sie Gegensätze und Mannigfaltigkeiten zur Einheit führt. Ebenso geschieht es ja in der L3-Erfahrung im Eros.

2. Das Leben bewegt sich auf verschlungenen Bahnen wie der Eros. Der *Weltknoten*, der in sich selbst eine Schleife bildet, d.h. eigentlich ein unendliches Band darstellt, ist das Symbol der ewigen existenziellen Verschlungenheit aller Dinge und Zustände – des analogisch Vereinten. Der Weltknoten symbolisiert den Zusammenhalt des Kosmos, er entspricht L3. Er hat notgedrungen weder Anfang noch Ende und läuft dauernd in sich selbst zurück: Der »Knoten« heißt »Ich bin du!« oder generell gesprochen »Ich bin alles!«

3. Das Leben ist eine sich selbst verschlingende Schlange, die im Kreis um die ganze Welt liegt: *Uroboros* nannten sie die Griechen, *Midgardschlange* die Germanen. Die Weltschlange ist Symbol des Ganzen; dieses Ganze aber scheint nur zu leben, indem es sich selbst verschlingt, d.h. in den Schwanz beißt und daraus wieder Neues erschafft. Die Welt stirbt und wird neu geboren durch die Weltschlange, die das Chaos und ein gurgelnder Schlund ist, der immerwährend neue Metamorphosen ausspeit.

Die Schlange ist wohlgemerkt auch das Hauptsymbol für die Plasmadimension, aus der die Materie geboren wird. Das Gleiche gilt für den Eros, er erschafft die Welt als unendliche Analogie-Kette. Das Plasma lässt uns – da wir dort reine Psyche, reiner Eros sind – bereits erste Analogien oder Wesensgleichheiten erkennen, und wir können uns in diesem Zustand durch Liebe oder Sympathie in alle und alles hineinversetzen oder, wie die Ägypter sagen, eine Metamorphosen-

karriere beginnen, indem wir uns in alles verwandeln, was wir nachempfinden können. Doch erst im Geistzustand werden wir zu einem
wirklich uneingeschränkten Metamorphosenwesen.

Sternenlicht, Mega-Liebe, Titan-Luxus

Ich habe geschrieben über Menschheitsträume, letzte Hoffnungen,
Sternenfantasien und über Mega-Liebe. Ich wollte eine Archäologie des
tiefsten Unbewussten, des bestgehüteten Geheimnisses der Menschheit begründen. Einige Fundamente wurden bloßgelegt, Mauer-
reste und verschüttete Wege freigeschaufelt, etwas Ruinenhaftes
wurde sichtbar; der Umriss eines Palastes zeichnet sich ab. Nun gilt
es Fresken zu deuten und Mosaike zusammenzusetzen. Es gilt, eine
versunkene Stadt freizuschaufeln, unter der vielleicht noch weitere
Städte auf den Spaten warten. Bruchstücke einer Kultur wurden entdeckt, für die uns weitgehend die Begriffe fehlen. Sie scheint eine
Mathematik zu besitzen, die unserer nicht gleicht, und eine Physik,
die mit anderen Gesetzen operiert. Ihre Kunst bleibt uns unbegreiflich. Die Struktur ihrer Bauten erinnert nicht im Entferntesten an
unsere Bauten. Man fragt sich, ob man überhaupt gegraben hat oder
nur vom Graben träumte.

Die Erforschung dieses unbetretenen Palastes machte es erforderlich,
ein neues Modell, einen Forschungsplan zu entwerfen, der es überhaupt ermöglicht, die vieldimensionalen Palastgänge zu betreten,
ohne sich darin zu verlieren. Dieses Modell heißt Analogie-Modell.
Es ist ein Weltmodell, das die Struktur der Welt neu definieren soll.
Anfänglich hatte ich ohne diesen Forschungsplan gearbeitet, er wurde
mir aber bald von den Fakten aufgedrängt; er entspringt auch nicht
nur meinem Kopf, denn er ist allem Anschein nach der älteste Plan,
den das menschliche Gehirn erdacht hat; ich habe diesen Plan nur
neu entdeckt – zum wievielten Male in der Menschheitsgeschichte
wohl? Entdecker aber sind nicht die Bauherrn einer Stadt!

Mein Ziel war es, eine Chronik der verborgenen Ideen zu schreiben
– über das größte Geheimnis des Homo sapiens, über den höchsten
Traum, den wir zu träumen vermögen. Tausende von Generationen

haben daran mitgeträumt, und Tausende weitere werden ihn nicht vollenden. Wir stehen vor einem menschlichen Denkmassiv, dem keine intellektuelle Wegdeutelei beizukommen vermag. Ich habe mich bemüht, aus den Klauen des Vergessens und den Fängen der Tabuisierung das menschlichste Grundbedürfnis zu isolieren: die Sehnsucht nach der höchsten Lysis, nach L3.

Alle Schilderungen dieses Buches sind wahr und ich folgte allein den Spuren letzter Wirklichkeiten quer durchs Labyrinth unserer Köpfe. Ich wiederhole: Kein Wort ist frei erfunden, auch wenn es ständig so scheint. Ich war sozusagen nichts weiter als ein Fotoapparat für bizarre Hoffnungen. Wir wollen Licht. Wir wollen Liebe. Wir wollen leben im Luxus des wahren Lebens.

Es ist kein Buch über Banalitäten wie Glühbirnen, Sex und Wohnzimmergarnituren, aber es ist mir gelungen, eine Verbindungslinie zwischen unseren Glühbirnen und dem Geist-Licht zu ziehen. So entstand die Analogie-Theorie, und nur auf diese Weise ließ sich das Banale ins »Metaphysische« erheben und zugleich das »Metaphysische« banalisieren. Nur so erhielt das Buch überhaupt eine Berechtigung, und nur so lässt sich der Schluss ziehen: Jede Glühbirne hat eine metaphysische Dimension, und jede überirdische Lichtwelt ist eine geistige Überhöhung der Leuchtreklame in unseren Straßen! Es gelang mir, zwischen unserer Verliebtheitsromantik und dem Engel-Eros, zwischen unserem Konsumluxus und den Luxusparadiesen von L3 eine Analogiekette herzustellen und beide als Ausdruck eines gleichen Impulses zu erkennen. Nur so konnte der Mikrokosmos des menschlichen Alltagslebens zum potenziellen Makrokosmos der L3-Existenz verzaubert werden.

Beschrieben habe ich also die »geheime« Chronik der Anhänger von Licht, Liebe und Leben. Und ich stellte fest: Allem zugrunde liegt eine »Überdosis Leben«, die zum Tode führt – genannt Lysis. Ich nenne es, das Plus-Plus-Prinzip, das Transpersona-Prinzip oder letztendlich den Analogie-Kosmos. Der Mensch strebt nach Höherem, will immer mehr sein – nie weniger. Das ist unsere Stärke: nie zu resignieren im Angesicht des Wenigen. Dieses Buch beschreibt daher menschliches Heldentum, zusammengefasst und immer wiedergeboren in jedem einzelnen Menschen. Jeder Mensch ist daher ein Odysseus und ein Orpheus, ein Theseus und ein Osiris, der vordringt nach L3.

FÜTTERT UNSER ICH DIE ZEIT?

Ursache des Vergehens ist die Unkenntnis des Guten

Was ist Zeit? Bei den Ägyptern wurde sie mit dem Lebendigen schlechthin gleichgesetzt, nämlich mit der Sonne. Sonne hieß Licht und damit Leben. Leben aber findet innerhalb der Zeit statt. Das kreisrunde Sonnensymbol findet sich daher überall in der altägyptischen Kultur, auf Schriftrollen, Sarkophagen und Wandmalereien. Sonne ist Leben, und das Leben findet in der Zeit statt.

Der Sonne entgegengesetzt war Apophis, die Schlange. Apophis galt als genaues Gegenteil der Sonne, nämlich als Dunkelheit, als Tod, als Nicht-Zeit. Sie war gefürchtet als große Verschlingerin alles Lebendigen, genauer gesagt, als Verschlingerin der Zeit. Während man der Sonne, Re, alles Gute zuschrieb, so der Apophis alles Schlechte. Für die altägyptische Philosophie war das Leben ein ewiger Kampf zwischen Licht und Finsternis, zwischen Zeit und Nicht-Zeit. Die Totenbücher beschreiben diesen Kampf ausführlich: Jeden Tag wandert die Sonne abends zurück in die Finsternis, in den Tod und in die Nicht-Zeit, d.h. sie wird von Apophis verschlungen. Jeden Morgen jedoch taucht sie erneut auf und gebiert das Leben. Die altägyptischen Ritualtexte beschäftigen sich ausführlich mit der »Niederwerfung der Apophis«, und darin wird nichts anderes als ein Kampf gegen die Zeitlosigkeit, gegen das Nichts geschildert. Der Grund für diesen Kampf ist: Der Mensch will ewig leben, muss sich aber der Apophis opfern! In unserer Welt beschäftigt sich der moderne Mensch im Wesentlichen nur noch mit dem Leben, nicht aber mit dem Tod. Die alten Kulturen und Völker allerdings akzeptierten beides als gleichwertig, das war die Weisheit der Alten Welt.

Jeden Morgen trat für die alten Ägypter das (materielle) Leben in Form von *Re* aus der Urfinsternis heraus, und das gestaltete, geordnete Dasein begann von Neuem. Daher hieß es, der Herrschaftsbereich des Pharaos, d.h. des Lebens, erstrecke sich »bis zum Bereich der Urfinsternis«. Die Sonne steht für das materielle Leben, die Urfinsternis nicht etwa nur für die Nacht, sondern für das Reich von Apophis, für das Plasma, für die Antimateriewelt. Das Leben wird somit geboren aus dem Plasma, der Todeszone; von dort kommen die neugeborenen Menschen, und dorthin verschwinden die Verstorbenen. Aber das ist nicht alles, was über Apophis berichtet wird. Es wird noch spannender, denn ein Verstorbener, will er ins Totenreich, sprich ins zeitlose Dasein reisen, muss zunächst ins Reich der »Zeitverschlingerin« eintreten. Dass dort Dunkelheit herrscht, gemahnt uns an den an früherer Stelle erwähnten Tunnel (siehe Kapitel »Startloch zur Unsterblichkeit«), der den Verstorbenen oder Geistreisenden von der Zeit zur Nicht-Zeit, von der Plasmadimension zur Geistdimension führt. Apophis ist ein Symbol für den dunklen Tunnel, der uns von der Plasmawelt in die Geistdimension führt und dabei die Zeit verschlingt. Tatsächlich handelt es sich weder um einen Tunnel, noch um eine Schlange, sondern das erscheint uns nur so, da wir das Plasma sehr schnell durchqueren, und dadurch erscheint es uns als dunkler Tunnel oder als wässrige Schlangenwelt. Apophis ist nämlich ein Wasserwesen, und auch das Plasma wird von uns, wie wir wissen, symbolisch als feucht-wässrige Zone erfahren. Wenn wir aus der Apophis-Dimension wieder austreten, heißt es in der altägyptischen Überlieferung, seien wir jünger geworden. Wie das? Übereinstimmend berichtet die Chronik, dass wir alle im Immateriellen der Geistdimension jung und keiner Zeit mehr unterworfen sind. Und das heißt nichts anderes als, wir unterliegen dann der Zerozeit, wir kennen kein Alter mehr. In der Geistzone sind alle von mittlerem Alter, es gibt weder Kinder, noch Alte, da ja nur der Körper altert. In der Geistwelt sind alle zeitlose Geistwesen. Daher – was nicht überraschen sollte – gibt es dort keine Kinder.

Erinnern wir uns an meine Besprechung der zwei Zeiten auf den Kirchtürmen Maltas am Anfang des Buches. Wie im alten Ägypten werden dort zwei Zeiten beachtet: die Uhrzeit und die *Urzeit*, sprich Teufelszeit. Auf der Teufelsuhr Maltas wird die Zeit einfach falsch angezeigt, was als Memento für die Existenz einer Zerozeit steht. Die maltesische Teufelsuhr entspricht also sinngemäß der altägyptischen »Zeitschlange« Apophis. Diese galt als Dämon und wurde oft mit dem Gott Seth assoziiert, der wiederum identisch mit dem uns bekannten Satan oder Teufel ist. Seth ist die Inkarnation des Götter- und Lebensfeindes und galt als Verführer des Menschen, gelegentlich aber auch als ihr eigentlicher Schöpfer. So wie die Teufelsuhr von Malta den Menschen auf die Zerozeit verweisen will, so versucht der ägyptische Gott Seth die Menschen zu etwas zu verführen – zur Zerozeit der Plasmawelt! Dass nun die Christen die Zerozeit dem Teufel zugeschrieben haben, war zu erwarten. Das Christentum entscheidet sich immer für das geordnete Leben und die evolutiv verlaufende Zeit. Verfall, Auflösung, Schlaf, Tod, Nichtzeit sind negativ besetzt und werden dem Teufel zugeschrieben. Wir haben bisher also drei Nichtzeit-Zustände in verschiedenen Kulturen erwähnt:

Malta	falsche Zeit = Urzeit	richtige Zeit = Uhrzeit
Griechen	Kairos	Chronos
Ägypten	Apophis	Sonnenzeit
Ich	Nichtzeit	Zeitgefühl

Ich fasse zusammen: In der Plasmawelt herrscht Zerozeit, in der Geistwelt völlige Nichtzeit. Die materielle Zeit, der die Menschen in der stofflichen Welt unterliegen, ist aber nur der geronnene Zustand der plasmatischen Zerozeit, so wie der Körper der geronnene Zustand der Seele ist. Alle Wesen sehnen sich nach der plasmatischen Zerozeit oder nach der Nichtzeit der Geistdimension, daher die tausend Tricks und Schliche in unserem Leben, der Zeit ein Schnippchen zu schlagen oder sie »totzuschlagen« oder »zeitlos« zu leben.

Zeit als Nachahmung der Ewigkeit

«Zwei Augen hat die Seele, eins schaut in die Zeit, das andere richtet sich in die Ewigkeit«, so Angelus Silesius (1624-1677). Demnach hat die Zeit zwei Dimensionen; die irdische Zeit und die »ewige« Zeit. Silesius präzisiert: »Zeit ist die Ewigkeit, und Ewigkeit Zeit, so du nur selber nicht machst einen Unterschied.« Heißt das, die Zeit ist grundsätzlich ewig und nur der Mensch erzeugt subjektiv eine irdische Uhrzeit? Aber bevor Missverständnisse aufkommen, sollte geklärt werden, was »ewig« eigentlich bedeutet. »Ewig« heißt nichts anderes als zeitlos. In der Ewigkeit des Angelus Silesius steht die Zeit still und schreitet nicht voran, was für uns ja gerade das Kennzeichen der Zeit ist; für die Ewigkeit gilt daher gar keine Zeit.

Erinnern wir uns an den Anfang des Buches. Dort erwähnte ich den Unterschied, den die Griechen zwischen der Zeit von Chronos (Uhrzeit) und Kairos (zeitlose Zeit) machten. Und denken wir gleichzeitig an das maltesische Uhrenparadox. Offenbar gibt es grundsätzlich hinter der Fassade der Welt eine Kairos-Zeit, eine Ewigkeit, eine maltesische Teufelszeit, eine ägyptische Schlangen-Zeit. Und in der Tat berichten die Orphiker, jene religiös-philosophische Strömung des alten Griechenland, die sich auf die sagenhafte Gestalt des Orpheus gründete, dass der Gott Chronos nicht seit dem Beginn der Welt da war, sondern sich erst später aus dem Aither (Plasma!) entwickelt hat. Aus dem Plasma wurde demnach die kausale Zeit geboren.

Nach Auffassung Platons in seinem *Timaios* ist die Zeit nur eine »Nachahmung« der Ewigkeit. Und in meinem Analogie-Modell besteht zwischen zeitloser Zeit und Zerozeit in Wirklichkeit kein Unterschied, sie entstammen beide *einer* Quelle; Zeit ist identisch mit Nicht-Zeit, so das Paradox am Ende dieser Gedankenkette. Unsere Zeit ist Kind und Analogie der Zerozeit. Der Mensch ist daher von der Zerozeit, poetischer gesagt, von der Ewigkeit nie losgelöst, er ist ihr in Form von Nachahmung oder Analogie ständig verbunden. Zeit ist nur ein Gemälde, welches die Ewigkeit nachäfft. Und um einen Begriff Platons zu gebrauchen: Unsere Zeit ist ein »Spurbild«, ein bloßer Fußabdruck, der Ewigkeit. Und wie ich in diesem Buch zeige, folgt die Menschheit einem geheimen, unbewussten Drang, nämlich das Verweilen in der Zerozeit, das »göttliche Gute« (Platon), die wahre *Frei-Zeit* anzustreben, und zwar in Träumen und Phantasien, im Wünschen und Hoffen, in allen Ekstasen und Sehnsüchten, ja in allen Äußerungen unserer Kultur.

Die Zeittorte

»Die Zeit verfliegt« oder »die Zeit totschlagen müssen« sind zwei beliebte Redensarten. Das eine nennen wir Hektik, das andere Langeweile. Das unterschiedliche Zeitempfinden entsteht durch unseren jeweiligen subjektiven Einsatz für eine Sache und unterliegt unseren Stimmungen. Fühle ich mich unruhig, rast die Zeit; gibt es nichts zu tun, staut sich die Zeit geradezu auf. Zeit ist nicht objektiv vorhanden wie ein Berg. Dicht aufeinander folgende Ereignisse machen die Zeit kurz, Ereignislosigkeit macht sie lang. Und in der Einöde, auf dem Meer mit seinen weiten Horizonten, in der Wüste oder beispielsweise in der Abgeschiedenheit eines Klosters meinen wir manchmal sogar, die Zeit stehe still, wie wir poetisch sagen. Doch erst mit dem Eintritt in L3 überblicken wir die Zeit als Gesamtheit, und damit hört sie auf zu fließen und wird zur Zerozeit.

Von der Perspektive der Geistdimension und L3 aus betrachtet ist das irdische Leben des Menschen vermutlich ein Zustand der Vergesslichkeit. Wir vergessen in der Materiewelt, »wer wir wirklich sind«. Wir existieren nämlich in Wirklichkeit in der ganzen »Zeittorte«, aber wir starren mit unserem eingeschränkten irdischen Bewusstsein lieber wie gebannt auf nur *ein* Kuchenstück und wollen es gierig verschlingen. Wir sind dauernd von Heißhunger nach diesem Tortenstück geplagt und nehmen uns keine Zeit, die Schönheit der ganzen Torte zu würdigen. Die Gier, unser Heißhunger nach Leben nimmt uns die Sicht und lässt uns vergessen, wer wir wirklich sind. Wir schneiden uns nur ein einziges Stück aus der Zeittorte heraus, wobei wir doch in der Zerozeit die ganze Torte in Ruhe verspeisen könnten. Aber wie es scheint, müssen wir, um das zu erreichen, erst einmal unseren Heißhunger nach Leben überwinden, und das heißt, wir müssen den Tod lieben lernen. Welch ein Paradox!

Vermutlich werden sich einige Leser fragen, ob ein Leben in der Zerozeit überhaupt noch als Leben bezeichnet werden kann. Ganz im Gegenteil, so meinen Zeitfahrer, dann gehe das Leben erst richtig los. Das ist für uns kaum vorstellbar, aber aus allen Überlieferungen und Berichten der Chronik erfahren wir immer wieder, in der Zerozeit haben wir das Nacheinander von Ereignissen wie die Gitterstäbe eines Gefängnisses durchbrochen, und danach beginnt eine große Freiheit. Und Freiheit heißt im eigentlichen Sinne, wie schon mehrmals durch Analogieketten dargelegt, nichts anderes als *Freizeit*!

Über dichte und dünne Zeit

Die jedem vertraute Erfahrung des subjektiven Zeitempfindens überträgt der russische Physiker Nikolai Kozyrew auf die Physik, und sogleich klingt diese einfache Erfahrung ziemlich kompliziert: Zeit entstehe durch »Wirkungen«. Viele Wirkungen erzeugten eine »dichte« Zeit, wenige Wirkungen eine »dünne« Zeit. Diese Wirkungen sind nach seiner Ansicht die Quelle, die den allgemeinen Strom der Zeit speist und daher auch die materiellen Systeme beeinflusst. Übertragen wir diese Idee auf die Psychologie, können wir seine These leichter nachvollziehen. »Dichte Zeit« entsteht zum Beispiel unter Stress, die Dauer scheint sich für uns zusammenzuziehen, die Zeit wird für uns kurz. »Dünne Zeit« ergibt sich, wenn wir Muße haben, in den Ferien, am Feierabend, die Zeit erscheint uns lang, weil wenig passiert. Kozyrew ist nämlich der Auffassung, dass Handlungen, d.h. Wirkungen, den Strom der Zeit speisen. Was geschieht, wenn nur wenige oder keine Wirkungen eintreten? Es kommt zunächst zum Phänomen der dünnen Zeit und schließlich zur Nichtzeit. Das entspricht ganz meinem Modell: Je höher wir auf dem Geistkontinuum aufsteigen, desto dünner wird in der Tat die Zeit, so wie die Luft sich zum Gipfel hin verdünnt. Sie mündet schließlich in ein Zerozeit-Gefühl. Bereits im Plasmazustand herrscht annähernd Zerozeit, noch mehr aber in der Geistzone. Durch die Veränderung unserer Zeitdichte können wir also in gewissem Rahmen die Zeit beeinflussen und demnach auf dem Geistkontinuum hin und her wandern.

Dabei ist die »Zeit« nur der Bereich, in dem der Vorgang der Intensivierung sich abspielt; ebenso ließe sich sagen, der Raum, die Kausalität oder die Materie verdichte oder verdünne sich. Ich hatte ja bereits an früherer Stelle dargelegt, dass alle vier Quartett-I-Faktoren nur Synonyme für den Vorgang der Intensivierung darstellen. Plasma und Geist entstehen und verfallen mit der Veränderung der Intensität unseres Bewusstseins, denn sie sind durch und durch verwoben mit unseren psychischen und geistigen Einstellungen.

Es gibt viele Spekulationen, unsere Raum-Zeit-Welt könne durch psychischen Einfluss manipuliert werden. Zunächst einmal ist dazu zu sagen, dass unsere Existenz weitgehend psychischer Natur ist und dadurch in der Tat materielle Vorgänge beeinflusst werden. Ob ein Auto in diese oder jene Richtung fährt, unterliegt einzig und allein unserem Willen. Dass es noch weitergehende Einflüsse gibt, etwa die unmittelbare psychische Manipulation atomarer Strukturen, geht aus der Hypothese, dass das Plasma alle Materie durchwebt, klar hervor. Inwieweit es jedoch zu Überschneidungen von Physis und Plasma kommen kann, lasse ich hier undiskutiert, ebenso wie die Phänomene, die sich vermutlich ergeben würden, wenn wir versuchen wollten, die Plasmawelt zu beeinflussen; darüber ließe sich ein ganz neues Buch schreiben: *Der Zusammensturz der Urzeit.*

Die meisten Forscher, die sich mit der Zeit beschäftigen, gehen von mehreren parallel verlaufenden Zeiten aus, so wie es rund um unseren Planeten mehrere festgelegte Zeitzonen gibt. Mein Analogie-Modell dagegen besagt, es gibt gar keine Zeit, nur eine Evolution der Zeit, die rudimentär im Urzustand L3, in der Zeitlosigkeit, beginnt und sich dann zunehmend in Richtung Raumzeit hin verdichtet. Dies geschieht durch Spiegelung, wobei von Spiegelung zu Spiegelung (universelles Spiegelkabinett!) das Bild verblasst, und die dabei entstehenden Zeiten immer dichter werden. Es muss so viele Zeiten geben wie Spiegel, in denen sich L3 spiegelt, und natürlich ebenso viele verschiedene Welten.
Vielleicht passen diese Welten wie russische Puppen ineinander, vielleicht ist eine Welt immer nur eine Miniaturausgabe einer sie umfassenden. Je mehr wir uns von L3 wegentwickeln durch abnehmende Intensität, desto dichter wird die Zeit, desto mehr teilt sie sich in einzelne Tortenstücke auf. Je mehr wir uns umgekehrt L3 nähern, desto zerozeitartiger wird die Umgebung.

Gottes Sein ist unser Werden

Obwohl der Begriff Gott für uns Abendländer so sehr mit Assoziationen überfrachtet ist, sei er hier kurz verwendet, denn ich möchte auf einen Satz des deutschen Philosophen Gottfried Wilhelm Leibniz eingehen: »Gottes Sein ist unser Werden«.

Was für uns Entwicklung, Evolution, Leben ist, das sei für Gott (sprich L3), so Leibniz, bewegungsloses Sein. Ein bewegungsloses Sein – also ohne Raum und Zeit – erscheint dem Menschen allerdings weder fruchtbar noch lebenswert. Wir wollen leben, und das heißt, es soll etwas geschehen. Abwechslung ist unsere Devise. Der Drang zum bunten Leben verleidet uns gründlich die nähere Beschäftigung mit dem »bewegungslosen Sein«; L3 bleibt uns fremd. Unser Dasein ist in der Zeit verwurzelt: Abläufe, »Vergangenheiten« und »Zukünfte« – das lieben wir. Wir hoffen auf das Vorwärtsschreiten der Zeit, der Kultur, des Sommers, des Wachstums, sind glücklich in den Strom der Fruchtbarkeit eingebunden, erfreuen uns an der »wissenschaftlich erwiesenen« Evolution vom Affen zum Menschen und erquicken uns an Fortpflanzung und Kinderaufzucht. All das ist nichts als pure Freude über die Zeit. Wir sind jederzeit froh über Entwicklungen, ausgenommen natürlich schlechten.

Wir sind Kinder der Zeit, aber auch ihre Feinde. Die Zeit ist ein Korsett für uns, das wir tagsüber anlegen und nur nachts im Tiefschlaf – aber noch nicht einmal im Traum – aufschnüren dürfen. Alle unsere Kämpfe richten sich gegen Zeiteinengung und hin zur *Frei*zeit. Gesundheit, Liebe, Leben heißen für uns in Wahrheit frei von Zeit zu sein. Andererseits drängt uns ein dumpfes inneres Streben, alles Tun so einzuteilen, dass es bestimmten Zeitabläufen unterworfen ist. Wir messen sie demzufolge genau und rennen ihr hinterher. Der instinktive Zeitsklave in uns will den Zeit-Freigeist nicht zum Zuge kommen lassen. In unserem Inneren tobt ein ewiger Krieg zwischen Zeit und Zerozeit.

Je tiefer wir uns auf dem Geistkontinuum befinden, desto umfassender wird die Herrschaft unseres inneren Zeitsklaven, und je weiter wir uns auf dem Kontinuum nach oben tasten, desto stärker macht sich ein Verlust des Zeitflusses bemerkbar. Ganz unten in der Raum-

Zeit-Illusion herrscht extreme Zeitdichte, oben umgibt uns die dünne Luft tendenzieller Nichtzeit. Würde man über die Geistdimension hinaus die Auflösung der Zeit verfolgen, so hätte zuletzt Leibniz' Satz Geltung: »Gottes Sein ist unser Werden!« Aber dieser Satz besagt nicht nur, dass Gott zeitneutral ist, sondern vor allem, dass die Zeit eine Analogie, eine Entsprechung und eine verwandelte Form der Zeitlosigkeit ist. Das klingt zwar absurd, aber ich habe versucht nachzuweisen, wie sich das Zeitempfinden durch Intensivierung in ein Gefühl der Zerozeit transformiert – jener so oft beschworenen Ewigkeit – und damit wollte ich wie Leibniz sagen: Zeit ist Zerozeit! Während in der Raum-Zeit-Illusion die Zeit »fließt«, steht sie im Zustand L3 still, und doch ist es beide Male die gleiche Zeit.

Nur für den, der evolutiv denkt und daher nicht verstehen kann, dass sich durch die Evolution scheinbare Gegensätze herausbilden bzw. eine kulturelle Vielfalt und ein Zeitempfinden von Vergangenheit und Zukunft einsetzt, wird Leibniz' Satz paradox klingen.

«Gottes Sein ist unser Werden« heißt also, was bei Gott oder im L3-Zustand totale Zeitlosigkeit ist (und was dort einhergeht mit Zeroraum, Superkausalität, Antimaterie), tritt für uns in der stofflichen Welt als Zeit auf. Es ist paradox, aber wo sich die Zerozeit als Zeit manifestiert und umgekehrt, ist offenbar nur eine Frage des Standpunktes. Wir Menschen in der Materiewelt betrachten die Welt, indem wir sie in kleine Teile zerschneiden – Zeit bedeutet ja so viel wie »in Abschnitte zerschneiden, aufteilen« –, im L3-Zustand lässt sich aber die ganze Torte auf einmal betrachten.

In einem Staubkorn stecken alle Schriften des Universums

Ich fühlte, ich hatte alle Zeit des Daseins für mich ... Zeit ist aufgelöst, und damit hat man alle oder gar keine Zeit ... Meine Furcht war ganz verschwunden. Warum? Vielleicht, weil der Wechsel, der unser Leben kennzeichnet, aufgehoben war ... (Resümee)

Jedes Staubkorn enthält die gesamte Zeit und alle Daseinsmöglichkeiten, so wie eine Zelle sämtliche Informationen unseres Körpers enthält. Der große Meister des japanischen Zen-Buddhismus Dogen (1200–1253) entwickelte eine großartige Zeit-Philosophie, deren Kernstück lautet: »Jegliches Sein der gesamten Welt ist eine gesonderte Zeit in einem Kontinuum. Eine jegliche Seins-Zeit ist die Gesamtheit der Zeit. Jeder Zeitpunkt schließt jegliches Sein und jegliche Welt ein«, und weiter: »In *einem* Staubkorn sind die Sutra-Rollen des Universums.«

Dogen beschwört die Einheit in der Vielfalt. Jede Zeit, und davon gäbe es so viele wie Wesen, Dinge und Zustände, sei nicht eine isolierte Zeit, sondern wie ein Hologramm und enthalte die Zeiten aller anderen Wesen, Dinge und Zustände ebenfalls in sich. Jede Zeit ist demnach alle Zeiten. Das ist jedoch für uns etwas, das wir uns nicht vorstellen können. Dogen bleibt leider bei dieser Behauptung stehen und führt sie nicht zu einem konkreten Modell weiter, das uns die Einheit in der Vielfalt erklären könnte. Mit dem Geistkontinuum aber habe ich dazu erste Ansätze geschaffen. Und im Analogie-Modell, wie ich es in den letzten Kapiteln des Buches darstellen werde, gelingt es dann, das oberste Naturgesetz des Daseins, die Einheit in der Vielfalt, für den menschlichen Alltag und nicht nur für das abstrakte Denken konkret erkennbar zu machen.

Mit dem Geistkontinuum kann ich veranschaulichen, wie sich in unserem Bewusstsein die Zeit bis hin zur Zerozeit intensiviert und dabei verschiedene Zeitgefühle oder Zeitwelten durchläuft. Darüber hinaus kann ich zeigen, wie jeder Bewusstseinszustand eine, wenn auch blasse, Widerspiegelung von L3 ist; und da alle Bewusstseinsformen oder Zeitzustände in L3 ihren Ursprung haben bzw. sich auf einem Kontinuum befinden, ist es nicht schwer, ihre Verwandtschaft oder ihre Identität festzustellen. Die Unterschiede zwischen den Dingen, Zuständen und Ereignissen sind rein illusorisch, denn sie liegen alle auf einem Kontinuum, das vom L3-Zustand bis hin zur Raum-Zeit-Illusion verläuft, wobei höchstens gesagt werden kann, dass die einen L3 mehr, die anderen es schwächer widerspiegeln. Dadurch, dass alle ja nur Abbilder von L3 sind, kann man mit Dogen behaupten: Alle Zeiten sind in jeder einzelnen Zeit und alle Ereignisse in jedem individuellen Ereignis enthalten.

Die Traditionen der Völker wissen sehr wohl um die Existenz einer Zerozeit, von der wir hier nur eine extreme Verdichtung oder Verlangsamung darstellen. Zerozeit, das ist die Ewigkeit, die Unendlichkeit, die ungeborene Zeit oder, griechisch gedacht, das Äon. Die jüdische Kabbala spricht diesbezüglich von En Suph, dem »Verstecktesten des Versteckten«; die Gnosis spricht von Bythos, und die Ägypter nannten es »die unbekannte Dunkelheit«; vom Parabrahman spricht die Vedanta der Hindus. Aber all das sind nur hilflose Umschreibungen eines unbeschreibbaren Zustandes.

In der Zerozeit reißt der Faden der Kausalität, der die Ereignisse aneinander bindet; dadurch sehen wir die Welt aus einer zeitlosen Perspektive; jedes Ding »erstrahlt«, losgerissen von Raum und Zeit, jetzt in seinem Eigenglanz. Allerdings muss gesagt werden, da sämtliche Quartett-Faktoren sich stark intensiviert haben und auch unser Ich jetzt als »Super-Ich«, sprich »Nicht-Ich« existiert, reißt der Faden der Kausalität ab, denn »Ich bin nicht mehr da«. Quartett II ist aufgelöst in eine höhere, intensivere Ichform. Entpersönlichung ist ebenso wie Zeitintensivierung die Voraussetzung für einen raum-zeitlosen Zustand.

Natürlich ist dann auch – wie die Chronik bezeugt – alle Angst verschwunden, denn Angst ist nur ein Aspekt des Ego. Der Ursprung von Angst liegt in unserer Trennung von den Dingen der Umwelt. Wir stehen einem von uns gänzlich Abgetrennten gegenüber, und das muss Angst einjagen. Mit der Erweiterung des Ich aber werden auch die Umweltdinge sozusagen in uns mit hineingenommen. Was aber Teil unseres Ich ist, kann nicht mehr schrecken. Damit hat die Dualität aufgehört zu sein. Alle Lebensunsicherheit ist geschwunden, unser Ich hat sich um ein Vielfaches erweitert, ist nicht mehr nur ein kleines singuläres Ich, sondern ein Welt-Ich, ein zeitloses Ich, geworden. Die Kausalität kann uns jetzt kaum mehr schrecken, sie ist aufgehoben, und wir überschauen mit einem Blick Anfang und Ende eines Geschehnisses. Also sind Raum und Zeit sowie alle Quartett-Faktoren verantwortlich für die allgemeine Lebensunsicherheit des Menschen; sie intensivieren sich so sehr, dass alsbald ein Bewusstseinszustand mit panoramahaften Ausblicken, mit einem enorm erweiterten Ich und einer Gefühlsbreite und -intensität entsteht, von dem wir in der Raum-Zeit-IIllusion nur träumen – und in der Tat ist das menschliche Leben nichts als ein einziger Traum vom zeitlosen und angstfreien Glückszustand.

Wenn wir in die Zerozeit eintauchen, entsteht das Phänomen des Allwissens. Alle Jenseitsreisenden kommen mit einem Gefühl zurück, große Weisheiten und auch echtes konkretes Wissen erhalten sowie einen Blick in die Zukunft der Welt geworfen zu haben. Dass man Weisheit erntet, lässt sich verstehen, dass aber Ausblicke in die Zukunft und gar Prophezeiungen möglich sind, lässt einen skeptisch werden.

Des Rätsels Lösung ist jedoch einfach und ernüchternd. Wenn die ausgedehnte Zeit zu *einem Zeitpunkt* zusammenschnurrt – und in der Tat gibt es, wie ich gesagt habe, nur den Zeit*punkt* und keine Zeit*linie* –, dann müssten wir in der Tat alle Ereignisse auch der Zukunft und Vergangenheit auf einmal erschauen können. Und genau das berichten viele Geistreisende. Schaut man sich nun diese »Prophezeiungen« an, so wird man aber enttäuscht sein, denn entweder sind sie nichts anderes als blasse Vermutungen, die jeder normale Mensch anstellen kann, oder sie sind schlichtweg falsch. Im Allgemeinen handelt es sich um Extrapolationen dessen, was jeder gesunde Menschenverstand in der Zukunft erwarten wird. Kurzum: die Zukunft wird nicht gesehen! Was aber erfahren wird, ist Weisheit und Liebe fürs Dasein und die Erkenntnis, dass alle Erscheinungen zusammenhängen und eins sind und dass alles, was sich entwickelt, immer gut ist, wenn man es von einem höheren Standpunkt aus betrachtet. Philosophie, sprich Liebe zur Weisheit, wird erlangt, nicht aber Prophetentum! Und selbst ein großer Philosoph ist bisher nicht aus einer Todeserfahrung hervorgegangen, es bleibt daher bei recht vagen Weisheitsgefühlen. Das stimmt traurig, denn jeder will die Zukunft kennen. Überhaupt zeigt die redliche Untersuchung von Prophezeiungen, dass sie fast niemals eintreten oder schlichtweg Unsinn sind, ich betone redliche, nüchterne Untersuchungen. Woher kommt nun die Illusion in der Todeserfahrung, die Zukunft zu sehen?

Die Lösung ist folgende: Im Geistzustand werden wir in eine extrem hohe Seinserfahrung hineingestellt, alles macht plötzlich Sinn, alles ist schön und wahr und gut. Dieses Gefühl ist so stark – und nun muss man sich tief einfühlen –, dass man meint, auch gleich damit das Daseinsganze, ja, mehr noch seinen ganzen Verlauf auch in die so genannte Zukunft hinein zu verstehen.

Bei tiefer Einheitsschau des Daseins dünkt jeden die Zukunft ganz nah und überschaubar. Das ist ein Effekt, den jeder etwa aus der Verliebtheit kennt. Man meint, den anderen in- und auswendig zu kennen, und meint, beider Schicksal und die gemeinsame Zukunft voraussehen zu können. Aber diese im Liebesrausch entworfene Zukunft wird im Allgemeinen nicht eintreten, eher trennt man sich wieder nach einer Woche. Was ich sagen will ist: Tiefe Seinserfahrung ist wunderbar, aber gefährlich, was Prognosen über die Zukunft anbelangt. Ebenso ist das so genannte umfassende Wissen, das man im Rausch erfährt, kein echtes, konkretes Wissen, sondern lediglich ein vages Gefühl, wie vollkommenes Wissen aussehen könnte! Nun, dazu ein typisches Beispiel:

»Nun wusste ich genau, das war ein Platz des Lernens. Ich würde in Wissen eingetaucht und eingeweiht werden, wie es mir zuvor nie passiert war. Es würde keine Bücher geben, kein Auswendiglernen. In der Gegenwart dieser Lichtwesen würde ich Wissen bekommen und alles erfahren, was wichtig wäre. Ich konnte jede Frage stellen und erhielt gleich die Antwort. Es war, als sei ich ein Wassertropfen, badend in einem Meer des Wissens, oder als sei ich ein Lichtstrahl, wissend, was alles Licht weiß. Ich musste eine Frage nur denken und konnte sogleich seine Essenz erforschen. Im Bruchteil einer Sekunde verstand ich, wie Licht arbeitet, und die Wege, wie der Geist ins physische Leben integriert ist ... Diese Wesen aus Licht waren anders als jener, den ich traf, als ich das erste Mal gestorben war. Sie hatten dasselbe silberblaue Leuchten des ersten Wesens, aber das Licht strahlte jetzt tiefblau aus sich selbst heraus. Diese Farbe führte mit sich eine große Kraft und schien sich von der gleichen Quelle zu nähren, von der auch alle großen, heroischen Eigenschaften stammen ... Die Wesen kamen eines nach dem anderen zu mir. Als sich jener näherte, kam ein Kasten von der Größe eines Videoapparates aus seiner Brust und schoss mir vors Gesicht. Beim ersten Mal, als das passierte, schrak ich zurück und dachte, ich würde getroffen werden. Doch kurz vor dem Zusammenstoß öffnete

sich der Kasten und enthüllte ein winziges Fernsehbild von einem Welt-ereignis, das noch stattfinden würde. Als ich das sah, fühlte ich mich richtig hinein ins Bild gezogen, wo ich das Ereignis selbst durchlebte. Das geschah zwölf Mal. Ich stand in der Mitte vieler Ereignisse, die die Welt in der Zukunft erschüttern würden. Viel später, als ich wieder am Leben war, schrieb ich 117 dieser Ereignisse, die ich in den Kästen gese-hen hatte, nieder. Drei Jahre geschah nichts. Dann 1978 begannen diese Ereignisse stattzufinden, 95 haben bereits stattgefunden.«
(Persönliche Mitteilung)

Ist Zeit eine Art Raum?

Ich spreche in diesem Kapitel über die Zeit und tue dabei so, als sei die Zeit das maßgebliche Element fürs Leben überhaupt. Dem ist keineswegs so!

Die Grundlage des Daseins sind die acht Quartett-Faktoren. Ich spreche von acht, die Tibeter nennen stärker differenzierend 80. Überhaupt ließe sich eine beliebige Zahl festsetzen, um unsere Welt irgendwie fassbar zu machen, ich habe mich wie gesagt auf acht Fak-toren beschränkt. Und dabei drückt jeder Faktor immer wieder das Gleiche aus, nur aus einer anderen Perspektive. Ob ich vom Leben als Zeit oder als Raum oder als Gefühl oder als Kausalität spreche, bleibt sich gleich, denn jeder Faktor ist nur ein Synonym aller ande-ren. Alle acht Faktoren sind nur Synonyme oder Umschreibungen des L3-Zustandes. Wir Menschen splittern ihn irrtümlicherweise in eine Vielfalt von Aspekten auf.

Tatsächlich ist jede Multiplikation aber eine Illusion. Und jene Zeit-philosophie, die behauptet, die Zeit stehe im Mittelpunkt, sitzt einer Täuschung auf, denn Zeit kann auch beschrieben werden als Raum, den sie durch ihre Geschwindigkeit erschafft. Zeit kann auch als Kausalität betrachtet werden, nämlich, wenn sie als ein Hinterein-ander von Ereignissen gesehen wird, oder als Ausdruck von Materie, sofern sie als Verdichtung ihrer selbst erfahren wird.

Umgekehrt entstehen Raum, Kausalität und Materie durch Zeit. Wir können die Welt aber auch auf dem Geistkontinuum in Gestalt des Ich oder des Denkens betrachten. Jeder Quartett-Faktor intensiviert sich auf dem Geistkontinuum, und es spielt keine Rolle, über welchen wir sprechen. Es passiert immer wieder das Gleiche, nämlich eine Intensivierung, und das scheint das durchgängige Prinzip der Analogie-Evolution zu sein. Entscheidend ist allein, ob geringe oder starke Intensivierung vorherrscht – wenn wir das wissen, wissen wir auch alles andere. Wir können den *einen* Faktor auch Geist oder Bewusstsein nennen. Ich spreche aus diesem Grund vom Geistkontinuum: Das Bewusstsein kann mehr oder weniger intensiv sein, mehr oder weniger wach. Und die acht Quartett-Faktoren sind wie die Arme unseres Geistkörpers, in die wir uns meist so verstricken, dass wir einen davon als das Zentrum selbst missverstehen. In der Tat gelangen wir über jeden Arm der Krake zum Zentrum, wir dürfen nur nicht außer Acht lassen, dass die anderen Quartett-Faktoren Synonyme, spiegelbildliche Wiederholungen des einen unteilbaren Prinzips des L3-Zustandes sind.

Das materielle Leben als geistiger Führer

Das Leben ist eine Sprache,
in der uns eine Lehre gegeben wird.
Arthur Schopenhauer

Der freie Mensch denkt über nichts
weniger nach als über den Tod: seine
Weisheit ist nicht ein Nachsinnen über den Tod,
sondern über das Leben.
Spinoza, Ethik

Wer sich im Leben sehr stark in Betrachtung ver-
tieft, hat es einfacher, sich vom Körper im Tod zu
lösen. Denn Schau ist ein Loslassen vom Körper.
Cicero

Neige dich gegen die Erde, deine Mutter! Möge sie
dich retten vor dem Nichts!
Rig Veda X

Evolution ins Paradies

In diesem Buch habe ich uns immer tiefer in die »unmenschliche« Dimension hineingeführt. Und eigentlich kann man nicht erwarten, dass es von dort einen Weg zurück gibt in die alltägliche Welt. Wir nehmen an, der so weit Gereiste müsse irgendwo an den Ufern der grenzenlosen Zeit stranden. Und doch lehrt uns die Chronik genau das Gegenteil. Sie hofft, dass wir nach der Reise in den Geistkosmos unsere Welt der Raum-Zeit-Illusion besser verstehen. Hat uns also all das Vorangegangene geholfen, unsere materielle Gegenwart besser zu begreifen?

Je weiter wir über uns hinausgehen, desto tiefer dringen wir in uns ein. Das scheint die Aussage der Chronik zu sein. Weltraum und Innenraum gleichen sich. Die Menschheit träumt offenbar seit Jahrtausenden von anderen Welten und Zuständen in der Hoffnung auf ein besseres Diesseits. Wir wollen in höhere Zustände, weil wir unzufrieden mit den hiesigen sind. Dann aber müssen wir erkennen, dass wir, wie die Chronik sagt, hier bereits in der besten aller Welten leben – und das enttäuscht uns maßlos! Vermutlich ist es jedoch so, je tiefer wir die Traumstraße in höhere Seinszustände hineinfahren, desto wacher werden wir für unser ganz normales Dasein *und erkennen dieses als die höchste Welt.* Und in der Tat möchte ich in diesem Kapitel darstellen, wie wir durch die Reise in höhere Bewusstseinszustände aufgeweckt werden für unseren ganz trivialen, alltäglichen Bewusstseinszustand sowie für die Bedeutung der acht Quartett-Faktoren, die ihn erzeugen und die sich dann nämlich als Geist pur entpuppen. Denn wie könnte Geist nicht anwesend sein in jeder Welt und jedem Ding.

Bei der Rückkehr aus L3 müssen wir, wie ich gezeigt habe, erneut den »Lethe-Strom«, den Fluss des Vergessens, der nichts anderes als das Plasma selbst ist, durchschwimmen, und dabei gehen fast all unsere Erinnerungen an die Geistregion verloren. Das Vergessen von L3 ist notwendig, damit wir uns ganz und gar aufs Leben konzentrieren und unbeschwert und unbeeinflusst von anderen Erfahrungen unser Dasein im Irdischen gestalten können. Das weitgehende Vergessen aller höheren Erfahrungen auf dem Geistkontinuum ist eine unabdingbare Voraussetzung des Lebens. Zurück in der Raum-Zeit-Illusion dominieren uns die acht Quartett-Faktoren völlig; sie sind die Struktur unseres Lebens. Auf diese Faktoren möchte ich nun eingehen, denn in der Tat besitzen sie einen bisher kaum gewürdigten geheimen Sinn.

In der Raum-Zeit-Welt wissen wir nichts mehr von diesen anderen Welten und anderen Bewusstseinszuständen. Und das ist gut so, denn so bleiben wir frei und unbeeinflusst. Wir glauben dann jedoch irrtümlicherweise, unsere Raum-Zeit-Dimension sei die einzige Welt und engagieren uns daher voll und ganz in ihr. Wüssten wir aber um andere Welten, dann würden wir es vielleicht mit der irdischen nicht so ernst nehmen. Die Vergessensschranke von Lethe ist also notwendig, damit wir uns wieder ganz auf die irdische Gegenwart ausrichten können. Unbeeinflusst von höheren Bewusstseinszuständen und möglichen anderen Welten leben wir hier ausgestattet mit einem bis zu einem gewissen Grade freien Willen. Dieser hilft uns, unabhängig zu entscheiden und frei zu lernen.

Wüssten wir etwa um andere bereits gelebte Leben, könnten wir unser Leben in der Raum-Zeit-Illusion kaum genießen; wir würden dauernd mit unseren anderen Leben in anderen Zeiten durcheinander kommen. Nur ohne Erinnerung daran können wir immer wieder von vorne beginnen, so als sei davor nichts gewesen. Wüssten wir um unsere nächtlichen Exkursionen in die Plasma- und Geistdimension, dann könnten wir uns hier kaum so sicher fühlen, wie wir das tun. Entwicklung ist nur durch freie Wahl möglich. Wollen wir innerlich reicher werden, müssen wir selbst entscheiden können. In einen vorgegebenen Plan eingeschlossen, würden wir zu Maschinen werden, so aber sind wir frei, besser oder schlechter zu werden. Wir wählen gute oder schlechte Einflüsse selbst aus. Wir haben die Freiheit, Erfahrungen zu machen, uns zu entfalten, Taten zu bewirken und Nutzen hervorzubringen. Im Leben stürzen wir uns ins Meer der Erfahrung, wir leben und leiden und entwickeln so Charakter und Struktur.

Natürlich ist unsere Freiheit eingebettet in die acht Quartett-Faktoren, aber innerhalb dieser besitzen wir einen gewissen Spielraum. Dieser Spielraum ist zu nutzen; und in den Auswirkungen unserer Taten, den Nutzwirkungen, sagt Swedenborg, liege der Sinn unseres Lebens. Gott sei Nutzwirkung, Gott sei Handlung, und das Dasein ein anhaltender Schöpfungsakt. »Willst du ins Unendliche schreiten, geh im Endlichen nach allen Seiten«, so schreibt auch Goethe, und damit bringt er dieses Kapitel auf den Punkt.

Aber wofür Schöpfung? Dazu lässt sich mit dem deutschen Dichter Friedrich Hebbel sagen: »Das Vergänglichste, wenn es uns wahrhaft berührt, wirkt in uns ein Unvergängliches.« Die Raum-Zeit-Welt regt uns dazu an, auf dem Geistkontinuum immer weiter aufzusteigen. Das Leben wird dabei als schwächste Analogie von L3 erkannt. Nachdem wir L3 und das Plasma bereist haben, kommen wir erfrischt zurück ins Normalgefühl. Und jetzt erst können wir die Raum-Zeit-

Welt wirklich lieben lernen, jetzt erst nehmen wir ihr Gutes und Schönes wahr und erkennen den Sinn unserer hiesigen Lebensform. Insbesondere die Kostbarkeit unseres Lebens erkennen wir und den Wert der menschlichen Gestalt. Die buddhistische Philosophie fordert uns auf, wir sollen unseren Leib hüten und pflegen, denn er sei unsere große Chance und nicht einfach zu erringen.

Erkenntnis durch Weiterschreiten auf dem Geistkontinuum, aber wozu? Im tibetischen Totenbuch wird das wie folgt beantwortet:

»Wenn man diesen schwer zu erlangenden menschlichen Körper, den reinen, erlangt hat, wäre es ein Grund zum Bedauern, als unreligiöser und gewöhnlicher Mensch zu sterben. Da das menschliche Leben im Kali-Yuga (Fischezeitalter) kurz und ungewiss ist, wäre es Grund zum Bedauern, es durch bedeutungsloses Tun zu verschwenden. Da der eigene Geist von der ungeschaffenen Selbstnatur des Dharma-Kaya ist, wäre es Grund zum Bedauern, wenn er in den Sumpf weltlicher Illusionen abgleiten würde.« (Tibetische Überlieferung)

Selbst wenn die Hindernisse und Leiden des Lebens allzu groß sind, sollte man sich nicht selbst das Leben nehmen, sagen einhellig alle überlieferten Texte der Chronik. Wir sollten versuchen, unseren Körper so lange wie möglich zu erhalten, bis er von selbst stirbt. Diese Problematik beschäftigte auch Cicero, der dazu in seinem Werk »Der Staat« im Rahmen eines Dialogs schreibt:

»Nur wenn nämlich diese Gottheit, welcher der ganze Raum gehört, den du erblickst, dich von jenem Gefängnis des Körpers befreit, kann dir hier der Zutritt offen stehen. Die Menschen sind nämlich unter der Bestimmung gezeugt, dass sie jene Kugel, die du in diesem Raum in der Mitte siehst, beschützen, die Erde genannt wird, und ihnen wurde ein Geist aus jenen ewigen Feuern geschenkt, die Sternenbilder und Gestirne heißen, die kugelförmig und rund sind, beseelt von göttlichen Geistern, ihre Umläufe vollenden sie in wunderbarer Schnelligkeit. Deshalb müssen du, Publius, und alle Gottesfürchtigen ihren Geist im Gefängnis des Körpers behalten, und man darf nicht ohne Befehl dessen, von dem jener euch geschenkt wurde, aus dem Leben der Menschen fortgehen, damit ihr

nicht euch der von Gott zugewiesenen menschlichen Aufgabe entzogen zu haben scheint.« (Cicero)

Durch unser Fortschreiten auf dem Geistkontinuum haben wir unsere Wahrnehmung erweitert und damit das Unwissen über unser Dasein beendet. In den Texten der Chronik heißt es dazu einhellig, wir seien nur aus Unwissen geboren worden bzw. in die Raum-Zeit-Illusion herabgestiegen. Dieses Unwissen sei jedoch überwindbar, wenn wir die höheren Zustände auf dem Kontinuum erfahren.

Lassen wir dazu einige Chronikmitteilungen auf uns wirken. Calderón schreibt in seinem Werk *Das Leben ein Traum*: »Denn des Menschen größte Sünde ist, dass er geboren ward.«

Und von Hermes Trismegistos (Name für den altägyptischen Gott Thoth) wird überliefert: »Das Böse der Seelen aber ist die Unerkenntnis, denn welche Seele nichts erkennt von den wesenden Dingen, noch die Natur derselben, noch das Gute, dieselbe ist blind und fällt in des Leibes Leidenschaft, wird ein böser Dämon, erkennt sich selbst nicht.«

Ebenso stellt die buddhistische Philosophie das Unwissen des Menschen in den Vordergrund, dieses zwinge uns zur Geburt in der Raum-Zeit-Illusion. Wir seien in der Raum-Zeit-Illusion geboren, weil wir nicht wüssten, was diese eigentlich ist. Doch der Ausweg aus diesem Dilemma des Unwissens wird uns von der Chronik klar aufgezeigt: Reise auf dem Geistkontinuum in höhere Dimensionen und kehre anschließend in die Raum-Zeit-Illusion zurück! Danach erkennst du deutlich die Gesetze des Daseins.

Man gewinnt aus all dem zunächst den Eindruck, die Chronik ordne den menschlichen Zustand auf der untersten Ebene allen Daseins ein, denn sie spricht dauernd von höheren und intensiveren Bewusstseinszuständen. Um einen Überblick zu gewinnen, sei daher auf einen tibetischen Text der Chronik verwiesen, der besagt, dass das Menschsein der vierten Stufe von insgesamt sechs Stufen entspricht. Ebenso nennt der Hinduismus 8.400.000 (symbolische Zahl für »viel«) abgestufte Arten von Lebensformen, die bereits hinter uns liegen und aus denen wir uns herausentwickelt haben, weshalb der menschliche Zustand sehr wohl ein beachtenswerter und hoher sei. Wir befinden uns nach dieser Aussage auf der Stufenleiter der Lebens- und Bewusstseinsformen irgendwo im Mittelfeld.

Raum und Zeit

Raum und Zeit umgeben uns wie unsere eigene Haut: Wir bemerken sie nicht. Und doch reagieren wir dauernd auf sie: Wir jagen der Zeit hinterher und versuchen, der Enge des Raumes zu entkommen. Wir wollen frei sein von Zeitdruck, das nennen wir Freizeit. Wir wollen frei sein vom beengenden Raum und nennen es Freiraum. Der Traum von Freizeit und Freiraum ist unsere höchste Sehnsucht. Aber der dreidimensionale Raum hat auch seine guten Seiten, er ermöglicht uns zum Beispiel, zu bestimmen, wo wir uns befinden. Wir können uns im Raum leicht orientieren, er gibt uns Sicherheit. Auch das zeitliche Nacheinander gibt uns eine Orientierung, nämlich ob wir uns in der Gegenwart befinden oder nur von der Vergangenheit träumen. Überhaupt verschafft uns dieses zeitliche Nacheinander Identität. Und das ist es, was wir alle suchen. Ohne den Fluss der Zeit, der einteilt in ein Früher und ein Später, besäßen wir gar kein Zentrum, kein Ich. Unser Ich ist offenbar ein Raum-Zeit-Ich. Durch die Existenz dieser beiden Grundfaktoren werden wir eingebettet in einen kleinen Ausschnitt an Raum und Zeit, aber genau aus diesem kleinen Ausschnitt wollen wir immer wieder flüchten.

Der Raum hat noch eine weitere, im Allgemeinen übersehene Bedeutung. Das Stück Raum, in dem wir uns befinden, gibt uns die Möglichkeit, es genauestens zu studieren. Wir essen sozusagen immer ein Stück der Torte (der Kausalität) nach der anderen, ohne zu wissen, wie die Torte als Ganzes aussieht. Die ganze Zeit- oder Raumtorte auf einmal zu verspeisen, das mag vielleicht ein Traum sein, ist aber in unserer irdischen Dimension kaum möglich. Andererseits, wenn wir auf diese Weise ein Stück nach dem anderen verspeisen, schmeckt die Torte besonders gut, das heißt, wir lernen, uns auf *ein* Stück zu konzentrieren. Wir können uns nun ganz einem Stück hingeben, ohne durch alle folgenden Stücke (Zukunft) gestört oder beunruhigt zu werden. Darüber hinaus ist es auch sinnvoll, die Zeit zurückliegender Tage (Vergangenheit) zu vergessen, ebenfalls um die Gegenwart voll erleben und ausschöpfen zu können. Sind wir vielleicht so etwas wie

Schüler, die lernen müssen, sich auf die Gegenwart zu konzentrieren? Lässt man uns die Welt wie durch eine Lupe betrachten, damit wir lernen, wirklich jedes Detail zu erfassen? Stellen vielleicht die Enge des Raums und die Kürze der Zeit nichts anderes dar als auf unseren Bewusstseinszustand spezifisch abgestimmte Lernmethoden, die uns unruhige Wesen dazu zwingen sollen, uns in aller Intensität auf ein Detail zu konzentrieren, um den L3-Zustand wirklich ganz und gar en detail zu erfahren? Sollen wir üben, mit dem kleinsten Ding identisch zu werden, so wie wir im L3-Zustand identisch sind mit allem? Ist unser Leben eine Vorübung für den L3-Zustand? Leben wir in einem Mikrokosmos-Programm innerhalb einer kosmischen Schule? Ist unser Dasein vielleicht nichts anderes als eine Art Gefängnisinstitution, in der wir lernen müssen, uns auf das Allerkleinste zu konzentrieren, damit wir in diesem die Widerspiegelung des Ganzen erfassen?

Wenn dem so ist, warum sollen wir dann lernen, uns zu konzentrieren? Ich vermute, die Chronik will uns vermitteln, dass wir nur im Kleinformat, im Modell oder im Spiel die Struktur der Welt kennen lernen können, ohne uns dabei zu verlieren. Wir üben an einem Entwurf, ehe wir wirklich beginnen, das Haus zu bauen. Fehler lassen sich so spielerisch erfahren und beseitigen. Falsche Hoffnungen lassen sich auf diese Weise schnell als Träumerei enttarnen. Unwissen und lebensuntüchtiges Verhalten lassen sich so relativ gefahrlos durchspielen – das irdische Leben als eine Art Sandkastenspiel! Sicherlich erscheint das manchem als eine Verharmlosung; gemessen aber an dem, was uns in den höheren Dimensionen bevorsteht, ist das keine Übertreibung. In der Enge des Raumes können wir lernen, zum endlosen Raum vorzustoßen. In der Enge der Zeit können wir lernen, in die zeitlose Zeit hinüberzuwechseln. Die Raum-Zeit-Welt scheint dazu da zu sein, um unseren Drang nach Höherem zu testen, zu stimulieren oder auszulöschen.

Materie

Das Gebundensein an feste Materie ist das, was das Leben als Erstes zu bestimmen scheint. Das steht ganz im Gegensatz zu höheren Stufen des Bewusstseins, in denen wir vom Körperlichen befreite reine

Gedankenwesen sind, wie die außerkörperlichen und die Todeserfahrungen zeigen. Unser Bewusstsein ist in eine feste Form eingeschlossen. Wenn wir etwas denken, dann hat das nicht wie in den Regionen des höheren Bewusstseins die Chance, alsgleich Wirklichkeit zu werden. Hier gilt nicht der Satz: »Ich bin, was ich denke!« Merkwürdigerweise gilt eher: »Ich denke, was ich materiell bin.«

Während im Geist-Zustand das, was wir denken, sogleich Wirklichkeit wird, ist das in unserer Raum-Zeit-Welt nur beschränkt der Fall. Auf diese Weise lernen wir, dass nicht alles, was wir denken, wollen und wünschen auch realitätsgerecht ist und dass wir von allen unrealistischen subjektiven Gedanken ablassen sollten. Dazu zwingt uns die feste Materiestruktur unserer Welt: Wir können nicht mit dem Kopf durch die Wand rennen. Das ist der Triumph des Körpers, dass er uns immer wieder auf den Boden der stofflichen Tatsachen zurückführt. Unser Körper und die Materiewelt sind in sich selbst ein raffiniertes System, eine Art Psychotherapie, und zwar die effektivste Psychotherapie, gegen die unsere »künstlichen«, von Menschen ersonnenen Therapien nur alberner Abklatsch sein können. Das Leben selbst wäre demnach als »Heilung« zu verstehen – als »Gesundung« zu einem höheren Leben.

Inzwischen haben wir zwar die Bedeutung der Psychosomatik erkannt, noch nicht aber, dass die Einengung durch die Materie ein willkommener und genialer Lernmechanismus ist. Im Körper eingeschlossen betrachten wir die Welt notgedrungen wie in Zeitlupe, denn Materie ist bekanntermaßen langsam und geduldig. Materie ist ein langsamer Schwingungszustand, dem die Gedanken ihren schnelleren Rhythmus nicht aufzuzwingen vermögen. Daher lässt uns die Materie leiden, unsere Wünsche zerschellen an ihr wie an Meeresklippen. Wir stehen vor ihr wie vor einer Klagemauer, aber diese rührt sich nicht und wirft unsere Gefühle wie ein Echo zurück. Soll die Zwangsjacke der Materie unseren gedanklichen und emotionalen inneren Zappelphilipp zur Ruhe zwingen? Denn offenbar gelingt es nur in innerer Ruhe, die Schranke zwischen der stofflichen und der geistigen Welt zu überwinden. Die aus der Todeserfahrung gewonnene praktische Philosophie, die ich hier entwickle, sieht unser Leben in der Materiewelt als einen Glücksfall und nicht als ein Hindernis an, und damit folge ich einer weiteren geheimen Weissagung der Chronik.

Kausalität

Kausalität ist die zeitliche Abfolge von Ereignissen, wie wir sie ständig erfahren. Sie nagelt uns fest auf immer nur einen bestimmten Ausschnitt an Ereignissen: das Jetzt. Dadurch können wir dieses »Tortenstück« richtig erfahren und es genüsslich verdauen. Wie unter einem Mikroskop betrachten wir immer nur ein kleines Segment des Gesamtdaseins. Der klare Vorteil dieses Verfahrens besteht darin, dass wir so die Wirklichkeit sehr eingehend untersuchen und erleben können.

Einen Nachteil hat das Verfahren natürlich auch, es geht auf Kosten unseres Gesamtüberblicks. Wir sehen den Wald vor lauter Bäumen nicht. Die Kausalität zwingt uns zwar zur detaillierten Beobachtung, enthält uns aber gleichzeitig die Überschau vor. Und nun sage ich, es sei sinnvoll, sich auf eine genaue Analyse der Wirklichkeit einzulassen, und das heißt, sich einer Form von Wahrnehmungseinengung hinzugeben. Vielleicht sollten wir das Leben als eine Reise in die Genstruktur des Daseins verstehen lernen. In der Raum-Zeit-Welt erforschen wir gewissermaßen ein Sandkorn, aber dieses ist keineswegs die ganze Welt; *oder ist es die ganze Welt im Kleinformat?*

Diese Aussagen klingen zunächst banal; vergleichen wir sie jedoch mit jenen Aussagen, die Menschen nach der Erfahrung höherer Geistzustände machen, in denen die Kausalität zunehmend verschwindet und der Ablauf der Ereignisse auf einen Punkt zusammenschrumpft, dann werden wir uns erst der Natur und der Eigenart unserer Erfahrungsweise richtig bewusst. Kausalität stellt sich dann nur noch als *eine* Form dar, das Dasein zu erleben.

Zusammenfassung

1. Raum und Zeit bewirken bei uns einen Blick, wie durch eine Lupe oder ein Mikroskop, hinein in einen Mikrokosmos, genannt das Leben. Dieser Mikrokosmos ist Abbild eines geistigen Makrokosmos. Quintessenz daraus ist, dass wir auf diese Weise den Makrokosmos im Kleinformat erfahren.

2. Aufgrund von Raum und Zeit entsteht eine Einengung, aus der wir dauernd in einen Freiraum und eine Freizeit flüchten wollen (Ferien, Hobby, Kunst, Kultur, Religion, Natur, Liebe). Gleichzeitig bewirkt die Einengung aber die Konzentration auf einen Punkt, wodurch wir uns disziplinieren lernen. Disziplin im Denken, Handeln und Fühlen entsteht ähnlich wie in einem Gefängnis, in dem wir unseren Trieben nicht mehr freien Lauf lassen können.

3. Offenbar lernen wir durch dieses Eingesperrtsein unsere Psyche besser beherrschen. Das hieße aber, dass wir Selbstkontrolle lernen sollen. *Das Leben wäre, wie Schopenhauer sagt, in der Tat eine Sprache, in der uns eine Lehre gegeben werden soll.* Aber welche? Sollen wir unsere Hoffnungen, Wünsche, Begierden zügeln lernen, weil all das Täuschungen sind? Sollen wir lernen, die Raum-Zeit-Illusion als eine von uns selbst durch Begierde und Unwissen erzeugte *wahre Illusion* zu begreifen?

Mein Körper als Maske

»Denn der Leib macht uns tausenderlei zu schaffen ... macht uns Unruhe und Störung und verwirrt uns, so dass wir seinetwegen nicht das Wahre sehen können. Sondern es ist uns wirklich ganz klar, dass, wenn wir je etwas rein erkennen wollen, wir uns von ihm losmachen und mit der Seele selbst die Dinge schauen müssen« (Platon, Phaidon).

In L3 erkennt man sofort, wer ein Mensch wirklich ist. Unser bekanntes Versteckspiel hinter der aufgesetzten Gesichtsmaske funktioniert hier nicht mehr, es gibt keine Möglichkeiten, sich hinter Floskeln und Ausflüchten zu verbergen. Auch gibt es keinen schützenden Körper mehr, hinter dem sich unsere zarten Gefühlsregungen verbergen können. Soziale Überlegenheit hilft in L3 ebenso wenig wie Bildung und Reichtum, Macht oder prächtige Kleidung. Es ist nicht mehr möglich, sich falschen Vorstellungen über jemanden hinzugeben. Heuchelei, Hochstaplertum und Lüge haben keine Chancen. Unsere wahren Gefühle lassen sich nicht mehr hinter Haut und Knochen verstecken.

Der stoffliche Körper ist durchsichtig geworden, und wir stehen da wie hinterm Röntgenschirm. Die kleinste Gefühlsregung wird von »außen« sichtbar wie aufsteigende Blasen in einem Wasserglas. Wir sind wie ein Fernsehschirm, der dauernd seine Programme ausstrahlt; und gleichzeitig sind wir eine Empfangsstation, die alle Gefühle der anderen ungeschminkt mitbekommt.

In der Raum-Zeit-Welt bietet der Körper uns hingegen die Möglichkeit, uns anders zu geben als wir wirklich sind. Das ist kein Nach-, sondern ein Vorteil. Stellen wir uns vor, jeder würde uns wirklich sagen, was er von uns hält oder von uns will. Vermutlich käme dann unser Raubtierinstinkt zum Vorschein. Der Körper verbirgt aber unsere niederen Instinkte und Ansichten. Es rutscht uns nicht gleich jede impulsive Äußerung über die Lippen, wir können hinter der Maske des Körpers und Gesichts erst einmal in Ruhe überlegen, was wir denken und wie wir handeln sollen. So lernen wir unsere Emotionen kritisch zu prüfen. Der Körper ist also eine nützliche Maske, hinter der wir uns ungestört emotional entwickeln können. Die Natur hat das auf diese Weise offenbar gut eingerichtet, denn der Mensch braucht Masken zum Überleben in der stofflichen Welt. Daher rührt vermutlich auch unsere Vorliebe für das Maskenspiel und den Karneval. Wir proben dann hinter fremden Gesichtern neue Existenzen aus.

Man kann aber noch weiter gehen und sagen: Unsere Materieexistenz bedeutet, dass wir den Bedürfnissen unseres Körpers unterworfen sind, wodurch der Raubtierinstinkt entsteht. Dieser muss aber versteckt werden, wenn er für unsere Ziele zum Erfolg führen soll. Hier liegt der Ursprung aller Lügen und Falschheiten und des gesamten moralischen Dilemmas der menschlichen Existenz, was zu beklagen wäre, wüssten wir nicht, dass der Kampf zwischen Schwächerem und Stärkerem ein notwendiges Gesetz der Materiewelt ist, um testen zu können, wer im Wettstreit zwischen Seelenwahrheit und Körperinstinkt gewinnen wird. Das Leben ist also ein Härtetest der besonderen Art, nämlich ob der Geist, die Seele oder der Körper oberster Herrscher ist.

Sinnesempfindungen

Die Einengung unserer Welterfahrung auf die Sinnesorgane stellt natürlich eine starke Beschränkung dar. Das Positivum dabei ist: Die extrem selektive Schau ermöglicht uns jedoch, mittels dieses Wenigen die Aufmerksamkeit auf uns selbst zu fokussieren. Die kleine Welt, die wir erfahren, überflutet uns nicht mit Sinnesinformationen, und so können wir die wenigen, die zu uns durchdringen, in Ruhe genießen.

Es ist ähnlich wie in der Grundschule; wir beginnen zunächst, einzelne Buchstaben zu lernen und lesen nicht gleich ganze Sätze. In jeder Klasse lernen wir dann Neues hinzu, und ebenso verhält es sich auf dem Geistkontinuum. Dort werden die Sinneseindrücke zunehmend intensiver, panoramahafter und kosmischer. Und wenn wir schließlich wirklich Shakespeare lesen können, dann lässt sich das auf dem Bewusstseinskontinuum vergleichen mit dem Eintritt in den L3-Zustand, wo wir über *alle Sinne auf ein Mal und als einen* Sinn verfügen.

Denken

Das Denken unseres Gehirns, verglichen mit dem panoramahaften und analogischen (gehirnlosen) Denken in L3, ist schwerfällig und beschränkt. Wir beschäftigen uns dabei mit Details, und nicht mit umfassenden Zusammenhängen. Unsere Denkvorgänge sind der Zeit und dem Raum unterworfen, wir brauchen also Zeit, um zu denken, und unsere Vorstellungen dabei sind räumlich-dreidimensional. Wir denken zudem, »ich denke«, unser Denken ist also konzentrisch um die Fiktion eines Ich angeordnet; und so marschieren wir im Kreis um diesen phantasierten Ich-Popanz herum. Unser Denken ist zudem rational, wie wir meist voller Hochmut verkünden; diese Rationalität beschränkt sich aber auf unsere nicht-intensivierten acht Quartett-Faktoren; Rationalität ist daher eher zu definieren als raum-, zeit- und ichabhängige Fiktion. Wir denken zudem mittels kultureller Versatzstücke als da sind Sprache, Wissen, Moral, und diese beeinflussen und reduzieren das Gedachte weiter durch bloße Annahmen, Fantasien, Hoffnungen, durch Religion und Pseudowissenschaft. Des Weiteren zerteilt die Kausalität unser Denken in einzelne Ausschnitte; wir nehmen die Welt auseinander und analysieren sie, wie wir stolz sagen. Tatsächlich aber leben wir irgendwo in einer Felsenritze und wollen über ein Gebirge sprechen. So ist unser gesamtes Denken davon bestimmt, dass wir den Schwanz des Elefanten für diesen selbst halten. Es ist also indirekt doch auch wieder die Raum-Zeit-Illusion, die Quartett-Illusion, die uns zwingt, wacher zu werden, und uns auffordert, auf dem Geistkontinuum höher zu steigen. Denken ist ein Zergliederungsprozess. Kaum denken wir, nehmen wir bereits auseinander, zerschneiden. Und das ist nur das Echo unserer allgemeinen Situation: Wir wiederholen ganz einfach den Zerteilungsprozess der Kausalität in der falschen Hoffnung, so der ganzen Torte des Daseins ansichtig zu werden. Wir erreichen in der stofflichen Welt kein panoramahaftes Denken wie in L3, sondern sind begrenzt auf einen Ausschnitt der Raum-Zeit-Welt und müssen uns auf diesem kleinen Territorium üben, unsere Umgebung und ihre Konditionen klar, sachlich und unvoreingenommen zu erfassen: Das scheint unsere Aufgabe in der Raum-Zeit-Illusion zu sein: Den subjektiven Faktor, das heißt nichts anderes als die acht Quartett-Faktoren, auszuschalten, also objektiv zu werden. Paradox dabei ist, dass wir das nur mittels der Quartett-Faktoren selbst erreichen. Nur durch ihre Intensivierung erfahren wir nämlich die Dimension der Leere, das wahrhaft gedankenlose Denken. Und nur dieses – so die Chronik – verspreche echte Objektivität und Freiheit.

Gefühle

Unsere Gefühle im Vergleich zu den allumfassenden Seinsgefühlen, die wir in intensivierten Bewusstseinszuständen erfahren, sind sehr beschränkt. Oder besitzt etwa Neid, Habsucht, Hass oder Stolz eine geistige Weite? Und selbst Liebe, Mitgefühl, Naturliebe, religiöse Gefühle – bleiben wir in ihnen nicht wie in einem Stiefel stecken, ohne je zum Laufen gekommen zu sein? Enge und Ichbezogenheit kennzeichnen alle unsere Gefühle, die naturgemäß nur Ausschnitte freigeben und in denen sich nur gelegentlich eine Ahnung vom großen Ganzen regt.

Ich

Unser Ich ist vermutlich das letzte schwache Echo jenes großen Ichs, welches zum Null-Ich intensiviert ist. Unser kleines, enges Ich ist – wie alle anderen Quartett-Faktoren auch – nur ein blasses Spiegelbild unseres wahren Ichs, des Null-Ichs, das paradoxerweise kein Ich mehr ist. So absurd es klingen mag, aber unser Ich soll uns – so die Chronik – lehren, dass wir gar keines haben. Anders ausgedrückt: Im Ichzustand meinen wir, eine Individualität zu sein, und das ist gut so, denn es hilft uns eines fernen Tages, alle Individualitäten in uns aufzunehmen. Das Ich ist daher ein kleines Alles, und unser Egoismus wäre demnach ein Vorspiel für den künftigen geistigen Kollektivismus. Der Egoismus, den wir so oft verdammen, wäre die Grundlage für einen universellen umfassenden Egoismus, in dem wir, statt nur mit uns selbst, die Identität mit allen erfahren. Also wiederum: das Ich als Vorform des Geistes!

Das Gesetz der paradoxen Umkehr

Zunächst möchte ich aber nochmals die positiven Seiten der Gefühlsenge betonen. Die Konzentration auf unseren engen Gefühlsraum ermöglicht uns, auf begrenztem Terrain das zu üben, was wir in höheren Bewusstseinszuständen potenziert erfahren. *Gemüt wird damit zur Vorform des Geistes!* In diesem Sinne stellt sich etwa Selbstsucht als eine Sucht nach mehr Selbst dar, genauer gesagt, als Vorübung nach einem erweiterten Ich. Ein erweitertes Ich haben zu wollen ist ein guter Plan. Doch berücksichtigen diese »Möchtegerne« nicht das *Gesetz der paradoxen Umkehrung*, das unser ganzes Dasein bestimmt. Es ist gut, von etwas viel haben zu wollen, das entspricht gewissermaßen dem spirituellen Naturgesetz »Alles strebt zu mehr«. Doch macht uns das gleiche Naturgesetz gewissermaßen einen Strich durch die Rechnung: Es besagt, du kriegst nur mehr, wenn du dich selbst erst größer machst und für das gewünschte Mehr öffnest.

Wie aber öffnet man sein Portemonnaie, damit mehr Geld hineinfällt? Am besten ist es, man besitzt ein riesengroßes, und ebenso muss man auch ein riesengroßes, weites Ich haben, damit von allen Seiten, vom ewigen Sein her viel Geld bzw. viel Geist bereitwillig wie von selbst hereinströmt. Doch kaum haben wir uns völlig geöffnet, kommt alsgleich wieder das Gesetz der paradoxen Umkehrung zum Zuge und lässt uns sagen: Ich will gar nichts mehr! Denn wer alles hat, will eben, weil er es hat, nichts mehr! Man will weder Geld noch ein großes Ich, dazu ist man nun zu groß geworden. Also: Nur die Kleinen wollen mehr, weshalb sie auch klein bleiben werden, ihr Mehrwollen wirkt nur vermessen und ist aussichtslos.

Nehmen wir nun den Neid, der stellt sich dar – und das zu Recht – als eine Vorübung, alles haben zu wollen. Neid also einmal als Positivum! Ebenso stellt sich Liebe als Versuch dar, etwas von außen in sich hereinzunehmen, denn weiter oben auf dem Geistkontinuum müssen wir ohnehin fast alles in uns hereinlassen. Je mehr Gefühle wir erleben – gleichgültig ob positive oder negative –, desto umfassender lernen wir die Raum-Zeit-Welt kennen und desto besser bereiten wir uns auf den großen Nachrichtenstrom vor, der aus intensivierten Bewusstseinsreichen in uns eindringen wird. Ziel des Fortschreitens auf dem Geistkontinuum scheint zu sein, unsere Wahrnehmungspforten immer weiter zu öffnen, bis schließlich alles in uns hineinfließen kann; aber das bedarf langer Vorübung, und ein Übungsfeld ist unsere Raum-Zeit-Welt.

Im Mikrokosmos Materiewelt üben wir für den Makrokosmos Geistwelt!
Die Geistwelt stellt die Steigerung der Materiewelt dar, damit müssen wir zunächst tiefe Erfahrungen machen!

Die Einsicht, die uns die Chronik vermitteln will, ist offenbar die: Je mehr Gefühle wir erleben, gleich welcher Spielart, desto weiter und größer wird unser Ich. Daher die vielen Leidens- und Glücksgefühle, die uns das Schicksal beschert, daher die Vielfalt der guten und schlechten »Zufälle« in unserem Leben, daher Katastrophen und Glücksfälle, damit wir unsere emotionalen Poren durch Liebe, Glück, Schmerz, Grauen öffnen lernen.

Die »Gottheit des Seins« arbeitet mit Liebe und Krieg. Für sie sind das zwei Mittel, das Gleiche zu erreichen: Lebensöffnung, Staunen, Gefühlsintensität. Und haben wir unendlich viele Gefühle der schmerzvollen und glückseligen Art kennen gelernt, setzen sich all diese Gefühle zu übergeordneten großen Gefühlsarchetypen zusammen, die dann die Gottheit durchscheinen lassen. Am Ende des Fortschreitens auf diesem Weltkontinuum steht schließlich der

Satz geschrieben: »Ich erfühle alles, bin alles!« Und dieses Bewusstsein nahm seinen Anfang bei den kleinen Gefühlszellen, die in der stofflichen Welt Lust und Leid einübten. Daher Hegels Aphorismus: »Gemüt als Vorform des Geistes!«

Ich fasse zusammen: In der Raum-Zeit-Welt sitzen wir am tiefsten Punkt des Geistkontinuums; die beiden Quartette lasten hier äußerst schwer. Zudem herrschen Zeit und Raum, unterstützt von Kausalität und fester Materie. In diesen vier Mauern liegen wir eingeschlossen wie in einem Grab. Im Bewusstsein drückt sich diese Grab-Situation aus als eingeschränktes Denken, Fühlen und Empfinden, zusammengefasst zu unserer irdischen Ich-Existenz. Aber all das ist keineswegs nur negativ zu sehen. Wir verfügen in diesem Zustand nämlich über die Möglichkeit, in dieser langsamen Zeit, in diesem engen Raum – auf diesem kleinen Tanzboden des Ichs – uns wirklich leidenschaftlich mit einem Miniaturbild des Universums zu beschäftigen. Wie ein konzentrationsschwacher Schüler, dem man eine ganz leichte Aufgabe stellt, damit er ein Erfolgserlebnis hat, haben auch wir eine leichte Aufgabe bekommen, nämlich ein Leben in der Raum-Zeit-Welt zu führen, wo wir uns leicht konzentrieren können, und zwar immer nur auf ein einziges Stück dieser Raumzeitumgebung.

Platons Jagd nach dem Seienden

»Das Leben des Philosophen ist eine lange Meditation über den Tod«, sagte Platon. Um diese Aussage zu verstehen, müssen wir auf seinen Dialog *Phaidon* eingehen. Darin erläutert Platon, dass der echte Philosoph die materiellen Dinge des Lebens wenig achte, denn er wolle angeblich mit seinem reinen, von Alltagssorgen befreiten Bewusstsein lieber ganz allein sein. Der echte Philosoph betreibe das Leben als eine lange Meditation über den Tod, und das heißt, er wolle die Verbindung zwischen Leib und Bewusstsein auflösen. Da das Bewusstsein die Welt nicht erkennen kann, solange es mit dem Leib verbunden ist, kann es nur durch die Todesmeditation, das heißt durch eine Lysis, Freiheit vom Körperlichen erlangen.

Platon denkt dabei jedoch vornehmlich an die Lysisformen, die ich Seelenablösung genannt habe, und nicht an das Trance- oder Hochgefühl. Er hat in seiner Philosophie keine deutliche Hierarchie der Befreiung vom Leib entwickelt. Durch den Leib hindurchzuschauen oder hindurchzu*erkennen*, wird verhindert durch die Brille, die wir aufhaben; die Wirklichkeit wird gefiltert. Dichte und Festigkeit des Körpers und der Materie überhaupt lassen uns nicht die dahinter liegende Daseinsstruktur erkennen. Mit dem Abwerfen des Körpers aber entsteht Transparenz und Weitblick, das fördert die Erleuchtung.

Wenn Plasma und Bewusstsein sich befreit haben, durchschauen wir die Welt. Platon bemerkt dazu: »Am allerbesten aber kann sie (die Seele, das Bewusstsein) dann vernünftig denken, wenn nichts von diesen Dingen (Leib, Materie) sie stört, weder das Gehör noch das Gesicht, weder Schmerz noch Lust, sondern wenn sie möglichst für sich allein bleibt, den Leib beiseite lässt und, soweit dies geht, keine Gemeinschaft mit ihm hat und so von ihm unberührt, nach dem Seienden trachtet« (*Phaidon*, S. 15).

Platons Aussage lässt sich leicht mit meinem Geistkontinuum verbinden. Die einseitige Verneinung des Körperlichen aber lässt die Möglichkeit unberücksichtigt, die der Körper, Raum und Zeit, Materie und Kausalität für die Erkenntnis bieten. Es ist ja die Quintessenz dieses Buches zu zeigen, dass gerade in der Bindung des Bewusstseins an einen Körper und dessen Einbindung in Raum und Zeit eine ungemein große Erkenntnismöglichkeit steckt. Platon schuf kein klares Evolutionsmodell des Bewusstseins, mit dem verschiedene Stufen der Erkenntnis zum Ausdruck gebracht werden könnten, er versteifte sich auf die Theorie der Lysis des Bewusstseins vom Körper, so als bestünde nur diese Möglichkeit. Platons Philosophie kann daher sehr leicht als pessimistisch und lebensverneinend ausgelegt werden.

«Unsere Jagd nach dem Seienden«, sagt Platon in *Phaidon*, richtet sich auf eine Ideenwelt, von der unsere Welt ein materieller Abglanz ist. Der wahre Philosoph betreibe eine Meditation über den Tod, was nichts anderes heißt, als eine Lysis vom Körper zu erlangen, daher auch Platons Leitspruch »*Übe zu sterben!*« Die Bedürfnisse des Körpers – Ernährung, Krankheit, Liebesverlangen, Furcht, überhaupt alle Begierden, aber auch alle Künste, die nichts anderes als kultivierte Begierden seien – verursachen dabei angeblich nur eine Einengung der Wahrnehmung. Platon schuf also keine Philosophie des Lebensgenusses, keine Philosophie, die besagt, dass die acht Lebensfaktoren eine Erkenntnisquelle sind, sondern ein System der Flucht aus unserer Raum-Zeit-Welt. Manchem Leser mag es so scheinen, als folge dieses Buch den Fußstapfen Platons, tatsächlich jedoch ende ich mit einer Beschwörung des Lebensgenusses, mit einer Hinwendung zum Leben, wie es ist, nämlich mit der Analyse der positiven Seiten der acht Quartett-Faktoren. Mein Motto lautet also: *Der Stoff ist unser aller größte Hoffnung!*

Die Wahrheit ist die Reinigung von allem Leben

«...wer ohne die Weihen und ungeheilt in die Unterwelt kommt, im Schlammstrom [Unterweltfluss, Plasma] liegen muss, während der, der gereinigt und geweiht dorthin kommt, bei den Göttern wohnen wird« (*Phaidon*, S. 22). Was Platon hier als Reinigung beschreibt, habe ich als eine Evolution durch das Geistkontinuum dargestellt. Je höher wir auf diesem klettern, desto mehr befreien, sprich reinigen, wir uns von den beiden Quartetten. Daher kann Platon sagen: »Und so, rein und von der Unvernunft des Leibes befreit, werden wir dann wohl unter gleichartigen Wesen leben und durch uns selbst die ganze reine Wahrheit erkennen« (*Phaidon*, S. 18). Tatsächlich herbeisehnen würden diese »Wahrheit« aber nur die Weisheitsliebenden, die Philosophen. »Wie wir aber behaupten, bemühen sich die echten Philosophen jederzeit am meisten und als einzige darum, ihre Seele loszulösen« (*Phaidon*, S. 19).
Während Platon ausschließlich von den Philosophen spricht, meine ich, jeder Mensch sucht die Freiheit, ein jeder auf seiner Stufe des Geistkontinuums. Jeder muss sämtliche Stufen durchlaufen, um irgendwann den L3-Zustand zu erreichen. Dem elitären Modell Platons stelle ich gewissermaßen ein demokratisches entgegen, eine Evolution unseres Bewusstseins, in die jeder Mensch eingebettet ist. Auch Platons folgender Satz muss demokratisch erweitert werden:

»In der Tat bereiten sich die echten Philosophen auf das Sterben vor, und der Tod ist für sie weniger schrecklich als für alle anderen Menschen« (*Phaidon*, S. 19). Ich dagegen betone, wir sterben vielmehr immer dann, wenn wir vom Normalgefühl zum Trancegefühl oder von diesem zum Hochgefühl oder von diesem zum außerkörperlichen Zustand voranschreiten. Der Tod, die Lysis, ist unser dauernder Begleiter und das eigentliche Kennzeichen unseres Lebens.

Ist unser Schicksal selbst eine Therapie?

Die Chronik behauptet, es gäbe eine Hierarchie unter den Menschen gemäß ihrer Fähigkeit, alle Daseinsfakten als leer zu begreifen. Je weniger sich ein Mensch vom Überlebenstrieb und Lebenswillen leiten lasse, je stärker er sich davon distanziere, je gelassener er Kausalität, Raum und Zeit, Ich und Denken, Gefühl und Empfindungen, die ihn immer wieder triebhaft überfallen, ertrage, diese relativiere und nur als eine Möglichkeit unter vielen erfahre, desto größer sei seine Kapazität, auf dem Geistkontinuum höher zu steigen. Das Maß für den Menschen sei daher das Maß seiner inneren Leere. Mit innerer Leere ist unsere Erhabenheit über die Mechanismen des Lebens gemeint. Mit dieser einseitigen Behauptung aber gibt sich die Chronik nicht zufrieden, ihr Ziel ist ein viel komplexeres und weitergehendes.

Im Allgemeinen glaubt man heute, das Leben ließe sich besser meistern, wenn man sich zum Beispiel einer Psychotherapie unterzieht. Verschiedenste Therapieformen existieren, die uns helfen sollen, unser Leben zu verbessern. Dieser modernen Tradition konträr entgegen steht die Chronik. Für sie ist das Leben, so wie es sich uns darbietet, selbst die Psychotherapie. Die Mittel, mit denen uns das Leben zu einer umfassenden Psychotherapie zwingt, sind nämlich die acht Quartett-Faktoren. Das ist das überraschende Ergebnis meiner Analyse der Chronik. Das Leben, so wie es ist, sei gut, besagt sie, und all die Härten und Hindernisse seien gewissermaßen immanente therapeutische Instanzen, die uns – wie ein Flussbett das Wasser – definitiv ans Ziel geleitet werden.

Diese Hindernisse sind die besagten Quartett-Faktoren. Ihre Aufgabe sei es, uns vom Leben, d.h. von uns selbst, zu befreien. Das ist eine recht paradoxe Vorstellung. Die Zeit beispielsweise, in der wir gefangen sind, soll uns von sich selbst befreien. Und diese Befreiung finde statt durch die Intensivierung unserer Zeiterfahrung, wodurch wir auf dem Geistkontinuum immer höher gelangen, bis wir schließlich die Nichtzeit erfahren. Es ist demnach im Leben selbst eine Art Anti-Mechanismus, ein Gegengift, eingebaut; kosten wir vom Leben, nehmen wir gleichzeitig kleine Dosen dieses Giftes zu uns, und je tiefer wir uns ins Leben hineinfallen lassen, desto stärker vergiftet es uns, sprich, es ermöglicht uns die Erkenntnis, dass wir auf der untersten Stufe auf dem Lebenskontinuum stehen; und mit dieser Erkenntnis, durch dieses Gift, brechen wir dann auf zu weiteren Horizonten, sprich zu intensiveren Bewusstseinszuständen.

Das Leben behandelt uns nicht mit Spritzen und Elektroschock, sondern mittels Raum und Zeit, mittels Materie und Kausalität. Es zeigt uns über die Sinnesempfindungen eine Welt, lässt uns fühlen und denken. Es bietet uns eine Leiter, das Geistkontinuum, an, und wer klettern kann, darf aufsteigen. Dazu aber ist zunächst die intensive Erfahrung des Lebens selbst Voraussetzung. Wer sich nicht mit Haut und Haaren ins Leben fallen lässt, wird es auch nicht intensiv erfahren, und verbaut sich so den Zugang zu höheren Lebenszuständen.

Die Chronik ist sehr lebensorientiert, bleibt gleichzeitig aber beim normalen Leben nicht stehen. Sie will dieses gesteigert wissen, was auf der in uns angelegten Sehnsucht nach dem L3-Zustand beruht. Die Quartett-Faktoren sollen unendlich gesteigert werden. Voraussetzung dazu aber ist der volle Einstieg ins Leben, wie es ist. Es müssen dann im Kampf und Wirrwarr des Alltags die Quartett-Faktoren als Lernfaktoren anerkannt werden, und man muss üben, sie so zu intensivieren, bis – paradox gesprochen – nichts mehr von ihnen übrig bleibt, und die Zeit sich in Zerozeit verwandelt.

Nemesis – Das Gesetz der Rache

Das wohl entscheidendste Gesetz, das die Chronik uns vermittelt, heißt Nemesis im Griechischen, Karma im Sanskrit – oder wir dürfen auch ganz schlicht von Rache sprechen. Das Gesetz der Rache sei das grundlegende Gesetz des Lebens, sagt die Chronik. Aus diesem Grund sei zum Beispiel jeder negative Gedanke, jede negative Tat zu vermeiden, sie kehre nämlich augenblicklich oder später zu uns zurück. Der Stein, den wir auf einen anderen werfen, beschreibe einen Kreis und treffe uns am Hinterkopf. Wir erzeugten unser Schicksal selbst.

Rache könne natürlich auch positiver Natur sein. Positive Gedanken bewirkten eine »Rache« positiver Art. Der Glückspilz erhalte Positives, der Pechvogel Negatives. *Jeder bekomme, was er sei.* Nicht ein moralisches Gesetz regiere uns also, sondern ein einfaches Naturgesetz, das besage: *Gleiches zu Gleichem!*

Man könnte auch von einem Echogesetz sprechen: So wie wir in den Wald hineinrufen, so schallt es heraus. Unser Schicksal sei der Spiegel unserer Gedanken und Taten. Es gibt für die Chronik keinen christlichen Gott, der irgendwo dort »oben« sitzt und über die Geschicke der Menschen wacht: *dieser Gott sind wir selbst!* Das ist die schlichte Aussage der Chronik: Ich bin, was ich denke! Ich werde, was ich bin. Mein Schicksal liegt in meinen Händen.

Im menschlichen Denken herrschen seit jeher zwei große Geistesströmungen vor: einerseits die Hinwendung zum Leben, andererseits die Abkehr davon. Und zwischen beiden Polen pendelt das Leben eines jeden Menschen täglich hin und her. Wir fühlen uns gleichzeitig angezogen und abgestoßen. Und so muss es sein. Wir müssen Hineinsteigen wollen ins Leben und gleichzeitig uns daraus Hinausziehen wollen, um uns auf die Suche nach L3 zu begeben. Und wiederum gilt das Paradox: Je tiefer wir ins Leben einsteigen, je intensiver wir es genießen, desto stärker nähren wir in uns die Hoffnung auf L3.

Alles ist in Allem

EIN UNIVERSUM AUS SYMMETRIEN

*Doch der war von allen Seiten gleich und überall
endlos, der kugelförmige Sphairos, der sich der
ringsum herrschenden Einsamkeit freute.*
EMPEDOKLES

Die Urkugel des Empedokles

An diesem Punkt angelangt wird für uns eine Theorie bedeutsam,
die im Altertum großen Einfluss besaß. Ich spreche von Empedokles'
(ca. 495–435 v. Chr.) Theorie der »Urkugel«. Nachdem Empedokles
erkannt hatte, dass der Mond von der Sonne beleuchtet wird, dass es
im All keinen leeren Raum geben kann und dass Licht sehr schnell
sein muss, schuf er die berühmte »Vier-Elementen Lehre«. Feuer,
Luft, Wasser und Erde isolierte er und nannte sie »Elemente«. Diese
Theorie führte er weiter, indem er postulierte, dass alle Elemente
durch die Übermacht der Liebe miteinander verschmelzen, und zwar
zu jener Urkugel. In meiner Sprachweise hieße das, die Elemente verschmelzen im L3-Zustand, das heißt, in der Einheit von Licht, Liebe
und Leben ziehen sich alle Elemente zusammen, sie vereinheitlichen

sich zu einem neuen Zustand und lösen die Weltvielfalt, die sich auf den Elementen aufbaut auf.

Wie aber, frage ich mich, verschmelzen diese vier so gegensätzlichen Elemente miteinander? Ich sehe nur eine Möglichkeit. In der »Übermacht der Liebe«, bzw. im L3-Zustand gelangt die Analogie-Erkenntnis zu ihrem Höhepunkt, so dass wir eine Analogie zwischen Feuer, Luft, Wasser und Erde erkennen können. Wohlgemerkt, wir erfahren diese Elemente als miteinander identisch, wir spüren bei aller äußeren Unterschiedlichkeit ihre innere Wesensgleichheit.

Die Liebe löse die Elemente auf in eine Urkugel, sagt auch Empedokles. Dieser Satz erinnert an das Ur-Ei des Eros, in dem das gesamte Sein zu einer Chaos-Einheit verschmolzen lag, und dem Eros entstieg. Hat Empedokles die Ur-Ei-Metapher umgedeutet und spricht stattdessen von einer Urkugel und statt von Eros schlichtweg von der Liebe?

Im Zustand der Urkugel gibt es, so Empedokles, die vier Grundzustände, aus denen sich die Materie aufbaut, nicht mehr. Durch die Liebe (sprich Eros, Analogie oder Symmetrie) sind sie miteinander zu einem neuen undifferenzierten Zustand verschmolzen. In dieser Dimension der Urkugel, in der alle Individualität ausgelöscht ist, herrscht pure erotische Verschmelzung.

Mit welcher unserer drei Dimensionen lässt sich der Urkugelzustand in Zusammenhang bringen? Die Ebene der Elemente oder Urformen ist sicherlich die Dimension des Plasmas. Verschmelzen auch deren Elemente zur Einheit, wird, so meine ich, die Dimension darüber erreicht: die Geistwelt oder gar der L3-Zustand. Im besten Fall sind der L3-Zustand und die Urkugel identisch.

Eine vollkommen runde Kugel erwähnt auch Platon: Sie besitze die absolute Symmetrie. Diese Behauptung lässt sich ohne weiteres akzeptieren. Die Symmetrie ist aber nichts anderes als eine vollkommene Analogie. Mit einer idealen runden Kugel weisen Empedokles wie Platon von zwei verschiedenen Warten aus auf das Gleiche hin: auf einen Zustand, in dem sich die Weltvielfalt auflöst, sprich, die Elemente sich vereinheitlichen und Symmetrie zwischen allen Dingen herrscht. Durch die vollkommene Ebenmäßigkeit der Kugel entspricht jedes Stück allen anderen Stücken. Jedes ist jedes! Jedes ist

Alles! Alles ist in Jedem! Wollten Empedokles und Platon auf dieses selbe Ziel hinaus?

Was heutzutage als antike Eigenart abgetan und belächelt wird, kann mittels der Analogie-Theorie entschlüsselt und in seiner wahren Größe enthüllt werden. Die beiden Philosophen suchten – einer menschlichen Ursehnsucht entsprechend – nach einer Theorie, mit der es gelang, die Weltvielfalt logisch zu reduzieren, um so zum Ursprung, einem kleinsten gemeinsamen Vielfachen – der Einheit in der Vielfalt, genannt die Urkugel – vorzustoßen. Mein Analogie-Modell läuft diesen antiken Theorien parallel, drückt sich meines Erachtens aber allgemeinverständlicher aus, schon allein dadurch, dass ich konkrete Beispiele für die Einheit in der Vielfalt anführe, was den alten Philosophen nicht gelang.

Mit meiner Analogie-Theorie ist ein goldener Schlüssel gefunden, der vieles, was bisher als archaisch und bizarr an der antiken Theoriebildung galt, als Zukunfts-Philosophie enttarnt! »Zukunfts-Philosophie« sage ich, weil alle Wissenschaft prinzipiell – wenn auch im Verborgenen, hinter den Alltagskulissen – nur das Eine sucht, die Einheit in der Vielfalt. Dass der herkömmliche Wissenschaftler eine solche Suche bei sich selbst nicht diagnostizieren kann und diesen Satz als abstrus ablehnt, liegt an der Unbewusstheit und dem philosophischen Desinteresse des modernen »Naturforschers«, der über den Tellerrand seines Spezialgebietes nicht hinauszuschauen vermag und dem die tiefe Weltsicht und Weisheit des antiken Menschen gänzlich abgeht.

Die rätselhaften Zeichen einer von uns bisher kaum verstandenen Philosophie, die die Griechen entworfen haben, tauchen heute im Analogie-Modell erneut auf; warum? Es handelt sich dabei nicht um eine historisch oder lokal begrenzte Erkenntnis, sondern um eine immer gültige, ewige Philosophie, die sich von keinem Zeitgeist, ganz gleich welcher Epoche auch immer, unterkriegen lässt. Die Urkugel, die Ursymmetrie, die vollkommene Analogie sind das Rätselhafteste, das der menschliche Geist erdenken kann. Die Analogie-Theorie taucht in allen Zeitaltern, aber unter jeweils anderem Namen auf, wird einige Zeit lang an der kulturellen Peripherie geduldet, versinkt alsbald aber wieder wie ein Bühnengeist im Boden.

Der Mensch ist noch nicht reif für ihre umfassende Wahrheit. Wir möchten Individuen bleiben und nicht aufgefressen werden vom alles verschmelzenden Chaos, ob es nun Ur-Ei, Eros oder Urkugel genannt wird. Wir huldigen zwar dem Verbindenden, aber bitte nur in erträglichen Häppchen. Liebe ist schön, solange sie uns nicht aufzehrt, denn das bedeutet Tod. Liebe und Tod stehen sich sehr nahe, und solange wir singuläre Entitäten bleiben wollen, bedeutet höchste Liebe den Tod. Daher wird die höchste Liebe gefürchtet wie der Teufel und wurde in der Tat aus dem Alltagsdasein wie dieser völlig verbannt. Über alles, was mit L3 Berührung aufweist, wurde ein Fluch ausgesprochen, folglich liegt auch ein »geistiger Bann« über diesem Buch. Diese ewige Inquisition gegen den L3-Zustand ist in unserer Raum-Zeit-Welt so fest verankert wie das Herz im Körper, und wir können es uns nicht herausreißen, solange wir leben. Absolute Symmetrie, L3, die Urkugel – sie führen uns in Dimensionen jenseits der Zeit und der Weltvielfalt.

Schiffbrüche und gebrochene Symmetrien

Symmetrie! Dieses Wort kommt aus dem Griechischen und bedeutet so viel wie Gleichmaß oder Ebenmaß, aber auch Nichtunterscheidbarkeit von Elementen. Wir wissen alle, was eine Symmetrie ist, und doch scheint mir, wissen wir gar nichts darüber, denn wir verwenden dieses Wort nur in einem ganz banalen Sinn. Nun setzen erstaunlicherweise viele moderne Physiker seit Max Planck ihre Hoffnung in die Symmetrie als die Lösung letzter Rätsel, und das macht sie für uns doppelt interessant.

Stellen wir uns vor, wir wandern über die glatte Fläche der großen schwarzen Urkugel des Empedokles, und umrunden sie schließlich. Es soll übrigens, so Empedokles, bei diesem Experiment Dunkelheit herrschen, offenbar weil das Licht noch nicht geboren ist. Da die Kugel an allen Stellen gleich ist, gibt es keine spezifische Richtung, oben und unten bleiben unbekannt, links und rechts sind überall – vollkommene Symmetrie!

Nun stellen wir uns weiter vor, wir entdecken wider alles Erwarten einen Riss in der schwarzen Kugel. Was passiert jetzt? Mit einem Male haben wir einen Orientierungspunkt und können angeben, wo oben, unten, rechts und links liegen, denn der Riss dient uns fortan als Bezugseinheit. Mit dem Auftreten von Raumkoordinaten formt sich alsbald eine ganze Welt der Unterschiede. Die Physik spricht heute diesbezüglich von einer »gebrochenen Symmetrie«. Zerbrochen ist auch die einheitlich symmetrische, gegenstandslose Nicht-Welt, und zwar in die Vielfalt hinein. Dieser Riss bedeutet für die Physik die »Geburt von Materie«. Mit der Materiegeburt zerbricht die Urkugel; das Ur-Ei platzt auf, Eros tritt hervor: Das »Einheits-Chaos« zersplittert zum »Vielfalts-Chaos«.

Obwohl nun individualisierte Vielfalt herrscht, bleiben die Fakten doch alle durch Eros' Kunst eng miteinander verbunden. Seine unsichtbare Macht der Symmetriebildung oder der Liebe behält nach wie vor alle Fäden in den Händen, und er lässt die Ereignisse ganz nach seinem Willen tanzen. Eros hat im modernen Symmetrie-Begriff der Physiker eine Auferstehung gefeiert, aber wie könnte man einen so uralten Gott auch wirklich verbannen. Die Vielfalt und Zersplitterung der Raum-Zeit-Illusion ist im Grunde gar keine. Zersplittert erscheint sie lediglich in den Augen derer, die blind sind für die Spiegelbilder von L3 in der Materiewelt.

Vergessen wir jedoch nicht: Eros ist nicht nur das Naturgesetz des Verbindenden, das wäre rein mechanistisch gedacht; Eros oder Symmetrie heißt auch Einheit und Gleichheit aller stofflichen Erscheinungsformen auf der Welt. Auf der Urkugel ist ein Bleistift und ein Braunbär ebenso identisch wie eine Fledermaus oder ein Kuchenstück. Es geht hier nicht nur darum – wie unser materialistisch-mechanistischer Verstand es möchte –, dass zwischen Fledermaus und Kuchenstück eine wie auch immer geartete Verbindung besteht, sondern sie sind auf der Eros- oder Symmetrieebene identisch, auf der die uns so unterschiedlich erscheinenden Strukturen nach bestimmten »Naturgesetzen« verglichen und für identisch befunden werden. Dieses Gesetz habe ich genannt: das Gesetz der Intensivierung oder das Gesetz des Kontinuums.

Die Urkugel besteht also nach wie vor auch in der Raum-Zeit-Illusion. Die Vielfalt ist daher die Einheit, die sich auch als Zersplitterung darstellen kann. Das Alles ist das Nichts. Fülle und Leere sind eins. Ist das eine Überraschung?

Das Leben ist ein Roulettspiel, wir wissen das, gewiss! Auch, dass die Kugel immer nur in *ein* Loch fallen kann, ist jedem bekannt, zum Ärger vieler Spieler. Fällt die Kugel nur in ein Loch, macht das aber leider noch keine Symmetrie, jedoch zum Trost eine »gebrochene Symmetrie«, wie die Physiker sagen. Weniger bekannt ist, dass im Zustand der Urkugel die Roulettkugel in alle Löcher gleichzeitig fallen würde – Ruin für die Spielbank!

In meiner Sprache heißt das: Die vollkommene Analogie, sprich der L3-Zustand ist uns in diesem Leben verwehrt, wir müssen uns zufrieden geben mit dem Zustand der »Gebrochenheit«. Ziel des Lebens kann logischerweise nur sein, die vollkommene Analogie zu erkennen, die sich ja nur für unsere Augen als »gebrochen« darstellt. Wir leben in der Einheit »gebrochener Analogien«, das ist das Paradox und die Tragödie unseres Daseins. Wir sind also wie ein Hungernder, der auf einem Sack voller Lebensmittel sitzt, aber stur behauptet, es befände sich bloß Erde darin.

Unser Universum der Raum-Zeit-Illusion ist vielfältig und widersprüchlich und auf den ersten Blick keineswegs symmetrisch, ebenmäßig oder etwa ohne Unterschiede. Vielfalt und Widerspruch ist unser Programm, das Glück, in dem wir uns suhlen. Wir sind, weil wir so schön asymmetrisch sind! Jeder Narr und jede Dame eine »gebrochene Vollkommenheit«! Ohne Materie wäre unser wunderbares Universum an allen Orten gleich. Materiedimension heißt Asymmetrie. Eine ganz schräge, unausgewogene Welt, weshalb am Anfang, bei der Materiegeburt, etwas »schiefgegangen« sein muss – das behaupteten in der Tat die alten Ägypter: »Am Ufer der grenzenlosen Zeit gab es einst einen Schiffbruch ...«, heißt es in ihren Totenbüchern. Und wir sind wohl die Schiffbrüchigen, gestrandet auf der Insel Materie, und fristen hier ein Dasein als individualisierte Wesenheiten! Selbst die Physik beschreibt die Materie als eine »Insel im Ozean der Energie«, einen Energieknoten, eine Störung im vollkommenen Energiefeld.

Die Ägypter datierten das Unglück und sagten »am Anfang der Zeit ...« Entstand die Zeit vielleicht als Folge dieses Unglücks? Ist die Geburt der Zeit selbst vielleicht der Schiffbruch gewesen? Schafft

Zeit Materie? Befände sich allerdings die Zeit in vollkommener Symmetrie, dann – Achtung! – gäbe es sie nicht! Zeit ist ja eine »gebrochene Symmetrie«, ebenso wie Materie und wie überhaupt sämtliche Quartett-Faktoren. Die Zerozeit dagegen wäre wunderbar symmetrisch.

Die Symmetrie birgt von alters her ein Geheimnis in sich, zusätzlich zu ihrer unergründlichen Faszination, die sie auf uns ausübt. Bereits Platon glaubte, den Symmetrien der materiellen Welt liege eine mathematische Symmetrie zugrunde. Kepler hat die Symmetrie als göttliches Urprinzip angenommen, und in der modernen Physik werden Symmetrien als »Invarianzprinzipien« behandelt. Von der Annahme, die Natur sei symmetrisch angelegt (womit allerdings nicht unbedingt die simple Symmetrie wie bei Schneekristallen gemeint ist) verspricht man sich ganz neue Entdeckungen. Diese Hypothese hat in der Praxis bereits zur Aufdeckung vieler Antiteilchen geführt, indem man einfach hypothetisch für jedes Teilchen ein Anti-Teilchen annahm, dann danach suchte und auch fündig wurde. Eine mathematische Symmetrie als Urgrund der Welt – diese Spekulation liegt antiken wie modernen Theorien zugrunde.

Alles Eins, Eins Alles

... aus Allem Eins und aus Einem Alles.
Heraklit

Der Mensch, ein Kosmos im Kleinen.
Demokrit

Solche archaischen Aussagen, wie sie alle vorsokratischen Denker auszeichnen, in denen sich Schlichtheit mit Größe vereinen, setzen die Frage »Was ist die Welt?« viel grundsätzlicher an, als moderne Denker dies vermögen. Es gäbe nur das All, das *Alles,* und dies sei eben auch das *Eine.* Das besagt jedoch noch nicht, dass das *Eine* der L3-Zustand ist, noch dass die Welt durch Analogien zusammengehalten wird, wie wir es annehmen. Ich gehe davon aus, jeder Teil spiegelt das Ganze mittels Analogie-Ketten wider; dadurch ist das Ganze nichts anderes als das kleinste gemeinsame Vielfache aller Dinge. Ob sich die Welt als Ganzes oder als Teil darstellt, macht demnach keinen Unterschied. Man könnte z.B. ohne weiteres sagen, wir leben in einer gänzlich unterschiedslosen Welt, in einer Welt ohne Mannigfaltigkeit, die sich dem getrübten Auge jedoch als Vielfalt präsentiert. Die Vielfalt wäre demnach paradoxerweise das Spiegelbild der »Einheit«. Vielleicht ist das eine überraschende Schlussfolgerung, aber so arbeitet der Analogie-Kosmos. Ein weiteres Paradox im Analogie-Kosmos ist unser Leben selbst, das als Einzelnes eine Analogie des gesamten Kosmos ist. Wir können auch spielerisch sagen, wir sind ein Spiegelbild von L3, obwohl wir so ganz und gar nicht analogisch denken können.

Während Heraklits Satz »... aus Allem Eins und aus Einem Alles« isoliert betrachtet – von ihm sind ja nur wenige Sätze überliefert –, leicht mechanistisch gedeutet werden kann, nehmen wir ihn als Grundlage und ergänzen ihn mit der Analogie-Theorie. Dann muss er lauten: Das Eine ist Alles kraft der Analogie, und alle Dinge entstehen aus dem Einen ebenfalls durch Analogie.

Auch die zeitgenössische Physik scheint wieder zurückgeworfen zu werden auf Heraklit. In der Quantenphysik betrachtet man die Materie lediglich als eine Welle oder eine Aufwühlung auf dem »einheitlichen Feld« der Energie. Die Teilchen würden dauernd aus einem »Vakuum« heraus geboren, heißt es dort, fielen aber sogleich wieder in dieses zurück. Materie wird gedacht als Fluktuation auf einem Meer der Energie, in dem sozusagen alle Formeln ertrinken oder zusammenbrechen.

Das »Vakuum« wäre demnach der Grundzustand unseres Daseins. Es existiere jedoch gleichzeitig Vakuum und Plenum (das Ganze), Leere und Fülle, ein Nichts und ein Etwas nebeneinander her. Auch ich habe die Plasma- ebenso wie die Bewusstseinsdimension mit diesen Worten charakterisiert; sie sind das einheitliche Energiefeld, das »Vakuum«. Da die Physik keine verschiedenen Dimensionen kennt, bleibt allerdings unklar, ob sich das Vakuum auf das Plasma oder auf das reine Geistfeld bezieht. Die uns umgebende Plasmadimension dürfte jedoch zuallererst dafür in Frage kommen, denn aus ihr entsteht die Materiewelt.

In ähnlicher Weise verweisen heute manche Physiker auf feinere Ebenen unterhalb der Quantenebene, also die Ebenen der kleinsten Teilchen, die sich bis hin zu dem Punkt erstrecken sollen, an dem Bewusstsein und Materie sich vereinen. Ebenso versteht auch die nonlineare Mathematik das Universum als ein unteilbares Ganzes, das aus einem »nonlinearen Feld« sozusagen hervorgepustet wird. Das heißt:

1. Unsere Welt ist kein zusammenhangsloses Stückwerk ohne Sinn.
2. Es liegt unserer Welt etwas zugrunde, das als Vakuum, Nichts, Chaos, Nonlinearität, Singularität bezeichnet werden kann. Aus dieser Leere entfaltet sich paradoxerweise eine Vielfalt des Lebens.
3. In diesem Zustand nähern sich Materie und Bewusstsein einander an, sie sind eins; was auf die Erkenntnis des französischen Philosophen C.A. Helvétius hinausläuft: »Der Mensch, wenn ich das sagen darf, ist der Schöpfer der Materie«. Damit meint er, dass unser Bewusstsein der Schöpfer aller Folgezustände ist.

Nun meinte Werner Heisenberg, auf der unergründlichen tiefsten Ebene der Wirklichkeit bestimmten Symmetrien und nicht Partikel, also Materie, die Welt. Protonen, Elektronen, Mesonen oder Neutrinos seien nicht selbstständig, sie entstünden aus tieferliegenden »abstrakten Symmetrien« heraus. »Abstrakt« werden hier die Symmetrien genannt, um sie von den »konkreten« Symmetrien, wie sie etwa bei Schneeflocken auftreten, deren Prinzip sich immer nur spiegelbildlich wiederholt, zu unterscheiden.

Die Theorie von der »abstrakten Symmetrie« besagt, Materie sei ein symmetrisches Abbild eines tieferen Grundzustandes des Vakuums, und dieses Vakuum sei in sich selbst eine perfekte Symmetrie. Sie »breche« sich aber immer weiter, bis schließlich Materie geboren werde. Der Begriff »brechen« drückt die Teilung einer Ganzheit in zwei gleiche Teile aus, was eine Symmetrie ergibt, woraufhin sich beide Teile weiter teilen usw. Aber ob wir nun das Wort »brechen«

oder, wie ich sage, »spiegeln« oder »intensivieren« verwenden, bleibt sich gleich.

Es scheint, zumindest als theoretische Annahme, einen »formlosen symmetrischen Grund« zu geben, aus dem erste »Zwillingszustände«, also gebrochene Symmetrien oder Analogie-Ketten hervorgehen. Diese Beschreibungen gleichen aufs Haar unseren Mythologien vom Ursprung der Welt: Aus dem Einen entstand die Zweiheit usw., so steht es in der ersten Zeile aller Menschheitsüberlieferungen. Die erste Teilung erzeugte die Urdualität, und weitere Teilungen schufen vielfältige Spiegelungen, bis aus dem einheitlichen L3-Zustand das Ur-Chaos, unsere Plasmadimension entstand und daraus das, was wir als unsere gewohnt-geliebte stoffliche Welt bezeichnen, mit uns darauf, als Träger des Normalgefühls. Die alten Ägypter bezeichnen das Entstehen der Welten jedoch treffender als »Auseinanderfliegen der Urzeit«.

Materie ist eine Spiegelung, eine »gebrochene Symmetrie« des einheitlichen Vakuums, der Leere. Die wichtigste und erste Symmetrie ist somit enttarnt: Vakuum = Materie! Wenn sich tatsächlich, wie Werner Heisenberg kurz vor seinem Tod sagte, die elementaren Partikel nur als materielle Spiegelbilder einer zugrunde liegenden formativen Kraft erwiesen, dann bestünde damit ein klares Ordnungssystem für die Welt. Die Dimension, aus der wir entstehen, wiese eine unsichtbare »Gespenster-Symmetrie« zu uns auf. Aus dieser Parallelwelt, unserem Plasma, verdichtete sich dann die Materiedimension wie Regentropfen aus Dampf.

Eine weitere grundlegende Symmetrie besteht zwischen Energie und Masse (bzw. Materie). Das Masse-Energie-Gesetz besagt, beide sind austauschbar, die Energie bleibt sich dabei aber immer gleich. Materie kann sich demnach in der Energie jener verschwisterten Gespenster-Dimension ausdrücken und umgekehrt, und sie können sich ineinander umwandeln. Die Materie verdünnt sich so lange, bis sie Plasma wird, und dieses wiederum verdünnt sich so lange, bis es den Zustand erreicht, den ich als »Alles ist in Allem« charakterisiert habe. Diesen Stufenleitervorgang nannte man in der Antike die »Goldene Kette«, sie ist identisch mit unserer Analogie-Kette.

Der von mir dargestellte Analogie- oder Symmetrie-Kosmos geht über das, was die derzeitige Physik an Symmetrien postuliert, weit hinaus und verlangt ein hochgradig erweitertes Verständnis. Die Erkenntnisse der Physik bilden nur einen allerersten Schritt hin zum Symmetrie-Kosmos. Andererseits ist das von mir erforschte Symmetrie-System zunächst nur ein philosophisches und psychologisches und vor allem ein beschreibendes, denn es geht jetzt darum, überhaupt erst einmal Analogien oder Symmetrie-Ketten in den verschiedensten Alltagserscheinungen aufzudecken. Mit dem Geistkontinuum und dem Drei-Welten-Modell habe ich einen ersten Schritt getan und auf dem Gebiet der Psyche und des Bewusstseins einen Maßstab gesetzt, mit dem wir messen können.

Zwischen Plasma und Materie entstehen durch den Prozess des Aufbrechens des einheitlichen symmetrischen Plasmafeldes oder dem »Auseinanderfliegen der Urzeit« gebrochene Symmetrien oder, wie ich sage, Gespenster-Symmetrien und daraus sukzessive unsere Welt.

Ich möchte nun auf einen schwierigen Aspekt der Symmetrie oder Analogie eingehen. Eine Symmetrie besitzt mindestens – nach der modernen Physik – zwei, oft viele spiegelbildlich zueinander stehende Faktoren. Das Prinzip wird »Gruppentheorie« genannt und ersetzt – als Zweiergruppen oder einem Vielfachen von Zweiergruppen – die früher üblichen Modelle mit einzelnen »Bauklötzchen«, sprich Atomen. Im physikalischen Universum existieren also keine Teilchen mehr isoliert voneinander, auch nicht von ihren Antiteilchen. Es gibt nur noch »Ehepartner«; Unverheiratete und Junggesellen sind überholt, Gruppenehen von Doppel-, Vierer-, Sechser- oder Achtersymmetrien sind dagegen gang und gäbe.

Analogie = Symmetrie = Spiegelung

Für meine Theorie ist nun Folgendes zu bedenken: Von verschiedenen Physikern werden Theorien geäußert, dass es viele Räume (Hilbertraum), viele Zeiten (Nikolai Kozyrew) und viele Welten (John A. Wheeler) gibt. Auch ich postuliere als Sprachrohr des ältesten Wissens der Menschheit drei Welten; und darüber hinaus zwischen ihnen einen Zusammenhang in Form einer Symmetriebeziehung, einer Spiegelung oder Analogie. Jede Welt ist das symmetrische Abbild einer parallel existierenden höheren oder niedrigeren Welt. Jede Welt wird getragen von einer anderen Dimensionsdichte, so ist die Materie dichter als das Plasma usw. Wir behandeln hier also nicht konkrete Symmetrien wie bei einem Blatt oder Schneekristall, sondern größere, übergeordnetere Symmetrien.

Dem ganzen Symmetriegedanken liegt der berühmte Satz *natura non facit saltus* («die Natur macht keine Sprünge») zugrunde. Es gibt keine in sich abgeschlossenen Universen, die wahllos nebeneinander existieren. Es gibt nur ein präzises chronologisches Kontinuum an Dimensionen, die miteinander immer durch Zwischen- oder Pufferwelten, vergleichbar unserem Plasma, verbunden sind und einen fließenden Übergang gewährleisten.

Jede Welt geht also aus einer anderen hervor und hinein in eine weitere. Auf diese Weise hängen sämtliche Welten miteinander zusammen, sie bilden die »Goldene Kette«; so lässt sich – will man im Vielweltenkosmos reisen – auch nur von einer zur nächsten Welt fahren, es gibt kein Überspringen einer Welt. Auf dem Klavier kann man einen Ton in der Tonleiter auslassen, nicht aber bei der »Weltenreise«! Innerhalb jeder Dimension mag es mehr oder weniger gleichartige oder leicht voneinander abweichende Aggregatzustände geben, so wie im materiellen Kosmos viele Galaxien nebeneinander existieren.

Ein Missverständnis, das stets bei der Behandlung des Symmetriegedankens auftaucht, ist Folgendes: Im mechanistischen Denken stellt man sich eine Verbindung als einen Kontakt oder eine gewisse Abhängigkeit zweier Individuen oder Strukturen vor, die nur einen vorübergehenden oder peripheren Austausch pflegen und dabei ihre Individualität behalten oder sich höchstens durch den Kontakt verändern. Auch das Analogie-Modell ließe sich nun sehr leicht auf diese Weise verstehen, nämlich dass irgendwie geartete Analogien oder Symmetrien zwischen Objekten und Zuständen bestünden. Das ist ein Missverständnis! Ich habe immer wieder betont, im Analogie-

Kosmos gibt es keine Verbindungen isolierter Wesen und Dinge. Es gibt nur identische Zustände in unterschiedlichen Dimensionen oder in unterschiedlichen Intensitäten auf dem Welt- oder Geistkontinuum. Zwei Zustände eines Dinges in der Geistdimension und eines anderen Dinges in der Plasmazone können sich ganz unterschiedlich manifestieren und sind doch identisch, sie haben nur das Schwingungskleid oder die Atmosphäre jener Dimension angelegt, in der sie sich gerade befinden, so wie wir in der Freizeit ein anderes Kleid anhaben als im Büro oder beim Galaabend. Diese Identität unter vielen Tarnkappen ist es, die das Abendland nicht begreifen will. Daher die Ablehnung eines Überlebens des Todes und unseres Fortbestehens in anderen Dimensionsgestalten. Daher die Unfähigkeit, unser Leben als eine Steigerung zu immer höherer Kraft zu erkennen, daher unsere Verlorenheit im desperaten Meer der Einzelfakten. Wissenschaft beginnt erst, wenn Analogien erkannt werden, wodurch sich die Weltvielfalt reduziert und auf die wesentlichen Leitlinien, die »goldenen Ketten« zusammenschrumpft. Die Erkenntnis weniger unwandelbarer Prototypen unter wandelnden Gesichtern bedarf einer gewissen Abstraktionskraft, die dem konkreten Denken, das nur die Oberfläche sehen kann, fremd ist.

Sicherlich bringt das mechanische Universum eine Fülle an Verbindungen, Beziehungen, Relationen hervor, und das gibt den Dingen einen gewissen Sinn, nämlich dass sie im Verhältnis zu anderen Strukturen stehen. Je größer der Verbindungsreichtum, desto besser lässt sich ein Gegenstand definieren. Aber das ist nur eine Vorstufe zur Analogieerkenntnis und mit Sicherheit nur ein entferntes Echo zur vollkommenen, universellen Identität mit L3. Das mechanistische Weltbild – das wie zwei sich ineinander drehende Zahnräder anmutet – ist ein bloßer Schatten des universalen Gesetzes, das da heißt »Alles ist in Allem«.

Ich sage, wir müssen aufbrechen, wollen wir der Chronik folgen und einzelne Analogie-Ketten erkennen lernen, damit das Universum kleiner wird und zusammenschmilzt wie Schnee an der Sonne; damit immer weniger Dualismen übrigbleiben, und schließlich nur noch lange, sich endlos wiederholende Ketten identischer Zustände zu überschauen sind wie Bergrücken oder wie eine Tonleiter, die in immer neue Oktaven übergeht. Überhaupt ist die Tonleiter ein gültiges anschauliches Modell zum Verständnis des Prinzips der Analogie-Ketten. Nur mit dieser Methode gewinnen wir die Übersicht über das Meer scheinbar unzusammenhängender Fakten und werden Herr unserer selbst und der Natur. Es geht beim Analogie-Kosmos um Vereinfachung, Reduktion und Schrumpfung bzw. um die Wiederkehr des immer Gleichen in wechselnden Gestalten.

Im Analogie-Kosmos besitzt alles gleichermaßen Bedeutung, denn die Symmetrie setzt letztendlich alles miteinander gleich. Da reicht es dann schon, ein Sandkorn anzusprechen, um Auskunft über den Mond zu erhalten.

Die Entstehung des Symmetrie-Universums lässt sich wie folgt beschreiben: Die symmetrische Urkugel splittert sich auf, ähnlich wie sich eine Zelle teilt. Es entsteht ein Muster wie eine sich verästelnde Baumkrone. Die Baumkrone ist dabei nur ein symmetrisches Abbild des dicken Stammes, etwas, das dem naiv-oberflächlichen Mechanisten ewig unverständlich bleibt. Zudem gibt es im Symmetrie-Universum nicht das Prinzip des »Stirb und werde«, keine Evolution, keine Entwicklung, keine Geburt. Stattdessen verwandeln sich bestimmte Strukturen permanent, so wie ich mich qualitativ verschiebe und verwandle, wenn ich in den Spiegel schaue, wobei mein Spiegelbild ebenso existiert wie ich, das Spiegelbild aber auf Glas und einer Silberschicht. Wir sind identisch, aber durch die Materialebene, auf der wir uns befinden, unterschiedlich.

Ein Universum aus Spiegeln

Der Spiegel des Dionysos

Wenn man die Dinge gedankenmäßig auflöst,
so kommt man schließlich auf der einen Seite
auf unendlich Kleines, auf der anderen Seite auf
unendlich Großes.

Dschuang Dsi

Im griechischen Mythos heißt es, der Weltherrscher Dionysos sei
nach einem Blick in den Spiegel seinem Spiegelbild gefolgt und diesem in weitere Spiegelbilder von Spiegelbildern. Das lässt sich – sonst
bliebe es unverständlich – so deuten: Dionysos vertiefte sich in sein
erstes Spiegelbild, »fiel« sozusagen in den Spiegel hinein, wurde zu
seinem Spiegelbild, schaute auch dort wieder in den Spiegel und »fiel«
so erneut in sein zweites Spiegelbild – und das immer weiter ohne
Ende, bis er in der Raum-Zeit-Welt ankam! Und dort, so berichtet
der Mythos, wurde er eine Seele und materialisierte sich in Fleisch
und Blut. Schon bald darauf wurde er allerdings von den Titanen
zerrissen – warum und wie, das ist eine andere Geschichte. Durch
seinen Blick in den Spiegel entstand auf jeden Fall die gesamte Welt,
über die Dionysos herrscht – durch Spiegelung und Verdopplung,
Vervielfältigung und scheinbar auch durch zunehmende Verhärtung,
denn die Raum-Zeit-Illusion ist härter als ein masseloses Spiegelbild
(Proclus III, 163 Tim., 1985).

Dass Dionysos dieses »Verfolgungsspiel« seiner selbst Freude bereitete,
darf vermutet werden, denn Dionysos, behaupten manche Mythen,
ist ein Kind! Auch der Spiegel ist eines seiner sieben geheimnisvollen
Spielzeuge, und nur Kinder besitzen Spielzeuge. Dieser Spiegel, ich
sage es in einem Wort, ist ein Analogie-Spiegel! Es entspricht einer
alten Tradition, die Weltenentstehung als eine Kette, bei der eine Welt

aus der hinter ihr liegenden hervorgeht, darzustellen; das »universelle Spiegelkabinett« ist ein gebräuchliches Bild, die Subtilität dieses Vorgangs zu erläutern.

Wie wir sehen, haben es die Spielzeuge des Dionysos in sich; weshalb ich hier auch nur den Spiegel bespreche. Wird diese Spiegelei auf die Raum-Zeit-Welt bezogen, dann gilt Goethes Faust-Zitat:

> *»Alles Vergängliche ist nur ein Gleichnis.*
> *Das Uranfängliche, hier wird's Ereignis.«*

Unsere Welt, so Goethe, ein Gleichnis! Dionysos hat sich zur Raum-Zeit-Welt herabgespiegelt, er hat Materie durch die Bildung einer langen Spiegel-Kette von sich selbst bis hin zu uns »erspiegelt«. Oder im Stil der Hologrammtheorie (*holo* = ganz) formuliert: Er hat sein Bild immer weiter verblassen lassen – vielleicht in einer Anwandlung von Spielwut (das Leben als Spiel!) – bis hin zu uns, wo er als ein letztes Analogie-Echo in Gestalt von uns gerade noch zu erahnen ist, jedoch so schwach, dass die meisten Menschen sich nicht mehr als Nachfolger eines Gottes erkennen können.

Meine Seele als Spiegel des Weltalls

Die Seele sei ein Spiegel des Weltalls, sagte Justinus Kerner. Dabei müssen wir uns vor Augen halten: Der Begriff »Spiegel«, ist nur eine Eselsbrücke, über die wir wandern müssen, um das Unbegreifliche begreiflich zu machen. Ich glaube, der nüchternere Begriff Analogie sagt genauer, worauf es ankommt. So wie es zwischen Dingen und Zuständen Analogien gibt, so ist das Verhältnis zwischen dem, der in einen Spiegel schaut, und seinem Spiegelbild das der Analogie.

Durch das ganze Buch zieht sich die Theorie des Spiegeluniversums, alle Chronikberichte verweisen darauf. Allerdings gingen die babylonische, die altägyptische, die griechische und spätere hermetische Philosophie nicht gerade offen mit ihren Erkenntnissen um, so dass es wirklich nur »Eingeweihten«, die die Methode des Analogie-Denkens einigermaßen beherrschten, gelang, sich durch den Wust an

Symbolen hindurchzuschlängeln. Der Abendländer kann nichts mit dem Analogie-Universum anfangen, wir entdecken zwischen Dingen und Zuständen partout keine Symmetrien. Für Analogie, obwohl ein alltägliches Phänomen, brauchen wir sehr geschulte Augen und Ohren. Wir müssen erwachen und immer tiefer ins Weltkontinuum eindringen. Dabei erfahren wir die Analogie, die Unendlichkeit der Spiegelungen, und das schult unsere Sinne für die Wirklichkeit. Die Wirklichkeit ist nichts als ein Spinnennetz aus Analogien.

Die alten Philosophien betonen, Ziel des Daseins sei es, diese Spiegelstrukturen, die Verwandtschaft aller Dinge, im Alltag zu erfahren, um uns dabei in einer Welt zu verlieren, mit der wir ganz identisch sind. Auf dem Höhepunkt der Analogieerkenntnis findet dann das statt, was in einigen Traditionen als Erleuchtung, Ekstase oder Einheitsschau gefeiert wird. Der lange Weg dorthin aber beginnt bei den kleinen Analogien auf der Höhe des Normalgefühls auf der Ebene der Raum-Zeit-Illusion. Das Leben ist eine Identität mit dem L3-Zustand, nur haben wir durch das, was ich als Lethe-Phänomen oder Plasmafluss beschrieben habe, vergessen, wer wir sind. Das Leben lässt sich damit verstehen als eine Initiation hin zum L3-Zustand. Wenn wir in seine Nähe gelangen, dann werden wir der vollkommene Spiegel, der alles widerspiegelt, wir werden zum Spiegel des Dionysos.

Erblindende Spiegelbilder

Und wirklich, der einzige Weg, um zur Natur des
Spiegels zu gelangen, ist durch die Reflexion.
Namkhai Norbu

Je tiefer oder weiter entfernt vom Weltzentrum die Dimension liegt, in der sich Dionysos, der Weltherrscher, »spiegelt«, desto schwächer, dünner, ärmer werden die Abbilder seiner selbst. In der Plasmazone bestehen die Spiegel lediglich aus Plasma, in der Raum-Zeit-Welt aus allem möglichen Material, aus Holz oder Eisen, und dabei lässt natürlich ihre »Reflexionskraft« bedenklich nach. Eigentlich müssen wir sagen: Eine Dimension erblindet bezüglich ihrer Erinnerung an Dionysos umso mehr, je größer die Entfernung zu ihm wird. Je weiter entfernt wir vom »Zentrum der Welt« leben, desto grobkörniger ist das Material, aus dem eine Dimension beschaffen ist.

Echos oder Schatten von Ausgangszuständen finden wir überall im ganz banalen Alltagsleben, und danach ließe sich eine Hierarchie menschlicher Tätigkeiten erstellen. Wer nicht Künstler sein kann, wird Kunst kaufen oder Kunst nur betrachten oder Kunstkritiken schreiben oder letztendlich nur Kunstzeitschriften lesen. Es gibt Echos von originalen Tätigkeiten. Jede originale Handlung zieht einen Rattenschwanz schwächer werdender Spiegelbilder nach sich. Da kann man sich fragen, wie viele Echos hinterlässt die Schöpfung? An wievielter Stelle der Echo-Kette stehen wir in der Raum-Zeit-Illusion? Sind wir vielleicht die letzte Welle eines »Weltmeeres«, das müde an die Küste schwappt und so Materie und Raumzeit kreiert?

An dieser Stelle möchte ich noch einmal Emanuel Swedenborg zitieren, der das oben Gesagte auf den Punkt bringt: »Im Goldenen Zeitalter waren Himmel und Erde verbunden. Die damaligen Menschen sahen in allen irdischen Dingen Analogien des Geistigen. Es verkehrten auch die Himmelsbewohner mit den Irdischen. Im Silbernen Zeitalter bestand noch eine Verbindung. Man konnte zwar die Analogien zwischen Irdischem und Geistigen nicht mehr direkt erkennen, aber man dachte intellektuell und vermittels der Lehre daran. Im Kupfernen Zeitalter ging selbst die Lehre verloren. Heute, im Eisernen Zeitalter, haben wir alles vergessen.«

Alles spiegelt sich in Allem

Der Weg hin und her ist ein und derselbe.
Heraklit

Wenn ich sage, in der Geistzone kommen die beiden Quartette ganz zum Erliegen, dann heißt das: Wir sind nicht mehr Herr unserer fünf Sinne, d.h. wir haben keine Sinne mehr. Ich zähle zur Vergegenwärtigung noch einmal auf, was uns dann alles fehlt: Raum, Zeit, Kausalität, Materie, alle Sinnesempfindungen, Fühlen, Denken und das, was wir so gern hochstilisieren, unser Ichbewußtsein. Es ist dann tatsächlich nichts von uns übriggeblieben; dennoch sind wir paradoxerweise noch da – und erst jetzt leben wir richtig, sagt die Chronik. *Was* ist also von uns noch da?

Die fünf Sinne sind so stark intensiviert, dass sie paradoxerweise nicht mehr da sind! Auch der Körper mit seinem Gefühl und Denken hat sich nach einer wilden Jagd durchs Weltkontinuum aufgelöst: Physis – Plasma – Geist! Wir sehen über Quartett I und II hinweg, durch den Raum hindurch, über die Zeit hinaus – Materie ist Licht, Kausalität tanzt auf einem Punkt. Alles ist intensiviert. Es bleibt kein schwarzer Tod zurück, auch kein leeres Nichts, dafür eine intensivierte Form unserer bekannten Welt. Von den materiellen Formen bleiben die immateriellen Spiegelbilder.

Proklus Diadochus spricht in seiner Schrift *Existenz des Bösen* hinsichtlich der Verhältnisse der Dimensionen von einem »ableiten«: Es leiteten sich die Welten aus dem Einen ab, welches erste Ursache sei. Er geht wie ich von einem Weltkontinuum aus. Auch Goethe spricht vom »Immer höher« und Platon denkt in der Vorstellung eines »Hinauf« und »Hinunter«. Am klarsten drückt Heraklit die Beziehung der auf einem Kontinuum liegenden Welten aus: »Der Weg hin und her ist ein und derselbe« (Fragment B 60). Der Kosmos wird offenbar verstanden als eine Art Straße, die in beiden Richtungen befahrbar ist. Das legt uns nahe, wir dürfen nicht von höheren oder tieferen Welten sprechen, sondern lediglich von gleichberechtigten Daseinszuständen: Die Materiedimension ist nicht – wie das abendländisch-christliche Weltbild vermuten lässt – schlechter als die Geistwelt; auch die entfernteste Spiegelung ist immer noch das Eine, da es doch nur dieses gibt. Auch gut und schlecht sind allzumenschliche Maßstäbe. Der Christ verehrt den hohen Gott und verdammt den menschlichen Abgrund, und in seiner Jenseitsvorstellung projiziert er die Schwarzweißmalerei des irdischen Alltags in den Himmel. Im Analogie-Kosmos aber gibt es kein Oben und Unten: Jedes spiegelt jedes wider, alles ist alles; wie könnte es da Gutes und Schlechtes geben. Daher gilt, was der Buddha sagte: »Nirvana und Samsara (Nichtsein und Sein) sind ein und dasselbe!«

Ein Universum aus Analogien

Wer den Schlüssel zu den
Entsprechungen der Dinge besäße,
dem würde der Staub die Wahrheiten
des Himmels verkünden.

Ernst Benz

... unsere Seele kann nicht direkt zur Wahrheit
des Unsichtbaren aufsteigen, es sei denn, sie wäre
durch die Betrachtung des Sichtbaren geschult und
zwar so, dass sie in den sichtbaren Formen Sinn-
bilder der unsichtbaren Schönheit erkennt.

Hugo von St. Viktor

Die Entdeckung der Einheit in der Vielfalt

Bisher sprach ich immer von Intensivierung, von Steigerung oder
Erhöhung der Wachheit. All das müssen wir nun, wollen wir die
Stufenleiter auf dem Geistkontinuum weiter hinaufklettern, wieder
über Bord werfen; so zumindest scheint es die Chronik zu fordern. Es
findet nun der Sprung in die höchste Intensivierung statt, die keine
mehr ist. Ein letztes Paradox taucht am horizontlosen Horizont auf,
das noch einmal alles auf den Kopf stellt.
Bereits auf der Gefühlsebene deutete sich eine Zunahme des Bezie-
hungsreichtums an. Dieser steigerte sich im Trance- oder Hochgefühl
weiter und erreichte schließlich im Plasma- und Geistzustand einen
Höhepunkt, um nun in L3 aufzugehen, wo sich jedes mit jedem zur
Einheit verbindet. Was im Trancegefühl harmlos als Beziehungs-
reichtum und erhöhte Wachheit für anderes begann und im Hochgefühl bereits leicht bizarre Formen annahm, verquickt sich jetzt zu
einem wahren Weltknoten. In ihm laufen alle Weltlinien zusammen
und verbinden sich zu etwas für uns Unfassbarem – zu einem uni-

versellen Beziehungsnetz und einem Super-Datenspeicher, in dem die einzelnen Fakten ihre Individualität verlieren. Schopenhauer bringt es auf den Punkt: »Individualität ist ein Irrtum!«

Selbst zwischen gänzlich entgegengesetzten Dingen enthüllen sich spiegelbildliche Gleichheiten, das kosmische Spiegelkabinett leuchtet auf, Zickzackblitze zucken grell durch die Welt: Es sind unsere Schicksalslinien, die brodelnd im L3-Zustand zusammenfließen, und ich vermute, über allem donnert ein göttliches Lachen. Das ist der Analogie-Kosmos, in dem jedes Ereignis »göttliches« Zeichen der ganzen Welt ist – für unser dumpfes Normalbewusstsein aber nichts weiter als ein Traum von wahrer Existenz. Wir können uns keine Vorstellung davon machen, sondern nur die Ausläufer, die feinsten Ausflüsse dieses Vulkans untersuchen, sprich unsere eigenen Gefühle, die, wie Hegel wusste, »Vorformen des Geistes« sind. Hier schmilzt der künstliche Gegensatz von Natur und Geist, von Materie und Psyche, der unsere Welt zusammen-, sprich auseinander hält, dahin. Man kann sich dann, mit Gustave Flaubert nur noch wünschen »... den Zusammenhang zwischen Materie und Geist und das Wesen des Seins [zu] erkennen.« Unser Leben erfassen wir dann, wie ein anderer Schriftsteller, Leo Tolstoi, schrieb, als »nur einen der Träume des wirklichen Lebens«. Wir haben die Gewohnheitsfilter abgestreift und sind eingetreten in die Dimension, in der wir den Verstand verlieren. Das Wunder eines einzigen Baumes genügt jetzt, uns die gesamte Welt – alles ist hier alles! – vor Augen zu führen. Es ist vielleicht so, wie wenn wir vor einem Fernsehschirm sitzen und uns die Bilder aus aller Welt anschauen, ohne uns von unserem Platz zu rühren –wir sind doch gleichzeitig überall.

Im Sog der Allwissenheit

Ich wurde Teil dieser Welt und wusste mit einemmal ohne irgendwelche Sinnesinformation einfach alles. Ich verstand alles, was vor sich ging.
(Resümee)

Zerozeit

Wie kommt es zu dem immer wieder berichteten erstaunlichen Phänomen des Allwissens? Ich habe bereits zur Genüge die unglaublichen
Vorgänge in der Plasma- und Geistdimension analysiert, so dass auch
diese Merkwürdigkeit leicht gedeutet werden kann. Das Gefühl der
Zerozeit bildet die Grundlage für das Allwissenheitsgefühl. Es rücken
dabei nicht nur Vergangenheit und Zukunft auf einen Gegenwartspunkt zusammen, sondern ganze Geschichtsräume drängen sich auf
einem Zeitpunkt, wie tausend Engel auf einer Nadelspitze: Was normalerweise erst in Minuten, Stunden, Wochen auf uns zukommt,
geschieht nun im ewigen Jetzt, und das, an was wir uns als bereits
geschehen erinnern, passiert ebenfalls gerade in diesem Augenblick
des Allwissens. Die Welt tanzt auf kleinster Gegenwartsfläche. Es
können also wirklich – worüber sich Generationen von Theologen
einst den Kopf zerbrachen – tausend Engel auf einer Nadelspitze tanzen, nicht nur wegen der Zerozeit, auch wegen des Zeroraums.

Zeroraum

So wie die Zeit*linie* sich zu einem Zeit*punkt* zusammendrängt –
Giordano Bruno sagt: »Die Linie ist der Punkt!« –, so schmilzt
auch der Raum, der ja nur in Abhängigkeit von der Zeit existiert,
ins Raumlose. Alles einst räumlich voneinander Getrennte ist nun
um sich selbst herum versammelt. Es ist als seien wir von Fernse-
hern und Radios umstellt, die alle Lebensfilme, Tagesereignisse und
alle Geographien der Welt ausstrahlen. Diese Sendungen dringen in
unser Gehirn ein und treffen dort in uns auf *einem* Raumknoten
zusammen. Radio und Telefon könnten von daher als Analogien der
großen Raumzusammenballung betrachtet werden. Der Zeroraum
– eine Art Superfernseher, Superradio, Supertelefon, Supercomputer
– bewirkt Allwissenheit. Durch die Zusammenziehung aller Ereignisse auf einen ausdehnungslosen Punkt wissen wir einfach alles.

Superkausalität

Was wir normalerweise als eine Abfolge von Ereignissen in der Zeit
erfahren, als Kausalität, löst sich auf, und Superkausalität entsteht.
Die Fakten und Ereignisse im Leben scheinen an uns vorbeizufliegen,

auf einmal stehen sie alle vor uns, aber nicht als unfassbare Ereignis-
schatten, sondern zu Standbildern und Säulen erstarrt. Meine Alters-
phase wird dann überlagert von meiner Kindheitserinnerung, so als
hörte man einen alten Menschen sagen: »Ja, meine Kindheit, das war
gerade eben!«

Im Alter – vielleicht als Vorbereitung auf die Superkausalität – ziehen
sich die Ereignisketten unseres Lebens zusammen: Uns ist, als hätte
das Leben nur einen Augenblick gedauert, als wäre unsere Geschichte
nur ein holder Traum gewesen.

Zieht sich die Kausalität zusammen, kann es passieren, dass ein Stück
Zukunft mit in unseren Wahrnehmungskreis gerät. Je mehr sich die
Vorgänge aneinander schmiegen, desto näher rückt auch die Zukunft.
Sie ist dann zu erahnen, vorauszuschauen, daher die oft auftretenden
Zukunftsvisionen der Menschen mit Todeserfahrungen.

Materie

In der Geistwelt haben wir alles Stoffliche abgelegt, ebenso den Plasmakörper, was uns bleibt, ist Geist. Reiner Geist ist ein vollkommen
raumzeitloser Zustand, ohne Kausalität, ohne die Erfahrung von
Einzelphänomenen. Er ist ein Etwas, das – auch wenn das für uns
unvorstellbar ist – alles in sich enthält.

Totaler Sinn

Es ließe sich nun weiter über die Zerozustände aller Faktoren des
Quartetts II sprechen; ich möchte mich hier jedoch beschränken auf
den Totalen Sinn und das Zeroego.

Unter Zerozeit-Bedingungen besitzen wir eine extrem scharfe Wahrnehmung. Warum ist das so? Bereits im Alltag gelangt jeder von uns
zu einer gesteigerten Form der Konzentration. Konzentration ist die
Vorform des Zerozustandes in der Geistdimension. Während wir in
der Raum-Zeit-Illusion durch Konzentration nur *einen* Weltpunkt
schärfer erfahren, so verstärkt sich diese Konzentration in der reinen
Geistdimension in der Weise, dass wir sämtliche Weltpunkte extrem
scharf erfahren. Das geschieht einerseits durch den Zerozustand, durch
den sich das gesamte Sein auf einen ausdehnungslosen Punkt zusammenzieht, andererseits durch das Analogie-Gesetz des »Ich bin alles!«.

Zero-Ego

Das Ichbewusstsein zerfällt – wie wir wissen –, bis wir nicht mehr sagen können »Ich bin!« Der erste Ansatz zum Zeroego entsteht mit dem Zustand der Konzentration. Wenn wir unsere Aufmerksamkeit fest auf etwas außerhalb von uns richten, verflüchtigt sich unser Ich bereits ein wenig. Statt »Ich bin!« heißt es nun »Ich bin der Gegenstand meiner Konzentration.« Ich und Welt rücken näher zusammen. In der gesteigerten Welt der Geistdimension, bei extrem intensivierter Wahrnehmungskraft, kann ich viel mehr sein, als wenn ich mich in der Raum-Zeit-Illusion konzentriere; ich kann tendenziell sogar alles sein. Damit wird der Zerfall des Ich eingeleitet hin zu einem Super-Ich, zum Zeroego.

Mit dem Zusammensturz der beiden Quartette entsteht der berüchtigte Paradoxie-Effekt: Nichts ist Alles! Im Allwissenheitszustand wäre es demnach unmöglich, von sich zu behaupten »Ich bin allwissend!« Denn das Tragikomische daran ist, dass *ich* nicht mehr bin. Der Ichsucht sind durch das genannte Paradox scharfe Grenzen gesetzt. Je weniger Ego wir besitzen, desto mehr lassen wir die Umwelt in uns hinein. Je mehr Ego ich bin, desto weniger Umwelt- und Welterkenntnis ist möglich. Wir wollen einfach nicht wahrhaben, dass das Ich nichts erfahren und wissen kann, sondern dass dies nur das Nicht-Ich kann. Daher triumphieren wir vermutlich auch so sehr über das bisschen Erkenntnis, welches wir über unser Ich hereinholen können.

Da wir aber die Umwelt kennen müssen, um zu überleben, gehört zum erfolgreichen Leben ein ausgewogenes Verhältnis zwischen Ich und Nicht-Ich. Zu viel Nicht-Ich lässt uns in unserer ich-orientierten Kultur- und Materiewelt nicht überleben, wir verkümmern. In der Geistzone nimmt dagegen das Nullego überhand, wir als Ich verschwinden, um als Alles wieder aufzutauchen. Dazu gibt es eine Parallele in der Raum-Zeit-Illusion: Goethe hat auf die Frage, wie er so viel leisten konnte, geantwortet, er habe seine großen Leistungen nur vollbracht, weil er nie an sich selbst gedacht habe! Leben also die Ichlosen, die Nicht-Egozentriker in der irdischen Welt bereits Vorformen des Nullego? Sind sie daher höher einzustufen? Gibt es eine Hierarchie menschlicher Vorzüge, bei der ein Überwiegen von Nicht-

Ich an oberster und eine Übermacht des Ich an unterster Stelle steht? Das wäre ein sehr gefährliches Prinzip, denn ist nicht ein Ich in der Materiedimension absolut notwendig zum Überleben?

Was sich widerspricht, mit sich in Einklang kommt

Etwas ist also lebendig nur insofern es den Widerspruch enthält.

HEGEL

Groß und klein, kurz und lang, hoch und tief, hässlich und schön, reich und arm, Geist und Materie – das alles seien Gegensätze. Für den Alltag in der Raum-Zeit-Welt brauchen wir diese Gegensätze, für den *All*tag der Geistdimension jedoch nicht. Der christliche Mystiker Nikolaus von Kues deutete bereits eine Auflösung des Gegensatzes an: Wir Menschen seien eine »zusammengezogene Gottheit«, gleichzeitig jedoch identisch mit der ausgedehnten Gottheit, dem All. Heraklit brachte die Philosophie von Mikro- und Makrokosmos auf den Punkt. Über die Menschen sagte er: »Sie verstehen nicht, wie das Unstimmige mit sich übereinstimmt« (Fragment B 51). Ebenso ermöglicht das Analogie-Modell die reibungslose Auflösung der Gegensätze, die uns Menschen so sehr plagen, aber auch erfreuen. Wenn Nikolaus von Kues sagt, wir seien die »zusammengezogene Gottheit«, dann sind wir zwar nur Gottheit im Kleinformat, aber eben doch Gottheit. Kein Unterschied zwischen Himmel und Erde. Das Kleine ist Spiegelung des Großen. Vielleicht erkennen wir einmal die Identität von Mikro- und Makrokosmos, aber im Allgemeinen stehen wir wie gebannt vor dem Größeren: Ein Riese dünkt uns wichtiger als ein Zwerg. Nur zu gerne lassen wir uns von der Übermacht des Gigantischen einschüchtern. Vielleicht aber geben uns die Gentechnik und andere Mikroverfahren den ersten Anstoß, den Himmel von seinem Podest zu stoßen und im Mikrokosmos das Abbild des Makrokosmos leichter zu erkennen.

Das Rätsel aller Rätsel – der Stammbaum der Analogien

Alles wird zu allem, nichts wird zu nichts.
GIORDANO BRUNO

Auf unzähligen alten Fresken und Gemälden sind Menschen mit Tier- und Monstergesichtern entsprechend ihren Leidenschaften und Eigenarten abgebildet. Es sind oftmals Darstellungen von »armen Seelen« in der Plasmawelt, im Zustand zwischen Geistwelt und Raum-Zeit-Illusion. Ich frage mich manchmal, was wir so absurd an diesen alten Beobachtungen finden? Und in der Tat, wenn man sich einmal in seiner nächsten Umgebung umsieht und Freunde und Feinde betrachtet, so sieht man ganze Zoos: Mäusegesichter mit Mäusecharakteren, sture Männer mit Stiernacken, radschlagende eitle Recken, besitzergreifende Löwenmänner ... Jeder Charakter offenbart sich in einer Tierphysiognomie, jede Verhaltensweise kann mit der eines Tieres verglichen werden. Wir sind schnell wie ein Wiesel, glotzen wie eine Kuh, lachen wiehernd wie ein Pferd, sind trotzig wie ein Schafbock und listig wie ein Fuchs. Und Gesichter können angeblich hart sein wie Stein, rissig wie trockene Erde, glatt wie Marmor.
Warum diese lange Aufzählung? Alle diese Eigenschaften der Natur lassen sich gegenseitig aufeinander übertragen. Nicht nur der Mensch kann in tierischen Begriffen, auch das Tier kann mit menschlichen Begriffen veranschaulicht werden. Besonders offen für solche »interdisziplinären« Vergleiche sind Kinder und Schriftsteller, sie beschreiben das eine mittels des anderen. Fauna, Flora und Gestein werden immer wieder gern benutzt, um unsere menschliche Natur zu illustrieren. Ohne solche Metaphern wäre unsere Sprache arm. Literatur lebt von diesen an sich unangemessenen Vergleichen, und die Poesie käme ohne sie schon gar nicht aus. Auch die darstellende Kunst lebt von Allegorien; sie bildet einen Löwen ab und symbolisiert damit den Mut. Sie zeigt Nacktheit und meint Freiheit. Wir leben in einer umfassenden Analogiewelt; doch merken wir gar nicht mehr, dass wir in dieser Form von den Ausdrucksformen anderer Lebewesen profitieren.

Wir erläutern unsere Welt, nicht nur mit unseren ureigenen Mitteln, sondern auch mit denen anderer Welten. Durch den Vergleich erweitert sich unsere Welt, setzt sich gewissermaßen irreal fort in andere Reiche.

Jeder Einzelne von uns besitzt den Drang, sich in alles zu verwandeln. Warum ist das so? Weil jeder das Ganze en miniature ist! Ich habe das am Beispiel der Sprache etwas veranschaulicht, und jetzt verstehen wir Giordano Brunos Satz besser: Alles wird zu Allem! Was bedeutet nun aber Brunos Satz »Nichts wird zu Nichts«? Hier wird die zweite große Erkenntnishürde angesprochen, die wir bei der Analogie-Theorie überspringen müssen, und diese ist noch höher als die bei »Alles ist in Allem«. Wir kommen damit zum Nichts, zur Leere, dem letzten Paradoxon dieses Buches.

Ein Nichts kann sich der Mensch nicht vorstellen. Es scheitern alle Versuche, mittels gedanklicher Raffinesse vor dem inneren Auge ein Nichts heraufzubeschwören. Die Frage ist nun, wie es sich dennoch vom Nichts reden lässt. Nichts und Etwas gaukeln uns unauflösliche Gegensätze vor – das ist die Paradoxie der Wortwelt. L3 ist das Nichts, aber wie wir wissen, gleichzeitig totales Etwas, denn aus ihm sprudeln per Spiegelung alle Dimensionen des Weltkontinuums hervor. Wenn Bruno daher sagt, »Nichts wird zu Nichts« könnte der Aufstieg oder der Abstieg auf dem Weltkontinuum gemeint sein. Dass das Etwas auch als Nichts verstanden werden darf und vice versa, versteht nur, wer die Erfahrungen gemacht hat, die ich in diesem Buch beschreibe, die Erfahrung von Liebe und Tod jenseits der Zeit. Jedoch nicht nur durch körperlich-sinnliche Erfahrung, auch via reinem Denken ist diese Erkenntnis zu erlangen. Einen Denkansatz dazu meine ich hier geliefert zu haben. Überhaupt lässt sich mit sämtlichen Sinneskanälen und mit allen Quartett II-Faktoren die Einheit von Nichts und Etwas, von Leere und Fülle erkennen.

In Begriffen der Spiegeltheorie formuliert, müssen wir sagen: Der Urspiegel ist leer wie jeder Spiegel. Aber er wäre kein Urspiegel, würde er nicht doch etwas aus sich selbst hervorspiegeln, und darin unterscheidet er sich natürlich vom irdischen Spiegel. Er spiegelt also seine Leere weiter und wird zu vielen Spiegeln, zum universellen Spiegelkabinett. Uns aber erscheint die Zunahme der Spiegel und Spiegelbilder als eine Zunahme an Vielfalt. Wir erkennen die Leere als Fülle, unsere lebenslange Täuschung! Aber wohlgemerkt: Das Leere kann sich als Volles darstellen. Wenn dann so viele Spiegelungen da sind, passiert es, dass wir nicht mehr »durchblicken«, das Leben überrumpelt uns mit seiner martialischen Kraft, wir nehmen es dann sehr ernst, statt es als das zu betrachten, was es ist: eine Eulenspiegelei!

Die Urtradition:
Dimensions-Universen und Analogie-Algebra

Unsere Raum-Zeit-Illusion ist *eine* Welt. Es dürfen jedoch auch nicht-lineare, nicht-dreidimensionale Universen angenommen werden. Unsere Raum-Zeit-Illusion können wir – nach all dem Gesagten –als eine aus verschiedenen Dimensionen bestehende Welt beschreiben. Das, was wir umgangssprachlich als Körper – Psyche – Geist oder als Physis – Plasma – Geist bezeichnen, ist jene Dreiheit, die unser Wesen ausmacht. Es ist vergleichbar, als sei es zusammengesetzt aus Erde, Wasser und Luft, und es bedarf bestimmter »Brücken«, um alle drei Bestandteile zu verbinden. Wenn wir einmal unsere wohlvertraute menschliche Konstitution von außen betrachten, so stellen wir fest, dass wir eigentlich ein höchst seltsames Etwas darstellen. Wie die drei Welten sich in uns konkret als Körper, Plasma und Geist verbinden, habe ich in diesem Buch versucht aufzuzeigen.
Ich habe versucht, diese drei Dimensionen zu ergründen; zuvor jedoch musste ich sie erst einmal entdecken, und das hat die Chronik mir nicht immer einfach gemacht. Es ging dann im zweiten Schritt darum, die Verbindungen zwischen den drei Welten aufzuzeigen. Dabei stieß ich auf das Analogie-Modell, was mir unter den Händen zum Analogie-Weltmodell, einer Weltformel mit gewaltigem Anspruch – nämlich nichts weniger als alles erklären zu können – geriet. Ich konnte zeigen, wie diese drei Dimensionen durch Analogiebildung zusammengehalten werden. Daraus entwickelte sich notgedrungen die, wie ich es nenne, Analogie-Algebra! Algebra haben wir definiert als »das Zusammenfallen einst vereinter, aber vorübergehend getrennter Teile«. Die Welten waren am Anfang – soweit

es einen Anfang in der Nicht-Zeit geben kann – vereint. Analogie-Algebra ist demnach eine Denkweise, die Vielfalt der Welt durch Herstellen von Analogien zwischen allen Dingen und Zuständen zu vereinen, und so gedanklich oder logisch dem Urzustand L3 näher zu kommen. Indem wir die Weltereignisse auf Analogien mit anderen Weltereignissen hin abtasten, gelangen wir zu Analogie-Ketten. Gelingt es uns weiter, verschiedene Analogie-Ketten wiederum durch Analogien zu verbinden – allerdings durch Intensitätsunterschiede getrennt –, dann werden so genannte Superanalogien geboren, wie das von mir aufgezeigte Welt- und Geistkontinuum. Der Ereignisreichtum der Welt wird auf diese Weise drastisch reduziert. Haben wir zuvor den Wald vor lauter Bäumen nicht gesehen, dämmert uns jetzt das Prinzip unseres Daseins: Viele Dinge sind im Grunde nur Spiegelungen des Einen auf verschiedenen Intensitätsstufen.

Vielleicht lassen sich einmal, sollten sich andere Forscher dieser Methode annehmen, auf allen Wissenschafts- und Daseinsgebieten Superanalogien entdecken und zu einer umfassenden Analogie-Algebra zusammenfügen. Wir können, glaube ich, ohne allzu große Mühe zu einem denkerisch erfassbaren Universum gelangen – gewissermaßen zu einer rationalen Erleuchtung.

AUSKLANG

Ein Kind spielt an der Spitze der Welt

Die Zeit ein Kind –,
ein Kind beim Brettspiel;
ein Kind sitzt auf dem Throne.
HERAKLIT

Angelangt am Ende dieses Buches kann ich mich nicht enthalten, jenes rätselhafte Fragment B 52 des griechischen Philosophen und Weisen Heraklit aus Ephesos, der um 600 v. Chr. lebte, zur Diskussion zu stellen. Was verbirgt sich hinter diesem »Orakelspruch«?

Das Fragment B 52, eines von 120, das uns aus Heraklits in Prosa geschriebenem Buch überliefert ist, war in der Antike sicherlich verständlich, verlor jedoch mit abnehmendem philosophischem Wissen der Menschen seinen Sinn. Nicht umsonst erhielt Heraklit den Beinamen »der Dunkle«. Wer jedoch tiefer in die heraklitischen »Orakelsprüche« eindringt, wird nur Licht finden. Heraklit, soweit wir auf dem schwankenden Boden der Fragmente urteilen können, darf als »Philosoph der Einheit« gelten und seine Philosophie als ein Versuch der Zusammenfügung der Weltgegensätze (*palintropos harmonie*). Für den rationalen, auf Unterscheidung drängenden Verstand entwickelte Heraklit eine ganze Reihe leicht nachvollziehbarer Gleichnisse, und vor allem durch diese hat er seine große Bedeutung erlangt. Einige Sätze daraus mögen das veranschaulichen:

»Das Widereinanderstehende zusammenstimmend und aus dem Unstimmigen die schönste Harmonie« (B 8).

»Nun ist der Bogen dem Namen nach Leben, in der Tat aber Tod« (Bogen = bios, Leben = bios), (B 48).

»In die gleichen Ströme steigen wir und steigen wir nicht; wir sind es und sind es nicht« (B 49 a).

»Ein und dasselbe ist Lebendiges und Totes und Wachendes und

Schlafendes und Junges und Altes; denn dies schlägt um und ist jenes, und jenes wiederum schlägt um und ist dies« (B 88).

Jenes Element, das am besten die Einheit der Gegensätze zum Ausdruck bringe, sei das Feuer. Feuer, das bedeutete für Heraklit »vernünftige Seele«. Feuer war für ihn wie für alle frühen Philosophen das, was ich in diesem Buch den »reinen Bewusstseinszustand« genannt habe. Das Feuer erlischt bald aufgrund seiner Einseitigkeit, nämlich ausschließlich rein zu sein, so wie jedes Feuer und alles Einseitige früher oder später verglimmen und in sein Gegenteil umschlagen muss. Dabei verwandelt sich das Feuer zunächst in Wasser. Was bedeutet das? Feuer steht für reines Bewusstsein. Wasser steht für »Lebenswasser«, für Lebensvitalität, für Plasma. Aber das ist noch nicht das Ende von Heraklits Verwandlungskette. Aus Wasser entsteht Erde. Erde entspricht der Materie, der materiellen Welt, dem Menschsein.

»Der Seelen Tod ist, Wasser zu werden, Wassers Tod, Erde zu werden; aus Erde aber gewinnt Wasser Leben und aus Wasser die Seele« (Heraklit, B 36).

Wie diese Aussage zeigt, ist mit der Entstehung der Erde der Endpunkt der Entwicklung noch keineswegs erreicht. Es kehrt sich die Entwicklung nämlich wieder um. Die griechische Philosophie kennt nicht nur die Evolution, sondern auch die Involution zurück zum Urzustand, und das heißt Rückverwandlung von Erde in Wasser und von Wasser in Feuer. Die Rückverwandlung kommt deshalb zustande, weil bei der Evolution das »Feuer« in uns nie wirklich erloschen ist, sondern sich bloß zu Wasser und dann zu Erde verdichtet hat. Es blieb in uns immer der »Götterfunken« erhalten, der uns an unsere wahre, nämlich feurige Natur gemahnte. Wenn wir am Endpunkt der Metamorphosen-Kette der Erde angelangt sind, dann werden wir wie durch ein Gummiband zur Feuerwelt, zum reinen Geistzustand zurückgezogen, und das bedeutet Tod.

In diesem Buch habe ich mich gänzlich der Involution von der Materie zum wässrigen Plasma und schließlich zum feurigen reinen Geistzustand verschrieben, denn die heraklitischen Phasen Feuer – Wasser – Erde entsprechen vollkommen dem Welten-Kontinuum Geist – Plasma – Materie.

Zurück aber zu unserem Orakelspruch. »Die Zeit ein Kind –, ein Kind beim Brettspiel; ein Kind sitzt auf dem Throne.« Versuchen wir einmal den Spruch von hinten aufzurollen: »Ein Kind sitzt auf dem Throne.« Ich denke, es gibt in der griechischen Kosmologie nur ein Kind, welches auf dem Thron sitzt. Es ist der Sohn des Welten- herrschers Zeus: *Dionysos*! Dionysos ist der Nachfolger des Zeus, und er herrscht über die derzeitige Weltepoche, so berichten altorphische Schriften, und da seine Regierungszeit Äonen währen soll und wir uns derzeit am Anfang seiner Herrschaftsepoche befinden, ist er in der Tat noch ein Kind.

Im zweiten Satz »ein Kind beim Brettspiel«, erhalten wir einen wei- teren Hinweis. Das Brettspiel ist nämlich eines der geheimnisumwo- benen Spielzeuge des Dionysos. Ich hatte bereits ein anderes Spiel- zeug besprochen, den Spiegel, den »Analogie-Spiegel«, der Dionysos in die verschiedenen Welten hinunterspiegelt, wodurch der Kosmos entsteht. Da Dionysos ein Kind ist, sitzt er nicht still und erhaben auf seinem Weltenthron: Er muss spielen! Und die Dimensionen und Menschen sind dabei die Steine, seine Schachfiguren, die es kindlich hin und her schiebt. Das Leben als Spiel! Erschaffen heißt für Dio- nysos nicht nur, Welten durch Spiegelungen zu entfalten, sondern sie spielerisch zu entfalten, aus purer Lust am Schöpferischen. Für uns Menschen ist das sicherlich ein gefährliches Spiel, ein Spiel auf Leben und Tod, aber das kümmert einen Kindkönig wenig. Offen- bar kannten die alten Griechen ebenso wie die Inder, die von *leela,* dem kosmischen Spiel, sprechen, diese Vorstellung vom Universum. Dem christlichen Ernst und der mechanistischen Weltauffassung ist so ein Gedanke gänzlich fremd. Einen spielenden Weltenherrscher, der obendrein noch ein Kind ist, an die Spitze des Seins zu setzen, ist höchste Blasphemie oder höchste Weisheit.
Nun haben wir noch den Satz »Die Zeit ein Kind«. Das Kind Dio- nysos ist demnach identisch mit der Zeit, das heißt, Dionysos ist nur ein anderer Name für Zeit. Dionysos ist demnach gleichzeitig

Weltenherrscher, ein spielendes Kind und die Zeit. Die Rätselzeilen entpuppen sich so als fundamentale philosophische Aussage. An der Spitze der Welt herrscht ein Prinzip kindlicher Naivität bzw. das von menschlichen Sorgen befreite Spiel, und dieses Spiel manifestiert sich als Zeit. Im Grunde sind die Begriffe Kind, Spiel, Zeit nur Variationen des gleichen Tatbestandes, den die Griechen in der Gestalt eines Gottes, Dionysos, personifizierten, um so die Gesetze des Daseins für das menschliche Denken fassbarer zu machen.

Für uns Menschen ist diese Philosophie jedoch recht bedenklich. Können wir es verkraften unser Leben als Spiel, als Ausdruck kindlicher Naivität, als Spiel der Zeit zu sehen? Wir sind dem Ernst verpflichtet, nicht dem Spiel; wir sind Erwachsene nicht Kinder; wir kennen die *Uhr*zeit, nicht aber mehr die *Ur*zeit. Wie dem auch sei: Ein Kind spielt an der Spitze der Welt ...

Eine Sterbeübung:
Die grosse Vorbereitung

Stirb, um zu leben – lebe, um zu sterben

1. Meine subjektive Welt

Sterben – das heißt, der Übergang in die anderen Dimensionen – will etwas geübt sein, damit du vorbereitet bist, denn so, wie man gut gekleidet ins Theater geht, so sollte man mental gut vorbereitet in die Nachbarwelt reisen. Das heißt: Das Terrain in dem du erwachen wirst, sollte dir bereits bekannt sein. Du wirst das als pietätlos abtun, aber bist du nicht vorbereitet, erwartet dich, wie in diesem Buch dargelegt, die Hölle deiner eigenen Vorstellungen, und da diese beschränkt und subjektiv sind, wirst du eine entsprechend subjektiv verzerrte Welt wahrnehmen. Das Jenseits ist keine objektive Welt, in der jeder das Gleiche sieht, sondern eine rein seelische Innenwelt. Aber das ist in der Materiewelt nicht anders, hier sieht und hört jeder nur, was ihm menschliche Wahrnehmung erlaubt. Eine Ameise nimmt die Welt anders wahr als ein Regenwurm und dieser anders als der Schmetterling. Jedes Wesen würde unsere scheinbar objektive Welt anders beschreiben. Was also ist nun diese objektive Welt, in der wir scheinbar leben? Sie ist absolut subjektiv, abhängig von unserer Gehirnorganisation, und zusätzlich hat jeder Mensch noch eine persönliche seelische Struktur, die ihn die Außenwelt weiter subjektiv erfahren lässt.

Was von dir nach dem Tod überlebt, ist allein deine seelische Ausstattung, deine Erfahrung, dein Denken und Fühlen – dein Ich. Dein Körper stirbt. Übrig bleibt das, als was du dich seelisch empfindest. Die Augen fallen dir zu, du siehst, was von dir übrigbleibt. – Was bin ich eigentlich ohne Körper, ohne Sehen und Hören? – Was jetzt übrigbleibt ist das, was du im Todesreich sein wirst.

Vielleicht hast du konkrete Vorstellungen, wie ein Leben im Jenseits aussehen könnte. Nun, diese Vorstellungen werden dein Erleben der

Dinge stark beeinflussen, viele Male stärker, als du denkst. Dein Schicksal dort wird ganz allein von dir erzeugt werden. Da gibt es keinen Gott, der dich freudig empfängt. Glaubst du aber fest daran, von Gott empfangen zu werden, kann das eintreten, aber die Situation wird allein deine Schöpfung sein. Die Nachbarwelt ist plastisch, sie reagiert auf deine Gedanken und Gefühle und spiegelt dir das vor, was du ersehnst. Es ist so, als schautest du mit deiner Seele dauernd in den Spiegel; du erfährst nur, was du erfahren willst. In unserer Materiewelt ist das vergleichbar, aber durch die Festigkeit der Dinge nicht ganz so einfach. In der seelischen Plasmawelt dagegen – das ist das große Geheimnis – gibt es nur »Seelenstoff«. Dieser ist so fein, dass er auf Gedanken und Gefühle reagiert bzw. deine Gedanken und Gefühle sind feinstofflich, plasmatisch, energetisch.

Dein Gefühl ist eine Energie, die auf andere Energien wirken kann. Das Todesreich ist eine Energiewelt, und die Wesen, die darin leben, die Toten, sind Energie- oder Plasmaseelen. Sie gestalten sich ihre Umwelt ganz nach ihren eigenen Wünschen. Die Todeswelt ist veränderbar wie Plasma, sie ist Ausdruck unserer Seelenvorstellungen – ein schwankendes Terrain, in dem man sich selbst dauernd widergespiegelt findet. Das ist die große Gefahr des Jenseits, dass man nur das erfährt, was man will. In der Materiewelt ist das nicht so einfach; ich kann mir dort zwar etwas wünschen, aber es verwirklicht sich deshalb noch lange nicht oder vielleicht erst nach Jahren. Das finden wir lästig, aber es ist gleichzeitig die große Chance des irdischen Lebens und vielleicht der Grund für unsere körperliche Geburt.

Die Plasmawelt ist keine objektive Welt, sondern die Welt, die wir uns vorstellen. Sie kann also Hölle und Himmel werden, beides aber ist eine Illusion. Die wahre Welt enthüllt sich erst in der Geistdimension.

2. Wenn die Zeit still steht

Ich erinnere mich: Als meine Mutter starb, blieb die Zeit für eine Weile stehn im Totenraum, und ich hielt für einen Augenblick die Luft an. Doch nichts weiter geschah. Es war, als schwebte der Tod ins Zimmer und verließe es durch die andere Tür. Sie tat einen letzten Seufzer, und ihre Augen blieben stehen.

Schlagartig wurde mir eisig kalt. War es der abgekühlte Raum oder der Schlag aufs Herz? Man kann alles Mögliche tun, wenn ein geliebter Mensch stirbt, ich ging unter die heiße Dusche, und mir wurde doch nicht warm.

Meine Mutter war ihr Leben lang von einem bösen Menschen gequält worden, ihrem zweiten Mann. Obwohl er seit Jahrzehnten woanders lebte, kam sein Terror ständig übers Telefon. Sie starb genau in einem Augenblick, als das Telefon wieder einmal klingelte und der Schattenmann anrief, und in diesem Augenblick entschied sie sich wohl, erstmals nicht mehr zu antworten und zu entfliehen.

Wenn der Tod der geliebten Menschen und Freunde naht, steht die Zeit eine Weile still – weil wir dann wirklich ganz da sind in der Gegenwart. Angerührt vom Zeigefinger des Todes – da spüren wir, dass es ihn gibt und doch nicht gibt. Denn die Gestorbenen leben weiter, nicht nur in unserem Herzen. Körper wechseln, Masken fallen, aber dein Wesen bleibt bestehen über Äonen. Das ist beabsichtigt so. Warum? Nur wenige erhalten Einblick, aber auch das hat seinen Sinn.

3. Stirb, um zu leben

Ich sah einst blaue Kornblumen wachsen, zwischen goldgelben Kornähren im rauschenden Weizenfeld. Ich lag lässig am Feldrain, ließ Wind und heiße Sommerluft über meine Wangen streicheln. Und da sah ich sie, versteckt zwischen wiegenden Halmen, die blaue Blume. Hast du das Wachstum dieser Pflanze je betrachtet? Hast du gesehen, wie blaue Blüten sich im Frühlingswind entfalten? Hast du überhaupt je Wind gesehen, der durch Ähren streicht und wogende Felder sich neigen lässt, und wenn er zornig ist, auch die Halme bricht? Hast du *dein* Wachstum je betrachtet?

Lieg lässig im Frühlingsduft, bleib Natur, die du ohnehin bist. Gib dich dem Mondschein hin, wenn du nachts im Grase liegst, stirb dann, lebe aus dem vollen Augenblick, denn »sterben« ist nur ein dummes Wort. Natur kennt Übergänge nur und fließende Gewässer. Sei also ein gurgelnder Bachlauf, an dem du selber Stunden ruhst. Bedenke: Nichts ändert sich. Allein in dir und deinem Lebensweg liegt Hoffnung, daher: Bereite dich vor, jetzt, ergreife die blaue Bläue der Kornblume! Gib dein Ich auf, während du blaue Blüte wirst, Verwandlung ist der einzige Tod. Das Geheimnis des Lebens und des Todes ist: Kannst du jetzt ganz blaue Blüte sein, dich hingeben dem Augenblick, wirst du das auch können ohne Körper. Meister deiner jenseitigen Umwelt wirst du sein und nicht wie ein Boot im Sturm hilflos zwischen deinen tausend eitlen Gedanken hin- und hergerissen werden. Hingabe an die Welt ist die Aufgabe deines Lebens, als Vorbereitung auf das Leben danach.

4. Über den Gipfeln ist Ruhe

Gehetzt, verwirrt von Stimmungen und aufgewühlt von irrigen Ideen durchschreiten wir oft das Leben. Wir erleben schöne und hässliche Augenblicke, aber beide sind getrübt durch unsere Illusion darüber, was gut und was schlecht ist. Nur in seltenen Stunden erlangen wir echte, tiefe Einsichten, erfahren die wirkliche Welt, frei von Menschlichem und von unserem Ich, von Kultur und Geschichte, und werden zu Wesen der höheren Art.

Diese höchsten Augenblicke, die sich leicht zählen lassen, breiten über uns eine Decke tiefsten Friedens aus, frei von allen seelischen Schwankungen und der inneren Zerrissenheit, die das In-der-Welt-sein mit sich bringt.

Wenn unsere Seele den Körper verlässt, überkommt uns ein wunderbares Gefühl von Freiheit und Frieden. Alle Friedensgefühle sind erste Anzeichen, dass unsere Seele Flügel bekommt. Fühle ich mich wohl, kann sich die Seele leicht vom Leib trennen, bin ich aber betrübt und durcheinander, dann bin ich auch an meinen Körper gekettet, das ist das ganze Geheimnis.

Alles ist in Ordnung, du lässt keine unerledigten Geschäfte zurück. Und die irdische Welt sinkt hinter dir herab wie ein fallender Vorhang. Dann dämmert die Ahnung herauf, nun mit dem wirklichen Leben zu beginnen – eine Ruhe wie nach dem Sturm. Erstmals bist du ganz du selbst. Breitbeinig sitzt du auf dem Thron der Welt, überschaust gelassen die Täler. Über den Gipfeln liegt tiefe Ruhe. Das Leben endet im Sonnenuntergang, du bist auf der Höhe deiner selbst, hast dich verwirklicht, ohne all die tausend kleinen Ziele deiner Welt wirklich in die Tat umgesetzt zu haben, doch nun zählen sie nicht mehr, sondern allein die Erhabenheit, Würde und Feierlichkeit in dieser Aureole von Schönheit, die dich umgibt. Denn glanzvoll strahlt nun alles Sein, die Essenz hinter allen Formen leuchtet hervor. Nicht mehr Berge zeigen sich dir, sondern Bergwesen von stolzer Kraft, nicht mehr Wolken, sondern Wolkenkreaturen mit höchstem Verwandlungstalent und nicht mehr Menschen, sondern Geistwesen mit überirdischem Genie, die lässig ihr Körperkleid übergeworfen haben. Man kann so und so in die Welt schauen. Vielleicht hast du bisher nur durch Brillen der Meinung hindurchgesehen, nun aber gibt der Tod dir eine Chance, alle Brillen und damit gleich den ganzen Körper abzulegen und in dem Geist zu erwachen, der dir bereits durch die Haut schimmert. Was, du hast dich ein Leben lang unterkriegen lassen? Nun fliege beschwingt und fühle dich in den Sphären als freier Geist.

5. Urton

Während des Sterbens hören wir als erstes einen wunderbaren Ton, den Urton der Schöpfung.

Du läufst leichtfüßig durch Talauen, durchstreifst Meeresgestade, fliegst im Vogelflug lautlos über die Gebirge. Gehst nieder auf dem höchsten Wipfel und überblickst den Horizont. Und da tönt im Hintergrund der Welt ein sehr leiser Rhythmus, der alles durchdringt – eine Friedensmusik, ein Echo des Urseins, der Puls des Lebens selbst.

Was ist menschliche Musik dagegen, wenn der Urton aus der Tiefe des Alls, dem Weltmeer des Geistes, erschallt. Dieser Ton ist ständig da, warum hörst du ihn nicht – weil du anderen Stimmen folgst?

Die Welt ist eine Schwingung, Materie ist geronnener Urton, dein Leben ist ein Klang, aus dem du alles formst. Also lausche nun, wie sich der Urklang im Wirbel der vielen Geräusche verbirgt, wie hinter den lautstarken Kundgebungen der Welt der Dauerton der Schöpfung schwingt.

6. Die Toten

Die Toten leben. Spätestens, wenn du deine Mutter oder deinen Großvater leibhaftig siehst, wirst du wissen, dass es mit deinem Weltwissen mager bestellt war und du gerade erst beginnst, die

Grundlinien wahrer Existenz zu begreifen. Die höchste Erfahrung des Lebens besteht darin, dass es den Tod nicht gibt und die Toten leben. Sie werden aus dem Jenseits ins Diesseits hineingeboren und sterben aus dem Diesseits ins Jenseits. Wiedergeburt ist der erste Satz aller Erkenntnis. Es gibt zwei Möglichkeiten, das zu erfahren: Erstens durch ein Todeserlebnis, das dich von den Irrtümern irdischer Glaubenssysteme heilt, und zweitens, indem du mit Hingabe und Gelöstheit durch Imagination tief in die Nachbarwelt eintauchst. Letzteres üben wir hier, das ist der langsame Weg.

Die Todeserfahrung macht dich zu einem Menschen mit spiritueller Kraft, was dir das Leben nur beschränkt ermöglicht. Man muss eingetaucht gewesen sein ins Wasser der zwei Nachbardimensionen, wer nur darüber spekuliert, bleibt außen vor.

7. Der Tunnel

Im Todesprozess kommen fast alle Sterbenden durch einen dunklen Tunnel, das ist der Übergang vom Reich der Toten zum Reich des reinen Geistes.

Die Augenlider fallen dir zu. Breit und schwer liegst du da wie das Nilpferd im Schlamm. Fall tiefer, versinke. – Und nun dreh dich im Geiste um dich selbst, Kopf voran. Lass dich mitreißen, in eine Windhose, in einen Wasserstrudel. Erst ist es ein großer Kreis, jetzt wirst du langsam, in immer kleineren Zirkeln, aber zielstrebig hineingedreht, tiefer und tiefer. Und mit zunehmender Geschwindigkeit wird es dunkler und schwärzer; ab und zu schimmert noch die Welt des Jenseits hindurch, doch dann rasest du durch den schwarzen Schlund in eine andere Welt. Federleicht, körperlos und in äonenhafter Ferne erblickst du ein zartes Licht. Du näherst dich, das Licht bekommt Kraft, du weißt, es ist kein Licht aus der irdischen Welt, sondern das Geistlicht, dem du einst entsprungen bist. Heimkehr! Du näherst dich dem Licht des wahren Seins, du wirst gereinigt, erleuchtet, befreit von allen Schatten des Ichs.

8. Blick zurück mit Staunen

Du bist gerade dabei, ganz in die Lichtwelt einzutauchen, da passiert etwas. Du siehst vor dir Szenen deines Lebens. Entweder sie beginnen am Lebensanfang und führen bis ins Heute, oder sie beginnen in der Gegenwart und führen rückwärts in die Kindheit. Wenn du nun alle wichtigen Ereignisse deines Lebens durchläufst, erkennst du ihre Notwendigkeit, damit ihren Sinn. Schlechtes ist das Nadelöhr zum Guten, es ließ dich bewusster werden, denn alles Schlechte ist durch uns selbst verursacht und gründet sich auf unseren Mängeln, Selbstlügen und Charakterschwächen. Alles Gute ist das Ergebnis vorangegangener leidvoller Erkenntnis, guter Charaktereigenschaften, harter Arbeit, eines fröhlichen Gemüts oder eines guten Schicksals, das jedoch wieder auf den Taten vergangener Leben beruht. Dein Lebensfilm läuft ab, und du erkennst im Überblick dein wahres Schicksal. Alle Ereignisse ziehen sich wie auf einem zurückschnellenden Gummiband zusammen, und damit erhellt sich ihr Sinn und auch der Grund, weswegen du dieses Leben angetreten hast.

Ereignisse dämmern herauf, die du längst vergessen glaubtest, und Banalitäten stellen sich nun auf einmal als wichtig dar. Wichtiges erscheint plötzlich belanglos, Großes als klein und Kleines als bedeutsam, ja heroisch. Du wirst erkennen, dass besonders die Kleinigkeiten das Wesentliche deines Lebens ausmachen und nicht die angestrebten großen Ziele. Du fließt nun in dein Leben ...

9. Die Wahrheit im Licht

Hast du deine Wesens- und Lebensessenz erfahren, brichst du durch ins Licht. Schau hin – was ist Licht? Gib dich hin – ist Licht wirklich nur Licht? Werde selbst ganz Licht – ist Licht Liebe? Ist Licht die Lebenskraft? Licht ist Liebe, Licht ist Leben. Licht, Liebe, Leben sind drei Worte für eines.

Treibe nun durchs Lichtall, die Lebenskraft, die alles verbindet durch Liebe. Fühl tief hin. Die Wahrheit ist anders als alles, was dir je erzählt wurde, in tausend Schulen und von tausend Lehrern. Alles Pseudowissen bricht zusammen unter der Lichtexplosion, die nichts anderes ist als sich dauernd aufs Neue gebärendes Leben, zusammengehalten von unsichtbaren Bändern aus Liebe. Du stehst im Zentrum dieser Galaxis der Liebe und weißt nun was Gott ist ...

10. Die Lichtwesen

Gebadet stehst du im Licht und schaust an dir herunter. Du magst einen Körper sehen, eine Lichtfigur oder gar nichts. Das Licht ist ein Geisteszustand, du bist jetzt selbst Lichtwesen, hoher Geist jenseits alles Menschlichen. Die lächerlichen Wahrheiten deines Lebens sind von dir abgespült, und du bist eingegangen in die Ewigkeitszone, aus der sich alles entwickelt. Du bist ein Gott geworden, der in sich alle Weltfakten auf einen Punkt zusammenzieht, den Punkt deines bewussten Allseins.

Und wie du so dastehst, siehst du jetzt ein strahlendes Lichtwesen sich dir enthüllen. Seine Ausstrahlung ist neutral, seine Lichtkraft alles transzendierend, ohne Persönlichkeit, ohne Subjektivität durchdringt es dein Wesen, und du magst sagen, es ist Gott, doch ist es immer nur eine von zahllosen Lichtgestalten, die das Geistreich ausmachen. Zu Beginn siehst du eine Lichtgestalt, dann ein bloßes Licht, schließlich eine lichtvolle Geistpräsenz, und die führt dich nun ins Zentrum allen Wissens, aller Weltenhervorbringung. Sie führt dich zum Nabel der geistigen Ursonne.

11. Das Haus des Wissens

Du trittst ein. Du befindest dich im Weltgebäude, der Keimzelle von allem. Von hier gehen Echos aus, die die drei Welten durchdringen und zu Erscheinungen werden, die ihnen entsprechen: im Totenreich zu Ideen und Gefühlen, in der Materiewelt zu Taten und Dingen. Alle Welt, erfährst du, ist geistgeschaffen, geistdurchdrungen, Echo ein und desselben. Alles ist dem Ursein entsprungen und ohne Unterschied, nur die Wesen der zwei niederen Welten erfahren die Einzeldinge als isoliert und als verschieden. Im Geist schmilzt alle Vielfalt zusammen zu göttlicher Einheit. Das ist das Geheimnis; das erfährst du.

Diese Meditation gibt es vom Autor persönlich geprochen auf der CD: *Übe zu Sterben – Jetzt*

LITERATUR

Adams, Marsham W.: *The Book of the Master of the Hidden Places.*
Wellingborough (1933).

Arnold, Paul: *Das Totenbuch der Maya.* München 1978

Assunto, Rosario: *Die Theorie des Schönen im Mittelalter.* Köln 1987

Atwater. P. M. B.: *Coming Back: The After-Effects of Survival.* Vital
Signs, Vol. 3, No. 2, 1983, S. 16 f.

Becker, Carl B.: *The Pure Land: Sino-Japanese Meditations and
Near-Death Experiences of the Next World.* Anabiosis, Vol. 4, No. 1,
1984, S. 52 – 68.

-: *Views from Tibet: NDEs and the Book of the Dead.* Anabiosis,
Vol. 5, No. 1, 1985, S. 3 – 20.

Besant, Annie: *Die uralte Weisheit.* Graz 1957.

- : *Der Tod und was dann?* Stuttgart 1984.

Blackburn,Thomas: December's Child. A Book of Chumash Oral
Narratives. Berkeley 1975

Blackmore, Susan: *Beyond the Body.* London, 1982.

- : *Are Out-of-Body Experiences Evidence for Survival?* Anabiosis,
Vol. 3, No. 2, 1983, S. 137 – 156.

Brinkley, Dannion/ Perry, Paul: *Zurück ins Leben. Die wahre
Geschichte des Mannes, der zweimal starb.* Knaur, München, 1994

Brown, Rosmary: *Musik aus dem Jenseits.* Wien 1971.

Brown Vinson: *Voices of Earth and Sky.* Happy Camp, Cal. 1974.

Browning, Norma Lee: *The Psychic World of Peter Hurkos.* New
York 1970.

Capelle, Wilhelm: *Die Vorsokratiker.* Stuttgart 1968.

Cerminara, Gina: *Erregende Zeugnisse von Karma und
Wiedergeburt.* Freiburg 1963.

Champdor, Albert: *Das Ägyptische Totenbuch.* Bern 1977.

Charr, C. T. K.: *Parapsychological Reflexions on some Clinical
Experiences.* Anabiosis, Vol. 2, No. 2, 1982, S. 111 - 131.

Cicero, Tullius M.: *Über das Wesen der Gottheit* (2. Bde.). Stuttgart 1829.

- : *Der Staat.* Hamburg 1964.

- : *Gedanken über Tod und Unsterblichkeit.* Hamburg 1969.

Counts, Dorothy Ayers: *Near-Death and Out-of-the-Body Experiences in Melanesian Society,* Anabiosis, Vol 3, No. 3, 1983, S. 115 - 135.

Crookall, Robert: *The Supreme Adventure.* Cambridge 1961.

- : *More Astral Projection.* London 1964.

- : *Events on the Treshold of After-Life.* Moradabad 1967.

- : *The Mechanisms of Astral Projections.* Moradabad 1968.

- : *Out-of-the-Body Experiences.* Secaucus, N. J. 1970.

- : *Case-Book of Astral Projection.* Secaucus, N. J. 1972.

- : *The Study and Practice of Astral Projection.* Secaucus, N. J. 1976.

Currie, Jan: *Niemand stirbt für alle Zeit.* München 1979

Delacour, Jean-Baptiste: *Aus dem Jenseits zurück.* Düsseldorf 1973.

Dionysius Areopagita: *Die Hierarchien der Engel und der Kirche.* München 1955.

Donner, Kai: *Among the Samojeds in Siberia.* In Kalweit: Die Welt der Schamanen, Schirner 2004.

Dschuang Dsi: *Das wahre Buch vom südlichen Blütenland.* Köln 1969.

Dusen, Wilson van: *The Presence of Other Worlds.* New York 1974.

Eliade, Mircea: *Spiritual Thread, Sutratman, Catena Aurea.* Paideuma, 7, H. 4/6, 1960, S. 225 - 234

Eisler, Robert: *Orphisch-Dionysische Mysteriengedanken.* Hildesheim 1966.

Epstein, Lawrence: *On the History and Psychology of the Das-Log,* The Tibetan Journal, Vol. VII, No. 4, 1982.

Erler, Michael: *Proklus Diadochus über die Existenz des Bösen.* Meisenheim am Glan, 1978 (Dissertation).

Evans-Wentz, W. Y.: *Das Tibetische Totenbuch.* Zürich 1970.

Findlay, Arthur: *Beweise für ein Leben nach dem Tod.* Freiburg 1983.

Fiore, C. und Landsburg A.: *Begegnungen im Jenseits.* München 1981.

Fischer, Roland: *Raumfahrt der Seele*. Freiburg 1975.

Ford, Arthur: *Unknown but Known*. London 1969.

- : *Bericht vom Leben nach dem Tod*. München 1971.

Fox, Oliver: *Astral Projection*. Secaucus, N. J. 1967.

Franz, Marie-Louise von: *Traum und Tod*. Düsseldorf 1999.

Friedrich, Adolf: *Das Bewusstsein eines Naturvolkes*. Paideuma, 6, H. 2, 1955, S. 47 - 53.

Gallagher, H. G.: *Over Easy: A Cultural Anthropologist's Near-Death Experience*, Anabiosis, Vol . 2, No. 2, 1982, S. 140 -149.

Garrett, Eileen J.: *Adventures in the Supernormal*. New York 1968.

Gayton, A. H.: *The Orpheus Myth in North America*. Journal of American Folklore, Vol. 48, 1935, S. 263 - 295.

Geudter, Otto: *Die Seelenlehre des chaldäischen Orakels*. Meisenheim am Glan 1971.

Graceva, G. N.: *Shaman Songs and World View* in: Hoppál Mihály, Shamanism in Eurasia, 2 Bde., Göttingen 1985.

Green, Celia: *Out-of-the-Body Experience*, New York 1968.

Green, J. T. and Friedmann H.: *Near-Death Experiences in a Southern-California Population*. Anabiosis, Vol. 3., No. 1., 1983, S. 77 - 96.

Grey, Margot: *Return from Death*. London 1974.

Greyson, Bruce and Flynn, Charles: *The Near-Death Experience*: Problems, Prospects, Perspectives 1984.

Grof, Stanislav and Christina: *Beyond Death*. New York 1980.

Halifax, Joan: *Shamanic Voices*. New York 1979.

Hemleben, Johannes: *Jenseits*. Hamburg 1975.

Heraklit: *Fragmente*. Zürich 1986.

Hopkins, Jeffrey: *Tantra in Tibet*. Köln 1977.

Hornung, Erik: *Ägyptische Unterweltbücher*. Darmstadt 1984.

Hummel, S.: *Eine Jenseitsdarstellung aus Tibet*. Acta Ethnographica 1957 (Separatum) Tomus VI, fasciculi 1 - 2.

Hunter, R. C. A.: *On the Experience of Nearly Dying*. American Journal of Psychiatry, S.124, 122, 1967.

Jankovich, Stephan von: *Ich war klinisch tot*. München 1984.

Jaffé, A.: (Hrsg.): *C.G. Jung. Erinnerungen, Träume, Gedanken.* Zürich 1961.

Kalweit, Holger: *Transpersonal Anthropology and the Comparison of Cultures.* Phoenix: Journal of Transpersonal Anthropology, 1981, V, 2, S. 97-105.

- : (Hrsg.): *Frank Hamilton Cushing. Ein weisser Indianer. Mein Leben mit den Zuni.* Walter Verlag, Olten 1983.

- : *Der Trickster. Ein Nachwort zu Castaneda.* Curare. Zeitschrift für Ethnomedizin, Nr.6, 1983, S. 91- 92.

- : *Die Welt der Schamanen. Traumzeit und innerer Raum.* Schirner Verlag, Darmstadt 2004.

- : *Formen transpersonaler Psychotherapie bei nicht-westlichen Kulturen.* Integrative Therapie 1984, 10 (3), S. 253 - 262.

- : und Schenk, Amélie (Hrsg.): *Heilung des Wissens. Forscher erzählen von ihrer Begegnung mit den Schamanen - Der innere und der äußere Weg des Wissens.* Goldmann Verlag, München 1984.

- : *Himalaya Orakel.* In: Kalweit/Schenk: Heilung des Wissens. Goldmann Verlag, München 1984, S. 260 - 287.

- : *Urheiler, Medizinleute und Schamanen. Lehren aus der archaischen Lebenstherapie.* München 1987.

- : *Yin, Yang und die Drachenenergie.* In: Ethnopsychologische Mitteilungen, 1987 (2), S. 109-145.

- : *When Insanity is a Blessing: The Message of Shamanism.* In: Grof, Stanislav and Christina (Hrsg.): Spiritual Emergency. When Personal Transformation Becomes a Crisis. Los Angeles 1989, S. 77 - 97.

- : *Schamanische Psychotherapie.* In: Zundel, Edith und Bernd Fittkau (Hrsg.): Sprituelle Wege der Transpersonalen Psychotherapie. Paderborn 1989, S. 33-41.

- : *Lightening Shamans.* Jahrbuch für Ethnomedizin und Bewusstseinsforschung, 1994, 3, S. 161 - 169.

- : *Schamanische Trance und die Theorie des Bewusstseinskontinuums.* In: Jahrbuch für Transkulturelle Medizin und Psychotherapie. (Hrsg.) R. van Quekelberghe & D. Eigner, 1994, S. 17 - 41.

- : *Der Sitz der Seele in traditionellen Kosmologien.* Ethnopsychologische Mitteilungen, 1995, 4, 1, S. 37 - 71.

- : *Urschamanen und das Goldene Zeitalter.* Curare. Zeitschrift für Ethnomedizin, 18 (1995), 1, S. 153 - 160.

- : **und Schenk, Amélie:** *Der Doppelkörper als Grundlage der Trance in der tibetischen Psychologie.* Curare. Zeitschrift für Ethnomedizin 18 (1995) 2, S. 467 - 496.

- : *Übertragung der Lebensenergie bei tibetischen Schamanen.* Ethnopsychologische Schriften (Hrsg.) R. van Quekelberghe, Landau 1997, S. 25 -52.

- : *Schamanische Energie-Ökologie: Das Bündnis von Seelen- und Naturfeld.* In: Gottwald/Rätsch: Schamanische Wissenschaften. München 1998, S. 96 - 120.

- : *Dunkeltherapie - Eine traditionelle Selbstbefreiungsmethode und ihre Verwendung in der modernen Praxis.* In: Curare. Ethnotherapien. Verlag für Wissenschaft und Bildung. Hrsg. C. E. Gottschalk-Batschkus & Ch. Rätsch, 1998, S. 223 – 227.

- : *Der Schamane im Kraftfeld von Geist, Energie und Natur.* In: Was ist ein Schamane? Schamanen, Heiler, Medizinleute im Spiegel westlichen Denkens. Curare. Zeitschrift für Ethnomedizin. Verlag für Wissenschaft und Bildung, Berlin. Hrsg. Amélie Schenk & Christian Rätsch, Sonderband 13/1999, S. 43 - 60.

- : *Auf der Suche nach Heilung in der Unterwelt. Der Fjölswinngesang der germanischen Lieder-Edda als Anweisung zu gesundheitlicher Ganzheit.* In: Jahrbuch für Transkulturelle Medizin und Psychotherapie 1998/99, Verlag für Wissenschaft und Bildung, Berlin. Hrsg. Stanley Krippner & Holger Kalweit, S.175 - 206.

- : **und Schenk, Amélie:** *Schamanische Heilung durch Reisen ins Totenreich.* In: Jahrbuch für Transkulturelle Medizin und Psychotherapie 1998/99, Verlag für Wissenschaft und Bildung, Berlin. Hrsg. Stanley Krippner & Holger Kalweit, S. 103 - 124.

- : *Das Totenbuch der Germanen. Die Edda - die Wurzeln eines wilden Volkes.* Aarau 2001.

- : *Das Totenbuch der Kelten. Das Bündnis zwischen Anderswelt und Erde.* Aarau 2002.

- : *Vom Schamanentum zur modernen Naturtherapie.* In: Handbuch der Ethnotherapien. Hrsg. C. E. Gottschalk-Batschkus und Joy C. Green, München 2002, S. 37 – 45.

- : *Anderswelt der Kelten.* In: Felix von Bonin (Hrsg.) Schamanismus und Märchen, Param Verlag, Ahlerstedt 2003, S. 69 - 80.

- : *Enge heißt Krankheit und Weite heißt heil sein.* In: Geseko von Lüpke (Hrsg.): Politik des Herzens. Nachhaltige Konzepte für das 21. Jahrhundert. Gespräche mit den Weisen unserer Zeit. Arun Verlag, Uhlstädt-Kirchhasel 2003, S. 167 - 177.

-: *Todeserfahrung als Grundlage der Märchenmotive*: In: Felix von Bonin (Hrsg.): Schamanismus und Märchen, Param Verlag, Ahlerstedt 2003, S. 152 - 163.

-: *Naturtherapie. Meine Initiationsreise zur Erdmutter.* Arun Verlag, Uhlstädt-Kirchhasel 2004.

- : *Dunkeltherapie. Die Vision des inneren Lichts.* KOHA Verlag, Burgrain 2004.

- : *Der Stoff aus dem die Seele ist. Meine Suche nach dem Lichtkörper und die Geburt der Plasmapsychologie.* KOHA-Verlag, Burgrain 2005

- : *Das platonische Totenbuch.* Prag 2006.

- : *Erdmutter will Rituale.* Arun Verlag, Uhlstädt-Kirchhasel 2005.

- : *Das Totenbuch des Orpheus.* Prag 2006

Kerner, Justinus: *Geschichte zweyer Somnambulen.* Karlsruhe 1824.

- : *Die Seherin von Prevorst.* Stuttgart-Tübingen 1829.

Kloetzli, Randy: *Buddhist Cosmology.* Delhi 1983.

Kolpaktchy, Gregoire: *Ägyptisches Totenbuch.* München 1980.

Kübler-Ross, Elisabeth: *Über den Tod und das Leben danach.* Melsbach 1984.

Lati Rinpoche und Jopkins, Jeffrey: *Stufen zur Unsterblichkeit.* Köln 1987.

Lee, Robert James: *Reise in die Unsterblichkeit* (2 Bde.). Engelberg 1977.

Leonard, George: *The Ultimate Athlete.* New York 1977.

Lindmayr, Maria Anna: *Mein Verkehr mit armen Seelen.* Stein am Rhein 1980.

Lodru, Lama: *Bardo Teachings. The Tibetan Way of Death and Rebirth*. Kagyu Droden Kunchab 1979.

Mantese, Mario: *Vision des Todes*. 1981.

Mead, G. R. S.: *Thrice-Greatest Hermes*. Studies in Hellenistic Theosophy and Gnosis. London 1964.

-: *Orpheus*. London 1965.

Messner, Reinhold: *Grenzbereich Todeszone*. Köln 1978.

Monroe, Robert A.: *Der Mann mit den zwei Leben*. Düsseldorf 1972.

-: *Far Journeys*. New York 1985.

Montgomery, Ruth: *Here and Hereafter*. New York 1968.

-: *A World Beyond*. New York 1971.

-: *The World before*. New York 1976.

Moody, Raymond A.: *Das Licht von drüben*. Reinbeck 1977.

Muldoon Sylvan J.: *The Case for Astral Projection*. Chicago 1946.

-: and Carrington, Hereward: *The Phenomena of Astral Projection*. 1951.

-: and Carrington, Hereward: *Die Aussendung des Astralkörpers*. Freiburg 1973.

Mullin, Glenn H.: *Die Schwelle zum Tod*. Köln 1987.

Murphy, Michael and White, Rhea: *The Psychic Side of Sports*. London 1978.

Münzel, Mark: *Medizinmannwesen und Geistervorstellungen bei den Kamayurá (Alto Xingú - Brasilien)*. Wiesbaden 1971.

Neihardt, John: *Schwarzer Hirsch. Ich rufe mein Volk*. In Kalweit: Die Welt der Schamanen, Schirner 2004.

Norbu,Namkhai: *Der Kristallweg. Die Lehre über Sutra Tantra und Dzogchen*. München 1989.

Nordenskiöld, Erland: *A Historical and Ethnological Survey of the Cuna Indians*. Comparative Ethnographical Studies 10, Göteborgs Museum 1938.

Noyes, Russell: *Dying and Mystical Consciousness*. Journal of Thanatology, Vol. 1, Jan. - Feb. 1971, S. 25 - 41.

Paracelsus, Theophrastus: *Vom Licht der Natur und des Geistes*. Stuttgart 1970.

Passian, Rudolf: *Wiedergeburt*. München 1985.

Peat, David F.: *Synchronicity. The Bridge between Matter and Mind.* New York 1987.

Phillips, P.: *Here and There.* London 1975.

Platon: *Gesammelte Werke.* (Hrsg.) Walter Rüegg. Zürich 1950.

Plinius, der Ältere: *Naturkunde, Kosmologie.* Bd. II, Tusculum, Heimeran Verlag 1974.

Plutarch: *Große Griechen und Römer.* Zürich 1954.

Powell, Arthur F.: *The Etheric Double.* Wheaton, Ill. 1969.

Proclus Diadochus: *Über die Vorsehung, das Schicksal und den* freien *Willen. An Theodorus, den Ingenieur (Mechaniker).* Beiträge zur klassischen Philologie, Heft 121. Meisenheim am Glan 1980.

-: *The Platonic Theology.* 2 Bde. New York 1985.

Quasha, George: *Aufzeichnung einer Rede von Essie Parrish.* In Kalweit: Die Welt der Schamanen, S. 83-85, Schirner, Darmstadt 2004.

Rainer R. (Hrsg.): *Ars Moriendi*: Von der Kunst des heilsamen Lebens und Sterbens. Köln-Graz 1957 (1465):

Rahim, J. A.: *Das Totenbuch des Islam.* München 1981.

Rangdrol, T. N.: *The Mirror of Mindfulness. The Cycle of the Four Bardos.* Boston 1989.

Rawlings, M. S.: *Jenseits der Todeslinie.* o. O., o J.

-: *Before Death Comes.* Nashville 1980.

Rätsch, Christian: *Bilder aus der unsichtbaren Welt.* München 1985.

Resermueller, W. O.: *Um die Todesstunde.* o. O. 1967.

Ring, Kenneth: *Den Tod erfahren, das Leben gewinnen.* München 1985.

- : **and Franklin, S.**: *Do Suicide Survivors Report Near-Death Experiences?* Omega No. 12, 1981, S. 191 - 208.

Rhodes, Leon S.: *The NDE Enlarged by Swedenborg's Vision,* Anabiosis, Vol. 2, No. 1, 1982, S. 15 -35.

Roberts, Jane: *The Afterdeath Journal of an American Philosopher: The World View of William James.* Englewood Cliffs, N. J. 1978.

Rosenberg, Alfons: *Engel und Dämon.* München 1986.

Sabom, Michael B.: *Erinnerung an den Tod.* München 1982.

Satprem: *Das Leben ohne Tod.* München 1988.

Schopenhauer, Arthur: *Sämtliche Werke in fünf Bänden.* Hrsg.: W.

Frhr. von Löhneysen, Stuttgart, Frankfurt 1960.

-: *Der handschriftliche Nachlass in fünf Bänden*. Hrsg. von Arthur Hübscher. München 1985.

Snell, Joé: *Der Dienst der Engel*. Bietigheim 1985.

Skeat, Walter W.: *Malay Magic*. London 1900

Smith, Warren: *Talking to the Spirit*. New York 1971.

Stearn, Jess: *Die unsterbliche Seele*. München 1985.

Straight, Steve: *Einstein and the NDE. Straight Unprovable Tunnel Theory*. Vital Signs, Vol. 2, No. 4, March 1983.

Stokes, Doris: *Voices in My Ear*. London 1980.

Sullivan, Robert M.: *Combat-Related Near-Death Experiences. A Preliminary Investigation*. Anabiosis, Vol. 4, No. 2, 1984, S. 144 - 152.

Swanton, John R.: *The Tlingit Indians*. Ethnological Annals, 26, 1908.

Swedenborg, Emanuel: *Himmel, Hölle, Geisterwelt*. Zürich 1963.

Taylor, Thomas: *The Platonist. Selected Writings*. Hrsg. Kathleen Raine and G. M. London 1969.

Twigg, Ena and Brod, R. H.: *Ena Twigg: Medium*. New York 1972.

Vedeer, Shirley: *Vital Signs* Vol.2, Nr.4 1985/86

Walker, Benjamin: *Beyond the Body*. London 1974.

Wallace, Mary Bruce: *The Thinning of the Veil*. Sudbury, Suffolk 1981.

Webb, Richard: *These Came Back*. Los Angeles, 1974.

Weiss, Jess E.: *The Vestibule*. Washington 1972.

Wheeler, David R.: *Reise ins Jenseits*. München 1982.

Yram: *Practical Astral Projections*. New York 1967.

Holger Kalweit
Dunkeltherapie

Die Vision des inneren Lichts

Auf einer Reise durch Nepal in den 60er Jahren stieß der Autor auf eine archaisch anmutende, tibetische Methode der Einkehr: 49 Tage in der Dunkelheit. Diese „Dunkeltherapie" wird im tibetischen Buddhismus gelegentlich bei der Mönchsausbildung eingesetzt. Holger Kalweit ließ sich auf die Erfahrung ein, sieben Wochen allein in einem kleinen Raum, in vollkommener Dunkelheit, nur angeleitet und betreut von einem Lama zu verharren. Es wurde eine atemberaubende Nachtfahrt der Seele.

Weitere Dunkelaufenthalte folgten und Mitte der 90er Jahre begann er Dunkelheit als therapeutisches Mittel einzusetzen. Seitdem hat er viele Menschen durch die Stille der Finsternis geführt.

380 Seiten, gebunden
€ 21,00

ISBN 3-936862-37-0

Holger Kalweit

Der Stoff aus dem die Seele ist

Stellen Sie sich auch manchmal die Frage: Wo bin ich, wenn ich tot bin? Wo komme ich her und wo gehe ich hin? Dass irgendetwas übrigbleibt, ist fast jedem klar, aber was genau ist es und was erwartet dieses Ich, die Seele, nach der Trennung vom Körper und auf seiner weiteren Reise? Was ist die Seele, was ist der Geist?

Bei seiner fundierten Suche in den alten Mythen, den Geheimlehren, wie der Alchemie und den Ergebnissen einiger moderner Forscher stieß Holger Kalweit auf eine verblüffende Einheit: Der Stoff, aus dem die Seele ist, die Seelendimension, ist gleichzeitig das „Totenreich" sowie der Ursprung der Welt.

Aus all diesem Wissen, zusammen mit seinen eigenen Erfahrungen und den Erkenntnissen aus der Nah-Tod-Forschung, entwirft Holger Kalweit ein lebendiges Bild dieser Seelen-, gleich Todesdimension. Für einen Augenblick hebt sich der Vorhang und wir erhaschen einen Blick in die andere Dimension, die Heimat unserer Seele – faszinierend, unheimlich und doch so vertraut.

312 Seiten, gebunden

€ 21,00

ISBN 3-936862-46-X

Holger Kalweit
Übe zu Sterben – Jetzt

Geführte Meditation, vom Autor persönlich gesprochen

Was geschieht, wenn das Herz für immer aufhört zu schlagen? Wohin gehen wir – in den Himmel, in die Hölle, in ein Nichts?

In dieser tiefgehenden Meditation erfahren wir, wie sich das Schweben zwischen Leben und Tod und der Zustand danach anfühlen.

Raum und Zeit, Körper und Materie: Im Tod wird all dies überwunden, wir treten ein in einen geistigen Kosmos umfassender seelischer Einheit aus Liebe, Licht und Leben.

Kann man sich etwas Schöneres wünschen? Wenn wir den Tod nicht mehr verdrängen, sondern ihn anschauen und erforschen, verlieren wir unsere Angst vor dem jetzigen Leben und beeinflussen unser Weiterleben in der jenseitigen Welt auf ganz wunderbare Weise.

Musik: Sayama

CD ca. 60 min

€ 9,95

ISBN 3-936862-80-X